U0519718

中华优秀传统文化系列读物

诸子百家趣谈

孙中原　著

商务印书馆
创于1897　The Commercial Press

图书在版编目（CIP）数据

诸子百家趣谈 / 孙中原著. — 北京：商务印书馆，2020（2021.10重印）
（中华优秀传统文化系列读物）
ISBN 978-7-100-14670-8

Ⅰ. ①诸… Ⅱ. ①孙… Ⅲ. ①先秦哲学 Ⅳ. ①B22

中国版本图书馆CIP数据核字（2017）第154871号

权利保留，侵权必究。

中华优秀传统文化系列读物
诸子百家趣谈
孙中原　著

商 务 印 书 馆 出 版
（北京王府井大街36号　邮政编码100710）
商 务 印 书 馆 发 行
三河市尚艺印装有限公司印刷
ISBN 978-7-100-14670-8

2020年8月第1版　　开本 880×1230　1/32
2021年10月第2次印刷　印张 17 5/8

定价：52.00元

创转创发相融通

"中华优秀传统文化系列读物"丛书序

习近平总书记2014年9月24日在纪念孔子诞辰研讨会讲话时说,要"努力实现传统文化的创造性转化、创新性发展,使之与现实文化相融相通"。本丛书取名为"中华优秀传统文化系列读物"。以下简述本丛书著作的宗旨、缘起和内容。

一、宗旨

本丛书著作的宗旨,是弘扬中华优秀传统文化,阐发中华优秀传统文化"与现实文化相融相通"的意涵,推动中华优秀传统文化在新时代的"创造性转化、创新性发展",为振兴中华,实现中华民族伟大复兴的中国梦,提供锐利的思想武器和强大的精神动力,致力于中华优秀传统文化的大众化、普及化,通俗易懂,有科学性、知识性和可读性,适合广大人民群众阅读。

二、缘起

本丛书著作,缘起于我跟商务印书馆多年良好的合作共事。经多年酝酿,编撰拙著《中国逻辑研究》,2006 年由商务印书馆出版。2015 年经全国哲学社会科学规划办公室组织专家评审,全国哲学社会科学规划领导小组批准,获 2015 年国家社科基金中华学术外译项目立项,译为英文,在国外刊行。合著《墨子今注今译》,2009 年由商务印书馆出版,2012 年第 2 次印刷更新。从 2012 年开始至今,我陆续跟商务印书馆签约,致力于本丛书的编撰。这是我 1961—1964 年奉调师从中国科学院哲学研究所汪奠基、沈有鼎教授,专攻古文献,历经数十年教学和研究积淀的成果。

三、内容

本丛书首批出版著作 15 种:

1.《五经趣谈》:趣谈《诗》《书》《礼》《易》与《春秋》的义理。

2.《二十四史趣谈》:趣谈二十四史的启示借鉴。

3.《诸子百家趣谈》:趣谈诸子百家人物、流派、典籍与学说。

4.《古文大家趣谈》:趣谈古文大家的文学精粹。

5.《墨学趣谈》：趣谈墨学的知识启迪。

6.《墨子趣谈》：趣谈墨家的智慧辩术。

7.《墨学与现实文化趣谈》：趣谈墨学与现代文化的关联。

8.《墨学与中国逻辑学趣谈》：趣谈墨学与中国逻辑学的前沿课题。

9.《中国逻辑学趣谈》：趣谈中国逻辑学的精华。

10.《诡辩与逻辑名篇趣谈》：趣谈先秦两汉的诡辩与逻辑名篇。

11.《诸子百家逻辑故事趣谈》：趣谈诸子百家经典的逻辑故事。

12.《中华先哲思维技艺趣谈》：趣谈中华先哲的思维表达技巧。

13.《东方逻辑趣谈》：日学者趣谈中印西方逻辑，著者授权译介。

14.《管子趣谈》：趣谈《管子》的治国理政智谋。

15.《墨经趣谈》：趣谈《墨经》的科学人文精神。

本丛书著作，由商务印书馆编审出版，谨致谢忱。不当之处请指正。

孙中原

2016 年 4 月 10 日

前　言

本书用 E 考据和元研究方法，趣谈诸子百家学术的精华。E 考据，即电子数字化考据。元研究，即超越总体研究，中国港台地区学者译后设研究。本书从十一亿字《四库全书》《四部丛刊》电子版，检索撷取大量资料，用现代科学观点和语言，提要钩玄，精炼升华，列入"中华优秀传统文化系列读物"出版发行。本书内容提要如下。

第一讲　诸子：轴心时代生巨人，从孔子求学的故事讲起，谈诸子百家产生的时代背景、盛况、大势、结论、含义、用例、评论、各家的比较和学习方法。

第二讲　道家：老子创道家，主张以退为进，以柔克刚，以弱胜强，用奇谋制胜。当今时代，汲取道家奇谋，韬光养晦，有助实现中华振兴和民族复兴。

第三讲　儒家：孔子创儒家，继承传统文化，传播古代经典，蔚为中国传统文化主流，是诸子百家中最盛的一家，在现代仍有学习借鉴意义。

第四讲　墨家：墨子创墨家，与儒家同称显学。汉以后官方重儒，墨学中绝。当今时代，汲取墨家的科学人文精神，有积极现实意义。

第五讲　法家：法家主张厉行法治，变法图强，倡导改革，利在当时，功盖千秋，深刻影响着后世，在当代富有启发意义。

第六讲　名家：名家奇辞怪说是逻辑的先导，对现代批判性思维有积极的启发借鉴意义。

第七讲　兵家：兵家著作，闻名世界。孙子"知己知彼""以众击寡""避实击虚"等军事谋略，推广应用于现实生活诸多高竞争性领域，卓有成效，屡试不爽。

第八讲　杂家：杂家著作《吕氏春秋》和《淮南子》，主张兼容百家、广收博取，对现代新文化建设启发良多。

第九讲　纵横家：苏秦合纵，张仪连横，纵横捭阖，摇唇鼓舌。一人之辩，重于九鼎之宝；三寸之舌，强于百万之师。纵横家的语言艺术和说服技巧，在现代社会交往中可以汲取借鉴。

第十讲　阴阳家：阴阳五行说宇宙，科学迷信大杂拌。朴素科学待提升，迷信谬说须分辨。奇谈怪论可欣赏，谬词误谈需批判。

第十一讲　医家：传统医家建功业，医家学术利万家。中西结合是方向，中外医学可对话。古今中外求贯通，科学提升成一家。

第十二讲　天文家：张衡天文验如神，陇西地震记成功。天文传人修历法，农历至今被沿用。自然社会不同质，占卜算卦不管用。科学思想赖宣传，迷信谬说应分清。

第十三讲　农家：农家重农劝耕种，技术总结有大成。以食为天吃第一，米麦稻粱靠耕种。农业技术须总结，代有著述集大成。农家融入现代化，农学理论待提升。

第十四讲　小说家：街谈巷语有可观，道听途说有精华。小说家记民间事，治国安民有启发。如今小说归文学，文学艺术入万家。文艺社会有机体，小说关注千万家。

诸子百家是中华优秀传统文化的源头重镇，是中华民族的精神家园。本书宗旨，是趣谈诸子百家的故事、人物、流派、典籍与学说，阐发其真知睿智，弘扬其深湛义理。激活经典，启迪今人。本书生动有趣，可读性强。由商务印书馆编辑出版。魏雪平、鲍海燕、王希与丁波诸同仁，多付辛劳，谨致谢忱。不周之处，敬请指正。

孙中原修改
2020.1.4

目　　录

第一讲　诸子：轴心时代生巨人……………………1
　一、孔子求师拜老子………………………………4
　二、孔子求师拜郯子………………………………12
　三、孔子学琴师襄子………………………………13
　四、孔子博学多专长………………………………16
　五、孔子博学无常师………………………………16
　六、三人同行有我师………………………………17
　七、学而知之爱提问………………………………17
　八、子入大庙每事问………………………………18
　九、学而不厌教不倦………………………………18
　十、诸子盛况动人心………………………………19
　十一、诸子大势任评说……………………………21
　十二、诸子百家总结论……………………………23
　十三、含义用例和评论……………………………23
　十四、各家比较论短长……………………………34

十五、重要启示四句话……………………35
十六、学习效益有方法……………………35

第二讲　道家：隐士精英创道学……………37
　一、老庄之学称道学……………………37
　二、名人评论讲道学……………………38
　三、老庄故事有精意……………………52
　四、庄子寓言明道学……………………73
　五、韬光养晦老子谋……………………98
　六、柔弱胜强水哲学……………………100

第三讲　儒家：仁政王道是理想……………114
　一、儒家第一是孔子……………………114
　二、儒家第二是孟子……………………136
　三、儒家第三是荀子……………………147

第四讲　墨家：摩顶放踵利天下……………157
　一、止楚攻宋千古传……………………157
　二、墨子显学意义大……………………159
　三、劳动圣人胜于孔……………………161
　四、一代伟人出匠师……………………162
　五、自称贱人学而能……………………164
　六、学习儒家反儒学……………………165
　七、当而不易称孔子……………………166
　八、席不暇暖搞宣传……………………167

九、择务从事十论题……170
十、弟子弥丰薪火传……170
十一、艰苦朴素学夏禹……171
十二、摩顶放踵利天下……172
十三、墨分三派有争论……174
十四、收入道藏传到今……174
十五、豪言壮语有自信……177
十六、孟子攻击成冤案……177
十七、后世挤压不发展……178
十八、当今时代容墨言……180
十九、探求原因明规律……183
二十、科学精神无伦比……185
二十一、求真务实重实证……188
二十二、人文精神有要点……189

第五讲 法家：倡导改革行法治……200
一、激进改革法家群……200
二、首创法经是李悝……203
三、吴起之裂史留名……204
四、商鞅能令政必行……211
五、慎到重法又任势……234
六、法家言术申不害……235
七、集大成者是韩非……236

第六讲　名家：名家辩者逞智辩················259
一、白马非马成名辩································259
二、诡异之言离坚白································273
三、奇言尽扫鸡三足································280
四、概念诡辩指物论································282
五、总论名家三特点································289
六、奇辞怪说表达式································291
七、正反两面论名家································295
八、邓析诡辩第一人································297
九、惠施多方书五车································304
十、辩者回应相与乐································316
十一、正名逻辑归谬法······························331

第七讲　兵家：兵家大作惊世界················342
一、军用可以转民用································342
二、古代兵书分四类································344
三、孙子教战阖闾城································348
四、料敌制胜认识论································353
五、智谋制胜辩证法································359
六、中国兵家全球闻································364

第八讲　杂家：杂家巨子著鸿篇················365
一、兼容百家倡综合································365
二、假人之长补己短································366

三、百家殊业务于治 ················368
四、圣人兼用无弃才 ················371
五、奇货可居吕不韦 ················374
六、一字千金编吕览 ················377
七、推崇道家无为治 ················379
八、与时俱进倡变法 ················380
九、具体分析知类别 ················381
十、分清是非与真假 ················386
十一、发明豆腐淮南王 ··············389
十二、一人得道鸡升天 ··············390
十三、智能别异明是非 ··············393
十四、以小明大论近远 ··············395
十五、欧冶之巧伯乐数 ··············397

第九讲 纵横家：苏秦张仪说纵横 ········399
一、三寸舌强百万师 ················401
二、掉三寸舌相六国 ················415
三、纵横创始鬼谷子 ················451
四、滑稽多辩淳于髡 ················454

第十讲 阴阳家：阴阳五行说宇宙 ········461
一、谈天说地是邹衍 ················461
二、六月霜天平冤狱 ················465
三、吹律暖谷种寒谷 ················467

四、智驳诡辩讲逻辑……………………………………468
　　五、阴阳五行需清理……………………………………469
第十一讲　医家：传统医家建功业……………………………481
　　一、扁鹊劝人早治病……………………………………481
　　二、师事神医长桑君……………………………………484
　　三、简子重病扁鹊治……………………………………485
　　四、死而复生虢太子……………………………………487
　　五、预知苗头早医治……………………………………492
　　六、医术高超遭疑忌……………………………………493
　　七、曹操杀名医华佗……………………………………493
　　八、发明麻药麻沸散……………………………………494
　　九、关公刮骨疗毒传……………………………………495
　　十、创作体操五禽戏……………………………………498
　　十一、精通医术是华佗…………………………………499
　　十二、对症下药同中异…………………………………499
　　十三、曹操头痛华佗治…………………………………500
　　十四、曹操后悔杀华佗…………………………………500
　　十五、传统医家上层楼…………………………………502

第十二讲　天文家：张衡天文验如神…………………………507
　　一、张衡天文验如神……………………………………507
　　二、天文传人司马迁……………………………………513
　　三、古代迷信待清理……………………………………514

第十三讲　农家：农家重农劝耕稼 ··············521
　一、许行假托神农氏 ····················521
　二、代有著述集大成 ····················528
第十四讲　小说家：小说家记民间事 ··············535
　一、京中口技惊宾客 ····················535
　二、桃核刻舟技灵怪 ····················537
　三、小说鼻祖是虞初 ····················541

参考文献 ····························546

第一讲　诸子：轴心时代生巨人

诸子百家是中国文化的源头、国学的重镇、中华民族的精神家园。本书的宗旨和目的，是趣谈诸子百家的故事、人物、流派、典籍和学说，解读其真知睿智，领略其深湛义理，阐发其对今人的启发和借鉴意义。

本书在掌握大量资料（从十一亿字特大型丛书《四库全书》和《四部丛刊》检索）的基础上，运用分析和综合相结合，抽象和具体相结合，理论、历史和现实相结合的方法，对诸子百家海量般的思想资料，兼收博取，取其精华，改制创新，把诸子百家熔铸为中国传统学术文化和中华民族精神的新系统。①

本书表述力求生动有趣，适应广大读者的阅读需要，

---

① 本书资料从十一亿字特大型丛书《四库全书》和《四部丛刊》检索。清乾隆文渊阁《四库全书》，上海人民出版社和迪志文化出版公司1999年电子版。张元济编：《四部丛刊》，商务印书馆1932年至1936年版，北京书同文数字化技术公司2001年电子版。

透过对诸子百家文化珍品的阐释，如成语故事、寓言谚语、箴言格言、名言警句等，由个别到一般，由具体到抽象，以实现本书的宗旨和目的、理想和期待。

本书荟萃古今认知，分别讲说诸子百家共十三家，即道家、儒家、墨家、法家、名家、兵家、杂家、纵横家、阴阳家、医家、天文家、农家和小说家，体现诸子百家相灭相生、相反相成、百虑一致、殊途同归的性质关系。

德国学者卡尔·雅斯贝尔斯（Karl Jaspers，1883—1969）认为，以公元前500年为中心，人类精神基础同时独立地在中国、印度、波斯、巴勒斯坦和希腊开始奠定，直到今天人类仍然依附在这一基础上。他把这个时代称之为轴心时代。

在这一时期，中国诞生了孔子和老子，中国哲学各种派别兴起，这是诸子百家出现的时代。这个时代产生了我们今天依然在思考的所有基本范畴。思想家在盘算人们怎样才能够更好地生活在一起，怎样才能够更好地对他们加以管理。这是一个革新的时代。①

恩格斯评价西方文艺复兴时说："这是一次人类从来没有经历过的最伟大的、进步的变革，是一个需要而且产

---

① 〔德〕卡尔·雅斯贝尔斯：《人的历史》，《现代西方史学流派文选》，上海人民出版社1982年版，第38—40页。

生了巨人——在思维能力、热情和性格方面，在多才多艺和学识渊博方面的巨人的时代。"[1]中国的春秋战国时代，周王朝衰落，发生中华民族"从来没有经历过的最伟大的、进步的变革"，这是一个需要而且产生巨人的时代。

在中华民族的开化史上，春秋战国时代，产生许多伟大的思想家、科学家、发明家、政治家、军事家、文学家和艺术家，留下丰富的文化典籍，是人类宝贵的精神遗产。

讲谈诸子百家，遇到的第一个问题是：诸子百家从哪里来？答案是：从春秋战国时期走来，从民间走来，从百姓中间走来。

常言道，时势造英雄。也可以反过来说，英雄在一定意义上，在一定范围内，变革时势，改造世界。这个道理，十分重要，事关辩证法的基本原理，事关中国和世界的科学健康发展，事关每个人的福祉。

让我们记住时势英雄相互作用的辩证哲学原理，紧扣诸子百家从哪里来这一焦点问题，从孔子求学的故事谈起。

---

① 〔德〕恩格斯：《自然辩证法·导言》，《马克思恩格斯选集》第3卷，人民出版社1972年版，第445页。

一、孔子求师拜老子

在诸子百家产生时间的排序中,道家是第一,道家之后是儒家。孔子的生卒年,有确切记载,是前551年到前479年。而老子的生卒年,无确切记载,据推算,大约是前580年到前500年。老子约比孔子大30岁。古称30年为一世。老子约比孔子年长一辈。在诸子百家中,道儒两家无比重要。历史的机遇,落在两个幸运人的头上,即让老子创道家,孔子创儒家。而老子创道家比孔子创儒家要早一代。先道后儒,我们就按这个历史顺序开始我们的诸子百家讲谈之旅。

战国末期,秦相吕不韦(前290—前235)主编的《吕氏春秋·当染》说:"孔子学于老聃。"晋皇甫谧(215—282)《高士传》说:"圣人无常师。孔子师郯子、苌弘、师襄、老聃。"

《史记·老子韩非列传》说:"老子者,楚苦县厉乡曲仁里(今河南鹿邑太清宫镇)人也,姓李氏,名耳,字伯阳,谥曰聃,周守藏室之史也。"唐司马贞《史记索隐》解释说:"藏室史,周藏书室之史也。又《张苍传》'老子为柱下史',盖即藏室之柱下,因以为官名。"

唐司马贞《史记索隐·张丞相列传》说:"周、秦皆有柱下史,谓御史也。所掌及侍立,恒在殿柱之下。史,谓御史。故老子为周柱下史。""柱下御史，明习天下图书计籍，则主四方文是也。柱下，居殿柱之下，若今侍立御史矣。"

《后汉书·窦融列传》说："老子为守臧史，复为柱下史，四方所记文书，皆归柱下。"司马贞列举"柱下史"的职责，有"主柱下方书"，即掌管宫中各种文书档案。"小事书于板"，属史官记事；"主四方文书"，即掌管宫中各种文书档案，负责管理地方交上来的会计账簿；"明习天下图书计籍"，即非常熟悉天下的图书和各种簿籍。"善用算、律、历"，即精通计算、乐律和历法。

老子担任周王朝的史官。对历史文献的娴熟，现实经验的累积，对抽象学理的思索，使老子作为中国历史上第一个私家学派，即道家创始人的角色，呼之欲出。

孔子居鲁，西望洛邑，仰慕周公制礼作乐，对东周王朝的史官老子，满怀深深敬意，极想幸会。周敬王二年（前518），孔子34岁，终于觅得机缘，跟新收的门徒——鲁国贵族子弟南宫敬叔——一起，受鲁国国君的派遣，驾驭两马一车，从曲阜城出发，风尘仆仆，直奔东周王城洛邑，向道家创始人老子请教。

《孔子家语·观周》说：孔子谓南宫敬叔曰："吾闻老聃博古知今，通礼乐之原，明道德之归，则吾师也。今将往矣！"对曰："谨受命！"遂言于鲁君曰："今孔子将适周，观先王之遗制，考礼乐之所极，斯大业也。君盍以乘资之？臣请与往！"公曰："诺！"与孔子车一乘，马二匹，竖子侍御，敬叔与俱至周，问礼于老聃，访乐于苌弘，历郊社之所，考明堂之则，察庙朝之度。于是喟然曰："吾乃今知周公之圣，与周之所以王也！"及去周，老子送之，孔子曰："敬奉教！"自周反鲁，道弥尊矣。远方弟子之进，盖三千焉。

即孔子对南宫敬叔说："我听说老子博通古代，知晓今日，通晓礼乐的起源，明白道德的归属，他就是我的老师。现在我要到他那里去学习！"南宫敬叔回答说："我遵从您的意愿！"于是南宫敬叔对鲁国君主说："现在孔子将要到东周，观察先王遗留的制度，考察礼乐的极致，这是大事业啊！您何不提供车马资助他呢？我请求和他一起去！"鲁君说："好！"送给孔子一辆车，两匹马，派一名童仆侍奉他，给他赶车。南宫敬叔和孔子一起到东周。

孔子向老子询问礼仪，向苌弘访问音乐，走遍祭祀天地的处所，考察明堂（国家朝会祭祀场所）的规则，察看宗庙朝堂的制度。于是感叹地说："我现在才知道周公的圣明，以及周朝称王天下的原因！"离开东周时，老子去送孔子，孔子说："我一定遵循您的教诲！"从东周返回鲁国，孔子的道理学说，更加受人尊崇。从远方来投向孔子门下的，大约有三千人。

南宫敬叔，是鲁国贵族孟僖子（孟孙氏第8代宗主）的儿子，孟懿子（孟孙氏第9代宗主）的弟弟。前518年，孟僖子临终时，让孟懿子和南宫敬叔师事孔子。

《左传·昭公七年》载，鲁大夫孟僖子，于前518年病故。临终前，"召其大夫曰：'礼，人之干也。无礼无以立。吾闻将有达者，曰孔丘，圣人之后也！'"嘱其两子孟懿子和南宫敬叔，"师事仲尼"。

《史记·孔子世家》说，鲁大夫孟僖子病且死，告诫其子嗣孟懿子说："孔丘，圣人之后。""吾闻圣人之后，虽不当世，必有达者。今孔丘年少好礼，其达者欤？吾即没，若必师之！"孟僖子卒后，孟懿子和弟弟南宫敬叔跟随孔子学习。

《史记·孔子世家》说：鲁南宫敬叔言鲁君曰："请与孔子适周！"鲁君与之一乘车，两马，一竖子俱，适周问礼，盖见老子云。辞去，而老子送之曰："吾闻富贵者送人以财，仁人者送人以言。吾不能富贵，窃仁人之号，送子以言，曰：聪明深察而近于死者，好议人者也。博辩广大危其身者，发人之恶者也。为人子者毋以有己，为人臣者毋以有己。"孔子自周反于鲁，弟子稍益进焉。

即鲁国人南宫敬叔，对鲁昭公说："请让我跟随孔子，前往周京洛邑！"鲁昭公给他们一辆车，两匹马，派一名童仆同行，前往周的都城洛邑询问周礼，拜见老子。

孔子离去时，老子送他说："我听说富贵之人用财物来送人，仁义之人用言语来送人。我不能富贵，只好盗用仁人的名义，用言语来送你，这几句话是：聪慧明白，洞察一切，反而濒临死亡，是因为喜好议论他人的缘故。博洽善辩，宽广宏大，反而危及其身，是因为抉发别人丑恶的缘故。做人儿子的，就不要有自己，做人臣子的，就不要有自己。"孔子从周返回鲁国，投到孔门的弟子，逐渐增多。

《史记·老子韩非列传》说：孔子适周，将问礼于老子。老子曰："子所言者，其人与骨皆已朽矣，独其言在耳。且君子得其时则驾，不得其时则蓬累而行。吾闻之：'良贾深藏若虚。君子盛德，容貌若愚。'去子之骄气与多欲，态色与淫志，是皆无益于子之身。吾所以告子，若是而已！"孔子去，谓弟子曰："鸟，吾知其能飞。鱼，吾知其能游。兽，吾知其能走。走者可以为网，游者可以为纶，飞者可以为矰。至于龙，吾不能知其乘风云而上天。吾今日见老子，其犹龙邪！"

即孔子前往东周的都城洛邑，想向老子请教礼的学问。老子说：你所说的礼，倡导它的人和骨头，都已经腐烂，只有他的言论还在。况且君子遇到时机，就驾车做官。生不逢时，就像蓬草，随风飘转。我听说："善于经商的人，把货物隐藏起来，好像什么东西也没有。君子具有高尚的品德，他的容貌谦虚得像愚钝的人。"抛弃你的骄气和过多的欲望，抛弃你做作的情态神色、过大的志向，这些对于你，都是没有好处的。我能告诉你的，就是这些！孔子离去以后，对弟子们说："鸟，我知道它能飞。鱼，我知道它能游。兽，我知道它能跑。会跑的可以织网捕获它。会游的可制成丝线去钓它。会飞的可以用丝绳系短箭去射它。至于龙，我就不知道该怎么办了！它驾着风云，飞腾升天。我今天见到的老子，大概就是龙吧！"

孔子入周问礼，学问渐长。老子对孔子的启发、对儒家思想的形成有重要作用。孔子回到鲁国，"弟子稍益进焉"，弟子求学更加多。孔子终成一代大儒，创立儒学，蔚为中国传统文化的主流。

孔子回鲁国以后不久，周室内乱，老子失去职务，丢掉饭碗，周王朝的史官做不成了，不得不退而隐居，著书立说，不知所终，而天下则有老子原著《道德经》一书流传千古，被尊为道家学派第一元典，道教圣书。现代广大读者，仍可不断从中汲取教益，受到启迪。

洛阳老城东关大街文庙旧址，存孔子问礼碑（见图1）。这座牌坊式的石碑上，书有九个大字："孔子入周问礼乐至此。"碑呈长方形，龟形座，中间青石，四周青砖围砌，碑高3.56米，宽0.9米，雍正五年（1727）河南府尹张汉与洛阳县令郭朝鼎重修文庙时所立。

图 1　孔子问礼碑之一

老子故里鹿邑，存孔子问礼碑，嵌于鹿邑文化遗迹明道宫老君台大殿前壁东侧。碑高1米，宽0.45米。碑文楷书阴刻五字："孔子问礼处。"明万历己酉年（1609），赐进士第知鹿邑县事鸡丘王梦蛟撰文，并立石。

《光绪鹿邑县志》载："（老君）台前有明道宫，太清坛，建于唐天宝二年，后毁于兵，元重建，清重修。"老君台历经汉至清各代修建，形成庞大的古建筑群。老君台往南近千米的中轴线上，依次是拜殿（孔子拜见老子地）、明道宫（老子讲学处）、迎禧殿（宋真宗赵恒来鹿邑拜谒老子时的驻跸地）、文昌阁、八角亭、犹龙堤、过仙桥、万教之祖牌坊等古建筑。气势伟岸，素雅古朴。原老君台西门对联说："一片绿波飞白鹭，半空紫气下青牛。"表达老君台周围晨钟暮鼓，香烟缭绕，鸥鸟相戏的美景。唐皇武后封老子为太上老君，宋真宗封老子为"太上老君混元上德皇帝"。

河南鹿邑太清宫镇，相传是老子诞生地，老子故里，是历来官民祭拜老子的圣地。曾有八位皇帝，亲临鹿邑祭拜老子。东汉延熹八年（165），汉桓帝刘志派中常侍管霸建老子庙。

涡阳孔子问礼碑（见图2），高1.5米，宽0.5米，厚0.2米。正面图像三层。上层为三人站立，是老子、孔子的学生。中层为孔子向老子问礼。左为侧面像，跪姿，双

图2 孔子问礼碑之二

手向前高举，作拜见状，似孔子向老子请教。右为正面像，坐姿，似老子回答孔子问。下层为一盛器，显示孔子拜见老子时的见面礼，有鸿雁两只，鲤鱼两条，束脩一件。背面为龙的图案，因孔子赞叹老子为"龙"。

二、孔子求师拜郯子

晋皇甫谧《高士传》说："圣人无常师。孔子师郯子。"韩愈（768—824）《师说》说："孔子师郯子。"曲阜孔庙《圣述图·学于郯子》，记孔子向郯子求教的故事。

郯子是春秋时郯国的国君。前11世纪，炎族首领被封炎地，称炎国。春秋前后，国名加邑旁，炎国演化为郯国。郯国虽小，却有名气，原因是国君郯子的政绩才华深得人心。鲁昭公十七年（前525）郯子第二次朝鲁，昭公盛宴款待郯子，孔子于是"见于郯子而学之"。韩愈《师说》讲"孔子师郯子"的典故，出于此。

《左传·昭公十七年》说："仲尼闻之，见于郯子而学之。既而告人曰：吾闻之：'天子失官，学在四夷。'犹信。"孔子26岁时，遇到鲁国附庸小国郯国的国君，向他学习。孔子对人说，他相信听来的"天子失官，学在四夷"这句话。"天子失官，学在四夷"，一语道破诸子百家产生的时代背景。夏商周文化发展史中的一个根本性变化，是由"学在官府"到"学术下移"。西周以前是

"学在官府"。图书档案、文物典册,收藏在宫廷。巫史卜祝,是政府职官,服务宫廷。官方学校由贵族垄断。春秋以后是"学术下移"。图书典籍、官方知识分子流散民间,民间士人崛起,出现新型知识分子,诸子百家就是其中的杰出代表。

三、孔子学琴师襄子

师襄,也叫师襄子,是春秋时鲁国的乐官,善击磬、弹琴,孔子曾向他学琴。《论语·微子》说:"大师挚适齐,亚饭干适楚,三饭缭适蔡,四饭缺适秦,鼓方叔入于河,播鼗武入于汉,少师阳、击磬襄入于海。"即天子的大乐师"挚"去了齐国,二乐师"干"去了楚国,三乐师"缭"去了蔡国,四乐师"缺"去了秦国,击鼓师"方叔"去了黄河边,摇鼓师"武"去了汉水边,副乐师"阳"、击磬师"襄"去了海边。这也是"天子失官,学在四夷"的典型事例。

《史记·孔子世家》说:孔子学鼓琴师襄子,十日不进。师襄子曰:"可以益矣!"孔子曰:"丘已习其曲矣,未得其数也。"有间,曰:"已习其数,可以益矣!"孔子曰:"丘未得其志也。"有间,曰:"已习其志,可以益矣!"孔子曰:"丘未得其为人也。"有间,有所穆然深思焉,有所怡然高望而远志焉。曰:"丘得其为人,黯然而黑,几然而长,眼如望羊,如王四国,非文王,其谁能为此也?"师襄子辟席再拜,曰:"师盖云文王操也!"

即孔子向师襄子学习弹琴。学了十天,仍弹奏同一曲子。师襄子说:"可以增加学习内容,改奏别曲了!"孔子说:"我已经熟习曲子,但演奏技巧还不够熟练。"过了一段时间,师襄子说:"已经熟习演奏技巧,可以增加内容,继续往下学了!"孔子说:"我还没有领会其中的志趣啊!"过了一段时间,师襄子说:"已经领会其中旨趣,可以增加内容,继续往下学了!"孔子说:"我还不知道乐曲的作者为人。"过了一段时间,孔子默然沉思,心旷神怡,高瞻远望,意志升华,说:"我知道乐曲的作者为人了:那人皮肤深黑,体形颀长,眼睛深邃远望,如同称王,管理四方诸侯,不是周文王,谁能创作这首乐曲呢?"师襄子离开座席,行两次拜礼说:"我的老师说,这首乐曲叫《文王操》啊!"

孔子学样像样,要学就学好,学成顶尖的专家学者,内行里手。孔子学音乐,会弹奏,会歌唱,一人兼作曲家、弹奏家和歌唱家多重职能业务。

《诗经》是中国最早的诗歌总集,最初是配乐歌词,是诗歌、音乐和舞蹈的结合体。后乐谱、舞蹈失传,只剩歌词。《毛诗大序》说:"诗者,志之所之也。在心为志,发言为诗。情动于中而形于言,言之不足,故嗟叹之。嗟叹不足,故咏歌之。咏歌不足,不知手之舞之,足之蹈之也。"

《史记·孔子世家》说:"(《诗》)三百五篇,孔子皆弦歌之,以求合《韶》《武》《雅》《颂》之音,礼乐自此可得而述,以备王道,成六艺。"《韶》:舜乐曲名。《武》:周武王乐曲名。《雅》:宫廷乐曲。《颂》:宗庙祭祀乐曲。孔子把《诗》都配上弦乐,用弦乐器弹奏,引吭高歌,达到完美的艺术境界。

《论语·子罕》载孔子说:"吾自卫反鲁(哀公十一年,前484年冬),然后乐正,《雅》《颂》各得其所。"孔子规范《诗》文字和相配乐章,成为权威的编《诗》经学家和优秀的《诗》乐章作曲家、演奏家。如果孔子配乐演奏的《诗》乐章,跟《诗》一起流传,由著名的演奏家弹奏,著名的演员演唱,将是一场完美的艺术盛宴!

孔子学音乐,学到迷醉程度。《论语·述而》说:"子在齐闻《韶》,三月不知肉味。曰:不图为乐之至于斯也(没想到欣赏音乐,竟到如此境界)!"《论语·八佾》说:"子谓《韶》,尽美矣,又尽善也。""尽美",是声音美;"尽善",是内容好。

《乐》是《诗》的乐谱。《论语·泰伯》载孔子说:"兴于《诗》,立于《礼》,成于《乐》。"即《诗》使我振奋,《礼》使我立足社会,《乐》使我所学完成。《乐》是孔子教学的最后境界和最高阶段。

四、孔子博学多专长

《论语·子罕》说、达巷党人曰："大哉孔子，博学而无所成名。"子闻之，谓门弟子曰："吾何执？执御乎？执射乎？吾执御矣！"

即达巷这个地方有人说："孔子真伟大！博学多才，却不以一项专长来树立名声。"孔子听说后，对学生开玩笑说："我专长什么？执鞭赶车？执弓射箭？我执鞭赶车吧！"

五、孔子博学无常师

孔子求学，无固定老师。凡有长处者，都是老师。晋皇甫谧《高士传》说："圣人无常师。孔子师郯子、苌弘、师襄、老聃。"《论语·子张》说：卫公孙朝问于子贡曰："仲尼焉学？"子贡曰："文武之道，未坠于地，在人。贤者识其大者，不贤者识其小者，莫不有文武之道焉。夫子焉不学？而亦何常师之有？"

即卫国的公孙朝问子贡："孔子的学问，是从哪里学来的？"子贡说："文王、武王之道，并没有失传，还散播在人间。贤人能了解其中的大道理，不贤的人只能了解其中的小道理。到处都有文武之道。孔子处处都学，哪有固定的老师，专门的传授呢？"

六、三人同行有我师

《论语·学而》说："三人行，必有我师焉。择其善者而从之，其不善者而改之。"即三人同行，必有人可作为我的老师。选择他的优点向他学习，发现他的缺点自我警戒。《论语·泰伯》说："以能问于不能，以多问于寡。"即有才能的人，向没有才能的人请教。学问多的人，向学问少的人请教。这是何等谦虚的学习态度！

七、学而知之爱提问

《论语·学而》说："我非生而知之者，好古，敏以求之者也。"孔子认为，自己不是"生而知之者"，知识是勤奋学习得来，是"学而知之者"。

《论语·公冶长》说：子贡问曰："孔文子何以谓之'文'也？"子曰："敏而好学，不耻下问，是以谓之'文'也。"

即子贡问："孔文子凭什么获得'文'的称号？"孔子答："聪敏好学，谦虚下问，向比自己差的人请教也不认为羞耻，所以送给他'文'称号！"

孔文子，即卫国大夫孔圉。孔文子死于鲁哀公十五年（前480），比孔子死早1年。孔圉死后，卫国国君赐给他

"文公"的谥号，于是后人尊称他为"孔文子"。孔文子正是"敏而好学，不耻下问"的典范。

八、子入大庙每事问

《论语·八佾》说：子入大（通"太"）庙，每事问。或曰："孰谓邹人之子知礼乎？入大庙，每事问。"子闻之曰："是礼也！"

"太庙"即周公庙。周公是鲁国最初受封的君主。孔子去太庙，参加鲁国国君的祭祖典礼，一进太庙，就向人问这问那，几乎每一件事都问到。当时有人讥笑他说："谁说邹人之子懂得礼仪？来到太庙，什么事都要问！"孔子听后，说："这正是礼啊。"

"邹"是孔子的出生地，在山东曲阜东南十里西邹集。孔子父亲叔梁纥，当过邹大夫，当时人把孔子叫"邹人之子"，意即邹大夫叔梁纥的儿子。孔子听到人们的议论说："我对不明白的事，每事都问，这正是我知礼的表现啊！"《论语·乡党》也说："入太庙，每事问。""入太庙，每事问"的话，在《论语》出现3次，说明孔子的学问来自勤学好问。

九、学而不厌教不倦

《论语·述而》说：子曰："默而识之，学而不厌，诲人不倦,何有于我哉？"即孔子说：把知识默记在心,努力学习不会厌弃,教导别人不知疲倦,我做得怎样？

《孟子·公孙丑上》说：昔者子贡问于孔子曰："夫子圣矣乎？"孔子曰："圣则吾不能,我学不厌,而教不倦也。"子贡曰："学不厌,智也。教不倦,仁也。仁且智,夫子既圣矣！"

即从前子贡问孔子说："老师您已经是圣人了吗？"孔子说："圣人,我不敢自认。我不过是努力学习,不会厌弃,教导别人,不知疲倦罢了。"子贡说："努力学习,不会厌弃,这是智慧。教导别人,不知疲倦,这是仁德。既有仁德,又有智慧,老师您已经是圣人了！"

十、诸子盛况动人心

孔子一介平民,广泛求师,勤学好问,成一代大儒。继诸子百家第一家道家创始人老子后,孔子是第二家儒家的创始人。老子孔子,闪亮春秋后期。战国初墨子,战国中孟子、惠施、庄子、尹文子,战国末荀子、韩非子、吕不韦等,诸子百家,横空出世,这就是"学在四夷"的真实写照。

在春秋战国的伟大社会变革中,思想巨人应运而生。他们不是单独的个人,是由杰出个人率领的众多群体,不是一颗几颗星,是众多辉煌灿烂的星系星团。

《吕氏春秋·当染》说："孔子学于老聃、孟苏夔、靖叔。""（孔墨）从属弥众，弟子弥丰，充满天下，王公大人从而显之，有爱子弟者随而学焉，无时乏绝。子贡、子夏、曾子学于孔子，田子方学于子贡，段干木学于子夏，吴起学于曾子。禽滑厘学于墨子，许犯学于禽滑厘，田系学于许犯。孔墨之后学显荣于天下者众矣，不可胜数。"

《孟子·滕文公下》说，孟子"后车数十乘，从者数百人，以传食于诸侯"。《孟子·滕文公上》说，"有为神农之言者许行，自楚之滕"，"其徒数十人，皆衣褐，捆屦织席以为食"。

先秦诸子百家，集中华民族集体智慧，冲破王室宫廷禁锢束缚，以前所未有的能量、规模和速度，急剧膨胀，猛烈迸发，呈现大爆炸局面。梁启超形容春秋战国学术盛况时说："如春雷一声，万绿齐茁于广野。如火山乍裂，热石竞飞于天外。"[①] 恰当贴切。

诸子百家，三教九流，是中国早期的学术分类。用当今世界通用的科学语言说，诸子百家学说涉及经济、政治、伦理、哲学、逻辑、科学、技术、文学、艺术、教育、军事等各领域，包含现代科学的因素、胚胎和萌芽。

[①] 梁启超：《论中国学术思想变迁之大势》，《饮冰室合集》文集7，中华书局1989年版，第11页。

科学研究表明，不管一个民族的早期原创文化有多么特殊的内容和形式，其本质和规律一定具有普世性和全人类性的合理内核与精神实质。

后人的职任，不是在不同文化之间，深挖沟、高筑墙，老死不相往来。而是传承中华文化的精髓，在不同文明之间，铺路搭桥，融会贯通，把中华文化，提升为现代性、普适性的世界先进文化，为全人类的文明和谐相处，注入全新的精神动力。

十一、诸子大势任评说

诸子百家既是古代学术流派，也是政治流派。他们学术的内容和见解，或多或少，或明或暗，或直接或间接，都为政治服务，为治国安民、改造社会献计献策，提供方略。司马谈《论六家要旨》认为主要学派的重要思想都是"务为治者"，即以社会政治的治理为任务、目的和宗旨，为官方提供社会政治治理的药方。儒家的以德化民，道家的无为而治，法家的信赏必罚，墨家的兼爱尚同，名家的去尊偃兵等都是如此。

汉后至清，墨名两家，沦为绝学，无人问津，无人通晓，没有划时代、创造性的体系出现，也没有产生新的大家名人。农、兵、天文和医家，都各自独立，成为专门的技术性学科。小说家归于文学。阴阳家演化为神秘方术，迷信占卜。纵横家、杂家失去社会基础。只有儒、道、法，三足鼎立，互相补充，继续影响着大一统的王朝政治。

中国历代统治者，儒法兼收，阳儒阴法，儒表法里，王霸杂用。《汉书·元帝纪》记载，汉宣帝太子刘奭（汉元帝）"柔仁好儒"。"尝侍燕从容言：'陛下持刑太深，宜用儒生。'"曾在陪父亲汉宣帝吃饭时，不经意地对汉宣帝说："陛下用刑罚太严苛，应该重用儒生。"汉宣帝怒气冲冲地斥责太子刘奭说："汉家自有制度，本以霸王道杂之，奈何纯任德教，用周政乎！且俗儒不达时宜，好是古非今，使人眩于名实，不知所守，何足委任！"忿然叹息说："乱我家者，太子也！"

汉宣帝自称"霸王道杂"，即霸道和王道一起运用，道出了历代统治者、主流知识分子的政治理想。即在朝时，就用儒法。阳表用儒，阴里用法；在野时，就用道家道学。以退为进，以柔克刚，以弱胜强，无为而无不为，用奇谋取胜。儒家倡王道，法家主霸道。儒法被戏称为联合的执政党，道家被戏称为独家的在野党，墨家可被戏称为被镇压的地下党。儒道法三家，是中国传统文化的主导思想，也是传统政治的主导精神。儒道法家的著作，成为治国经典、安民常规，影响深远，直至今日。

墨家被戏称为被镇压的地下党。战国时期，墨学与儒学同为"显学"。汉以后统治者重视儒家。汉武帝采纳儒者董仲舒"罢黜百家,独尊儒术"的建议,儒学成为中国传统文化的正统、主流、巨流、明流和显流,墨学则被封建国家机构和知识精英镇压排挤为异端、支流、细流、暗流和潜流,只能隐蔽、曲折、间接地影响中国社会。一百多年来,由于受到西学传入的强烈刺激,富含科学人文精神的墨学才重新为人重视,研究者渐多,逐渐有复兴、振兴和新生的趋势。

十二、诸子百家总结论

诸子百家是中国文化的源头,国学的重镇,中华民族的精神家园。解读诸子百家的真知睿智,习熟其精湛义理,对现代人的社会生活有积极的启发和借鉴意义。

我们对诸子百家关系的认知是,对立统一、多样统一、相灭相生、相反相成、互相渗透、互相补充。应该采取的态度是,广收博取、兼容并蓄、分久必合、终成一统。把诸子百家熔铸为中国传统学术文化和中华民族精神的一个大家、大学派,形成一个综合创新的知识系统。

十三、含义用例和评论

诸子百家含义:众多学问家。"诸",是众多。"子",是对学问家的尊称,相当于今日"先生""老师"的称呼。

古书的四部分类法"经史子集",第三类是"子部",就是诸子百家。清代乾隆年间编的十亿字的《四库全书》,近代商务印书馆张元济编的一亿字的《四部丛刊》,都有"子部"。"百"是形容多。"百家"指很多的学派。

诸子百家用例:《四库全书》正文文字用"诸子百家"648次,注释文字用"诸子百家"107次。如司马迁《史记·屈原贾生列传》说:"贾生年少,颇通诸子百家之书,文帝召以为博士。"罗贯中《三国演义》第86回说:"上至天文,下至地理,三教九流,诸子百家,无所不通。"

1. 皆有所长时有用

《庄子·天下》评论诸子百家说:"天下之治方术者多矣,皆以其有为不可加矣。古之所谓道术者,果恶乎在?曰无乎不在。""其明而在数度者,旧法世传之史尚多有之。其在于《诗》《书》《礼》《乐》者,邹鲁之士搢绅先生多能明之。《诗》以道志,《书》以道事,《礼》以道行,《乐》以道和,《易》以道阴阳,《春秋》以道名分。其数散于天下而设于中国者,百家之学时或称而道之。天下大乱,贤圣不明,道德不一,天下多得一察,焉以自好,譬如耳目鼻口,皆有所明,不能相通,犹百家众技也,皆有所长,时有所用。虽然,不该不遍,一曲之士也。""天下之人,各为其所欲焉,以自为方。悲夫,百家往而不反,必不合矣！后世之学者，不幸不见天地之纯，古人之大体，道术将为天下裂。"

即天下研究学术的人很多，都认为掌握真理，无以复加。古时候所说天道的规律，果真又存在哪里呢？回答是："无处不在。"观点鲜明，各项旧有的典规法度，世代相传的史记里，多有记载。那些存在于《诗》《书》《礼》《乐》中的道理，邹地和鲁国的学者，身着儒服的士绅先生，多能明了。《诗》表达思想感情，《书》记述政事，《礼》表述行为规范，《乐》传递和谐音律，《易》阐明阴阳变化的奥秘，《春秋》讲述名分的尊卑序列。其中的看法主张，散布天下，施行于中原各国，各家学说均有人称述介绍。

由于天下大乱，贤圣的学术主张，不能彰显于世，道德的标准，不能求得划一，天下人大多凭借一孔之见，自以为是，譬如耳目鼻口，各有官能，不能相互通用。就像百家各种技艺，各有长处，随时而用。但天下的人，各自求其所好，以自身片面的方术，当作全面的真理。可悲啊！诸子百家越走越远，不知回头，必不能合于古人的道术。后代的学者，不幸不能见到自然的纯美，不能聆听古先圣贤的大道理，而这些道理学说则被诸子百家肢解割裂。

2. 优势互补成全面

《荀子·天论》评论诸子百家说：万物为道一偏，一物为万物一偏，愚者为一物一偏，而自以为知道，无知也！慎子有见于后，无见于先。老子有见于屈，无见于伸。墨子有见于齐，无见于畸。宋子有见于少，无见于多。有后而无先，则群众无门。有屈而无伸，则贵贱不分。有齐而无畸，则政令不施。有少而无多，则群众不化。《书》曰："无有作好，遵王之道。无有作恶，遵王之路！"此之谓也。

即万事万物，只体现自然规律的一部分。某一种事物，只是万事万物的一部分。愚昧的人，只认识某一种事物的一个方面，就自以为知道自然规律，实在是无知。慎子对在后服从的一面，有所认识，但对在前引导的一面，却没有认识。老子对委曲忍让的一面，有所认识，但对积极进取的一面，却没有认识。墨子对齐同平等的一面，有所认识，但对等级差别的一面，却没有认识。宋子对寡欲的一面，有所认识，但对多欲的一面，却没有认识。只在后服从，而不在前引导，那么群众就没有继续前进的门径。只委曲忍让，而不积极进取，那么高贵和卑贱，就不会有分别。只有齐同平等，而没有等级差别，那么政策法令，就不能实施。只求寡欲，而不见多欲，那么群众就不易被教化。《尚书》说："不要任凭个人爱好，要遵循圣王正道。不要任凭个人厌恶，要遵循圣王正路！"说的就是这个。

《荀子·解蔽》说："凡人之患，蔽于一曲，而暗于大理。"即人的毛病，是被事物的局部蒙蔽，而不明白全局性的大道理。又说："今诸侯异政，百家异说，则必或是或非，或治或乱。"即现在各诸侯国的政治不同，诸子百家的学说不同，那么必定在道理上或是或非，导致结果或治或乱。

《荀子·解蔽》说："故为蔽：欲为蔽，恶为蔽，始为蔽，终为蔽，远为蔽，近为蔽，博为蔽，浅为蔽，古为蔽，今为蔽。凡万物异则莫不相为蔽，此心术之公患也。"即造成蒙蔽的有：欲望、憎恶、开始、终结、疏远、亲近、广博、肤浅、好古、好今等各极端。凡是万物相异对立，都会相互造成蒙蔽，这是思想方法的通病！

《荀子·解蔽》评论诸子百家说：墨子蔽于用而不知文，宋子蔽于欲而不知德，慎子蔽于法而不知贤，申子蔽于势而不知智，惠子蔽于辞而不知实，庄子蔽于天而不知人。故由用谓之，道尽利矣。由欲谓之，道尽嗛矣。由法谓之，道尽数矣。由势谓之，道尽便矣。由辞谓之，道尽论矣。由天谓之，道尽因矣。此数具者，皆道之一隅也。夫道者，体常而尽变，一隅不足以举之。曲知之人，观于道之一隅而未之能识也，故以为足而饰之，内以自乱，外以惑人，上以蔽下，下以蔽上，此蔽塞之祸也。孔子仁知且不蔽，故学乱术，足以为先王者也。一家得周道，举而用之，不蔽于成积也。故德与周公齐，名与三王并，此不蔽之福也。圣人知心术之患，见蔽塞之祸，故无欲、无恶、无始、无终、无近、无远、无博、无浅、无古、无今，兼陈万物而中县衡焉，是故众异不得相蔽以乱其伦也。

即墨子受实用蒙蔽，不知礼乐文彩。宋子受欲望蒙蔽，不知道德作用。慎子受刑法蒙蔽，不知贤能作用。申子受权势蒙蔽，不知才智作用。惠子受虚辞蒙蔽，不知实际重要。庄子受天道蒙蔽，不知人为作用。所以，从实用一面说，道尽在功利。从欲望一面说，道尽在满足。从法治一面说，道尽在法律规条。从权势一面说，道尽在因利乘便。从虚辞一面说，道尽在口说谈论。从天道一面说，道尽在因循自然。这几种说法，都只知道的一个方面。

全面的大道，其本体经久不变，穷尽所有变化，只凭一个方面不能概括穷举。一知半解的人，只看到道的一个方面，没有认识全面的大道理，就自以为是，虚张声势，对内扰乱学派，对外迷惑别人，在上的蒙蔽在下的，在下的蒙蔽在上的。这是受蒙蔽的祸害。孔子仁德明智，不受蒙蔽，学习治理天下的方术，足以跟先王比美。只有孔子学派掌握周遍之道（与一曲相对），高举运用，不受狭隘经验的蒙蔽。德行与周公等同，名声和古圣先王并列。这是不受蒙蔽的福祉。

圣人知道思想方法上的毛病，看到受蒙蔽的祸害，所以不受欲望、憎恶；开始、终结；疏远、亲近；广博、肤浅；好古、好今等各个极端的蒙蔽，全面地观察事物，符合客观的标准，所以不受各个差异对立面的蒙蔽，不让各个差异对立面把事物整体道理的伦序搞乱。

3.一致百虑殊途归

司马迁《史记·太史公自序》引司马谈《论六家要旨》评论诸子百家说："《易·大传》：'天下一致而百虑，同归而殊途。'夫阴阳、儒、墨、名、法、道德，此务为治者也，直所从言之异路，有省、不省耳。"①

即《易·系辞传》说：天下人追求相同，但谋虑多种多样。达到目的相同，但采取途径不一样。阴阳家、儒家、墨家、名家、法家和道家，都是致力于政治的治理，和只是遵从的学说并不是一个路数，有明显简易、直接隐蔽、繁难间接的区别。

司马谈《论六家要旨》列举"阴阳、儒、墨、名、法、道德"六家。司马谈、司马迁论六家，是用"诸子百

---

① 《易·系辞下》原话："天下同归而殊途，一致而百虑。"

家"的狭义，特指先秦时代的思想。"诸子百家"的广义，是指清代以前的重要思想家。

4. 舍短取长通万方

班固《汉书·艺文志·诸子略》列儒、道、阴阳、法、名、墨、纵横、杂、农、小说家，共"九流十家"，并评论诸子百家说：凡诸子百八十九家，四千三百二十四篇。诸子十家，其可观者九家而已。皆起于王道既微，诸侯力征。时君世主，好恶殊方，是以九家之说蜂出并作。各引一端，崇其所善，以此驰说，取合诸侯。其言虽殊，譬犹水火，相灭亦相生也。仁之与义，敬之与和，相反而皆相成也。《易》曰："天下同归而殊途，一致而百虑。"今异家者各推所长，穷知究虑，以明其指。虽有蔽短，合其要归，亦六经之支与流裔。使其人遭明王圣主，得其所折中，皆股肱之材已。仲尼有言："礼失而求诸野。"方今去圣久远，道术缺废，无所更索，彼九家者，不犹愈于野乎？若能修六艺之术，而观此九家之言，舍短取长，则可以通万方之略矣。

即诸子著作189家，4324篇。诸子分类，共有十家，其中值得观赏的不过九家而已。它们都是起于王道政治已经衰微以后，诸侯以武力相征伐。当时的国君，喜好厌恶不一样，所以九家的学术，就像蜜蜂轰然飞出，纷纷兴起。各自引申一个极端，推崇他们的好处，并用这学说，奔走游说，迎合诸侯。他们的言论虽然不一样，譬如水火，既是互相消灭的，也是互相生长的。就像仁与义，敬与和，虽然性质相反，却又是互相生成的。《易经》说："天下学问，途径不一，归趋相同，思虑繁杂，目标一致。"

现在各家学者，各自推崇他们学说的长处，用尽智慧，费心思虑来阐明学说要旨。虽然各自有偏见短处，但综合其主要归趋，他们都是从六经分出来的支脉末流。假使让他们遇到圣明君王，能折中他们的主张，他们都可以成为辅佐的人才。孔子说过："礼仪散失，要到乡野寻找。"现在距离圣人时代已经很久远，道术残缺废弃，没有地方再去追求，他们九家的学术，不是胜过去乡野找来的吗？如果能修明六艺的学术，观察这九家的言论，舍其短处，取其所长，就可以通达治理国家的全部方略。这是"九流"一词的出典。班固《汉书·艺文志》论九流十家，比司马谈、迁论六家"阴阳、儒、墨、名、法、道德"，新增4家，即"纵横、杂、农、小说"。

《汉书·艺文志》辑略评论诸子百家说：昔仲尼没而微言绝，七十子丧而大义乖。故《春秋》分为五，《诗》分为四，《易》有数家之传。战国纵横，真伪分争，诸子之言纷然淆乱。至秦患之，乃燔灭文章，以愚黔首。汉兴，改秦之败，大收篇籍，广开献书之路。迄孝武世，书缺简脱，礼坏乐崩，圣上喟然而称曰："朕甚悯焉！"于是建藏书之策，置写书之官，下及诸子传说，皆充秘府。至成帝时，以书颇散亡，使谒者陈农求遗书于天下。诏光禄大夫刘向校经传诸子诗赋，步兵校尉任宏校兵书，太史令尹咸校数术，侍医李柱国校方技。每一书已，向辄条其篇目，撮其指意，录而奏之。会向卒，哀帝复使向子侍中奉车都尉歆卒父业。歆于是总群书而奏其《七略》，故有《辑略》，有《六艺略》（指《六经》），有《诸子略》，有《诗赋略》，有《兵书略》，有《术数略》，有《方技略》。今删其要，以备篇籍。

即自从孔子死后，精要微妙之言也就中断了。孔子七十弟子死后，经典要义的解释也就出现了分歧。所以解释《春秋》分为《左氏传》《公羊传》《穀梁传》《邹氏传》《夹氏传》五家，解《诗》的分为《毛诗》《齐诗》《鲁诗》《韩诗》四家，解《易》也分为好几家。战国时合纵连横，真伪争论不休，诸子的学说纷纷淆乱不清。到了秦始皇对这种状况感到害怕时，便烧毁文章，以愚弄百姓。汉朝建立后，革除秦朝的弊端，大规模征收书籍文章，广开献书的门路。到孝武帝时代为止，书籍残缺，竹简脱落，礼节遭到破坏，乐礼被摧毁。皇上喟然而叹道："朕很悲哀这些事！"于是下令建立藏书的制度，设置抄书的官员，包括诸子传说都充实到秘府（宫中藏书处，国家图书馆）。到成帝的时候，由于书籍散失的特别厉害，就派谒者（官名，属郎中令）陈农，向天下征求分散的书籍。命令光禄大夫刘向校经传诸子诗赋，步兵校尉任宏校兵书，太史令尹咸校数术（占卜书），侍医李柱国校医药之书。每校完一部书，刘向就整理编目，概括其大意，录下来把它上奏给皇帝。当刘向死后，哀帝又派刘向的儿子侍中奉车都尉刘歆完成父亲的事业，刘歆于是总结所有书籍，把《七略》上奏给皇帝。所以就有《辑略》《六艺略》《诸子略》《诗赋略》《兵书略》《术数略》和《方技略》。

《汉书·艺文志》是班固对诸子百家概论的经典性说明，是当时国家藏书的分类目录，我国现存最早的文献目录。后来刘向校书，著有《别录》。刘歆承父业，著《七略》。《七略》分辑略、六艺、诸子、诗赋、兵书、术数、方技等七部分。班固说："今取其要，以备篇籍。"本志名为"艺文"。"艺"，以《诗》《书》《礼》《乐》《易》《春秋》六者，为六艺。"文"，指文学百家之说。其内容，在简短序言后，分六艺、诸子、诗赋、兵书、术数、方技等六部分，收书38种，596家，13269卷。每种书后有小序，每部分书后有总序，简明叙述先秦和秦汉学术思想的源流演变。

我参与主编和撰稿的《中华大典·哲学典·诸子百

家分典》，采用"诸子百家"广义，从先秦至清代，除儒家、佛家单独成典外，分列十一家，即道、墨、名、法、杂、兵、天文、阴阳、农、医和纵横家。《中华大典》对班固使用的"九流十家"概念，略去小说家（归文学）；增列"兵、天文、医"三家。班固对"兵、天文、医"三家，都分别单列。本书综合古今认知，分别讲谈诸子百家共十三家，即道家、儒家、墨家、法家、名家、兵家、杂家、纵横家、阴阳家、医家、天文家、农家和小说家。

十四、各家比较论短长

1. 理想人格有上下

儒家的理想人格是圣贤。《孟子·尽心上》说："达则兼善天下。"《论语·述而》说："用之则行。"道家的理想人格是隐士。墨家的理想人格是任侠，崇尚自我牺牲，损己利人，抑强扶弱，兼利天下。法家的理想人格是英雄，崇尚向外追求，讲求事功，雄图大略，国富民强。

2. 人生态度有高低

儒家的人生态度是积极入世，崇尚"知其不可而为"，刚健有为，奋进不止。道家的人生态度是退隐避世，崇尚"无为而无不为"，取下求上，以退为进，尊崇天道，向往自然。墨家的人生态度是积极入世，崇尚强力，兼爱天下，重视整体。法家的人生态度是积极入世，崇尚尽力而为，奋勇争取，刚毅耿直。《韩非子·五蠹》说："上古竞于道德，中世逐于智谋，当今争于气力。"

3.政治取向有朝野

儒家的政治取向是心在庙堂（朝廷），崇尚君子之道和圣王之道。道家的政治取向是身在山林（江湖）。《庄子·让王》说："身在江海之上，心居乎魏阙之下。"墨家的政治取向是身在民间，崇尚役夫之道、劳动之道，主张权为民用、利为民谋、情为民系。法家的政治取向是心在庙堂（朝廷）。《韩非子·五蠹》说："以法为教"，"以吏为师"，"以斩首为勇"，"言谈者必轨于法，动作者归之于功，为勇者尽之于军"，"无事则国富，有事则兵强"。

十五、重要启示四句话

诸子百家对当代最重要的启示，可归结为四句话：儒家的仁政王道，道家的辩证奇谋，法家的激进改革，墨家的科学精神。

十六、学习效益有方法

受时代、学派和认识的局限，诸子百家著作必然有精华和糟粕两部分。正确的读书方法，即能够取得良好学习效益的方法，是用科学态度，对古籍一分为二，像吃饭一样，经过咀嚼消化，取其精华，弃其糟粕，才能对身体有益。诸子百家著作，汗牛充栋，浩如烟海，亟须用今日先进的科学方法和语言，创造性地分析和诠释，把诸子百家的知识精华，转型变换为对今人有用的启发和借鉴。

第二讲　道家：隐士精英创道学

一、老庄之学称道学

道家学派，最初的领袖人物是老子、庄子，典籍有《老子》和《庄子》。老子是道学的开创者，庄子发挥老子道学，道学是老庄的共同创造。老子（约前580—前500）比孔子（前551—前479）早一代（30年）。庄子（约前369—前286）与孟子（约前372—前289）是同时代。

《庄子》说"老子"22次，说"老聃"46次。庄子寓言故事，假托他人他事，寓意是老子道学。《庄子》说老子言行68次，精准发挥老子道学。《庄子》文采飞扬，寓意深邃，有重要的现实价值，值得欣赏和借鉴。

退隐史官老子，创立道家道学，主张以退为进，以柔克刚，以弱胜强，用奇谋制胜，是社会弱势群体的哲学，在消极的字面中，潜蕴着积极的动能。当今时代，汲取道家智谋，韬光养晦，积极进取，奋发有为，有助实现中华振兴，民族复兴。

二、名人评论讲道学

1. 庄子自评说道学

《庄子·天下》评论老子学说：以本为精，以物为粗，以有积为不足，淡然独与神明居，古之道术有在于是者。关尹、老聃闻其风而悦之。建之以常无有，主之以太一，以濡弱谦下为表，以空虚不毁万物为实。关尹曰："在己无居，形物自著。其动若水，其静若镜，其应若响。芴乎若亡，寂乎若清，同焉者和，得焉者失。未尝先人，而常随人。"

老聃曰："知其雄，守其雌，为天下溪。……知其荣，守其辱，为天下谷。"人皆取先，己独取后，曰："受天下之垢。"人皆取实，己独取虚，无藏也故有余。其行身也，徐而不费，无为也而笑巧。人皆求福，己独曲全，曰："苟免于咎。"以深为根，以约为纪，曰："坚则毁矣，锐则挫矣。"常宽容于物，不削于人，可谓至极。关尹、老聃乎！古之博大真人哉！

以谬悠之说，荒唐之言，无端崖之辞，时恣纵而不傥，不以觭见之也。以天下为沈浊，不可与庄语。以卮言为曼衍，以重言为真，以寓言为广。独与天地精神往来，而不敖倪于万物。不谴是非，以与世俗处。其书虽瑰玮，而连犿无伤也。其辞虽参差，而諔诡①可观。彼其充实，不可以已。上与造物者游，而下与外死生、无终始者为友。其于本也，弘大而辟，深闳而肆。其于宗也，可谓调适而上遂矣。虽然，其应于化而解于物也，其理不竭，其来不蜕，恍乎昧乎，未之尽者。

即以根本的道为精微，以有形的物为粗杂，以储积为不足，恬淡地独与造化灵妙共处，古来道术就有属于这方面的。关尹、老聃听到这种风尚就喜好。建立常有常无的学说，归本于最高的太一，以柔弱谦下为表现，以空虚容纳万物为实质。

关尹说："自己不存私念，有形物体各自彰著。运动像流水，静止像明镜，反应像回声。恍惚像无有，寂静像清虚。认同则和谐，贪得便有失。未曾争人先，经常随人后。"

老聃说："认知雄强，持守雌弱，甘为天下的溪涧。认知光彩，持守卑辱，甘为天下的山谷。"别人都争先，自己独居后，说："甘受天下的垢辱。"别人都求实际，自己独取空虚，不贪恋储藏，所以常觉有余。立身行事，舒缓不费，无所作为，笑人机关算尽。别人求福，自己委

---

① 諔诡：奇异。《庄子·德充符》："以諔诡幻怪之名闻。"諔诡幻怪：奇异怪诞。

曲求全，姑且免于祸患。以深藏为根本，以隐约为纲纪，说："坚硬容易毁坏，锐利容易挫折。"经常宽容待物，不损害别人，可说达到了最高境界。关尹、老聃啊！古代的博大真人呀！

以荒谬悠远的论说，以荒唐夸张的言论，以无边无际的言辞，放纵不羁无偏党，恣意发挥不片面，不偏不倚不主观。深沉污浊遍天下，庄重言语不可谈。无心言论卮言曼，引用重言信为真，运用寓言广宣传。独自跟天地精神往来，而不傲视万物。不执着拘泥是非，以此跟世俗相处。其书虽奇伟不凡，却宛转叙说，无伤大道。其言辞虽参差不齐，却奇异可观。言辞充实，张力无穷。上跟造物者天地同游，下与超脱死生、无终始分别的人交友。阐述道的根本，弘大透辟，深邃广阔。阐述道的宗旨，协调恰适，臻于极致。虽然如此，顺应变化，解释物情，其理不竭，不离于道，窈窕深远，无穷无尽。

2. 以民为本老庄意

《庄子·天下》引老聃说："人皆取先，已独取后。曰：'受天下之垢。'"《老子》67章说："不敢为天下先，故能成器长。"《老子》马王堆甲本说："故能为成事长。"《老子》78章说："受国之垢，是为社稷主。"即有承担全国的屈辱和指责的气量大度，才具备担当国家领导人的资质能量。

《庄子·则阳》说：柏矩学于老聃，曰："请之天下游。"老聃曰："已矣，天下犹是也！"又请之，老聃曰："汝将何始？"曰："始于齐。"至齐，见辜人焉，推而强之，解朝服而幕之，号天而哭之曰："子乎，子乎，天下有大灾，子独先罹之！曰莫为盗，莫为杀人。荣辱立，然后睹所病；货财聚，然后睹所争。今立人之所病，聚人之所争，穷困人之身，使无休时，欲无至此，得乎？古之君人者，以得为在民，以失为在己。以正为在民，以枉为在己。故一形有失其形者，退而自责。今则不然。匿为物而过不识。大为难而罪不敢。重为任而罚不胜。远其途而诛不至。民智力竭，则以伪继之。日出多伪，士民安得不伪？夫力不足则伪；智不足则欺；财不足则盗。盗窃之行，于谁责而可乎？"

即柏矩求学于老子，对老子说："请求游历天下。"老子说："算了，天下跟这里一样！"柏矩再请求，老子说："你从哪里开始？"柏矩说："从齐国开始。"柏矩到齐国，见到死刑示众者，柏矩把尸体摆正，解下衣服，覆盖尸体，然后仰天号哭，致悼词说："先生呀！先生呀！天下有大灾，您却先罹难！人常说：别偷盗，别杀人。人们都争荣避辱，然后就带来弊病的。人们都集聚财货，然后就带来争端。现在树立人所诟病的，积聚人所争抢的，身体穷困，无休无止，想不达到这一步，办得到吗？古代贤明的人君，把成就归功于人民，把失误归咎于自己。把走对的正道，归功于人民。把走错的弯路，归咎于自己。即使有一人不幸丧命，君主也要反省自己的责任。现在却不是这样。君主每天都在隐瞒事实真相，却反过来归罪人民不会识别。君主闯祸制造大灾大难，却反过来归罪人民不会躲避。君主要求完成超高的任务指标，却反过来惩罚人民没有胜任。君主不断增加路程目标，却反过来诛罚人民没有达到。人民的智慧和能力穷竭，就被迫造假敷衍领导。君主每天制造无数的假象，人民怎能不造假应对？能力不够就造假；智慧不够就欺骗；财富不够就盗窃。盗窃横行，应该责备谁才对呢？"

《庄子·则阳》借老子学生柏矩之口所致悼词，感人至深。在哀悼死者的同时，针对社会现实政治生活，痛斥当时当权者的虚伪夸饰，苛责于人，体现了深刻彻底的民本、人本意识和人民史观的意涵。

庄子借"古之君人"（古代圣明君王）的名义，总结"以得为在民，以失为在己。以正为在民，以枉为在己"的命题，是包含人民史观萌芽的金玉良言，是适用于观察分析君主得失正枉的方法论。

"以得为在民，以失为在己。以正为在民，以枉为在己"的命题，是庄子从大量历史经验中概括的正确观点和科学结论，根据世界观、认识论和方法论相统一的原理，可视为普遍适用的科学方法论。

柏矩，唐成玄英疏说他是"怀道之士，老子门人"，唐陆德明说他是"有道之人"。成玄英疏："令其正卧，解取朝服幕而覆之。""日出多伪，士民安得不伪。"晋郭象注："主日兴伪，士民何以得其真乎？"成玄英疏："谲伪之风，日日而出，伪众如草，于何得真？""盗窃之行，于谁责而可乎。"郭象注："当责上也。"成玄英疏："夫智力穷竭，谲伪必生。赋敛益急，贪盗斯起。皆由主上无德，法令滋彰。夫能忘爱释私，不贵珍宝，当责在上，岂罪下民乎？"饶有深意。

黑格尔在随笔《谁在抽象思维》里说："且说一个凶手，被押往刑场。在常人看来，他不过是个凶手。""研究人的专家则不然，他要考察这个人，是怎样变成罪犯的。""在凶手身上，除了他是凶手这个抽象概念之外，再也看不到任何别的东西，并且拿这个简单的品质，抹煞了他身上其他的人的本质，这就叫做抽象思维。"[①]这里黑格尔所谓的"抽象思维"，特指片面、孤立、静止的形而上学思维。

庄子《则阳》，假托老子学生柏矩，至齐观察物情

---

① 〔苏联〕阿尔森·古留加：《黑格尔小传》，商务印书馆1978年版，第65页。

风化,"见辜人"(死刑示众者),这酷似黑格尔哲学随笔"且说一个凶手,被押往刑场。在常人看来,他不过是个凶手"。中国老子传人庄子的哲学寓言,跟西方近代辩证法大师黑格尔的哲学随笔,从思想内容,到表达方式,都如出一辙,异曲同工。

柏矩"号天而哭之",发表耐人寻味的悼词。其悼词内涵酷似黑格尔说:"研究人的专家则不然,他要考察这个人,是怎样变成罪犯的。""在凶手身上,除了他是凶手这个抽象概念之外",还看到"他身上其他的人的本质"。庄子假托柏矩说"辜人"之所以达到如此地步,有其必然的、不得不如此的深刻社会政治原因。庄子假托柏矩"号天而哭之"所发表的悼词全文,实际上就是庄子对社会现实政治弊端的怒斥谴责,至今对人们犹有深刻的启迪价值,体现了黑格尔提倡的具体、全面和整体的辩证思维。

庄子的议论,发挥了《尚书》《论语》和《墨子》等记载古圣先王商汤、周武王名言警句的意涵。《尚书·汤诰》引商汤说:"万方有罪,在予一人。予一人有罪,无以尔万方。"《论语·尧曰》引商汤说:"朕躬有罪,无以万方。万方有罪,罪在朕躬。"引周武王说:"百姓有过,在予一人。"《墨子·兼爱下》引商汤说:"万方有罪,即当朕身。朕身有罪,无及万方。"《兼爱中》引周武王说:"万方有罪,维予一人。"

从古圣先王商汤、周武王，到庄子、老子民本人本的名言警句，是中国古代民本人本意识的智慧之源，是总结历史和现实经验的理论借鉴，在当前仍有十分重要的启示意义。

3. 留有余地好主意

《老子》9章说："揣而锐之，不可常保。"即尖利锋芒，难保久长。《老子》76章说："坚强者死之徒。""兵强则灭，木强则折。"即坚强者属于死亡之列。兵力强大，会被攻灭，树木强大，会被摧折。《老子》30章说："物壮则老。"即事物壮大，必然衰老。《老子》44章说："多藏必厚亡。"即储藏丰厚，必然损失严重。《庄子·天下》说老子："以柔弱谦下为表。""曰坚则毁矣，锐则挫矣。"《庄子·山木》说："直木先伐，甘泉先竭。"即直挺的树木先遭砍伐，甘甜的水井先被汲干。

诸子百家，互渗互补，互相说明。《墨子·亲士》："今有五锥，此其铦，铦者必先挫。有五刀，此其错，错者必先靡。是以甘井近竭，招木近伐，灵龟近灼，神蛇近暴。是故比干之殪，其抗也。孟贲之杀，其勇也。西施之沈，其美也。吴起之裂，其事也。故彼人者，寡不死其所长。故曰，太盛难守也。""铦"、"错"指锋利。"靡"通"磨"，即消磨，损坏。意即现在有五把锥子，有一把最锐利，这一把必定先折损。有五把刀子，有一把最锋利，这一把必定先损坏。甘甜的水井先被汲干,高大的树木先被砍伐,灵验的乌龟先被烧灼占卜,神奇的大蛇先被曝晒求雨。比干被殷纣王剖心而死,因为他敢于直言劝谏。孟贲被杀,因为他逞勇。西施遭沉溺,因为她美丽过人。吴起遭车裂,因为他辅佐楚悼王变法事业辉煌。这些人,都死于自己的长处。可见,过于兴盛,难于久守。

《管子·重令》说:"天道之数,至则反,盛则衰。"《战国策·秦策三》说:"日中则移,月满则亏,物盛则衰,天之常数也。"《吕氏春秋·博志》说:"全则必缺,极则必反,盈则必亏。"《吕氏春秋·大乐》:"极则复反。"《鹖冠子·环流》:"物极必反。"《史记·田叔列传》:"月满则亏,物盛则衰,天地之常也。"《滑稽列传》:"乐极悲来,物盛则衰。"《平准书》:"物盛则衰。"《淮南子·泰族训》:"天地之道,至则反,盛则衰。"《淮南子·道应训》:"物盛则衰,乐极则悲。"

老庄智慧,影响渗透于后世文艺作品。《红楼梦》第十三回说:话说凤姐儿自贾琏送黛玉往扬州去后,心中实在无趣,每到晚间,不过同平儿说笑一回就胡乱睡了。这日夜间,和平儿灯下拥炉,早命浓熏绣被,二人睡下,屈指计算行程,该到何处,不知不觉,已交三鼓。平儿已睡熟了。凤姐方觉睡眼微蒙,恍惚只见秦氏从外走进来,含笑说道:"婶娘好睡!我今日回去,你也不送我一程。因娘儿们素日相好，我舍不得婶娘，故来别你一别。还有一件心愿未了，非告诉婶娘，别人未必中用。"凤姐听了，恍惚问道："有何心愿？只管托我就是了。"秦氏道："婶娘，你是个脂粉队里的英雄，连那些束带顶冠的男子也不能过你，你如何连两句俗语也不晓得？常言'月满则亏，水满则溢'，又道是'登高必跌重'。如今我们家赫赫扬扬，已将百载，一日倘或'乐极生悲'，若应了那句'树倒猢狲散'的俗语，岂不虚称了一世诗书旧族了？"凤姐听了此话，心胸不快，十分敬畏，忙问道："这话虑的极是，但有何法可以永保无虞？"秦氏冷笑道："婶娘好痴也！'否极泰来'，荣辱自古周而复始，岂人力所能常保的？但如今能于荣时筹划下将来衰时的世业，亦可以常远保全了。即如今日，诸事俱妥，只有两件未妥，若把此事如此一行，则后日可保无患了。"

凤姐便问道："什么事？"秦氏道："目今祖茔虽四时祭祀，只是无一定的钱粮；第二，家塾虽立，无一定的供给。依我想来，如今盛时固不缺祭祀供给，但将来败落之时，此二项有何出处？莫若依我定见，趁今日富贵，将祖茔附近多置田庄、房舍、地亩，以备祭祀、供给之费皆出自此处，将家塾亦设于此。合同族中长幼，大家定了则例，日后按房掌管这一年的地亩、钱粮、祭祀、供给之事。如此周流，又无争竞，也没有典卖诸弊。便是有罪，己物可以入官,这祭祀产业,连官也不入的。便败落下来,子孙回家读书务农,也有个退步,祭祀又可永继。若目今以为荣华不绝,不思后日,终非长策。眼见不日又有一件非常的喜事,真是烈火烹油,鲜花著锦之盛。要知道也不过是瞬息的繁华,一时的欢乐,万不可忘了那'盛筵必散'的俗语!若不早为后虑,只恐后悔无益了!"凤姐忙问:"有何喜事?"秦氏道:"天机不可泄漏。只是我与婶娘好了一场,临别赠你两句话,须要记著!"因念道:"三春去后诸芳尽,各自须寻各自门!"凤姐还欲问时,只听二门上传出云板,连叩四下,正是丧音,将凤姐惊醒。人回:"东府蓉大奶奶没了。"奇谋睿智,深谋远虑;韬光养晦,低调做事;不当头,不称霸。这些思想,渊源于老庄。

4. 司马谈迁论老庄

司马谈《论六家要旨》说:"道家使人精神专一,动合无形,赡足万物。其为术也,因阴阳之大顺,采儒墨之善,撮名法之要,与时迁移,应物变化,立俗施事,无所不宜,指约而易操,事少而功多。"

即道家使人精神专一,行动合乎无形之道,使万物丰足。道家之术,是依据阴阳家关于四时运行顺序之说,吸收儒墨两家之长,撮取名、法两家之精要,随着时势的发展而发展,顺应事物的变化,树立良好风俗,应用于人事，无不适宜，意旨简约扼要，而容易掌握，用力少，而功效多。

司马迁发挥说："道家无为，又曰无不为，其实易行，其辞难知。其术以虚无为本，以因循为用。无成势，无常形，故能究万物之情。不为物先，不为物后，故能为万物主。有法无法，因时为业。有度无度，因物与合。故曰圣人不朽，时变是守。虚者道之常也，因者君之纲也。群臣并至，使各自明也。其实中其声者谓之端，实不中其声者谓之窾。窾言不听，奸乃不生，贤不肖自分，白黑乃形。在所欲用耳，何事不成。乃合大道，混混冥冥。光耀天下，复反无名。凡人所生者神也，所托者形也。神大用则竭，形大劳则敝，形神离则死。死者不可复生，离者不可复反，故圣人重之。由是观之，神者生之本也，形者生之具也。不先定其神形，而曰我有以治天下，何由哉？"

即道家讲无为，又说无不为，其实际主张容易施行，其文辞则幽深微妙，难以明白通晓。其学说以虚无为理论基础，以顺应自然为实用原则。道家认为事物没有既成不变之势，没有常存不变之形，所以能够探求万物的情理。不做超越物情的事，也不做落后物情的事，所以能够成为万物的主宰。有法而不任法以为法，要顺应时势以成其业。有度而不恃度以为度，要根据万物之形各成其度，而与之相合。所以说"圣人的思想和业绩之所以不可磨灭，就在于能够顺应时势的变化。虚无是道的永恒规律，顺天应人是国君治国理民的纲要"。群臣一齐来到面前，君主应让他们各自明确自己的职分。其实际情况符合其言论名声者，叫作"端"。实际情况不符合其言论声名者，叫作"窾"。不听信"窾言"（空话），奸邪就不会产生，贤与不肖自然分清，黑白也就分明。问题在于想不想运用，只要肯运用，什么事办不成呢？这样才会合乎大道，一派混混冥冥的境界。光辉照耀天下，重又返归于无名。大凡人活着是因为有精神，而精神又寄托于形体。精神过度使用就会衰竭，形体过度劳累就会疲惫，形神分离就会死亡。死去的人不能复生，神形分离便不能重新结合在一起，所以圣人重视这个问题。由此看来，精神是人生命的根本，形体是生命的依托。不先安定自己的精神和身体，却侈谈"我有办法治理天下"，凭借的又是什么呢？

《史记·老子列传》评老子说："世之学老子者则黜儒学，儒学亦黜老子。道不同，不相为谋。岂谓是邪？李耳无为自化，清静自正。"即社会上信奉老子学说的人，就贬斥儒学。信奉儒家学说的人，也贬斥老子学说。道理学说不同，不能在一起筹谋规划。难道就是说的这种情况吗？老子认为，官方无为而治，百姓自然趋于归化。官方清静不扰民，百姓自然会归于正道。

《老子》第57章自证说：故圣人云："我无为而民自

化,我好静而民自正,我无事而民自富,我无欲而民自朴。"即圣人说:我无为而治,一任自然,无所作为,人民自然顺化。我清虚明静,无所索求,不胡乱扰民,人民自然端正。我不乱找事,人民自然富足。我没有欲望,人民自然淳朴。意即缓和社会矛盾,让人民自然顺化端正,富足淳朴,生活安定。

《史记·老子列传》评老子说:"老子所贵道,虚无,因应变化于无为,故著书辞称微妙难识。庄子散道德,放论,要亦归之自然。"即老子推重的道,虚无,顺应自然,以无所作为来适应各种变化,所以,他写的书很多措辞微妙不易理解。庄子宣演道德,纵意推论,其学说的要点也归本于自然无为的道理。

5.班固艺文做结论

班固《汉书·艺文志》说:道家者流,盖出于史官,历记成败存亡祸福古今之道,然后知秉要执本,清虚以自守,卑弱以自持,此人君南面之术也。合于尧之克攘,易之谦谦,一谦而四益,此其所长也。及放者为之,则欲绝去礼学,兼弃仁义,曰独任清虚,可以为治。

即道家流派,出于古代史官,历述记载成功失败、生存灭亡、灾祸幸福、古今的道理,然后知道秉持要点,把握根本,坚守清静无为,保持谦虚柔弱,这是国君治理国家的方法。这合乎尧的谦让,《易经》说的谦虚,一种谦虚得到四种好处（天益、地益、神益、人益），这是他们的长处。到狂放无守的人，实行道家学术，就想断绝礼仪，抛弃仁义，认为只要清静无为，就可以治理好国家。

6. 失志谋身好老庄

王夫之《诗广传·大雅》说："得志于时而谋天下，则好管（子）商（鞅）。失志于时而谋其身，则好庄（子）列（子）。"儒法两家学说，是在朝者、执政者、当权派、管理层的精神支柱。道家学说，是在野者、隐居者，失意者的精神支柱。当权在朝信儒法，隐居在野信道学。二者相反相成，对立互补，如车之两轮、鸟之两翼，并驾齐驱，比翼双飞。

当今全球化时代的社会生活，比古代更加纷繁复杂，只用一家之言，显然不足以应对，必须对诸子百家之学，综合斟酌，提升转型，适时而用，方可左右逢源，立于不败之地。

三、老庄故事有精意

1. 孔子拜师道弥尊

《孔子家语·观周》说：孔子谓南宫敬叔曰："吾闻老聃博古知今，通礼乐之原，明道德之归，则吾师也。今将往矣！"对曰："谨受命！"遂言于鲁君曰："今孔子将适周，观先王之遗制，考礼乐之所极，斯大业也。君盍以乘资之？臣请与往！"公曰："诺！"与孔子车一乘，马二匹，竖子侍御，敬叔与俱至周，问礼于老聃，访乐于苌弘，历郊社之所，考明堂之则，察庙朝之度。于是喟然曰："吾乃今知周公之圣，与周之所以王也！"及去周，老子送之，孔子曰："敬奉教！"自周反鲁，道弥尊矣。远方弟子之进，盖三千焉。

即孔子对南宫敬叔说："我听说老子博通古代，知晓今日，通晓礼乐的起源，明白道德的归属，他就是我的老师。现在我要到他那里去学习！"于是孔子拜老子为师，向老子学习。南宫敬叔回答说："我遵从您的意愿！"于是南宫敬叔对鲁国君主说："现在孔子将要到东周，观察先王遗留的制度，考察礼乐的极致，这是大事业啊！您何不提供车子、马匹资助他呢？我请求和他一起去！"鲁君说："好！"于是送给孔子一辆车，两匹马，派一名童仆侍奉他，给他赶车。南宫敬叔和孔子一起到东周。

孔子向老子询问礼仪，向苌弘访问音乐，走遍祭祀天地的处所，考察明堂（国家朝会祭祀场所）的规则、察看宗庙朝堂的制度。于是感叹地说："我现在才知道周公的圣明，以及周朝称王天下的原因！"这是孔子第一次参访周朝都城的观感和体会。离开东周时，老子去送他，孔子说："我一定遵循您的教诲！"从东周返回鲁国，孔子的道理学说，更加受人尊崇。从远方来投向孔子门下的，大约有三千人。这足以说明孔子访学有效果。

故事发生时间：周敬王二年（前518），孔子34岁。孔子早就对东周王朝史官老子怀有敬意，很想拜会老子，后来终于有机会，于是跟新收门徒、鲁国贵族子弟南宫敬叔一起，受鲁国国君派遣，驾两马一车，从曲阜出发，风尘仆仆，一路颠簸，直奔东周王城洛邑，向老子请教。《吕氏春秋·当染》说："孔子学于老聃。"

2.临别赠言劝韬晦

《史记·孔子世家》说：鲁南宫敬叔言鲁君曰："请与孔子适周！"鲁君与之一乘车，两马，一竖子俱，适周问礼，盖见老子云。辞去，而老子送之曰："吾闻富贵者送人以财，仁人者送人以言。吾不能富贵，窃仁人之号，送子以言，曰：聪明深察而近于死者，好议人者也。博辩广大危其身者，发人之恶者也。为人子者毋以有己，为人臣者毋以有己。"孔子自周反于鲁，弟子稍益进焉。

即鲁国人南宫敬叔，对鲁昭公说："请让我跟随孔子，前往周朝首都洛邑！"鲁昭公给他们一辆车，两匹马，派一名童仆同行，前往周朝都城洛邑询问周礼，见到了老子。孔子离去时，老子送他说："我听说富贵之人用财物来送人，仁义之人用言语来送人。我不能富贵，只好盗用仁人的名义，用言语来送你，这几句话是：聪慧明白，洞察一切，反而濒临死亡，是因为喜好议论他人的缘故。博洽善辩，宽广弘大，反而危及其身，是因为抉发别人丑恶的缘故。做人儿子的，就不要有自己，做人臣子的，就不要有自己。"这是老子临别赠言。孔子访学很有效果，从周京回鲁，弟子增多。

3.老子教导实若虚

《史记·老子列传》说：孔子适周，将问礼于老子。老子曰："子所言者，其人与骨皆已朽矣，独其言在耳。且君子得其时则驾，不得其时则蓬累而行。吾闻之：'良贾深藏若虚。君子盛德，容貌若愚。'去子之骄气与多欲，态色与淫志，是皆无益于子之身。吾所以告子，若是而已！"孔子去，谓弟子曰："鸟，吾知其能飞。鱼，吾知其能游。兽，吾知其能走。走者可以为网，游者可以为纶，飞者可以为矰。至于龙，吾不能知其乘风云而上天。吾今日见老子，其犹龙邪！"

即孔子到东周首都洛邑，向老子请教礼的学问。老子说：你所说的礼，倡导它的人的骨头都已经腐烂，只有他的言论还在。况且君子遇到时机，就驾车做官。生不逢时，就像蓬草，随风飘转。我听说："善于经商的人，把货物隐藏起来，好像什么东西也没有。君子具有高尚的品德，他的容貌谦虚得像愚钝的人。"抛弃你的骄气和过多的欲望，抛弃你做作的情态神色和过大的志向，这些对你都没有好处。我能告诉你的，就是这些！这是老子对孔子的教导。

孔子离去以后,对弟子们说:"鸟,我知道它能飞。鱼,我知道它能游。兽,我知道它能跑。会跑可织网捕获;会游可用丝线钓;会飞可用丝绳牵箭射。至于龙,我就不知道该怎么办了!它驾着风云,飞腾升天。我今天见到的老子,大概就是龙吧!"这是孔子对老子教导的体会。

孔子55—68岁(前497—前484)期间,带众弟子周游列国,历时14年。《史记·老子列传》记老子对孔子说:"君子得其时则驾,不得其时则蓬累而行。"《论语·述而》记孔子对颜渊说:"用之则行,舍之则藏。"《论语·公冶长》记孔子对学生说:"道不行,乘桴浮于海。"即理想不能实现,就乘木筏漂流到海上。《孟子·尽心上》对宋国人勾践说:"穷则独善其身,达则兼善天下。"即通达就兼善天下,贫穷就独善其身。

"君子得其时则驾"、"用之则行"、"达则兼善天下",是儒家入世积极面的理想人格。"君子不得其时则蓬累而行"、"舍之则藏"、"穷则独善其身"、"道不行,乘桴浮于海",是道家避世消极面的理想人格。

《论语·泰伯》记曾子说:"有若无,实若虚。"跟这里老子所谓"良贾深藏若虚。君子盛德,容貌若愚"语义一致。中国传统知识分子,都有在不得已时,被迫退隐的思想准备和行为选项。

道家领袖老庄，为中国社会的"隐君子"（隐士阶层的精英）概括一套系统的道学世界观、人生观、价值观和政治伦理观，撇开其避世退隐的消极外表，不难体会其自然社会自主发展的合理思想，有巨大的社会、政治、经济和文化价值与效益。

儒家孔子及其弟子，必然包含隐蔽的道家思想一面，儒家一旦在政治上失意，即刻转化道家。故本讲谈道家，不时援引儒家著作资料，以证儒道对立两派，实包含对立统一的机理：对立面在一定条件下互相转化，这是辩证哲学的典型例证。

4. 老子著书隐无名

《史记·老子列传》说："老子，隐君子也。""老子修道德，其学以自隐无名为务。居周久之，见周之衰，乃遂去。至关，关令尹喜曰：'子将隐矣，强为我著书！'"① 于是老子乃著书上下篇，言道德之意五千余言而去，莫知其

---

① 司马贞《史记索隐》说："李尤《函谷关铭》云：尹喜要老子留作二篇。而崔浩以尹喜又为散关令是也。"张守节《史记正义》说："《抱朴子》云：老子西游，遇关令尹喜于散关，为喜著《道德经》一卷，谓之《老子》，或以为函谷关。《括地志》云：散关在岐州陈仓县东南五十二里，函谷关在陕州桃林县西南十二里。"

所终。"①即老子是隐士群体中的精英分子。"隐"即隐居。"君子"即人格高尚，有知识，有修养的人。老子研究道家的道德学问，学说以隐匿形迹，不求闻达为宗旨。老子在周王朝国都洛邑住久了，见周朝衰微，就离开周都，到函谷关。关令尹喜对他说："您就要隐居，勉力为我写本书吧！"于是老子写书，分上下两篇，阐述道德的本意，共五千多字，然后离去，没有人知道他的下落。

我们至今看老子"著书上下篇，言道德之意五千余言"，其内容确实是"修道德，其学以自隐无名为务"。不管"老子至关著书"的故事，多么虚无缥缈，摆在我们面前，流传两千多年的《老子》（《道德经》）元典，确是历史事实，值得研究。

5.庄子著书用寓言

庄子著书，用寓言故事，精准发挥《老子》五千言的思想，以独特贡献，赢得学界一致认可，因此老庄连称，道学即老庄之学。

---

① 裴骃《史记集解》引《列仙传》说："关令尹喜者，周大夫也。善内学星宿，服精华，隐德行仁。时人莫知老子西游，喜先见其气，知真人当过，候物色而迹之，果得老子。老子亦知其奇，为著书，与老子俱之流沙之西。""莫知其所终。亦著书九篇，名《关令子》。"司马贞《史记索隐》说："《列仙传》是刘向所记。物色而迹，谓视其气物有异色，而寻迹之。又按《列异传》，老子西游，关令尹喜望见其有紫气浮关，而老子果乘青牛而过。"神话传说，不足取信。

《史记·老子列传》说：庄子者，蒙人也，名周。周尝为蒙漆园吏，与梁惠王、齐宣王同时。其学无所不窥，然其要本归于老子之言。故其著书十余万言，大抵率寓言也。作《渔父》《盗跖》《胠箧》，以诋訾孔子之徒，以明老子之术。《畏累虚》《亢桑子》之属，皆空语无事实。然善属书离辞，指事类情，用剽剥儒墨，虽当世宿学不能自解免也。

即庄子是蒙地人，名周。他曾经担任过蒙地漆园的小吏，和梁惠王（前369—前319，在位共51年）、齐宣王（前319—前301，在位共19年）是同时代人。他学识渊博，研究范围无所不包。其中心思想本源于老子学说。因此其撰写的十余万字著作，大都是托词寄意的寓言。写《渔父》《盗跖》《胠箧》，诋毁孔子学派，阐明老子学术。《畏累虚》《亢桑子》一类，都空设言语，没有事实。他善于行文措辞，指谓整理事物情状，用来攻击和驳斥儒家和墨家，即使是当世博学之士，也不能使自己免除攻击。

庄子有许多寓言，描写老子与孔子（或孔子弟子）的对话。其中老子的地位，总是孔子的前辈，比孔子的道技，略胜一筹；而孔子在老子面前甘当学生，甘拜下风。

6. 宁做头牛戏污水

《史记·老子列传》说：其言洸洋自恣以适己，故自王公大人不能器之。楚威王闻庄周贤，使使厚币迎之，许以为相。庄周笑谓楚使者曰:"千金,重利。卿相,尊位也。子独不见郊祭之牺牛乎?养食之数岁,衣以文绣,以入大庙。当是之时,虽欲为孤豚,岂可得乎?子亟去,无污我。我宁游戏污渎之中自快,无为有国者所羁,终身不仕,以快吾志焉!"

即庄子语言汪洋弥漫,纵横恣肆,以适合自己的性情,所以从王公大人起,都无法用他。楚威王(前339—前329,在位共11年)听说庄周(30—40岁)贤能,便派遣使臣带着丰厚的礼物去聘请他,答应他出任曹国的宰相。庄周笑着对楚国使臣说:"千金,是厚礼。卿相,是尊贵的高位。您难道没见过祭祀天地用的牛吗?喂养它好几年,给它披上带有花纹的绸缎,把它牵进太庙去当祭品,在这个时候,它即使想做一头孤独的小猪,难道能办得到吗?您赶快离去,不要玷污了我。我宁愿做头牛,在小水沟里身心愉快地游戏,也不愿被国君所束缚。我终身不做官,让自己的心志愉快!"

7. 宁学乌龟活泥中

《庄子·秋水》说:庄子钓于濮水。楚王使大夫二人往见焉,曰:"愿以境内累矣!"庄子持竿不顾曰:"吾闻楚有神龟,死已三千岁矣。王以巾笥而藏之庙堂之上。此龟者,宁其死为留骨而贵乎,宁其生而曳尾于泥中乎?"二大夫曰:"宁生而曳尾泥中。"庄子曰:"往矣!吾将曳尾于泥中！"

即庄子在濮水（今山东濮县）垂钓。楚王派遣两位大臣先行前往致意说："楚王愿将国内政事委托给你！"庄子手把钓竿，头也不回地说："我听说楚国有一只神龟，已经死三千年了。楚王用布巾竹箱装着它，珍藏在宗庙。这只神龟，是宁愿死去，为了留下骨骸，而显示尊贵呢，还是宁愿活着，在泥水里拖着尾巴呢？"两位大臣说："宁愿拖着尾巴，活在泥水里！"庄子说："你们走吧！我仍将拖着尾巴，生活在泥水里！"

8. 请到干鱼店找我

《庄子·外物》说：庄周家贫，故往贷粟于监河侯。监河侯曰："诺。我将得邑金，将贷子三百金，可乎？"庄周忿然作色曰："周昨来，有中道而呼者。周顾视车辙中，有鲋鱼焉。周问之曰：'鲋鱼来！子何为者邪？'对曰：'我，东海之波臣也。君岂有斗升之水而活我哉？'周曰：'诺。我且南游吴、越之土，激西江之水而迎子，可乎？'鲋鱼忿然作色曰：'吾失我常与，我无所处。吾得斗升之水然活耳。君乃言此，曾不如早索我于枯鱼之肆！'"

即庄周家境贫寒，于是向监河侯借粮。监河侯说："可以呀！我即将收取封邑之地的税金，打算借给你三百金，可以吗？"庄周听了，脸色骤变忿忿地说："我昨天来的时候，有谁在半道上呼唤我。我回头看看路上车轮碾过的小坑洼处，有条鲫鱼在那里挣扎。我问它：'鲫鱼，你干什么呢？'鲫鱼回答：'我是东海水族中的一员。你也许能用斗升之水使我活下来吧？'我对它说：'可以呀！我将到南方去游说吴王、越王，引发西江之水来迎候你，可以吗？'鲫鱼变了脸色，生气地说：'我失去我经常生活的环境，没有安身之处。眼下我能得到斗升那样多的水，就活下来了，而你竟说出这样的话，还不如早点到干鱼店里找我！"

9. 贫民织鞋面黄瘦

《庄子·列御寇》说：宋人有曹商者，为宋王使秦。其往也，得车数乘；王悦之，益车百乘。反于宋，见庄子曰："夫处穷闾隘巷，困窘织屦，槁项黄馘者，商之所短也。一悟万乘之主，而从车百乘者，商之所长也。"庄子曰："秦王有病召医，破痈溃痤者得车一乘，舐痔者得车五乘，所治愈下，得车愈多。子岂治其痔邪？何得车之多也？子行矣！"

即宋国有个叫曹商的人，为宋（偃）王出使秦国。他前往秦国的时候，得到宋王赠予的数辆车子；秦王十分高兴，又加赐车辆一百乘。曹商回到宋国，见了庄子说："身居偏僻狭窄的里巷，贫困到自己编织麻鞋，脖颈干瘪面色饥黄，这是我不如别人的地方；一旦有机会使大国的国君省悟,而随从的车辆达到百乘之多,这又是我超过他人之处。"庄子说:"听说秦王有病,召请属下的医生,破出脓疮溃散疖子的人,可获得车辆一乘。舔治痔疮的人,可获得车辆五乘。疗治部位越低下,获得车辆越多。你难道给秦王舔过痔疮吗?怎么获奖的车辆如此之多呢?你走开吧!"

10.庄子贫穷非疲惫

《庄子·山木》说:庄子衣大布而补之,正縻系履,而过魏王。魏王曰:"何先生之惫邪?"庄子曰:"贫也,非惫也。士有道德不能行,惫也。衣弊履穿,贫也,非惫也,此所谓非遭时也。王独不见夫腾猿乎?其得楠梓豫章也,揽蔓其枝,而旺涨其间,虽羿、蓬蒙不能眄睨也。及其得柘棘枳枸之间也,危行侧视,振动悼栗,此筋骨非有加急而不柔也,处势不便,未足以逞其能也。今处昏上乱相之间,而欲无惫,奚可得邪?此比干之见剖心,征也夫!"

即庄子穿着带补丁的粗布衣服,脚上穿着用麻绳绑的破鞋,去见魏王。魏王说:"先生如何这样的疲惫呢?"庄子说:"是贫穷,不是疲惫。士人有道德不能实行,这是疲惫;衣服破旧,鞋子穿孔,这是贫穷,不是疲惫,这就是所谓的生不逢时啊。你就没有见过那活蹦乱跳的猴子吗?当它们生活在楠、梓、豫章等大树之中的时候,攀援着树枝,心悦气盛,可以说是称王天下,即使善射的后羿、逢蒙也不敢小看它们。等它们落到柘、棘、枳、枸等带刺的树丛中时,尽管小心谨慎,目不斜视,走起路来还是胆战心惊,这并不是因为筋骨受到了束缚而不灵活,这是因为所处情势不利,不能施展自己的才能啊!现在正处于昏君乱臣的治理下,想要不疲惫,怎么可能呢?在此社会中,像比干那样被剖心,不就是明证吗!"

11. 庄子妻死鼓盆歌

《庄子·至乐》说:庄子妻死,惠子吊之,庄子则方箕踞,鼓盆而歌。惠子曰:"与人居,长子,老,身死,不哭亦足矣,又鼓盆而歌,不亦甚乎!"庄子曰:"不然。是其始死也,我独何能无慨然!察其始而本无生,非徒无生也,而本无形,非徒无形也,而本无气。杂乎恍惚之间,变而有气,气变而有形,形变而有生,今又变而之死,是相与为春秋冬夏四时行也。人且偃然寝于巨室,而我叫叫然随而哭之,自以为不通乎命,故止也。"

即庄子的妻子死了,惠子前往表示吊唁,庄子却正在分开双腿,像簸箕一样坐着,一边敲打着瓦盆,一边唱歌。惠子说:"你跟死去的妻子生活了一辈子,生儿育女,直至衰老而死。人死了,不伤心哭泣也就算了,还敲着瓦盆,唱起歌来,也太过分了吧!"庄子说:"不对。她刚死之时,我怎么能不感慨伤心呢!然而仔细考察她的开始,原本就不曾出生,不只是不曾出生,而且本来就不曾具有形体，不只是不曾具有形体，而且原本就没有元气。夹杂在恍恍惚惚的境域之中，变化而有了元气，元气变化而有了形体，形体变化而有了生命，如今变化又回到死亡，这就跟春夏秋冬四季运行一样。死去的那个人，将安安稳稳地寝卧在天地之间，而我却嗷嗷地围着她啼哭，我自认为这是不能通晓于天命，所以也就停止了哭泣。"

12.死去元知万事空

《庄子·列御寇》说：庄子将死，弟子欲厚葬之。庄子曰："吾以天地为棺椁，以日月为连璧，星辰为珠玑，万物为赍送，吾葬具岂不备邪？何以加此！"弟子曰："吾恐乌鸢之食夫子也。"庄子曰："在上为乌鸢食，在下为蝼蚁食。夺彼与此，何其偏也！"

即庄子快要死了，弟子们想厚葬他。庄子说："我把天地当作棺椁，把日月当作连璧，把星辰当作珠玑，万物都可以成为我的陪葬，我的陪葬难道不完备吗？哪里用得着加上这些东西！"弟子说："我们担忧乌鸦、老鹰啄食先生的遗体。"庄子说："弃尸地面，将会被乌鸦、老鹰吃掉。深埋地下，将会被蝼蛄、蚂蚁吃掉。抢夺乌鸦、老鹰的吃食，交给蝼蛄、蚂蚁，怎么这样偏心呢！"

13.楚狂接舆笑孔丘

《论语·微子》说：楚狂接舆歌而过孔子曰："凤兮！凤兮！何德之衰？往者不可谏，来者犹可追。已而，已而！今之从政者殆而！"孔子下，欲与之言。趋而辟之，不得与之言。

《庄子·人间世》说：孔子适楚，楚狂接舆游其门曰："凤兮凤兮，何德之衰也。来世不可待，往世不可追也。天下有道，圣人成焉。天下无道，圣人生焉。方今之时，仅免刑焉！福轻乎羽，莫之知载。祸重乎地，莫之知避。已乎，已乎！临人以德。殆乎，殆乎！画地而趋。迷阳迷阳，无伤吾行。却曲却曲，无伤吾足。"

即楚国狂人接舆唱歌。路过孔子车旁说："凤啊！凤啊！你怎么这样倒霉？过去的不可挽回，未来的还可以赶上。算了！算了！现在的执政者很危险！"孔子下车，想同他说话。他赶快避开了，孔子没能与他交谈。

即孔子去到楚国，楚国隐士接舆有意来到孔子门前说："凤鸟啊，凤鸟啊！你怎么怀有大德，却来到这衰败的国家！未来的世界不可期待，过去的时日无法追回。天下得到治理，圣人便成就了事业。国君昏暗，天下混乱，圣人只得顺应潮流，苟且生存。当今这个时代，怕就只能免遭刑辱。幸福比羽毛还轻，而不知道怎么取得。祸患比大地还重，而不知道怎么回避。算了吧，算了吧！不要在人前宣扬你的德行！危险啊，危险啊！挑选好的地方走吧！荆棘啊，荆棘啊，不要挡住我的路！转弯走，转弯走，不要刺伤我的脚！"

楚狂接舆是春秋楚国的隐士。"接舆"字义是接孔子之舆（车子）。这是寓言假托，非真实名字。《战国策·秦策》说他"披发而佯狂"。《韩诗外传》卷2说他"躬耕以食"，不愿为仕，"楚王使使者赍金百镒，愿请治河南"，乃"变易姓字，莫知所之"。晋皇甫谧《高士传》说他："好养性，躬耕以为食。楚昭王时，通见楚政无常，乃佯狂不仕，故时人谓之楚狂。"唐李白自拟楚狂，写《庐山谣寄卢侍御虚舟》诗："我本楚狂人，凤歌笑孔丘。"这是"接舆歌凤"典故的由来。

14. 道路不同不相谋

大量事实证明，儒道虽是对立的两派，但儒家经典中潜藏有道家思想的因素。儒道对立统一，互渗互补，互相转化。《论语·微子》说：长沮、桀溺耦而耕，孔子过之，使子路问津焉。长沮曰："夫执舆者为谁？"子路曰："为孔丘。"曰："是鲁孔丘与？"曰："是也。"曰："是知津矣。"问于桀溺，桀溺曰："子为谁？"曰："为仲由。"曰："是鲁孔丘之徒与？"对曰："然。"曰："滔滔者天下皆是也，而谁以易之？且而与其从避人之士也，岂若从避世之士哉？"耰而不辍。子路行以告。夫子怃然曰："鸟兽不可与同群。吾非斯人之徒与而谁与？天下有道，丘不与易也。"

即长沮、桀溺并肩合作耕种，孔子路过，让子路询问渡口。长沮说:"驾车人是谁?"子路说:"是孔丘!""是鲁国孔丘吗?""是!""他天生就应该知道渡口在那里!"子路再问桀溺。桀溺说:"你是谁?""我是仲由!""是鲁国孔丘的学生吗?""是!""坏人坏事像洪水泛滥,谁和你们去改变?你与其跟随避人的人,哪里比得上跟随我们这些避世的人呢?"他边说,边不停地播种。子路回来,告诉孔子,孔子失望地说:"人不能和鸟兽同群。我不同人打交道,而同谁打交道?天下太平,我就用不着提倡改革了!"

15.洁身自好乱大伦

《论语·微子》说:子路从而后,遇丈人,以杖荷蓧。子路问曰:"子见夫子乎?"丈人曰:"四体不勤,五谷不分。孰为夫子?"植其杖而芸。子路拱而立。止子路宿,杀鸡为黍而食之,见其二子焉。明日,子路行以告。子曰:"隐者也!"使子路反见之。至,则行矣。子路曰:"不仕无义。长幼之节,不可废也;君臣之义,如之何其废之?欲洁其身,而乱大伦。君子之仕也,行其义也。道之不行,已知之矣。"

即子路跟随孔子出行,落在后面,遇到一位老人,用拐杖挑着农具。子路问:"您见到过我的老师吗?"老人说:"四肢不劳动,五谷分不清,谁是你的老师?"说完,就扶着拐杖除草。子路拱着手站在一边。老人留子路过夜,杀鸡煮饭给子路吃,又让两个儿子跟子路相见。第二天,子路告辞,赶上孔子,向孔子报告情况。孔子说:"是隐士呀!"让子路返回去见老人。到了他家,他已出门了。子路说:"不做官是不对的。长幼之间的礼节,不可废除。君臣之间的大义,又怎能抛弃呢?想洁身自好,却破坏了君臣之间的大伦。君子做官,只是履行人臣的义务。至于天下太平的理想,早已知道是行不通了!"

16. 知其不可而为之

《论语·宪问》说:子路宿于石门。晨门曰:"奚自?"子路曰:"自孔氏。"曰:"是知其不可而为之者与?"即子路在石门(鲁城外门)睡觉。清晨看门的说:"哪里来的?"子路答:"从孔子那里来!"问:"是那个明知做不到,却还硬要去做的人吗?"

儒墨两家都是"知其不可而为之"。道家是"知其不可而不为",倡导"无为",即"无为而无不为"。这是悖论式的真理。通过"无所作为",以退为进,达到"无不为",即预期的理想实现。

17. 洁身自好不沾湿

《论语·宪问》说:子击磬于卫。有荷蒉(挑草筐)而过孔氏之门者,曰:"有心哉!击磬乎!"既而曰:"鄙哉!硁硁乎!莫己知也,斯己而已矣。深则厉,浅则揭。"

子曰:"果哉!末之难矣。"

即孔子在卫国击磬。一个背背篓的人,从门前走过说:"击磬的人,有心思啊!"一会儿又说:"磬声硁硁,可鄙呀!他像在发牢骚:没人理解我呀!没人理解就算了,好比过河:水深,就穿着衣服走过去。(比喻社会黑暗,只好听之任之。)水浅,就撩衣服趟过去。(比喻社会不太黑暗,为使自己不受污染,不妨撩衣而过,免得沾湿。)"孔子说:"说得好坚决呀!没办法说服他了!"

《庄子·养生主》说:"为善无近名,为恶无近刑。缘督以为经,可以保身,可以全生,可以养亲,可以尽年。"即做了世人所谓的善事,却不去贪图名声。做了世人所谓的恶事,却不至于面对刑戮的屈辱。遵从自然的中正之路,并把它作为顺应事物的常法,可以明哲保身,保全生命,奉养父母,终享天年。

18.孔子退隐潜意识

在孔子的内心深处,包藏有退隐江河湖海的潜意识,是孔子怀抱的道家情结和道学因子。《论语·卫灵公》说:子曰:"直哉史鱼!邦有道,如矢。邦无道,如矢。"君子哉蘧伯玉!邦有道,则仕。邦无道,则可卷而怀之!

即孔子说:"史鱼真正直啊!国家政治清明时,他像箭一样直。国家政治黑暗时,他也像箭一样直。蘧伯玉真是个君子!国家政治清明时,他就出来做官。国家政治黑暗时，他就藏而不露地隐居起来！"

史鱼，也叫史鳅，字子鱼。春秋时卫国大夫。以刚直不屈著称。以尸谏劝卫灵公进用贤人，斥退不肖。《韩诗外传》卷7说："昔者，卫大夫史鱼病且死，谓其子曰：'我数言蘧伯玉之贤，而不能进。弥子瑕不肖，而不能退。为人臣，生不能进贤，而退不肖，死不当治丧正堂，殡我于室，足矣！'"

《庄子·在宥》说："下有桀、跖，上有曾、史，而儒、墨毕起。于是乎喜怒相疑，愚知相欺，善否相非，诞信相讥，而天下衰矣。大德不同，而性命烂漫矣。天下好知，而百姓求竭矣。于是乎斤锯制焉，绳墨杀焉，椎凿决焉。天下脊脊大乱，罪在撄人心。故贤者伏处大山嵁岩之下，而万乘之君忧栗乎庙堂之上。今世殊死者相枕也，桁杨者相推也，刑戮者相望也，而儒、墨乃始离跂攘臂乎桎梏之间。噫！甚矣哉！其无愧而不知耻也甚矣！吾未知圣知之不为桁杨椄槢也，仁义之不为桎梏凿枘也，焉知曾、史之不为桀、跖嚆矢也！故曰：绝圣弃知，而天下大治！"

《论语·述而》说：子谓颜渊曰："用之则行，舍之则藏。唯我与尔有是夫！"子路曰："子行三军，则谁与？"子曰："暴虎冯河，死而无悔者，吾不与也。必也临事而惧，好谋而成者也。"

即孔子对颜渊说："受重用行道，不受重用退隐。只有我和你能做到！"子路说："您带兵打仗，让谁跟着？"孔子说："徒手搏猛虎，光脚过深河，至死不悔的人，我不跟他在一起。我需要的是，一定是那种遇事谨慎，深谋远虑的人。""用之则行"，是儒家入世积极面的理想人格。"舍之则藏"，是道家避世退隐消极面的理想人格。

《论语·公冶长》说：子曰："道不行，乘桴浮于海。从我者其由与？"子路闻之喜。子曰："由也，好勇过我，无所取材。"

即孔子说："理想不实现，乘筏漂海。跟我走的，只有子路吧？"子路听了，很高兴。孔子说："子路啊！他比我勇敢，但缺乏才能。"这是孔子寻常与门弟子的玩笑话，但隐约透露，孔子内心深处，包藏有退隐江河湖海的潜意识，透露出孔子这位儒学大师怀抱的道家情结和道学因子。

《孟子·尽心上》说："得志泽加于民，不得志修身见于世。穷则独善其身，达则兼善天下。"即得志则恩泽惠民众，不得志则修养自身。贫穷则独善其身，通达则兼善天下。"达则兼善天下"是儒家入世积极面的理想人格。"穷则独善其身"是道家避世消极面的理想人格。

《史记·老子韩非列传》引老子告诫孔子说："君子得其时则驾，不得其时则蓬累而行。"即逢时驾车当官，不逢时像蓬草转。道儒理想人格论比较,见表1。

表1 道儒理想人格论比较

道儒	道家避世消极面的理想人格	儒家入世积极面的理想人格
老子	不得其时则蓬累而行	君子得其时则驾
孔子	舍之则藏;道不行乘桴浮于海	用之则行
孟子	穷则独善其身	达则兼善天下

四、庄子寓言明道学

1. 孔子道德有缺失

《庄子·德充符》说:鲁有兀者叔山无趾,踵见仲尼。仲尼曰:"子不谨,前既犯患若是矣。虽今来,何及矣?"无趾曰:"吾唯不知务,而轻用吾身,吾是以亡足。今吾来也,犹有尊足者存,吾是以务全之也。夫天无不覆,地无不载,吾以夫子为天地,安知夫子之犹若是也!"孔子曰:"丘则陋矣。夫子胡不入乎?请讲以所闻!"无趾出。孔子曰:"弟子勉之!夫无趾,兀者也,犹务学,以复补前行之恶,而况全德之人乎!"无趾语老聃曰:"孔丘之于至人,其未邪!彼何宾宾以学子为?彼且蕲以諔诡幻怪之名闻,不知至人之以是为己桎梏邪?"老聃曰:"胡不直使彼以死生为一条,以可不可为一贯者,解其桎梏,其可乎?"无趾曰:"天刑之,安可解?"

即鲁国有个被砍去脚趾的人，名叫叔山无趾（字叔山，被刖足，虚构名字），靠脚后跟走路，去拜见孔子。孔子对他说："你不谨慎，早先犯了过错，才留下这样的后果。虽然今天你来到我这里，可是怎么能够追回以往呢！"叔山无趾说："我只因不识时务，而轻率作践自身，所以才失掉脚趾。如今我来到你这里，还保有比双脚更为可贵的道德修养，所以我想竭力保全它。苍天没有什么不覆盖，大地没有什么不托载，我把先生看作天地，哪知先生竟是这样境界狭窄！"孔子说："我孔丘实在浅薄。先生怎么不进来呢，请把你所知的道理讲给我听。"叔山无趾走了。孔子对弟子说："你们要努力啊！叔山无趾是一个被砍掉脚趾的人，他还努力进学，来补救先前做过的错事，何况道德品行，身形体态没有什么欠缺的人呢！"

叔山无趾对老子说："孔子作为一个道德修养至高无上的人，恐怕还未能达到吧！他为什么不停地来向你求教呢？他还在祈求奇异虚妄的名声能传扬于外，难道不懂得道德修养至上的人，总是把这一切看作是束缚自己的枷锁吗？"老子说："怎么不径直让他把生和死看成一样，把可以与不可以看作是齐一的，从而解脱他的枷锁，这样恐怕就可以了吧？"叔山无趾说："这是上天加给他的处罚，哪里可以解脱呢！"

庄子用寓言，说明孔子重视形体，超过重视德性，歧视遭刑致残的叔山无趾。叔山无趾说自己虽足部受刑致残，却还保有比双足更为可贵的道德修养，责备孔子还在祈求奇异虚妄的名声能传扬于外，而不知这是束缚人类精神的桎梏枷锁。主旨在于张扬德全重于形全，形体不全者，可做到德全，体现道德对人内在根源性的价值意义，德全者的生命，具有吸引人的精神力量和人格魅力。

2.明王之治是无为

《庄子·应帝王》说：阳子居见老聃曰："有人于此，响疾强梁，物彻疏明，学道不倦。如是者，可比明王乎？"老聃曰："是于圣人也，胥易技系，劳形怵心者也。且也虎豹之文来田，猿狙之便来藉。如是者，可比明王乎？"阳子居蹴然曰："敢问明王之治。"老聃曰："明王之治，功盖天下而似不自己，化贷万物而民弗恃，有莫举名，使物自喜，立乎不测，而游于无有者也。"

即阳子居见老聃问说："假如有这样一个人，办事迅疾敏捷，强干果断，洞察透彻，学道勤奋不息。这样的人，可以跟圣哲明王相比吗？"老聃说："在圣人看来，有才智的官吏办事，为技能所累，劳苦形骸，扰乱心神。虎豹皮的花纹，招人田猎，猿猴敏捷，招人捉来拴住。这样的动物，可以跟圣哲明王相比吗？"阳子居吃惊不安地说："请问圣哲明王怎样治理天下？"老聃说："圣哲明王治理天下，功劳普盖天下，却好像与己无关。教化普遍施及万物，人民不觉有所依靠。功德无量，却不称扬。使万物各居其所，欣然自得。立足于高深莫测的神妙之境，而游于无为的境界。"

庄子提倡无为而治，不过度干涉，顺应自然，以人民意志为依归，这是以消极外表掩饰的民本人本意识和人民史观的萌芽，有积极因素和合理内核。

3. 绝圣弃智弃仁义

《庄子·在宥》说：崔瞿问于老聃曰："不治天下，安臧人心？"老聃曰：汝慎无撄人心。人心排下而进上，上下囚杀，淖约柔乎刚强。廉刿雕琢，其热焦火，其寒凝冰。其疾俯仰之间，而再抚四海之外，其居也渊而静，其动也县而天。偾骄而不可系者，其唯人心乎！

今世殊死者相枕也，桁杨者相推也，刑戮者相望也，而儒、墨乃始离跂攘臂乎桎梏之间。噫！甚矣哉！其无愧而不知耻也甚矣！吾未知圣知之不为桁杨椄槢也，仁义之不为桎梏凿枘也，焉知曾、史之不为桀、跖嚆矢也！故曰：绝圣弃知，而天下大治！

即崔瞿问老聃说："不治理天下，怎么使人心向善？"老聃回答说：你要谨慎，不要扰乱人心。人心，若压抑它，便会消沉。得志，便会趾高气扬。心志的消沉，或趾高气扬，都像是被囚禁杀伤。柔美的心志，可以柔化刚强。饱受折磨，情绪激烈像熊熊大火，情绪低落像凛凛寒冰。内心变化格外迅速，转眼间再巡四海之外，静处时深幽宁寂，活动时腾跃高天。强傲不可拘系者，恐怕只有人心的活动吧！

当今之世，遭杀害的人，尸体一个压一个。带着脚镣手铐坐牢的人，一个挨一个。受到刑杀的人，举目皆是。儒家、墨家挥手舞臂，在枷锁羁绊间奋力争辩。唉，真是太过分了！他们不知愧疚，不识羞耻，竟达到这种地步！我不知道圣智不是脚镣手铐上的接榫，仁义不是枷锁上的榫眼榫头，又怎么知道曾参和史鲥之流，不是夏桀和盗跖的先导！所以说，断绝圣人，抛弃智慧，天下就会太平！

《庄子·在宥》提倡人的自在宽宥，因任自然，反对干涉，发挥了老子思想。《老子》19章说：绝圣弃智，民利百倍。绝仁弃义，民复孝慈。绝巧弃利，盗贼无有。此三者以为文不足，故令有所属，见素抱朴，少私寡欲。

即抛弃聪明智慧，人民利益百倍。抛弃假仁假义，人民恢复孝慈。抛弃机巧小利，盗贼才能消除。这三点作为理论不够，所以还需要提高认识，表现单纯，保持朴素，克服私心，免除欲念。这是对儒家提倡"圣智仁义"的矫正。

4. 治理之道在忘己

《庄子·天地》说：夫子问于老聃曰："有人治道若相放，可不可，然不然。辩者有言曰：'离坚白若县宇。若是，则可谓圣人乎？'"老聃曰："是胥易技系，劳形怵心者也。执狸之狗来田，猿狙之便来藉。丘！予告若，而所不能闻，与而所不能言。凡有首有趾，无心无耳者众。有形者，与无形无状，而皆存者，尽无。其动止也，其死生也，其废起也，此又非其所以也。有治在人，忘乎物，忘乎天，其名为忘己。忘己之人，是之谓入于天。"

即孔子向老聃提问说："有人研治大道，犹如自相背反，以不可为可，以不然为然。有辩者说：'分离石头的坚性与白色，就像高悬空宇，清楚明白。'① 像这样的人，可以称为圣人吗？"老聃说："这只不过是卖弄机智，耍小聪明，为名家辩者的诡辩技能所系，劳苦形骸、扰乱心神的人。虎豹体表有美丽花纹，就招人来猎获取皮。猿猴动作敏捷，就招人来捕捉观赏。孔丘，我告诉你，你听不到、说不出的道理。凡有头脚形体的人，多是无知无闻

---

① "离坚白"，即分离石头的坚性与白色，说二者互相排斥，不互相涵容渗透，离开石头，也能独立存在，是客观唯心论和形而上学方法论的应用，是早期名家辩者的诡辩。思想资料保存在《公孙龙子·坚白论》，《墨经》有多条反驳这种观点和方法的文字。参见孙中原：《逻辑哲学讲演录》，广西师范大学出版社2009年版，第288—296页。

的。无形之道,与有形之人,不能并存。动静、生死和兴衰,出于自然,而不知其所以然。治理在人,忘物忘天,叫忘己。忘己的人,叫融入于天。这里,庄子发挥老子的自然无为观,主张人事治理,忘记自身,顺从天然,与天合一。"

5.仁义扰乱人本性

《庄子·天道》说:孔子西藏书于周室。子路谋曰:"由闻周之征藏史有老聃者,免而归居,夫子欲藏书,则试往因焉。"孔子曰:"善。"往见老聃,而老聃不许。于是繙六经以说。① 老聃中其说曰:"大谩,愿闻其要。"孔子曰:"要在仁义。"老聃曰:"请问,仁义,人之性邪?"孔子曰:"然。君子不仁则不成,不义则不生。仁义,真人之性也。又将奚为矣?"

老聃曰:"请问,何谓仁义?"孔子曰:"中心和乐,兼爱无私,此仁义之情也。"老聃曰:"噫,几乎后言!夫兼爱,不亦迂乎!无私焉,乃私也。夫子若欲使天下无失其牧乎?则天地固有常矣,日月固有明矣,星辰固有列矣,禽兽固有群矣,树木固有立矣。夫子亦放德而行,循道而趋,已至矣。又何偈偈乎揭仁义,若击鼓而求亡子

---

① "繙六经以说":反复引述六经解说。成玄英疏:"委曲敷演,故繙复说之。"

焉？噫，夫子乱人之性也！"

即孔子想把书储藏在西边的周王室。子路出谋说："我听说周王室管理藏书的史官老聃，引退回家。先生想藏书，可以请他帮忙。"孔子说："好！"孔子前往拜见老聃，老聃不答应。于是孔子翻检许多经书，反复解释。老聃打断孔子的话说："你说得太长，我想听要点。"孔子说："要点在仁义。"老聃说："请问，仁义是人的本性吗？"孔子说："是的。君子不仁，就不能成名。不义，就不能立足社会。仁义的确是人的本性。还有什么指教？"

老聃说："请问，什么叫仁义？"孔子说："心正和乐，兼爱无私，是仁义的实质。"老聃说："噫！你后面的话，危险啊！说兼爱，不是迂腐吗？提倡无私，正是私（希望获得别人对自己的爱）。先生想让天下人不失养育吗？天地固有常规，日月固有光明，星辰固有序列，禽兽固有群体，树木固有立基。先生依德而行，顺道而走，就好了。何必用力标榜仁义，岂不像敲着锣，打着鼓，去寻找逃亡的儿子，锣鼓声越大，儿子跑得越远吗？噫！先生这是扰乱人的本性啊！"这里，庄子发挥老子的自然无为观，批评儒者六经冗繁，仁义扰乱人的本性。

6.闻道本是采真游

《庄子·天运》说：孔子行年五十有一而不闻道，乃南之沛，见老聃。老聃曰："子来乎？吾闻子，北方之贤者也，子亦得道乎？"孔子曰："未得也。"老子曰："子恶乎求之哉？"曰："吾求之于度数①，五年而未得也。"老子曰："子又恶乎求之哉？"曰："吾求之于阴阳，十有二年而未得。"

老子曰："然。使道而可献，则人莫不献之于其君。使道而可进，则人莫不进之于其亲。使道而可以告人，则人莫不告其兄弟。使道而可以与人，则人莫不与其子孙。然而不可者，无他也。中无主而不止，外无正而不行。由中出者，不受于外，圣人不出。由外入者，无主于中，圣人不隐。名，公器也，不可多取。仁义，先王之蘧庐也，止可以一宿，而不可久处，觏而多责。古之至人，假道于仁，托宿于义，以游逍遥之虚，食于苟简之田，立于不贷

---

① 度数，即数度，制度。《庄子·天下》："其明而在数度者，旧法世传之史尚多有之。"宋曾巩《礼阁新仪目录序》："然而古今之变不同，而俗之便习亦异，则法制数度其久而不能无弊，势固然也。"阴阳家汉代学术分类属数术。数术，术数，用自然现象推测国家命运和个人前途。《汉书·艺文志》有《数术略》，为七略之一，包括一百一十种著作，二千五百五十八卷。又分天文、历谱、五行、蓍龟、杂占、形法六类。其中蓍龟、杂占，属迷信。其他四类著作，包含天文、历法、地理等古代科学知识，与迷信结合。数术牵合自然人事，结合数术与阴阳五行。数术家陈其数（占卜数据），阴阳家明其义（语义解释）。阴阳家，即五行家、阴阳五行家，结合阴阳数术，构造世界图式，说明世界联系。

之圃。逍遥，无为也。苟简，易养也。不贷，无出也。古者谓是采真之游。"

即孔子五十一岁还没有得道，于是往南到沛（今江苏沛县）见老聃。老聃说："你来了？我听说，你是北方的贤者，你得道了吗？"孔子说："没得道。"老子说："你是怎样求道的呢？"孔子说："我从制度数术上求道，用五年功夫，还没得道。"老子说："后来你又怎样求道的呢？"孔子说："我又从阴阳变化上求道，用十二年功夫，还没得道。"

老子说："会是这样的。假使道可以进献，人们都会进献国君。假使道可以奉送，人们都会奉送双亲。假使道可以告人，人们都会告诉兄弟。假使道可以给人，人们都会留给子孙。然而不可以这样做，没有别的原因。内心不自悟，道不停留。外无印证，道不能行。内心领悟，不为外方接受，圣人不传教。从外部进入，心中不能领悟，圣人不留存。名器天下共用，不可多取。仁义是先王的馆舍，可住一宿，不可久居。行迹昭彰，而多责难。古代道德修养极高的人，借路于仁，暂住于义，游乐于逍遥自在之境，生活于随意简单之地，立身于不施恩惠的园圃。逍遥自在是无为，随意简单是易养，不施恩惠不耗费。古代把这叫作探求自然真实的遨游。"庄子发挥老子的自然无为观，名之曰"采真之游"，用来代替儒家的仁义治国论。

7.仁义惨然愦吾心

《庄子·天运》说：孔子见老聃而语仁义。老聃曰："夫簸糠眯目，则天地四方易位矣。蚊虻噆肤，则通昔不寐矣。夫仁义惨然，乃愦吾心，乱莫大焉。吾子使天下无失其朴，吾子亦放风而动，总德而立矣，又奚杰然，若负建鼓，而求亡子者邪？夫鹄不日浴而白，乌不日黔而黑。黑白之朴，不足以为辨，名誉之观，不足以为广。泉涸，鱼相与处于陆，相响以湿，相濡以沫，不若相忘于江湖。"

孔子见老聃归，三日不谈。弟子问曰："夫子见老聃，亦将何规哉？"孔子曰："吾乃今于是乎见龙！龙，合而成体，散而成章，乘云气而养乎阴阳。予口张而不能嗋，予又何规老聃哉！"子贡曰："然则人固有尸居而龙见，雷声而渊默，发动如天地者乎？赐亦可得而观乎？"遂以孔子声见老聃。老聃方将倨堂而应，微曰："予年运而往矣，子将何以戒我乎？"子贡曰："夫三王五帝之治天下不同，其系声名一也。而先生独以为非圣人，如何哉？"老聃曰："小子少进！子何以谓不同？"对曰："尧授舜，舜授禹，禹用力，而汤用兵，文王顺纣，而不敢逆，武王逆纣，而不肯顺，故曰不同。"

老聃曰："小子少进！余语汝三皇五帝之治天下。黄帝之治天下，使民心一，民有其亲死不哭，而民不非也。尧之治天下，使民心亲，民有为其亲，杀（差等）其杀，而民不非也。舜之治天，使民心竞，民孕妇十月生子，子生五月而能言，不至乎孩，而始谁，则人始有夭矣。禹之治天下，使民心变，人有心，而兵有顺，杀盗非杀人，自为种而天下耳，是以天下大骇，儒墨皆起。其作始有伦，而今乎归，女何言哉！余语汝，三皇五帝之治天下，名曰治之，而乱莫甚焉。三皇之知，上悖日月之明，下睽山川之精，中堕四时之施。其知惨于蛎虿之尾，鲜规之兽，莫得安其性命之情者，而犹自以为圣人，不可耻乎，其无耻也？"子贡蹴蹴然立不安。

即孔子见老聃，而说仁义。老聃说："播扬糠屑，进入眼睛，使人觉得天地四方颠倒。蚊虻叮咬，令人通宵不眠。仁义毒害，扰乱人心，祸乱没有比仁义更厉害。你要想让天下不至于丧失淳厚质朴，你就该纵任风起风落，自然而然行动，顺于自然规律行事，何必卖力宣扬仁义，像是敲着大鼓，追赶逃亡的人呢？白色天鹅，不需要天天沐浴，毛色自然洁白。黑色乌鸦，不需要每天用黑色渍染，毛色自然乌黑。乌鸦黑，天鹅白，出于本然，不足以分辨优劣。名声荣誉外在，不足以播散张扬。泉水干涸了，鱼儿相互依偎在陆地上，大口出气，来取得一点儿湿气，靠唾沫来相互得到一点儿润湿，倒不如像过去在江湖里生活,彼此忘怀。"

孔子拜见老聃回来,三天不说话。弟子问:"先生见老聃,对他有何规劝吗?"孔子说:"我到如今,才在老聃那儿见到了真龙!龙,合而成整体,散而成文采,乘云驾雾,养息于阴阳之间。我大张着口,久久不能合拢,我哪能对老聃有所规劝呢!"子贡说:"这样说,人难道有像尸体一样安稳不动,又像龙一样神采飞扬地显现,像疾雷一样震响,又像深渊那样沉寂,发生运动跟天地一样吗?我能亲自体察吗?"于是子贡用孔子的名义见老聃。

老聃正伸腿坐在堂上,轻声地应答说:"我年岁老迈,你将用什么来告诫我呢?"子贡说:"三皇五帝治理天下各不相同,却都有好名声,唯独先生您不认为他们是圣人,这是为什么呢?"

老聃说:"年轻人,你稍近前些!你凭什么说他们各自有所不同?"子贡回答:"尧让位给舜,舜让位给禹,禹用力治水,而汤用力征伐,文王顺从商纣,不敢违逆,武王背逆商纣,而不顺服,所以我说各不相同。"

老聃说:"年轻人,你再稍靠前些!我对你说三皇五帝治理天下的事。黄帝治理天下,使人民心地淳厚,保持本真,百姓有谁死了双亲,并不哭泣,人们也不会加以非议。唐尧治理天下,使百姓敬重双亲,百姓有谁为了敬重双亲，依照等差，而导致亲疏有别，人们同样也不会非议。虞舜治理天下，使百姓心存竞争，怀孕妇女，十个月生下孩子，孩子生下五个月，就张口学话，不到两三岁，就开始知人间事，于是开始出现夭折短命的现象。夏禹治理天下，使百姓心怀变诈，人存有机变之心，因而动刀动枪，成了理所当然之事，杀死盗贼，不算犯杀人罪，人们各自结成团伙，而肆意于天下，所以天下大受惊扰，儒家、墨家纷纷而起。

　　他们初始时，也还有伦有理，可是时至今日，却变成这个模样，你能说什么呢？我告诉你，三皇五帝治理天下，名义上叫作治理，而扰乱人性和真情，没有什么比他们更严重的了。三皇的心智，对上而言，遮掩日月的光明。对下而言，违背山川的精粹。就中而言，毁坏四时的推移。他们的心智，比蛇蝎之尾还惨毒，就连小小的兽类，也不可能使本性和真情获得安宁，可是他们仍自以为是圣人，是不认为可耻吗，还是不知道可耻呢？"子贡听了惊惶不定，心神不安地站着。庄子发挥老子的自然无为观，批判儒家宣扬的仁义，扰乱人心，还自以为是圣人，是恬不知耻。

　　8. 先王陈迹是六经

　　《庄子·天运》说：孔子谓老聃曰："丘治《诗》《书》《礼》《乐》《易》《春秋》六经，自以为久矣，熟知其故矣，以干者已十二君①，论先王之道，而明周、召之迹，一君无所钩用。甚矣夫！人之难说也，道之难明邪？"老子曰："幸矣，子之不遇治世之君也！夫六经，先王之陈迹也，岂其所以迹哉！今子之所言，犹迹也。夫迹，履之所出，而迹岂履哉？夫白鶂之相视，眸子不运而风化。虫，雄鸣于上风，雌应于下风而风化。类自为雌雄，故风化。性不可易，命不可变，时不可止，道不可壅。苟得于道，无自而不可。失焉者，无自而可。"孔子不出三月，复见曰："丘得之矣。乌鹊孺，鱼傅沫，细腰者化，有弟而兄啼。久矣，夫丘不与化为人！不与化为人，安能化人！"老子曰："可，丘得之矣！"

即孔子对老聃说："我研修《诗》《书》《礼》《乐》《易》《春秋》六部经书，自认为很久，熟知历史变故，进见十二国君，以违反先王之制的十二个国君为例，论述先王治世之道，彰明周公、召公业绩，可是没有一个国君用我的主张。实在难啊！是人难以劝说，还是大道难明呢？"

老子说："幸运啊，你不曾遇到治世的国君！六经是

---

① "已十二君"，原为"七十二君"，据严灵峰说改。据《史记·孔子世家》，孔子游历鲁、齐、宋、卫、陈、蔡六国，遇齐景公、鲁定公、鲁哀公。春秋十二诸侯，无七十二国。《春秋》记鲁十二君，未能见七十二君之多。

先王遗留的陈迹，哪是先王足迹的本原呢？如今你所说的，像是足迹。足迹是脚踩出来的，然而足迹，难道是脚吗？白鹇雌雄相互而视，眼珠子不动，便相诱生育。虫，雄在上方鸣叫，雌在下方相应而生育。有的动物种类，雌雄同体，不待交合而生育。本性不可改变，命运不可变更，时光不会停留，大道不会壅塞。如果得道，去到哪里，都行得通。如果失道，去到哪里，都行不通。"

孔子三月闭门不出，再见老聃说："我得道了。乌鸦、喜鹊交尾孵化。鱼儿借助泡沫生育。蜜蜂自化而生。生了弟弟，哥哥会哭。我已经很久没有跟造化为友了。不跟造化为友，怎能造化别人！"老子说："好，孔丘得道了！"

老子对孔子说，六经只不过是先王的陈迹，而道才是先王陈迹，万物变化的总根源和最后支配者，儒家应以道家为师，把学术思想提高到道的境界。"性不可易，命不可变，时不可止，道不可壅。"这是说"性""命""时""道"等哲学范畴的本然性和必然性。

《老子》62章说"道者万物之奥。善人之宝，不善人之所保。美言可以市尊，美行可以加人。人之不善，何弃之有？故立天子，置三公，虽有拱璧，以先驷马，不如坐进此道。古之所以贵此道者何？不曰以求得，有罪以免耶？故为天下贵。"这是说道是深藏于万物的奥妙，任何人做任何事都离不开道。

9.无为自然天地全

《庄子·田子方》说：孔子见老聃，老聃新沐，方将被发而乾，蛰然似非人。孔子便而待之，少焉见曰："丘也眩与？其信然与？向者先生形体掘若槁木，似遗物离人而立于独也。"老聃曰："吾游心于物之初。"孔子曰："何谓邪？"曰："心困焉而不能知，口辟焉而不能言，尝为汝议乎其将。至阴肃肃，至阳赫赫。肃肃出乎天，赫赫发乎地。两者交通成和，而物生焉。或为之纪，而莫见其形。消息满虚，一晦一明，日改月化，日有所为，而莫见其功。生有所乎萌，死有所乎归，始终相反乎无端，而莫知其所穷。非是也，且孰为之宗！"

孔子曰："请问游是。"老聃曰："夫得是，至美至乐也。得至美，而游乎至乐，谓之至人。"孔子曰："愿闻其方。"曰："草食之兽不疾易薮，水生之虫不疾易水，行小变而不失其大常也，喜怒哀乐不入于胸次。夫天下也者，万物之所一也。得其所一而同焉，则四支百体，将为尘垢，而死生终始，将为昼夜，而莫之能滑，而况得丧祸福之所介乎！弃隶者若弃泥涂，知身贵于隶也，贵在于我而不失于变。且万化而未始有极也，夫孰足以患心！已为道者解乎此。"

孔子曰："夫子德配天地，而犹假至言以修心，古之君子，孰能脱焉？"老聃曰："不然。夫水之于汋也，无为而才自然矣。至人之于德也，不修而物不能离焉，若天之自高，地之自厚，日月之自明，夫何修焉！"孔子出，以告颜回曰："丘之于道也，其犹醯鸡与！微夫子之发吾覆也，吾不知天地之大全也。"

即孔子见老聃，老聃刚洗头，正披散头发，等待吹干，凝神寂志，一动不动，像个木头人。孔子在门外等候一会儿，见老聃说："是孔丘眼花了吗？或是真的这样？刚才先生的身形体态，一动不动，像是枯槁树桩，像遗忘外物，脱离人世，独立自存。"老聃说："我是处心遨游于混沌鸿蒙，宇宙初始之境。"孔子问："这是什么意思呢？"老聃说："你心中困惑，不能理解。嘴巴封闭，不能谈论。让我为你说个大概。最为阴冷的阴气，是那么肃肃寒冷。最为灼热的阳气，是那么赫赫炎热。肃肃的阴气，出自苍天；赫赫的阳气，发自大地。阴阳二气，交通融合，产生万物。成为万物的纲纪，却不会显现出形体。消逝生长，满盈空虚。时而晦暗，时而显明。天天改变，月月演化，每天都有所作为，却看不到造就万物、推演变化的功绩。生长有萌发的初始阶段，死亡有消退衰败的归趋，始终相反，循环无端，不知其变化的尽头。假若不是这样，谁能是万物变化的本源！"

孔子说："请问游心于宇宙之初，万物之始的情况。"老聃说："达到这种境界，就是至美至乐。得到至美，游于至乐,叫作至人。"孔子说:"我希望能听到获得至美至乐的方法。"老聃说:"食草的兽类,不担忧更换生活的草泽。水生的小虫,不害怕改变生活的水域。这是因为只是小变,而没有丢失惯常的大环境。喜怒哀乐不存于胸。普天之下,莫不是万物共同生息的环境。获得这共同生活的环境,混同其间,四肢百体将化为尘垢。死生终始如同昼夜更替,没什么力量能扰乱,何必介意得失祸福呢?舍弃得失祸福,就像丢弃泥土。懂得自身,贵于一时的得失祸福,贵在于我自身,而不失于变化。万物变化,没有终极,谁会挂牵在心!得道之人,才能了解这个道理。"

孔子说:"先生德行,匹配天地,仍然借助于至理真言,修养心性,古时君子,谁能免于这样做呢?"老聃说:"不是这样的。水激涌而出,不借助于人为,方才自然。至人对于德行,无须加以培养万物也不会脱离他的影响,就像天自然高,地自然厚,太阳月亮自然光明,哪里用得着修养呢!"

孔子从老聃那儿出来,告诉颜回说:"我孔丘对于大道,就像瓮中飞虫,不知瓮外的广阔天地啊!不是老聃的启迪打开我的蒙昧,我不知道天地的大全。"这里,庄子发挥老子的无为自然之道,道是"天地的大全",即宇宙整体的大道理。

10. 天高地广日月行

《庄子·知北游》说：孔子问于老聃曰："今日晏闲，敢问至道。"老聃曰："汝齐戒，疏瀹而心，澡雪而精神，掊击而知！夫道，窅然难言哉！将为汝言其崖略。夫昭昭生于冥冥，有伦生于无形，精神生于道，形本生于精，而万物以形相生，故九窍者胎生，八窍者卵生。其来无迹，其往无崖，无门无房，四达之皇皇也。邀于此者，四肢强，思虑恂达，耳目聪明，其用心不劳，其应物无方。天不得不高，地不得不广，日月不得不行，万物不得不昌，此其道与！

"且夫博之不必知，辩之不必慧，圣人以断之矣。若夫益之而不加益，损之而不加损者，圣人之所保也。渊渊乎其若海，巍巍乎其若山，终则复始也，运量万物而不匮，则君子之道，彼其外与！万物皆往资焉而不匮，此其道与！

"中国有人焉，非阴非阳，处于天地之间，直且为人，将反于宗。自本观之，生者，喑醷物也。虽有寿夭，相去几何？须臾之说也。奚足以为尧、桀之是非？果蓏有理，人伦虽难，所以相齿。圣人遭之而不违，过之而不守。调而应之，德也。偶而应之，道也。帝之所兴，王之所起也。人生天地之间，若白驹之过隙①，忽然而已。注然勃

---

① 白驹过隙：成语，谓日影如白驹（白色骏马）飞快掠过缝隙，形容时间过得极快。

然，莫不出焉。油然漻然，莫不入焉。已化而生，又化而死，生物哀之，人类悲之。解其天弢，堕其天袠，纷乎宛乎，魂魄将往，乃身从之，乃大归乎！不形之形，形之不形，是人之所同知也，非将至之所务也，此众人之所同论也。彼至则不论，论则不至。明见无值，辩不若默。道不可闻，闻不若塞。此之谓大得。"

即孔子问老聃说："今日安闲，冒昧向您请教至道。"老聃说："你需要斋戒静心，疏通你的心灵，清扫你的精神，打破你的成见。道，奥妙难言，我将为你说个大概。明亮生于昏暗，有形生于无形，精神生于道，形质生于精气。万物凭借形体诞生。所以有九个孔窍的动物胎生，有八个孔窍的动物卵生。到来的时候没踪迹，离开的时候没边际，出入无门户，停留无馆舍，四通八达，堂堂皇皇。得道之人，四肢强劲，思虑通达，耳聪目明，用心不觉劳顿，应物没有局限。不得其道，天不高远，地不广大，日月不行，万物不昌。这就是道啊！

"博读经书，不必有真知。雄辩滔滔，不必有大智。圣人断然割弃假知识、小聪明。博读经书增多，真知未必增多。雄辩滔滔减少，大智未必减少。真知大智，才是圣人所保有。深邃莫测呀！就像大海。高大神奇呀！就像高山。终结后又开始，支配万物运动，永不匮乏。世俗君子所说的道，都是皮毛。万物都从它那里获取资助，永无穷竭。这就是道啊!

"中国有人不偏于阴,不偏于阳,处在天地之间,姑且叫作人,终将返归本原。从本原看,人生是气的聚合。虽有长寿、短命,相差多少?人生苦短,在俄顷之间。哪用得着区分唐尧、夏桀的是非?瓜果各有生长规律,人伦关系虽难划分,还可以用年龄大小相互为序。圣人遇到道不违拗,过往不滞留。协调顺应就是德,随机适应就是道。帝王就是借道德而兴起。人生天地间,时间像白色的骏马飞快掠过缝隙一样,只是瞬间而已。万物蓬勃,无不生长。变化衰微,无不死亡。变化而生,变化而死,生物哀伤,人类悲痛。解脱自然捆束,毁坏自然裹囊,变化转移,魂魄消逝,身形随去,这是返归宗本!无形变有形,有形变无形,是人们的共同认知,不是得道之人所追求的真理,是众人共同谈论的话题。得道之人不议论,议论之人不得道。明处寻找得不到,辩说不如沉默。道不可听闻,听闻不如塞耳不听。这才是真正得道。"

这里,庄子继续发挥老子的"道"概念。先说得道,才能使"天高、地广、日月行、万物昌",这是第一层次的"道"概念。再说道是万物运动变化的总根源和支配者。这是第二层次的"道"概念。三说把握"道"概念不是通过感性认识器官,而是通过理性认识器官。这是第三层次的"道"概念。这是说明认识"道"概念的手段和途径。

11. 大乱之本是尧舜

《庄子·庚桑楚》说：老聃之役有庚桑楚者，偏得老聃之道，以此居畏垒之山，其臣之画然知者去之，其妾之挈然仁者远之。拥肿之与居，鞅掌之为使。居三年，畏垒大壤。畏垒之民相与言曰："庚桑子之始来，吾洒然异之。今吾日计之而不足，岁计之而有余。庶几其圣人乎！子胡不相与尸而祝之，社而稷之乎？"

庚桑子闻之南面，而不释然。弟子异之。庚桑子曰："弟子何异于予？夫春气发而百草生，正得秋而万宝成。夫春与秋，岂无得而然哉？天道已行矣。吾闻至人，尸居环堵之室，而百姓猖狂不知所如往。今以畏垒之细民，而窃窃焉，欲俎豆予于贤人之间，我其杓之人邪！吾是以不释于老聃之言。"

弟子曰："不然。夫寻常之沟，巨鱼无所还其体，而鲵鳅为之制；步仞之丘陵，巨兽无所隐其躯，而妖狐为之祥。且夫尊贤授能，先善与利，自古尧舜以然，而况畏垒之民乎！夫子亦听矣！"庚桑子曰："小子来！夫函车之兽，介而离山，则不免于网罟之患。吞舟之鱼，荡而失水，则蝼蚁能苦之。故鸟兽不厌高，鱼鳖不厌深。夫全其形生之人，藏其身也，不厌深眇而已矣。且夫二子者，又何足以称扬哉！是其于辩也，将妄凿垣墙，而殖蓬蒿也；

简发而栉,数米而炊,窃窃乎又何足以济世哉!举贤则民相轧,任知则民相盗。之数物者,不足以厚民。民之于利甚勤,子有杀父,臣有杀君,正昼为盗,日中穴阫。吾语女,大乱之本,必生于尧舜之间,其末存乎千世之后。千世之后,其必有人与人相食者也!"

即老聃弟子中有个叫庚桑楚的,独得老聃之道,住在北边畏垒山。仆役炫耀智慧,就辞去。侍婢标榜仁义,就疏远。敦厚朴实的住下,勤劳的留用。他在此住三年,畏垒大丰收。畏垒人民争相传言:"庚桑楚刚来,我们吃惊诧异。如今我们按天计算,嫌不足。按年计算,富足有余。他几乎是圣人了吧!大家何不像敬神一样,敬奉他,像对待国君一样,敬重他呢?"

庚桑楚听到大家谈论,让他南面为君,心里不自在。弟子感到奇怪。庚桑楚说:"弟子们对我有什么奇怪呢?春气勃发百草生,秋天时节万物成。春天秋天,难道无故就能够这样吗?这是天道在运行呀!我听说至人,安居方丈小屋,而百姓随心所欲,悠然自得。如今畏垒人民,私下议论,想把我敬奉贤人之间,我难道是引人注目的人吗?我遵从老聃的教诲,所以心里不自在。"①

---

① 《老子》2章:"万物作焉而不辞,生而不有。为而不恃,功成而弗居。"10、51章:"生而不有,为而不恃,长而不宰,是谓玄德。"

弟子说:"不是这样的。小水沟里大鱼无法转动身体,泥鳅却能转动自如。小丘陵,巨兽无法隐蔽身躯,狐狸却宜于藏身。况且尊重贤才,授权能人,赏善施利,自古尧舜就是这样,何况畏垒人民呢!先生就听从他们吧!"

庚桑楚说:"小子你过来!含车巨兽,独自离山,不免于罗网的灾祸。吞舟大鱼,溢而失水,蚂蚁就使它困苦不堪。所以鸟兽不厌山高,鱼鳖不厌水深。全形养生的人,敛藏自身,不厌深幽高远。尧舜两人,有什么可称赞褒扬呢?尧舜分辨善恶贤愚,像妄凿垣墙,而栽蓬蒿;梳头发时一根根头发数着梳,烹煮时一粒粒米数着下锅,计较区区小事,怎么能够济世救民啊!举荐贤才,则民众互相倾轧。任用智慧,则民众互相偷盗。这些做法,不足以厚民。人民勤于争利,有子杀父,有臣杀君,白日为盗,中午挖墙。我告诉你,天下大乱的根源,必定产生于尧舜时代,流毒遗害,必定留存于千代之后。千代之后,必定发生人吃人的情况!"

以上《庄子·庚桑楚》的话,讲为政之道,顺应自然,无为而治,而尧舜"举贤则民相轧,任知则民相盗",由此断言说:"大乱之本,必生于尧舜之间,其末存乎千世之后。千世之后,其必有人与人相食者也!"老庄哲学彻底的社会批判精神,令今人瞠目结舌。

五、韬光养晦老子谋

韬光养晦：深藏才能，不外露。"韬"：隐藏。"光"：锋芒，才能。"养"：修养，培养。"晦"：昏暗，不足。《老子》第4章说："道冲，而用之或不盈。渊兮，似万物之宗。挫其锐，解其纷，和其光，同其尘。湛兮，似或存。吾不知谁之子，象帝之先！"

即大道空虚无形，它的作用无穷尽。深远啊！它好像万物的宗主。消磨它的锋锐，消解它的纠纷，涵蓄它的光辉，混同于浮尘。隐没不见啊，似无而实存。我不知它从哪里来，却知它是上帝的祖先！老子韬光养晦的谋略思想，深刻影响后世。

《旧唐书·宣宗纪》说："愈是韬晦，群居游处，未尝有言。"《三国演义》第21回"曹操煮酒论英雄，关公赚城斩车胄"说：玄德也防曹操谋害，就下处后园种菜，亲自浇灌，以为韬晦之计。关、张两人曰："兄不留心天下大事，而学小人之事，何也？"玄德曰："此非二弟所知也。"两人乃不复言。一日，曹操摆下酒筵来试探刘备的野心，问刘备天下有哪些英雄，刘备列举了当时叱咤风云的一些人名，就是不提自己。

《三国演义》载：操以手指玄德，后自指曰：今天下英雄，惟使君与操耳。玄德闻言，吃了一惊，手中所执匙箸，不觉落于地下。时正值天雨将至，雷声大作。玄德乃从容俯首拾箸曰：一震之威，乃至于此。操笑曰：丈夫亦畏雷乎？玄德曰：圣人迅雷风烈必变，安得不畏？将闻言失箸缘故，轻轻掩饰过了，操遂不疑玄德。清俞万春（1794—1849）《荡寇志》第76回说："你此去，须韬光养晦，再看天时。"

前494年，吴越之战，句践败于吴，接受范蠡委曲求全，以退为进的谋略，卑辞厚礼，派文种向吴国求和，称臣纳贡。后卧薪尝胆，发愤图强，终成强国，前473年灭吴。句践卧薪尝胆，励精图治，最终灭吴的故事，千古流传，令人刻骨铭心，催人奋进。这是道家奇谋，韬光养晦的典型案例。

《老子》41章说："明道若昧；进道若退；夷道若纇。"即明显的道理，好似暗昧；前进的道理，好似后退；平坦的道理，好似崎岖。57章说："以奇用兵，以无事取天下。"48章说："无为而无不为。"《论语·述而》说："舍之则藏。"（在野就隐居深藏）《孟子·尽心上》说："穷则独善其身。"《墨子·经下》说："取下以求上。"儒墨用词，准确表达道学思想。

东晋隐居诗人陶渊明（365—427）《饮酒》诗："结庐在人境，而无车马喧。问君何能尔？心远地自偏。采菊东篱下，悠然见南山。山气日夕佳，飞鸟相与还。此中有真意，欲辨已忘言！"诗中隐含道学意境，即与世无争，回归自然。言不尽意，真意忘言。

六、柔弱胜强水哲学

老庄哲学，属楚地文化。楚地多水，哲学家思想受水性质的启发，由水的性质，概括抽象的哲学原理，可名为水的哲学，主要原理是："柔弱胜刚强。""取下以求上。"《老子》78章说："天下莫柔弱于水，而攻坚强者莫之能胜。"意即天下没有比水更柔弱的，但是攻击坚强的力量，没有能胜过它的。

《老子》66章说："江海所以能为百谷王者，以其善下之，故能为百谷王。是以欲上民，必以言下之。欲先民，必以身后之。是以圣人处上而民不重，处前而民不害。是以天下乐推而不厌。以其不争，故天下莫能与之争。"

即江海所以能成为所有小河的领袖，由于善于处在所有小河的下游。所以，要想在人民上边管理，必须用语言表示谦虚。要想在人民前面领导，必须在人民后面学习。所以圣人在上边管理，人民不感到压抑。在人民前面领导，人民不感到妨害。所以天下人乐于推举他，而不厌弃。因为不跟人争，所以天下没有人能争得过他。

《老子》8章说："上善若水。水善利万物而不争。处众人之所恶，故几于道。居善地，心善渊，与善仁，言善信，正善治，事善能，动善时。夫唯不争，故无尤。"

即最高的善就像水。水善于给万物带来利益，而不相争。处于众人所厌恶的地方，所以接近于道。居住像水一样安于卑下，心地像水一样深沉，交友像水一样仁爱，言语像水一样真诚，管理像水一样有条理，做事像水一样无所不能，行动像水一样与时俱进。因为与物无争，所以没有过错。

《老子》32章说："譬道之在天下，犹川谷之于江海。"意即天下归于道，就像所有小河归于江海。《老子》41章说："上德若谷。"即最崇高的德，就像卑下的山谷。《老子》78章说："是以圣人云：受国之垢，是谓社稷主；受国不祥，是谓天下王。"即所以圣人说，承受全国的屈辱，才叫作国家的领导。承担全国的灾殃，才叫作天下的领袖。

《老子》61章说："大国者下流。""故大国以下小国，则取小国。小国以下大国，则取大国。故或下以取，或下而取。""大者宜为下。"即大国处下流，像小河归于海。所以大国对小国谦下，则可以取得小国的信任。小国对大国谦下，则可以取得大国的信任。所以或者大国用谦下，取得小国的信任，或者小国用谦下，取得大国的信任。大的一方，宜于把谦下作为行动原则。

《老子》36章说："将欲歙之，必固张之。将欲弱之，必固强之。将欲废之，必固兴之。将欲夺之，必固与之。"即将要收缩它，必须先扩张它。将要削弱它，必暂且增强它。将要废弃它，必暂且兴盛它。将要夺取它，必暂且给予它。

从《老子》的"善下为王"，到墨子的"兼王之道"，反映春秋战国时期道墨思想合流的契机。《老子》"善下为王"的实践哲学，与《墨子·亲士》的"兼王之道"，从语言表达，到思想内涵，表现出惊人的一致，体现道墨思想的融会贯通。

《墨子·亲士》说："江河不恶小谷之满己也，故能大。圣人者，事无辞也，物无违也，故能为天下器。是故江河之水，非一源之水也。千镒之裘，非一狐之白也。夫恶有同方不取，而取同己者乎？盖非兼王之道也。是故天地不昭昭，大水不潦潦，大火不燎燎，王德不尧尧者，乃千人之长也。其直如矢，其平如砥，不足以覆万物。是故溪陕者速涸，逝浅者速竭，峣埆者其地不育。王者淳泽，不出宫中，则不能流国矣。"

即江河不厌恶小河的水注满自己，所以才能汇成巨流。圣人对事物不推辞，不违背，所以能成为天下大器。江河水不只来自一个源头。价值千金的裘皮大衣，不只来源于一只狐狸腋下。哪有不听取跟道理相同的意见，而只听取跟自己相同的意见呢？这不是兼王的道理。天地不经常光明，大水不永远清澈，大火不永远燃烧，君王之德不至高无上，才能做千人的领导。直像箭杆，平像磨刀石，不能兼容万物。狭窄小河干涸快，肤浅水流枯竭快，坚硬土地不长五谷。君王厚恩不出宫廷，不能惠及全国。

《墨子·亲士》的"兼王之道"，与《老子》"善下为王"的实践哲学，本质是一致的。其语言表达，都用水作为类比论证的素材和事例。"江河不恶小谷之满己也，故能大。""是故江河之水，非一源之水也。""大水不潦潦。""是故溪陕者速涸，逝浅者速竭。"这些语句，稍加修饰，嵌入《老子》，可与《老子》的其他论述，融会贯通，密合无间。

不同的是，《老子》是春秋末期的韵文和哲理诗，而《墨子》则是战国时期，较为晚出的哲学论文。班固《汉书·艺文志》说，诸子学说，"其言虽殊，譬犹水火，相灭亦相生也"，"相反而皆相成也"。春秋战国道墨哲学的相互关系，也体现相灭相生，相反相成，对立统一，相互渗透的趋势。《老子》"善下为王"的实践哲学，与《墨子》"兼王之道"的合流，是诸子学说融会贯通的一个范例。

道教经典《道藏》收入《墨子》53篇，其《经下》说："取下以求上也，说在泽。"《经说下》解释说："高下以善不善为度，不若山泽。处下善于处上，下所谓上也。"

即采取居下位的手段，求得居上位的目的，论证的理由在于用水泽作为类比推论的事例。社会生活中的上下，是以善不善作为衡量的标准，不像山泽，是以空间上下作为衡量的标准。所谓处下位善于处上位，是在某种意义上把下说成上。

这是《墨经》对《老子》实践哲学原则的元理论进行概括和规律性定位，揭示其论证方式，是用水泽作为类比推论的素材和事例。"高下"是方位名词，表示空间方位，位置上下。《老子》2章说："高下相倾。"即上和下互相对立，互相包含。马王堆出土《老子》甲、乙本说："高下之相盈也。""盈"是充盈、涵容和包含。

《墨经》所谓"高下以善不善为度"，是说明《老子》实践哲学的"高下"，不指空间方位，位置上下，是指社会地位、生活境况的好坏、优劣。"不若山泽"，即不像山泽。"不若"，是反类比的联结词。山泽的"高下"，是指空间方位，位置上下。"处下善于处上"，是说居下位，好于、优于居上位。"下所谓上也"，是《墨经》的评论，意谓《老子》"居下位好于、优于居上位"的思想，是在某种意义上，把"下"说成"上"，作为"上"。老子"善下为王"的实践哲学，是墨家概括老子"取下求上"实践哲学原则的对象和素材。《老子》无"取下求上"的字样，但是《老子》却有"取下求上"的哲学意涵。

《老子》"取下求上"的方法和策略思想，体现方法和目的、策略和战略、暂时和长远的对立统一关系。如"将欲弱之，必固强之"，其公式是：将欲A之，必固非A之。《老子》36章说："将欲歙之，必固张之。将欲弱之，必固强之。将欲废之，必固兴之。将欲夺之，必固与之。"其中"将欲弱之""废之"和"夺之"，属于目的、战略和长远的范畴。"必固强之""兴之"和"与之"，属于方法、策略和暂时的范畴。

又如"曲则全"，其公式是：非A则A。《老子》22章说："曲则全。枉则直。洼则盈。敝则新。少则得。不自见故明。不自是故彰。不自伐故有功。不自矜故长。"即委曲反能保全。屈枉反能伸直。卑下反能充盈。敝旧反能新奇。少反有所得。不专靠自己的眼睛才看得分明。不自以为是才是非昭彰。不自己夸耀才有功劳。不自高自大才能率领。其中"曲""枉""洼""敝""少""不自见""不自是""不自伐"和"不自矜"等，属于方法、策略和暂时的范畴。"全""直""盈""新""得""明""彰""有功"和"长"等，属于目的、战略和长远的范畴。

再如"大成若缺"，其公式是：大A若非A。《老子》45、41章说："大成若缺。""大盈若冲。""大直若屈。""大巧若拙。""大辩若讷。""上德若谷。大白若辱。""大方无隅。大器晚成。大音希声。大象无形。"即最成功好似欠缺。最充实好似空虚。最正直好似枉屈。最灵巧好似笨拙。最高辩论像嘴笨。崇高大德似山谷。最光彩好似卑辱。最为方正无棱角。最贵器物后制成。最大声音似稀薄。最大形象似无形。其中,"大成""大盈""大直""大巧""大辩""上德""大白""大方""大器""大音"和"大象"等,属于目的、战略和长远的范畴。"若缺""若冲""若屈""若拙""若讷""若谷""若辱""无隅""晚成""希声"和"无形"等,属于方法、策略和暂时的范畴。

《老子》78章最后用简明公式概括为"正言若反",即表达真理的言论,看来像是谬误。"正言若反",即A若非A。在"大A若非A"的实践哲学公式中,"大A"是"A"的一种,是"A"中较大的一种,"大"这个形容词限制语,可用概括的方法省略,于是"大A若非A"的实践哲学公式,就变形为"A若非A",代入具体事例,如《老子》78章说:"天下莫柔弱于水,而攻坚强者莫之能胜。"即天下没有比水更柔弱的,而攻击坚强的力量没有能胜过它的。这个具体事例,可简化为"强若非强"。"强若非强"的具体事例,和"A若非A"的实践哲学公式,可进一步抽象为"正言若反",即表达真理的言论,看来像是谬误。

与《老子》"正言若反"相近的西方术语,英文

paradox，拉丁文paradoxum，希腊文paradoxos，即与通常见解相对立，违反常识，超脱尘俗，似非而是的论点，译为"反论""异论""佯谬""悖论""自相矛盾的议论""谬论"等。"正言若反"的思维表达方式，是故意使用似乎谬误的形式，来表达科学真理。其语言效果妙趣横生，令人惊异，让人为之一振，其哲学意味精警隽永，发人深省，引人深思。这是《老子》思维表达艺术的极致，为中外先哲所乐用。

唐陆德明《经典释文》卷1说：庄子"辞趣华深，正言若反"。庄子运用"正言若反"表达方式，联结对立概念，构成违反常识的悖论式命题，以此来表达事物对立统一关系。《庄子·秋水》说："以小不胜为大胜。"这是局部和整体对立统一。局部的"小不胜"，汇为整体的"大胜"。"以众小不胜为大胜"，这是违反常识的悖论式语句。

《至乐》说："无为而无不为。"即天地在没有人为干预情况下，按照自然规律创生万物，无为而无不为。《至乐》说："至乐无乐，至誉无誉。"你认为"至乐"，换一角度看是"不乐"。你认为"至誉"，换一角度看是"无誉"。乐极生悲，物极必反。用不正当手段，获取美誉，是最不名誉的。

《山木》说："合则离，成则毁，廉则挫，尊则议，有为则亏，贤则谋，不肖则欺。"唐成玄英解释说："合则离之，成者必毁，清廉则被挫伤，尊贵者又遭议疑。""廉则伤物，物不堪化，则反挫也。自尊贱物，物不堪辱，反有议疑也。亏，损也。有为则损也。贤以志高，为人所谋。"清郭嵩焘解释说："廉则挫，峣峣者易缺。尊则议，位极者高危。有为则亏，非俊疑杰，固庸（常）态也。"

《论语·泰伯》说："有若无，实若虚。"唐吴兢《贞观政要》卷6说，贞观三年（629），唐太宗李世民问经学家孔颖达（574—648）说，《论语·泰伯》"有若无，实若虚"什么意思？孔颖达说："圣人设教，欲人谦光，己虽有能，不自矜大，仍就不能之人求访能事。己之才艺虽多，犹病以为少，仍就寡少之人更求所益。己之虽有，其状若无；己之虽实，其容若虚。"这是儒者的"正言若反"。

《荀子·天论》说："故大巧在所不为，大智在所不虑。"唐杨倞注解释说："大巧在所不为，如天地之成万物，若偏有所为，则其巧小矣。大智在所不虑，如圣人无为而治也。若偏有所虑，则其智窄矣。"《荣辱》说："斩而齐，枉而顺，不同而一：夫是之谓人伦。"不齐而齐，不顺而顺，不同而同，这是人事伦理的悖论。

诸葛亮的激将法。《三国演义》第六十五回说：张飞听到马超攻关，大叫去战马超，诸葛亮假装没听见，故意对刘备说，马超侵犯关隘，无人可敌，除非去荆州请关云长,方可与敌。张飞说,你为什么如此小看我,我曾独拒曹操百万兵,岂愁马超一匹夫,我只今便去,如胜不得马超,甘当军令,诸葛亮才表示同意派他去。本想派,故意说不派,用不派的言词激励,以达到真派的目的。①

黑格尔说:"如果事物或行动到了极端总要转化到它的反面。这种辩证法在流行的谚语里,也得到多方面的承认。譬如在 Summum jus Summa injuria(至公正即至不公正)一谚语里,意思是说抽象的公正如果坚持到它的极端,就会转化为不公正。同样,在政治生活里,人人都熟知,极端的无政府主义与极端的专制主义是可以相互转化的。在道德意识内,特别在个人修养方面,对于这种辩证法的认识表现在许多著名的谚语里:如'太骄则折'、'太锐则缺'等等。即在感情方面、生理方面以及心灵方面也有它们的辩证法。最熟知的例子,如极端的痛苦与极端的快乐,可以互相过渡。心情充满快乐,会喜得流出泪来。最深刻的忧愁常借一种苦笑以显示出来。"②

老子思想,是世界历史文化的宝贵遗产。欧洲 19 世纪初就开始研究《道德经》,到了 20 世纪 50 年代,有 60 多种《道德经》译文。德国哲学家黑格尔曾深入研究《道

---

① 罗贯中:《三国演义》,作家出版社 1953 年版,第 536 页。
② 〔德〕黑格尔:《小逻辑》,商务印书馆 1980 年版,第 180 页。

德经》。黑格尔说：道家"哲学和与哲学密切相关的生活方式的创始人是老子，比孔子老，因为孔子曾经以颇有政治意味的派头往见老子，向他请教"。"中国哲学中另有一个特异的宗派，这派是以思辨作为它的特性"。"这派的主要概念是'道'，这就是'理性'。这派哲学及与哲学密切联系的生活方式的发挥者是老子。""曾在周朝的宫廷内作过史官。他比孔子要年长些。""孔子为了向他领教曾去拜访过他。""老子的主要著作我们现在还有，它曾流传到维也纳，我曾亲自在那里看到过。"[1]

《老子》57章说："以正治国，以奇用兵，以无事取天下。"即以正规方法治国，以出奇方法用兵，以无所作为取天下。《老子》69章说："用兵有言：吾不敢为主，而为客；不敢进寸，而退尺。是谓行无行；攘无臂；扔无敌；执无兵。祸莫大于轻敌，轻敌几丧吾宝。故抗兵相加，哀者胜矣！"

即兵家说：我不敢取攻势（先发制人），而要取守势（后发制人）。不敢前进一寸，而要后退一尺。这叫作没有阵势（行列）可摆，没有胳膊可举，没有敌人可对，没有兵器可拿。最大的灾祸，是低估敌人。低估敌人，

---

[1] 〔德〕黑格尔：《哲学史讲演录》第1卷，生活·读书·新知三联书店1956年版，第124—127页。

就会丢掉我"不敢为天下先"的法宝。所以，势均力敌，哀兵胜！

《老子》68章说："善为士者，不武；善战者，不怒；善胜敌者，不与（敌：应对，应付）；善用人者，为之下。是谓不争之德，是谓用人之力，是谓配天，古之极。"

即会当兵的，不逞英武。会打仗的，不靠忿怒。会打胜仗的，不跟敌人应付。会用人的，态度谦下。这叫作不与人争的道德，这叫作会用别人的力量，这叫作符合天道，是历来的最高准则。

《老子》67章说："天下皆谓我道大，似不肖。夫唯大，故似不肖。若肖，久矣其细也夫！我有三宝，持而保之。一曰慈，二曰俭，三曰不敢为天下先。慈故能勇；俭故能广；不敢为天下先，故能成器长。今舍慈且勇；舍俭且广；舍后且先；死矣！夫慈以战则胜，以守则固。天将救之，以慈卫之！"

即天下人都说我的道理广大，不像任何具体事物。正因为它广大，所以不像任何具体事物。如果它像任何具体事物，它早就渺小得很了！我有三种法宝，紧握着，保存着。第一叫慈爱宽容，第二叫退缩保守，第三叫不敢走在天下人前。慈爱宽容，所以能勇敢。退缩保守，所以能宽广无边。不敢走在天下人前，所以能做首长。现在丢掉慈爱宽容，追求勇敢。丢掉退缩保守，追求宽广无边。丢掉后退，追求抢先。结果必死无疑！慈爱宽容，进攻则必胜，防守则坚固。天要拯救谁，就用慈爱宽容来保卫他！

老子曾是周守藏室的史官，通晓中国古代文化，隐居乡村，熟悉民情、民意和民间文化，有条件总结中华民族认识史的经验和智慧。所以《老子》是中国历史文化的积淀。如《老子》41章说："上德若谷。大白若辱。""大方无隅。大器晚成。大音希声。大象无形。"《老子》说是"建言有之"。"建言"，奚侗《老子集解》说："当是古载籍名。"任继愈《老子新译》说它是古谚语歌谣。

《老子》22章说："曲则全。枉则直。洼则盈。敝则新。少则得。"《老子》说是："古之所谓'曲则全'者，岂虚言哉？"这分明是引用古人的成语。《老子》41章说："用兵有言：吾不敢为主而为客，吾不敢进寸而退尺。"《老子》15、65章说："古之善为道者。"14章说："执古之道，以御今之有。能知古始，是谓道纪。"这分明是引用古籍的成语。

《韩非子·喻老》大量引征中华民族的经验智慧、历史故事和譬喻说明《老子》思想。如解释"守柔曰强"，引证历史故事："文王见詈于玉门，颜色不变，而武王禽纣于牧野。""句践入宦于吴，身执干戈，为吴王洗马，故能杀夫差于姑苏。"即周文王在用玉装饰的宫门前，被殷纣王辱骂，脸色不变，所以他的儿子周武王才能在牧野生擒殷纣王。越王句践到吴国做贱役，手执兵器做吴王的马前卒，所以才能把吴王夫差杀死在姑苏。

又如解释"将欲歙之，必固张之。将欲弱之，必固强之"，引证历史故事："越王入宦于吴，而劝之伐齐以敝吴。吴兵既胜齐人于艾陵，张之于江济，强之于黄池，故可制于五湖。"即越王句践到吴国做贱役，劝说吴王夫差攻伐齐国，以便削弱吴国。吴国军队在艾陵战胜齐军，势力扩张到长江、济水，主盟逞强于黄池，越国才能在太湖地区打败吴国军队。

再如解释"将欲夺之，必固与之"，引证历史故事："晋献公将欲袭虞，遗之以璧马。智伯将袭仇由，遗之于广车。"即晋献公想要攻打虞国，却故意把玉璧好马送给虞国国君。智伯想要攻打仇由，却故意把豪华大车送给仇由国君。

《老子》39章说："高以下为基。"即上以下为基础，对立面相互依赖。《老子》30章说："物壮则老。"《老子》76章说："故坚强者死之徒，柔弱者生之徒。是以兵强则灭，木强则折，坚强处下，柔弱处上。"即事物发展到极端，会转向反面。《老子》40章概括说："反者道之动。"即向相反的方向转化，是道的运动规律。反映《老子》理论哲学由具体到抽象的概括上升过程。

第三讲　儒家：仁政王道是理想

孔子创儒家，主张仁政王道，以德治国，继承历史文化，传播古代经典，蔚为中国传统文化的主流，是诸子百家中最盛的一家。从汉代到清代，一直享有独尊地位，是为官者和当权派的哲学。

儒家学术，经两千五百多年传播，不断充实发展，已融入中华民族的精神，在当前全球化的新时代，汲取全人类几千年积淀的优秀思想文化，把儒学创新改造为适合新时代需要的文化新品，可作为新时代的精神营养，使之焕发新的生命活力。

一、儒家第一是孔子

1.举一反三触类通

《论语·述而》载孔子说："不愤不启，不悱不发，举一隅不以三隅反，则不复也。"即不到学生想求明白，而自己达不到的时候，不去开导他。不到他想说，而自己说不出的时候,不去启发他。教给他方形一个角的性质,他如果不能由此推知另外三个角的性质,就不再教他了。"举一反三",比喻触类旁通,从已知类推同类。

2. 闻一知十是颜回

《论语·公冶长》说:子谓子贡曰:"汝与回也孰愈?"对曰:"赐也何敢望回?回也闻一以知十,赐也闻一以知二!"子曰:"弗如也,吾与汝弗如也。"即孔子问子贡:"你与颜回相比,谁更聪明?"子贡说:"我哪能跟颜回相比呀?颜回是听到一件事,能推知十件事,而我听到一件事,才能推知两件事!"孔子说:"你不如颜回。我同意你说的,是不如颜回。"

孔子弟子端木赐,字子贡,春秋末卫国人,比孔子小31岁。子贡善经商,是当时著名的大商人兼外交家。《论语·先进》说子贡"货殖焉,亿则屡中"。即买进卖出,猜测行情,每每猜中。《史记·货殖列传》说,"子贡既学于仲尼,退而仕于卫,废贮鬻财(贵卖贱买赚钱)于曹、鲁之间","七十子之间,赐最为饶益(富有)"。"子贡结驷连骑,束帛之币,以聘享诸侯。所至国君,无不分庭与之抗礼。"

《仲尼弟子列传》说"子贡好废举,与时转货赀。"即子贡通过贵卖贱买,随时转货,以便赚钱,以至"家累千金"。子贡利口巧辞,能说会道,思维敏捷,善于外交,志向是:"得素衣缟冠,使于两国之间,使两国相亲如兄弟。"常仕于鲁、卫,游说于齐、晋、吴、越。司马迁说:"子贡一出,存鲁,乱齐,破吴,强晋,而霸越。子贡一使,使势相破,十年之中,五国各有变。"

宋郑汝谐《论语意原》卷1说:"闻一知二,因此而知彼也。"明吕柟《泾野子内篇》卷27说:子贡"因夫子之言,乃引伸触类,以三隅反"。清毛奇龄《论语稽求篇》卷2说:"因此测彼,则兼两事之类推也。"宋卫湜《礼记集说》卷88说:"知类通达,闻一知十,能触类而贯通也。"宋曾公亮等《武经总要后集原序》说:"闻一知十,触类而长。"清焦袁熹《此木轩四书说》卷6说:"举此为兆,余可例推,闻一知十。"

3. 告往知来是子贡

《论语·学而》说:子贡曰:"贫而无谄,富而无骄,何如?"子曰:"可也。未若贫而乐,富而好礼者也。"子贡曰:"诗云:'如切如磋,如琢如磨',其斯之谓与?"子曰:"赐也,始可与言《诗》已矣,告诸往而知来者。"

即子贡提出"贫穷而不巴结奉承,富裕而不骄傲自满"的论点,问孔子认为怎么样。孔子说:"可以。不过,不如说贫穷而乐于行道,富裕而爱好礼节的论点,更为积极。"子贡于是发挥说:"《诗经》上说:'要像整理玉石一样,切磋它,琢磨它,精益求精。'我们探讨问题,也可以这样说吧?"孔子说:"子贡呀,现在可以同你讨论《诗经》了,告诉你过去的知识,能够类推未来的知识。"

宋真德秀《西山读书记》卷28引朱熹说:"子贡推测而知,因此而识彼,无所不悦,告往知来,是其验矣。"宋卫湜《礼记集说》卷88说:"知类通达,则告往知来、闻一知十。"清陆陇其《松阳讲义》卷4说:"告往知来,触类旁通。"朱彝尊《经义考》卷244说:"孔门之学,大概务通伦类而已,颜子闻一知十,子贡告往知来。""告往知来",是触类旁通的类比推论。

4. 温故知新可为师

《论语·为政》载孔子说:"温故而知新,可以为师矣。"即温习以往的知识,可以引出新的体会,做到这一点,就可以做老师了。《资治通鉴》卷29说:"凡所谓材者,敏而好学,温故知新。"何晏注:"温,寻也,寻绎故者,又知新者。"

宋朱熹《朱子语类》卷24说:"若知新,则引而伸之,触类而长之。"卷49说:"温故知新,是温故之中,而得新的道理。"宋郑汝谐《论语意原》卷1说:"温故而知新","故者,昔之所得也。新者,今之所见也。以昔之所得者抽绎之","而今之所见者,又日新焉"。元朱公迁《四书通旨》卷4说:"温故知新","《论语》是即其一理，而推见众理之无穷"。

明蔡清《四书蒙引》卷5说："温故而知新，故者旧日所已知者，于此而温之，而有以知其所未知，则见得滋味愈长，而推之无不通。"清陆陇其《四书讲义·困勉录》卷33说："温故知新，日日体研，时时抽绎。"

5. 持之以恒如堆山

《论语·子罕》载孔子说："譬如为山，未成一篑，止，吾止也。譬如平地，虽覆一篑，进，吾往也。"即譬如堆山，还差一筐，没堆成，就停了，功亏一篑，是自己造成的。譬如填坑，只倒一筐，继续填下去，坚持不懈，是自己决定的。

6. 发愤忘食乐忘忧

《论语·述而》说：叶公问孔子于子路，子路不对。子曰："女奚不曰，其为人也，发愤忘食，乐以忘忧，不知老之将至云尔。"即叶公问子路："孔子是怎样的人？"子路不回答。孔子说："你应该这样说：他这个人啊，发愤学习，就忘记吃饭。高兴起来，就忘记忧愁。不知道老年将要来临。"说这话这年，孔子已经63岁，带弟子周游列国9年，未得到诸侯的任用，还历尽艰险，差点丧命，但仍乐观向上，不屈不挠，坚持理想，知其不可而为之。

7. 有教无类向平民

《论语·述而》载孔子说："自行束脩以上，吾未尝无诲焉。"即只要主动送给我一点见面薄礼,我从没有不教诲的。"束脩":十小条干肉(肉脯),初次见面薄礼。孔子打破"学在官府"的传统,促进"文化下移",教育面向平民,打破贵族的教育垄断。孔子录取学生,面向普通民众。自带十小条干肉,就收为学生,精心培养。颜路、曾点、子路、伯牛、冉有、子贡、颜渊等,是孔子较早的弟子。孔子办学,名闻天下。

《史记·孔子世家》说:"孔子以诗书礼乐教,弟子盖三千焉,身通六艺者七十有二人。如颜浊邹之徒,颇受业者甚众。"颜浊邹,姓颜,名庚,字浊邹、涿聚、烛邹,出身低贱,曾为盗,后为齐大夫。死于前472年齐晋犁丘之役,为齐忠臣。《吕氏春秋·尊师》说:颜涿聚,梁父之大盗也,学于孔子。

孔子的教育,分"德行""言语""政事""文学"四科。《论语·先进》列举各科尖子说:"德行:颜渊,闵子骞,冉伯牛,仲弓。言语:宰我,子贡。政事:冉有,季路。文学:子游,子夏。"

孔子是模范教师,"万世师表"。他用六经(《诗》《书》《礼》《乐》《易》《春秋》)作教材,传授六艺,即礼、乐、射、御、书、数。

孔子一生从事教育,创造卓有成效的教育教学方法,总结倡导正确的学习原则,形成完整的教学内容体系,并提出有深远影响的教育思想,树立良好的师德典范。

孔子教育分三个阶段。第一阶段:从开始办学到齐国求仕前,共8年。门徒不多,有成效,在社会上有较大名声。学生有小孔子6岁的颜路(颜回父),小9岁的子路。子路几乎终生陪伴孔子。

第二阶段:37—55岁(前515—前497),从齐国返回鲁国,到周游列国前,共18年。4年做官从政,没有停止授徒。这时孔子教育大发展,由于他经验丰富,水平高,名气大,弟子多。除鲁国学生,还有齐、楚、卫、晋、秦、陈、吴、宋等国求学者。威望树立,有名弟子如颜回、子贡、冉求、仲弓等,都是这一时期进入孔门。这些弟子一部分随孔子周游列国,一部分从政。

第三阶段:68—73岁(前484—前479),从周游列国结束,到去世,共5年。这时办教育,整理古代典籍,学生很多,培养出子夏、子游、子张、曾参等才华出众的弟子,他们也从事教育,逐渐形成并发展儒家学派,传播孔子思想。

8. 安贫乐道重仁义

《论语·述而》载孔子说:"饭疏食饮水,曲肱而枕之,乐亦在其中矣。不义而富且贵,于我如浮云。"即吃粗粮,喝白水,弯着胳膊当枕头,乐也在其中。缺少仁义的富贵,对我来说,就像天上的浮云。

又说:"富而可求也,虽执鞭之士,吾亦为之。如不可求,从吾所好。"即如能致富,哪怕是执鞭赶车,我也做。如不能致富,则随我所好。这说明行义是最高的价值标准。如果贫富和道义矛盾,宁可受穷,也不抛弃道义。

《论语·里仁》载孔子说:"富与贵是人之所欲也,不以其道得之,不处也。贫与贱是人之所恶也,不以其道得之,不去也。君子去仁,恶乎成名?君子无终食之间违仁,造次必于是,颠沛必于是。"

即富和贵,人人向往,不以正当的方法得到的,不要享受。贫和贱,人人厌恶,不以正当方法摆脱的,不要逃避。君子扔掉仁爱之心,怎么算君子?君子时刻不会违反仁道,紧急时如此,颠沛时如此。

9. 直道而行性正直

孔子秉性正直,直道而行。《论语·卫灵公》载孔子说:"吾之于人也,谁毁谁誉?如有所誉者,其有所试矣。斯民也,三代之所以直道而行也。"即我对人,诋毁过谁?称赞过谁?我称赞过的人,一定先经过了考验。夏、商、周三代是这样做的,所以三代都能走正道。

10. 与人为善莫为恶

《论语·颜渊》说:仲弓问仁。子曰:"出门如见大宾,使民如承大祭。己所不欲,勿施于人。在邦无怨,在家无怨。"仲弓曰:"雍虽不敏,请事斯语矣。"即仲弓问什么叫作仁？孔子给出定义说：出门工作，要像接待贵宾一样庄重。使唤民众，要像举行盛大典一样严肃。自己不想干的事，不要强加于人。在国家跟同事和睦相处，在家里跟亲属和睦相处。仲弓说："我虽不才，愿照此办理。"

《论语·颜渊》载孔子说："君子成人之美，不成人之恶。小人反是。"即君子促成人成做好事，不促成人做坏事，小人跟这相反。《论语·卫灵公》载孔子说："躬自厚而薄责于人，则远怨矣。"即多责备自己，少责备别人，就可以避免怨恨。

11. 少能鄙事多才艺

《论语·子罕》说：大宰问于子贡曰："夫子圣者与？何其多能也？"子贡曰："固天纵之将圣，又多能也。"子闻之曰："大宰知我乎！吾少也贱，故多能鄙事。君子多乎哉？不多也！"即太宰问子贡说："老师是圣人吗？为什么如此多才多艺？"子贡说："老天本来就要他成为圣人，又要他多才多艺。"孔子听说后说："太宰了解我呀！我小时候贫贱，所以会做很多粗活。贵族会有这么多技艺在身吗？不会的！"

《论语·子罕》载孔子说："吾不试，故艺。"即我没有被重用，所以学会了许多技艺。《孟子·万章下》说：孔子尝为委吏矣，曰："会计当而已矣！"尝为乘田矣，曰："牛羊茁壮长而已矣！"即孔子曾经做过管理仓库的小吏（20岁），他说："进出账目的数字都对了！"也曾经做过管理放牧的小吏（21岁），他说："牛羊都茁壮地成长了！"

《史记·孔子世家》说：孔子贫且贱。及长，尝为季氏史，料量平。尝为司职吏，而畜蕃息。由是为司空。已而去鲁，斥乎齐，逐乎宋、卫，困于陈、蔡之间，于是反鲁。孔子长九尺有六寸，人皆谓之长人而异之。鲁复善待，由是反鲁。

即孔子家境贫寒，又地位低下。等到长大成人，曾经做过季氏手下的小吏，来往账目准确无误。又曾做过司职的小吏，使放牧的牲畜繁殖增多。由此出任司空。不久离开鲁国，在齐国受到排挤，被宋人、卫人驱逐，在陈国、蔡国间受困，于是返回鲁国。孔子身高九尺六寸，人们都说他是"长人"（大个子），而感到惊奇怪异。鲁君后来又善待孔子，因此返回鲁国。

河南安阳殷墟出土周朝骨尺，等于21.92厘米，孔子身高折合2.1米。河南洛阳金村古墓出土战国铜尺，等于23.1厘米，则孔子身高折合2.2米。安徽寿县楚墓出土战国铜尺，等于22.5厘米，则孔子身高折合2.16米。1968—1985年出土西汉木、铁、铜、竹、骨尺7种，最短的23厘米，最长的23.6厘米。按西汉尺23.1厘米计算，孔子身高折合2.21米。穆铁柱身高2.28米，姚明身高2.29

米。《孔子家语》等书，说孔子父亲叔梁纥身长10尺，比孔子还长4寸，比姚明高2厘米。

孔子名丘，字仲尼，春秋末鲁国邹邑（山东曲阜东南）人。远祖是宋国贵族，殷王室后裔。《礼记·檀弓上》记孔子说："丘也，殷人也。"周武王灭殷，封殷宗室微子启于宋，经微仲衍、宋公稽、丁公申，四传至湣公共。湣公长子弗父何让国于其弟鲋祀，弗父何为卿。孔子先祖遂由诸侯，转为公卿。弗父何曾孙正考父，连续辅佐宋戴公、武公、宣公，久为上卿，以谦恭著称于世。

孔子6世祖孔父嘉，宋国大夫，后继任宋大司马。按周礼制，大夫不得祖诸侯，"五世亲尽，别为公侯"，故其后代以孔为氏。后宋太宰华父督作乱，弑宋殇公，杀孔父嘉。其子（孔子5世祖）木金父，避难逃至鲁国，定居邹邑，成为鲁国人，但失去卿位，下降为士。

孔子曾祖父防叔，任鲁防邑宰。祖父伯夏，事迹无考。父亲叔梁纥，字叔梁，名纥，是武士，以勇力著称，立过两次战功，任邹邑宰。叔梁纥娶妻施氏，生9女，无子。娶妾生一子伯尼，又称孟皮，脚有毛病。

叔梁纥72岁，娶不到20岁的颜徵在，生孔子。孔子生年，《史记·孔子世家》记为鲁襄公二十二年（前551）。《穀梁传》记"十月庚子孔子生"（前551年9月8日）。孔子生鲁国邹邑昌平乡（山东曲阜东南）。父母曾为生子，祷于尼丘山，因此孔子名丘，字仲尼。①

孔子3岁时，父叔梁纥卒，孔家成为叔梁纥第一任妻子施氏的天下。施氏心术不正。孟皮的生母是叔梁纥的第二任妻子，在叔梁纥去世前1年，被施氏虐待致死。孔子母子，不为施氏所容。孔母颜徵在，携孔子与孟皮，移居曲阜阙里，生活艰难。孔子17岁时，颜徵在卒。孔子19岁时，娶宋人亓官氏之女为妻，1年后亓官氏生子，鲁昭公派人送鲤鱼表示祝贺，孔子感到荣幸，把儿子取名为鲤，字伯鱼。

孔子生于鲁国。鲁国为周公旦之子伯禽的封地，周代文物典籍保存完好，被称为"礼乐之邦"。鲁襄公二十九年（前544）吴公子季札观乐于鲁，叹为观止。鲁昭公二年（前540）晋大夫韩宣子访鲁，观书后赞叹："周礼尽在鲁矣！"

鲁国文化传统，以及学术下移形势，影响孔子思想的形成。鲁国自宣公以后，政权操在以季氏为首的三桓

---

① 《史记·孔子世家》说："孔子生鲁昌平乡陬邑。其先宋人也，曰孔防叔。防叔生伯夏，伯夏生叔梁纥。纥与颜氏女野合而生孔子，祷于尼丘得孔子。鲁襄公二十二年而孔子生。生而首上圩顶，故因名曰丘云。字仲尼，姓孔氏。""野合"：旧指男女苟合。"圩"同"围"。司马贞《索隐》："'圩顶'，言顶上凹也。故孔子顶如反圩。反圩者，若屋宇之反，中低而四旁高也。"

手中。昭公初年，三家瓜分了鲁君兵符军权。孔子对季氏"八佾舞于庭"的僭越行为，表示愤慨。昭公二十五年（前517）鲁国内乱，孔子离鲁至齐。齐景公问政，孔子说："君君，臣臣，父父，子子。"又说："政在节财。"齐国政权操于大夫陈氏，景公虽喜欢孔子的话，但不能任用他。

孔子在齐不得志，返鲁，"退而修诗书礼乐，弟子弥众"，远方来求学者，遍及各诸侯国。当时鲁国政权操于季氏，季氏受制于家臣阳货。孔子不满政不在君，在大夫，"陪臣执国命"，不愿出仕，说："不义而富且贵，于我如浮云。"

鲁定公九年（前501）阳货被逐，孔子见用于鲁，任中都宰，当时孔子51岁。"行之一年，四方则之。"由中都宰，迁司空，再升大司寇。鲁定公十年（前500）齐鲁夹谷之会，鲁由孔子相礼。孔子认为"有文事者必有武备，有武事者必有文备"，有防范，使齐君想用武力劫持鲁君的预谋，未能得逞。运用外交手段，收回被齐侵占的郓、灌、龟阴之田。定公十二年（前498），孔子为加强公室，抑制三桓，援引古制"家不藏甲，邑无百雉之城"，提出"堕三都"，通过任季氏宰的子路实施。孔子利用三桓与家臣的矛盾，季孙氏、叔孙氏同意各自毁掉费邑与后邑。孟孙氏被家臣公敛处父煽动，反对堕成邑。定公围之不克,孔子计划受挫。

孔子仕鲁,齐人闻而惧,恐鲁强而并己,乃馈女乐于鲁定公与季桓子。季桓子受齐女乐,三日不听政。孔子已55岁,政治抱负难以施展,于是带领颜回、子路、子贡、冉有等10余弟子,离开"父母之邦",周游列国14年,颠沛流离。

孔子先到卫国,开始受卫灵公礼遇,后又受监视,恐获罪,想到陈国,过匡地,被围困5天。解围后原想过蒲,至晋,因晋内乱未往,返卫。见南子,引起多方猜疑。卫灵公怠于政,不用孔子。孔子说:"苟有用我者,期月而已,三年有成。"

卫国内乱,孔子离卫,经曹,至宋。宋司马桓魋欲杀孔子,孔子微服过宋,经郑,至陈,当时孔子60岁。孔子往返陈、蔡多次,曾"厄于陈蔡之间"。《史记》载:"因楚昭王来聘孔子,陈、蔡大夫围孔子,致使孔子绝粮七日。解围后,孔子至楚,不久楚昭王死。"

卫出公欲用孔子。孔子答子路问,为政必以"正名"为先。返卫,孔子受"养贤"礼遇,仍不见用。鲁哀公十一年(前484),冉有归鲁,率军在郎战胜齐军。季康子派人迎孔子。孔子68岁时归鲁。

孔子归鲁,被尊为国老,鲁哀公与季康子常以政事相询,但不被重用。孔子晚年致力于整理文献,继续从事教育。鲁哀公十六年（前479）孔子卒，安葬于鲁城北泗水上。

孔子是品德高尚的知识分子，他正直向上，乐观进取，追求真善美，向往理想社会。孔子思想学说，在中国悠久的历史里，深刻影响着华夏民族的精神、性格和气质。

12. 自我鉴定人生律

《论语·为政》载孔子自我鉴定说："吾十有五而志于学。三十而立，四十而不惑，五十而知天命，六十而耳顺，七十而从心所欲，不逾矩。"即我十五岁，立志学习。三十岁有所建树，四十岁不受迷惑，五十理解自然规律，六十明辨是非，七十随心所欲，都不会违反规矩。

孔子的自我鉴定用词，极具典型性、概括性，后世变为成语格言，时常为人引用。人称30岁为"而立之年"，40岁为"不惑之年"。任继愈（1916—2009）70岁后请人刻章"不敢从心所欲"。

13. 儒家老底是司仪

《墨子·非儒》揭露儒家的老底，攻击儒家说：夫夏乞麦禾。五谷既收，大丧是随。子姓皆从，得厌饮食。毕治数丧，足以至矣。因人之家以为肥，恃人之野以为樽。富人有丧，乃大悦喜曰："此衣食之端也！"

即夏天向人乞讨麦子。各种庄稼收割完毕以后，就依靠替别人办丧事混饭吃。他们子孙全都跟随前去，以此得到饱食。只要替人办过几场丧事,他们的生活就足够了。他们依靠别人养肥自己,依靠别人田里的收获,供自己喝上几杯。看到有钱人家有丧事,就非常高兴地说:"这是衣食的来源啊!"

"儒"本是一个社会阶层,一种职业,即给人相礼(襄礼)。在婚丧祭祀时,协助主持者完成礼节仪式,相当于司仪。相即辅助、帮助。春秋时,儒从周代宫廷专管记事和迷信职业的巫、史、祝、卜中分化出来,熟悉诗书礼乐,用礼仪知识谋生。

"儒"在商代甲骨文中,像用水冲洗,沐浴,濡湿全身的形状。《礼记·儒行》说:"儒有澡身(孔颖达疏:谓能澡洁其身,不染浊也),而浴德(孔颖达疏:谓沐浴以德,以德自清也)。"

《说文解字》说:"儒,柔也。术士之称。"段玉裁注说:"儒之言柔也。能安人,能服人。又儒者濡也,以先王之道能濡其身。"儒,是有道术、知识、才艺的人。《汉书·司马相如传》颜师古注说:"凡有道术者,皆称儒。"儒是对学者、教师的尊称。儒以教书、相礼为业。

"儒"这一阶层、职业,即是儒家的前身、来源和社会基础。儒家学者,也兼"儒"(相礼,司仪)的职业。孔子前,早就有儒。孔子创立诸子百家中的一派"儒家",把传统的礼乐制度理论化,作为治国安邦的模范和标准。

14. 整理经典垂后世

《孔子家语·本姓解》说:"孔子生于衰周,先王典籍,错乱无纪,而乃论百家之遗记,考正其义,祖述尧舜,宪章文武,删《诗》述《书》,定《礼》理《乐》,制作《春秋》,赞明《易》道,垂训后嗣,以为法式,其文德著矣。"

"四书""五经""十三经",是孔子和儒家学派的著作集。孔子选编《诗经》,在3000余篇古诗中选305篇。编定《尚书》,又称《书》《书经》。传说孔子作《易传》。作《春秋》,1.6万余字,记鲁隐公元年至鲁哀公十四年,共242年的鲁国历史。"春秋"成为历史的代名词。孔子儒学,垂训后世,作为典范,文德显著。

15. 儒家学说创始人

儒家是诸子百家中最盛的一家。孔子是儒家学说的创始人。儒家学说成为中国传统文化的主流,国学的重镇,中华民族的精神和灵魂,包含适应新时代需要的思想资源和启发借鉴。儒家理想是仁政王道,以德治国,倡导教化。

孔子所创儒学,是以仁为核心的思想体系。《论语》1万余字,说"仁"百余次,表示人之所以为人的性质、心理和言行,以及人对人爱的情感。《论语》说"德"40次。仁爱道德是儒学的核心,仁义等于道德。

《论语·颜渊》说:"樊迟问仁。子曰:'爱人。'"

《卫灵公》说：子曰："志士仁人，无求生以害仁，有杀身以成仁。"《为政》说："为政以德，譬如北辰，居其所而众星拱之。"又说："道之以政，齐之以刑，民免而无耻；道之以德（用道德引导），齐之以礼，有耻且格。"即用政法引导，用刑罚约束，百姓虽不敢犯罪，但不以犯罪为耻；用道德引导，用礼教约束，百姓不仅以犯罪为耻，而且能自觉改正。

《孟子》3万余言，说"仁"158次，"仁政"10次，"王道"1次，"德"38次。《孟子·离娄上》说："道二：仁与不仁而已矣。"治国方法有行仁政和不行仁政两种。"三代（夏商周）之得天下也以仁，其失天下也以不仁。国之所以废兴存亡者亦然。"

《梁惠王上》说："施仁政于民。"《梁惠王下》说："君行仁政。"《公孙丑上》说："行仁政而王。""万乘之国行仁政。"《离娄上》说："不以仁政，不能平治天下。"《梁惠王上》说："养生丧死无憾，王道之始也。"《公孙丑上》说："以德行仁者王。""以德服人者，中心悦而诚服也。""王道"指王者以仁义治国。

《孟子·尽心下》说："仁也者，人也。合而言之，道也。""仁"的意思是"人"。"仁"和"人"合起来，就是"道"：道德。成语"仁义道德"，即儒家历来提倡的仁爱正义等行为规范。

《荀子》8万字，说"仁"134次，"德"109次。《荀子·荣辱》说："仁义德行，常安之术也。""故仁人在上。"《儒效》说："圣人也者，本仁义。"《君道》说："既智且仁，是人主之宝也，王霸之佐也。"《富国》说："君子以德，小人以力。"《议兵》说："以德兼人者王。"《成相》说："治之经，礼与刑，君子以修百姓宁。明德慎罚，国家既治四海平。"

东汉许慎《说文解字》说："仁，亲也。从人二。"清段玉裁《说文解字注》说："独则无偶，偶则相亲，故字从人二。""仁"即人间亲情，人与人亲爱的感情。甲骨文、金文有"仁"字。《诗经》《书经》用"仁"字，指"亲爱""慈爱"。《中庸》："仁者，人也。""仁"是做人的根本，即人本、人文。

孔、孟树立夏商周三代盛世的典范，理想是恢复天下的大一统。孔子希望诸侯施仁爱。孟子（约前372—前289）希望诸侯行"王道"。"王道"是孔孟追求一统的利器。汉代"以霸王道杂之"，恩威并用，儒法兼行。唐宋儒家以道统自任，提倡孔孟，颂扬王道。韩愈《原道》说："博爱之谓仁，行而宜之之谓义。""仁与义，为定名。道与德，为虚位。"

《汉书·艺文志》说：儒家者流，盖出于司徒之官，助人君顺阴阳明教化者也。游文于六经之中，留意于仁义之际，祖述尧舜，宪章文武，宗师仲尼，以重其言，于道最为高。孔子曰："如有所誉，其有所试。"唐虞之隆，殷周之盛，仲尼之业，已试之效者也。然惑者既失精微，而辟者又随时抑扬，违离道本，苟以哗众取宠。后进循之，是以五经乖析，儒学浸衰，此辟儒之患。

即儒家这个流派，出自于古代司徒之官。他们帮助国君，顺应自然，宣明教化。涵泳六经中，注意仁义之间，远宗尧舜道统，近守周文王、武王礼法，尊崇孔子为师表，注重言论的重要性，在各派道术中最为崇高。孔子说："如果对别人有所称赞，就一定先对他有所试验。"唐尧虞舜的兴隆，商朝周朝的盛世，足以说明孔子的德业，已经经过试验，并且卓有成效。但是迷惑的人已经失去儒家经典精深微妙的道理，而邪僻的人，又追随时俗，任意曲解附会经书道理，违背离开圣道的根本，只知道以喧哗的言论，博取尊宠。后来学者，依循去做，所以五经的道理，就乖谬分离，儒学逐渐衰微。这是邪僻儒者的祸患。

孙中山（1866—1925）1924年说："中国人说，王道是顺乎自然。换一句话说，自然力便是王道"，"武力便是霸道"。"这种专用武力压迫人民的文化，用我们中国的古话说就是'行霸道'。""讲王道是主张仁义道德，讲霸道是主张功利强权。""现在世界列强所走的路是灭人国家的；如果中国强盛起来，也要灭人国家，也去学列强的帝国主义，走相同的路，便是蹈他们的覆辙。所以我们要先决定一个政策，要济弱扶倾，才是尽我们民族的天职。我们对于弱小民族要扶持他，对于世界列强要抵抗他，如果全国人民都立定这个志愿，这个民族才可以发达。"孙中山的理想是："用固有的道德和平作基础，去统一世界，成一个大同之治，这便是我们四万万人的大责任。"①

儒家仁政王道，以德治国的政治理想，是中华民族优秀传统文化的重要内容。儒家学说，是夏商周以来，中国数千年传统学术文化的积淀，是中华民族的精神家园，是当今建设新文化的思想资源，对其批判继承，改造转型，可作为今日社会生活的启发和借鉴。

16. 敢把孔子比太阳

"天不生仲尼，万古长如夜"是北宋文学家、诗人唐庚（1070—1121）目击民间知识分子评孔对联。宋胡仔（1110—1170）《渔隐丛话前集》卷54《宋朝杂记上》说："《唐子西语录》云：蜀道馆舍壁间，题一联云：'天不生仲尼，万古长如夜。'不知何人诗也。"唐庚卒年前出现。

朱熹（1130—1200）《朱子语类》卷92《孔孟周程》说："'天不生仲尼，万古长如夜。'唐子西尝于一邮亭梁

---

① 《孙中山全集》第一册，台湾近代中国出版社1989年版，第4、538—540、53、54页。

间见此语。"民间佚名诗。赞词变语：宋潘自牧《记纂渊海》卷65说："'天不生仲尼，万古如长夜。'《唐庚集》载蜀道馆舍壁间诗。"

明刘宗周《王阳明集补编》卷10说："昔人谓：'天不生仲尼，万古如长夜。'"刘宗周《论语学案·八佾第三》说："天不生仲尼，万世如聋聩（聋子）。"明冯从吾《少墟集》卷7说："宋儒云：'天不生仲尼，万古如长夜。'余亦云：'人不学仲尼，万古如长夜。'"

明叶盛《水东日记》卷7《俳优语》说："'天不生仲尼，万世如长夜'两语，其来已久，而优人尝以为言。闻有举子卷中曾具此，考官遂以俳优语黜（拒斥，革除）之，误矣。"明武定侯郭勋辑《雍熙乐府》卷9《南吕宫·一枝花·范张鸡黍》（元杂剧）说："天不生仲尼，万古如长夜。"

"长如夜""如长夜"之说，在宋明儒林盛行。《孟子·公孙丑上》引孔子高足有若说："圣人之于民，亦类也。出于其类，拔乎其萃，自生民以来，未有盛于孔子也。"《论语·子张》说：叔孙武叔毁（谤）仲尼。子贡曰："无以为也（不要这样）！仲尼不可毁也。他人之贤者，丘陵也，犹可逾也。仲尼，日月也，无得而逾焉。人虽欲自绝，其何伤于日月乎？多见其不知量也！"

《论语·八佾》说：仪封人（边防官）请见，曰："君子之至于斯也，吾未尝不得见也。"从者（跟从者请求孔子）见之。出曰："二三子何患于丧乎（为什么着急没官位）？天下之无道也久矣，天将以夫子为木铎（上天会让孔子做人民的导师）。"

《中庸》赞孔子之德如日月之明："仲尼祖述尧舜，宪章文武。上律天时，下袭水土。譬如天地之无不持载，无不覆帱。譬如四时之错行，如日月之代明。"王充《论衡·本性篇》说："孔子道德之祖，诸子之中最卓者也。"

二、儒家第二是孟子

1. 孔孟之道有接续

《孟子·公孙丑上》说："乃所愿，则学孔子也。"孟子志愿学孔，自觉使命是继承发展孔子思想，成为儒家之道的第二创立者和奠基人，是华夏民族树立意识形态的典范。三万余字《孟子》和万余字《论语》，长期以来是华夏学人的必读书，滋养浸润中华民族的智慧理念，去粗取精，改造转型，仍可成为现代和将来生活的启发借鉴。

2. 孟母三迁有故事

孟子三岁丧父，孟母抚养。南宋启蒙课本《三字经》："昔孟母，择邻处。子不学，断机杼。"始舍近墓，继迁市傍，终迁学舍。西汉刘向《列女传·母仪·邹孟轲母》说：邹孟轲之母也，号孟母。其舍近墓。孟子之少也,嬉游为墓间之事,踊跃筑埋。孟母曰:"此非吾所以居处子也。"乃去舍市傍。其嬉戏为贾人炫卖之事。孟母又曰:"此非吾所以居处子也。"复徙舍学宫之傍。其嬉游乃设俎豆,揖让进退。孟母曰:"真可以居吾子矣。"遂居。及孟子长,学六艺(礼乐射御书数),卒成大儒之名。君子谓孟母善以渐化。

东汉赵岐《孟子题词》说:"孟子生有淑质,夙丧其父,幼被慈母三迁之教,长师孔子之孙子思,治儒术之道,通五经,尤长于诗书。"元王恽《秋涧集》卷33说:"孟母三迁养圣功,芬芬千古振高风。披图欲识颐斋意,人道神交管鲍同。"

明陈士元《孟子杂记》卷一引《孟母赞》说:"邹母善导,三徙成教。邻止庠序,俎豆是效。"又引《孟母碑赞》说:"择邻之教,人多讽诵焉。今山东邹县城南,有中庸精舍,世传思孟传道之所,即孟母三迁之地也。""孟母三迁"的典故,表示人要接近好人好事,才能学好,说明环境改变人。

3.孟母断织有故事

刘向《列女传·母仪·邹孟轲母》说:孟子之少也,既学而归,孟母方绩,问曰:"学何所至矣?"孟子曰:"自若也。"孟母以刀断其织。孟子惧而问其故,孟母曰:"子之废学,若吾断斯织也。夫君子学以立名,问则广知,是以居则安宁，动则远害。今而废之，是不免于厮役，而无以离于祸患也。何以异于织绩而食，中道废而不为，宁能衣其夫子，而长不乏粮食哉！女则废其所食，男则惰于修德，不为窃盗，则为虏役矣。"孟子惧，旦夕勤学不息，师事子思，遂成天下之名儒。君子谓孟母知为人母之道矣。

刘向《列女传·母仪·邹孟轲母》颂说："孟子之母，教化列分。处子择艺，使从大伦。子学不进，断机示焉。子遂成德，为当世冠。"孟母认为，不勤奋，不能成才。抓紧教育，督促勤学。用织布比喻学习，用断织比喻废学。孟子学不专注，孟母断织，使孟子受刺激，勤奋学习。孟子成闻名天下大儒，是母亲教育的结果。

明陈士元《孟子杂记》卷一引《孟母赞》说："断机激子，广以坟奥，聪达知礼，敷述圣道。"今邹县孟祠有断机堂，可观后代追崇之意。山东监察御使钟化民《祭孟母文》赞扬："子之圣，即母之圣"，"人生教子，志在青紫（古代高官穿戴服饰颜色，比喻高官显爵）。夫人教子，志在孔子。古今以来，一人而已"。

西汉韩婴《韩诗外传》卷9说：孟子少时，诵，其母方织。孟子辍然中止。有顷，复诵。其母知其喧（遗忘）也，呼而问之："何为中止？"对曰："有所失，复得。"其母引刀裂其织，曰："此织断，能复续乎？"自是之后，孟子不复喧矣。即专心读书不敢忘。该故事启示我们，学习须全神贯注，专心致志，不能半途而废。教育孩子，方法得当。言传身教，事半功倍。

4. 专心致志是成语

《孟子·公孙丑上》载：今夫弈之为数，小数也。不专心致志，则不得也。弈秋，通国之善弈者也。使弈秋诲二人弈，其一人专心致志，惟弈秋之为听。一人虽听之，一心以为有鸿鹄（天鹅）将至，思援弓缴（zhuó，系丝线的箭）而射之，虽与之俱学，弗若之矣。为是其智弗若与？曰非然也。

孟子专心致志，一心学孔。孟子，名轲。生于孔子死后107年，学术活动晚于孔子150年。远祖是鲁国贵族孟孙氏，后衰微，战国中期从鲁国迁居邹国（山东邹城东南）。三岁丧父，孟母抚养。

《离娄下》载孟子说："予未得为孔子徒也，予私淑（私下学习吸取；未能亲自受业，敬仰其学术，尊之为师）诸人（孔子后学）也。"孟子为孔子孙子思再传弟子（学生的学生），后孔子167年生，后孔子5代。得孔子嫡传。

《公孙丑上》借孔子学生有若之口说，孔子"出于其类（超出一般人类），拔乎其萃（高出一般人群），自生民以来，未有盛于孔子也"。《万章下》："孔子之谓集大成。集大成也者，金声而玉振之也（好比奏乐，由敲钟开始，用击磬结尾）。"

孟子效法孔子，聚徒讲学，40多岁带徒，周游列国，四处游说。《滕文公下》：（孟子弟子）彭更问曰："后车数十乘，从者数百人，以传食于诸侯，不以泰（太过分）乎？"孟子曰："非其道，则一箪（筐）食不可受于人；如其道，则舜受尧之天下，不以为泰，子以为泰乎？"

孟子社会政治思想：温和改良，主张仁义、和平一统。不像法家，主张激进改革、暴力统一。他宣扬仁政、王道理想，由于无法实行，于是退居讲学。孟子的经历、活动和遭遇，与孔子相似。

《史记·孟子荀卿列传》说：孟轲，邹人也。受业子思之门人。道既通，游事齐宣王，宣王不能用。适梁，梁惠王不果所言，则见以为迂远而阔于事情。当是之时，秦用商君，富国强兵。楚、魏用吴起，战胜弱敌。齐威王、宣王用孙子、田忌之徒，而诸侯东面朝齐。天下方务于合从连衡，以攻伐为贤，而孟轲乃述唐、虞、三代之德，是以所如者不合。退而与万章之徒序诗书，述仲尼之意，作《孟子》七篇。

即孟轲，邹国人，跟孔伋的学生求学。在通晓了儒家学说以后，去游说齐宣王，宣王没有任用他。他前往魏国，魏惠王不信他那一套，认为他的话迂曲玄远，空疏而不切实际。在当时，秦国任用商鞅，国富兵强。楚国、魏国任用吴起，战胜敌军，削弱了敌国。齐威王、齐宣王任用孙膑、田忌等人，致使各诸侯国都东来朝见齐王。天下各国正致力于合纵连横，以争战为贤能，但孟轲却称述唐尧、虞舜和夏商周三代的德政，因此他与所到之国都合不来。于是退身，与万章等人编订《诗经》和《书经》，阐述孔子的学说，撰述《孟子》七篇。

司马迁说孟子"迂远而阔于事情"。迂阔即不切合实际。迂是曲折，迂腐。阔是空泛，不切实际。在征伐不断，讲究实力竞争的战国时代，空讲仁政王道，不讲功利，是迂阔。

孟子在当时不得志，但其思想为以后封建社会官方所接受。唐韩愈《原道》道统说："尧以是传之舜，舜以是传之禹，禹以是传之汤，汤以是传之文武周公，文武周公传之孔子，孔子传之孟轲；轲之死，不得其传焉。"

北宋神宗熙宁四年（1071），《孟子》列科举考试科目。宋代学者系统解释、发挥孟子著作，列为必读经典，将孟子与孔子合称"孔孟"，尊为儒家第二代表人，将其学说称"孔孟之道"。北宋胡宏（？—1155）《知言》卷3说："释氏窥见心体，故言为无不周遍。然未知止于其所，故外伦理而妄行，不足与言孔孟之道也。"

南宋朱熹（1130—1200）把《孟子》跟《论语》《大学》《中庸》合称为"四书"，儒家经典一直到清末都是科举必考。元朝至顺元年（1330），加封孟子"亚圣公"，尊为"亚圣",地位仅次孔子。

5. 孟子好辩说仁义

《三字经》说:"孟子者,七篇止,讲道德,说仁义。"孟子七篇,讲道德仁义,崇尚王道,排斥霸道。《孟子》是语录体散文,说理畅达,长于论辩。《滕文公下》说:(弟子)公都子曰:"外人皆称夫子好辩,敢问何也?"孟子曰:"予岂好辩哉?予不得已也。"

"圣王不作,诸侯放恣,处士横议,杨朱、墨翟之言盈天下。天下之言,不归杨,则归墨。杨氏为我,是无君也;墨氏兼爱,是无父也。无父无君,是禽兽也。""杨墨之道不息,孔子之道不著,是邪说诬民,充塞仁义也。仁义充塞,则率兽食人,人将相食。吾为此惧,闲(捍卫)先圣之道,距杨墨,放淫辞,邪说者不得作。作于其心,害于其事;作于其事,害于其政。圣人复起,不易吾言矣。""我亦欲正人心,息邪说,距诐行,放淫辞,以承三圣(夏禹,周公,孔子)者;岂好辩哉?予不得已也。能言距杨墨者,圣人之徒也。"孟子好辩,是为了捍卫孔子之道,攻击墨子等其他思想家。

6. 孟子好辩有事例

(1)王顾左右而言他

孟子责难齐宣王不行仁政,用一系列的类比说辞,强词驳辩，紧追猛打，齐宣王难以应对。开始孟子问齐宣王说："王之臣，有托其妻子于其友，而之楚游者，比其反也，则冻馁其妻子，则如之何？"王曰："弃之（绝交）。"继而孟子问齐宣王说："士师不能治士，则如之何？"王曰："已之（撤职罢官）。"最后孟子问齐宣王说："四境之内不治，则如之何？"齐宣王，只好"顾左右而言他"，用转移论题的手法，躲闪辩论。

（2）以五十步笑百步

梁惠王对孟子说："寡人愿安承教。"（我很高兴听到您的指教。）孟子用"以五十步笑百步"，讥讽梁惠王不行仁政。"以五十步笑百步"，即比喻自相矛盾、悖理、荒谬。

7.民贵君轻倡民本

《孟子·尽心下》说："民为贵（尊贵），社稷（土谷神）次之，君为轻。是故得乎丘民而为天子，得乎天子为诸侯，得乎诸侯为大夫。"朱熹注说："盖国以民为本，社稷亦为民而立，而君之尊，又系于二者之存亡，故其轻重如此。"

孟子的"民贵君轻"论，是古代的民本思想。孟子提出"民贵君轻"这一旷古最具激进革命性民本意识的命题，从上下文语境看，其最终目的是为维护当时天子、诸侯和大夫封建宗法制的稳固统治。孟子"民贵君轻"的民本意识，没有撼动封建宗法制统治的根基毫毛，只是警告统治阶层不可忽视民心向背的巨大震撼力。

孟子讲仁政王道和德治。讲"仁政"10次,"王道"1次,"仁"158次,"德"38次,"王"323次,"霸"15次。《梁惠王上》说:"仁者无敌。"《梁惠王下》说:"君行仁政,斯民亲其上。"《公孙丑上》说:"行仁政而王,莫之能御也。""当今之时,万乘之国行仁政,民之悦之,犹解倒悬也。"《离娄上》说:"君不行仁政而富之,皆弃于孔子者也。"《公孙丑上》说:"以德行仁者王(依靠道德实行仁义称王)。"

孔子仁学,发挥西周敬德保民的思想,提倡德政和道德教化。《论语·为政》硕:"导之以德,齐之以礼。"孟子把孔子仁学,发挥为"仁政"学说,奠定后世儒家政治思想的理论基础。《梁惠王上》说:"挟(音鞋:用胳膊夹住,比喻做根本办不到的事)泰山以超北海,语人曰我不能,是诚不能也。为长者折枝(折取树枝),语人曰我不能,是不为也,非不能也。故王之不王,非挟泰山以超北海之类也;王之不王,是折枝之类也。老吾老,以及人之老;幼吾幼,以及人之幼。天下可运于掌。"《公孙丑下》说:"天时不如地利,地利不如人和。""得道者多助,失道者寡助。寡助之至,亲戚畔之;多助之至,天下顺之。"

孟子讲开明政治,争取民心。《离娄上》说:"桀纣之失天下也，失其民也；失其民者，失其心也。得天下有道：得其民，斯得天下矣。得其民有道：得其心，斯得民矣。得其心有道：所欲与之聚之，所恶勿施尔也。民之归仁也，犹水之就下，兽之走旷（旷野）也。故为渊驱鱼者，獭（水獭）也；为丛驱雀者，鹯（zhān，鹞鹰，老鹰，猛禽）也；为汤武驱民者，桀与纣也。"

8. 五百年有王者兴

《孟子·公孙丑下》说："五百年必有王者兴，其间必有名世（贤臣）者。由周而来，七百有余岁矣（周武王前1046—前314，共732年）。以其数则过矣，以其时（时势，时代）考之则可矣。夫天，未欲平治天下也；如欲平治天下，当今之世，舍我其谁也？"孟子到齐、梁、鲁、邹、滕、薛、宋等国，受尊重，但未被重用。孟子理想的封建中央集权制度：民贵君轻，仁政，王道，德治。孟子的政治伦理思想，有利于封建社会的建立和巩固，相当于缓冲剂，润滑剂。

孟子思想的现代价值，是"以人为本""以民为本"的思想资源，做人要有骨气。《告子上》说："生，亦我所欲也。义，亦我所欲也。二者不可得兼，舍生而取义者也。"《尽心上》说："古之人，得志，泽加于民。不得志，修身见于世。穷则独善其身，达则兼善天下。"《滕文公下》说："富贵不能淫，贫贱不能移，威武不能屈。此之谓大丈夫。"

《告子下》说："故天将降大任于是人也，必先苦其心志，劳其筋骨，饿其体肤，空乏其身，行拂乱其所为，所以动心忍性，曾益其所不能。"《朱子语类》卷93说："自尧舜以下，若不生个孔子，后人去何处讨分晓？孔子后若无个孟子，也未有分晓。"这是把孔孟与尧舜相提并论，评价甚高。

9.孟子成语广流传

（1）出类拔萃赞孔子

《公孙丑上》借孔子学生有若之口说，孔子"出于其类（超出一般人类），拔乎其萃（高出一般人群），自生民以来，未有盛于孔子也。"

（2）与人为善做好事

《公孙丑上》说："故君子莫大乎与人为善。""与人为善"即跟别人一起做好事。焦循《孟子正义》说："是取人为善，即是与人同为此善也。"后也指赞助别人做好事，今多指善意地帮助别人。

（3）拔苗助长是害苗

《公孙丑上》说：宋人有闵（发愁）其苗之不长而揠（拔）之者，芒芒然（疲倦地）归。谓其（家）人曰："今日病（疲倦）矣，予助苗长矣。"其子趋而往视之，苗则槁矣。天下之不助苗长者寡矣。以为无益而舍之者，不耘苗者也。助之长者，揠苗者也。非徒无益，而又害之。

三、儒家第三是荀子

1. 韩非李斯大弟子

继孔孟之后，荀子（约前298—前238）是儒家的第三代表人。荀子名况，字卿，避汉宣帝刘询讳，称孙卿。赵人。因游学齐国都临淄稷下学宫，被称为"稷下先生"，即资深老师。曾"三为祭酒"，即学宫之长。

荀子身处战国末期，承载总结儒学和诸子百家的历史重任。荀子在儒学体系中，极具批判精神，兼收并蓄，博采众长，促使百家争鸣走向学术交融。他传授儒学经典，阐发传统文化，并且重视现实，具有强烈的事功精神。

荀子讲学于齐，仕宦于楚，议兵于赵，议政于燕，论世风于秦，社会影响堪与孔孟媲美，是儒学发展的新高峰。荀子提出礼法并用，重视礼义道德的教育，强调政法制度的惩罚作用，形成明天人之分的自然观、改恶从善的道德观、礼仪之治的社会历史观、去偏倡全的认识论、合理辩说的逻辑学。

韩非、李斯是荀子的杰出弟子。韩非集法家大成，制定秦统一天下的理论方略。李斯是秦丞相，是韩非理论的实行者。韩非、李斯推行法家思想，辅助秦始皇一统天下，推动中国历史前进和民族繁荣发展，其功甚伟，但二人都未得善终。

韩非（约前280—前233），韩国贵族，建议韩王变法未用，著作被秦王政重视，逼迫韩国同意他出使秦国，但被李斯、姚贾陷害，被迫在狱中自杀。韩非集法家之大成，是法家最著名的代表。他综合商鞅的"法"（法制）、慎到的"势"（权势）、申不害的"术"（手段），提出"法、术、势统一"的法治理论，是法家理论的最高峰，是秦始皇统一中国，建立中央集权封建制的理论基础。

李斯（约前284—208），楚上蔡人。初为吕不韦舍人，后为秦王政客卿。前237年，上秦王政《谏逐客书》，不久任廷尉，建议对六国各个击破，统一中国。秦统一六国后，李斯任丞相，反分封，焚诗书，禁私学，以此加强中央集权。以秦代通行文字小篆（秦篆）为标准正字，规范汉字，促进汉字统一。始皇死，李斯追随赵高，伪造遗诏，令长子扶苏自杀，立少子胡亥。但李斯为赵高所忌，在秦二世二年（前208）七月，被腰斩于咸阳闹市，夷三族。

李斯到齐国求学，拜荀卿为师。荀子接近法家，研究"帝王之术"。李斯学完，决定到秦国。荀卿问李斯为什么要到秦国，李斯答："干事业都有一个时机问题，现在各国都在争雄，这正是立功成名的好机会。秦国雄心勃勃,想奋力一统天下,到那里可以大干一场。人生在世,卑贱是最大的耻辱,穷困是莫大的悲哀。一个人总处于卑贱穷困的地位,那是会令人讥笑的。不爱名利,无所作为,并不是读书人的想法。所以,我要到秦国去。"

李斯到秦国,得到吕不韦的器重,当秦国的小官,接近秦王。李斯对秦王说:"凡是干成事业的人,都必须要抓住时机。过去秦穆公时虽然很强,但未能完成统一大业,原因是时机还不成熟。自秦孝公以来,周天子彻底衰落下来,各诸侯国之间连年战争,秦国乘机强大起来。现在秦国力量强大,大王贤德,消灭六国如同扫除灶上的灰尘那样容易,现在是完成帝业,统一天下的最好时机,千万不能错过。"

秦王听取他离间各国君臣之计:"诸侯名士可以下财者(接受其贿赂),厚遗结之。不肯者利剑刺之。离其君臣之计,秦王乃使良将随其后。"对六国,他提出"先灭韩,以恐他国"的吞并顺序,得秦王赏识,被提为长吏。李斯劝秦王,派人持金玉,去各国收买贿赂,离间六国君臣,最终收到效果,被封为客卿。

东方各国纷纷派间谍到秦国做宾客,群臣议论外来客卿,对秦王说:"各国来秦国的人,大抵是为了他们自己国家的利益,来秦国做破坏工作的,请大王下令驱逐一切来客。"秦王下逐客令,李斯也在被逐之列。

李斯给秦王写《谏逐客书》，劝秦王不要逐客："我听说群臣议论逐客，这是错误的。从前秦穆公求贤人，从西方的戎请来由余，从东方的楚国请来百里奚，从宋国迎来蹇叔，任用从晋国来的丕豹、公孙支。秦穆公任用了这五个人，兼并了二十国，称霸西戎。秦孝公重用商鞅，实行新法，移风易俗，国家富强，打败楚、魏，扩地千里，使秦国强大起来。秦惠王用张仪的计谋，拆散了六国的合纵抗秦，迫使各国服从秦国。秦昭王得到范雎，削弱贵戚力量，加强了王权，蚕食诸侯，终成帝业。这四代王都是由于任用客卿，他们对秦国才做出了贡献。客卿有什么对不起秦国的呢？如果这四位君王也下令逐客，只会使国家没有富利之实，秦国也没有强大之名。"

　　李斯说，秦王的珍珠、宝玉都不产于秦国，美女、好马、财宝也都是来自东方各国。如果只是秦国有的东西才要的话，那么许多好东西也就没有了。李斯反问：为什么这些东西可用，而客卿就要驱逐，看起来大王只是看重一些东西，而对人才却不能重用，其结果是加强了各国的实力，却不利于秦国的统一大业。

　　李斯上书，情词恳切，追溯揭示秦国历史和现状，代表有识之士见解。秦王明辨是非，采纳李斯建议，取消逐客令，于是李斯受到重用，被封为廷尉。秦国坚持招揽重用外来客卿，在秦统一中国过程中发挥了重要作用。

韩国怕被秦国灭掉，派水工郑国到秦鼓动修建水渠，想削弱秦国人力物力，牵制秦东进。后郑国修渠目的暴露，即将被杀的郑国，向秦王进言：韩国让秦国大兴水利建设工程，当初的目的是消耗秦国实力，但水渠修成对秦国有利。兴修水利，可以减轻秦国对东方各国的压力，让韩国多存在几年，但修好渠，将"为秦建万代之功"。秦王觉得郑国话有理，不杀郑国，让他继续领导修完水渠。

李斯所做大事：废封建，行郡县；统一文字、度量衡；修驰道，车同轨；统一货币。这些举措影响千年，惠及后代。司马迁《史记》评价李斯：作为一个普通平民事秦，利用机遇和能力辅佐秦始皇终成霸业。如果不是因为种种无法让人容忍的恶行（如杀韩非、焚书坑儒、伪造诏书），毁坏声誉，功绩可与周公、召公相媲美。

秦始皇死，照惯例，应由秦始皇长子扶苏继位。扶苏思想倾向儒家，不同意秦始皇焚书坑儒，因当面提过意见，惹得秦始皇生气，被派到西北大将蒙恬那里。中车府令赵高，是胡亥的老师，他想让胡亥称帝，以便大权在握，于是他争取李斯同意胡亥上台。赵高说："皇帝临死前，召扶苏参加葬礼的这封信，没等送出去，皇帝就死了，这封信没有人知道，现在胡亥手里。决定由谁来继位，全由胡亥和我来决定，你认为如何？"

胡亥、赵高将秦始皇召扶苏来咸阳送葬的书信，改为斥责扶苏"无尺寸之功""不孝"的信,令他自杀。同时责备蒙恬"不忠",令他自杀。扶苏自杀,蒙恬不肯自杀,被囚禁,最后服毒而死。

秦二世元年(前209),胡亥继承帝位,统治比秦始皇更残忍。李斯与胡亥、赵高结合,互相利用,钩心斗角。李斯不惜一切代价,想得到功名,为保存既得利益,不敢规劝胡亥。胡亥责问李斯:过去韩非曾经说过,古代的君王都是十分辛勤劳苦的,难道君王管理天下是为了受苦受累吗?这是因为他们无能。贤人有天下,就要让天下适应自己,如果连自己都不能满足,又如何治理天下呢?我想随心所欲,而又要永远统治天下,你李斯有什么办法吗?这时,李斯的儿子李由镇压农民起义进军不利,大将章邯要追查李由的责任,并讥讽李斯的无能。李斯因此心中恐惧,为得到秦二世胡亥的信任,提出一套"督责之术"。

李斯上书说:贤主若能厉行"督责之术",群臣不敢不全心全意为君王服务;不能行"督责之术"的君王,如尧、舜等比百姓还辛劳,简直是受罪。"督责之术",实际是严刑酷法和君王独断专行。

李斯说:"彼唯明主为能深督轻罪,夫罪轻且督深,而况有重罪乎?故民不敢犯也。"就是对臣下和百姓实行"轻罪重罚",使人人不敢轻举妄动。君主对臣下要实行独断专行,要驾驭群臣,不能受臣下的影响。李斯认为,只有这样的君主才能随心所欲，为所欲为。实行"督责之术"，群臣百姓就不敢造反，君王的地位才能牢固。

李斯关于"督责之术"的主张，既有取宠于秦二世的一面，也有继承法家思想的一面。他在上书中，一再引申不害、韩非的话。秦二世不顾天下百姓反抗，采纳李斯的"督责之术"。杀人多者为"忠臣"，残忍者为"明吏"。天下怨声载道。

在李斯、赵高的怂恿下，秦二世胡亥更加奢侈昏庸，胡作非为。为了镇压农民起义，不断地从关中征发民众去打仗，给人民造成极大负担。秦二世胡亥为修阿房宫，征发徭役，把人民推向苦难深渊。当时全国人民的反秦起义风起云涌，为了统治阶级的共同利益，李斯同右丞相去疾、将军冯劫，劝秦二世胡亥停建阿房宫，减少徭役。

当时，秦二世正与宫女宴饮作乐，见李斯等人上书，十分恼怒，下令将他们逮捕入狱。李斯在狱中多次上书，都被赵高扣留。赵高借机诬告李斯与其儿子李由谋反，对李斯严刑拷打，刑讯逼供，李斯被迫承认谋反，在秦二世二年（前208）七月被杀死。

2. 西行赞秦破纪录

荀子在前266年（秦昭王四十四年），应秦昭王聘，西游入秦考察，打破儒家不入秦的记录。《荀子·强国》记载荀子入秦考察后的感想：应侯问孙卿子曰："入秦何见?"孙卿子曰:"其国塞险,形势便,山林川谷美,天材之利多,是形胜也。入境,观其风俗,其百姓朴,其声乐不流污,其服不佻,甚畏有司而顺:古之民也。及都邑官府,其百吏肃然,莫不恭俭、敦敬、忠信而不楛:古之吏也。入其国,观其士大夫,出于其门,入于公门。出于公门,归于其家。无有私事也。不比周,不朋党,倜然莫不明通而公也:古之士大夫也。观其朝廷,其朝间,听决百事不留,恬然如无治者:古之朝也。故四世有胜,非幸也,数也:是所见也。故曰:'佚而治,约而详,不烦而功,治之至也。'秦类之矣。虽然,则有其諰矣。兼是数具者而尽有之,然而县之以王者之功名,则倜倜然其不及远矣!是何也?则其殆无儒邪!故曰粹而王,驳而霸,无一焉而亡。此亦秦之所短也!"

即应侯问荀卿说:"到秦国看到了什么?"荀卿第一夸赞秦国的经济地理优势说:"秦国边塞险峻,地势便利,山林河流美好,自然资源带来的好处很多,这是地形上的优越。"第二夸赞秦国的民风民俗说:"踏进国境,观察习俗,百姓质朴淳厚,音乐不淫荡卑污,服装不轻薄妖艳,畏惧官吏,顺从领导":真像古圣先贤治理下的人民。

第三夸赞秦国的官吏素质说:"到城镇官府,各种官吏严肃认真,谦恭节俭,敦厚谨慎,忠诚守信,不胡作非为。不粗疏草率"：真像古圣先贤治理下的官吏。第四夸赞秦国的高官气象说："进入国都，观察士大夫，走出家门，走进衙门。走出衙门，回到家门。不为私事钻营。不互相勾结，不结党营私，卓然超群，明智通达，廉洁奉公"：真像古圣先贤治理下的士大夫。

第五夸赞秦国的朝廷大局说："观察朝廷，治理朝政，处理政事，从不耽搁，安闲恬静，有条不紊"：真像古圣先贤治理下的朝廷。第六夸赞秦国的优胜原因说："秦国四代（指秦孝公、惠王、武王、昭王）优胜，决非侥幸，是必然定数。"

第七夸赞秦国的治理境界说："自身安逸，却治理得好。政令简要，却囊括详尽。政事不烦，却卓有成效。这是治理的最高境界"：而秦国类似。随后指出秦国的缺点和不足，表明荀子的期待和希望："即使如此，却仍有忧惧。虽然秦国兼备以上几方面的优点优势，但是用儒家称王天下的功绩名声衡量，还差得很远。原因是没有杰出的儒学家。荀子认为，纯用儒学，可达王道。驳杂并用，可成霸道。一样没有，就会灭亡。这是秦国的短处。"

综上所述，可见荀子这位战国末期儒学大师的锐利目光，对儒学的坚持，以及用儒学改造社会、改变中国的决心。不出所料，在荀子死后十余年（前238—前221），辽阔的中国大地,就被偏居西方一隅的秦国,完成了大一统。可见荀子早就预见到事情发展的必然结局。

3.荀子名言传千古

《荀子·王制》说:"君者,舟也。庶人者,水也。水则载舟,水则覆舟。"即君主好比船,百姓好比水。水能载船,也能翻船。这话充分反映儒家知识精英的合理人文精神,是推动中国历史发展的积极力量。

《荀子·劝学》说:"青,取之于蓝,而青于蓝。"即靛青是从蓼蓝中提取出来的,但比蓼蓝更青。比喻学生胜过老师,后人胜过前人。蓼蓝:一年生草本植物,叶经发酵,可提取深蓝色有机染料靛蓝。又说:"故不登高山,不知天之高也。不临深溪,不知地之厚也。"即不登上高峰,不知道天空高远。不俯视深谷,不知道大地深厚。

又说:"故不积跬步,无以至千里。不积小流,无以成江海。骐骥一跃,不能十步。驽马十驾,功在不舍。锲而舍之,朽木不折。锲而不舍,金石可镂。"即不积累一两步,无法到达千里之外。不汇积细小溪流,不能成为江海。骏马一跃,不会满六丈。但劣马跑十天,能跑完千里路,成功在于不停脚。雕刻一下,就放在一边,就是腐烂的木头,也不能折断。不停地刻,金属石头都能镂空。此段喻指做事要有恒心毅力。

第四讲　墨家：摩顶放踵利天下

墨子创墨家，与儒家同称显学。汉后官方重儒，墨学中绝。当今时代，汲取墨家的科学人文精神，极有积极的现实意义。

一、止楚攻宋千古传

《墨子·公输》说：公输盘（鲁班）为楚造云梯之械成，将以攻宋。子墨子闻之，起于鲁，行十日十夜，而至于郢，见公输盘。公输盘曰："夫子何命焉为？"子墨子曰："北方有侮臣者，愿藉子杀之！"公输盘不说。子墨子曰："请献十金。"公输盘曰："吾义固不杀人。"子墨子起，再拜曰："请说之。吾从北方闻子为梯，将以攻宋。宋何罪之有？荆国有余于地，而不足于民。杀所不足，而争所有余，不可谓智。宋无罪而攻之，不可谓仁。知而不争，不可为忠。争而不得，不可谓强。义不杀少而杀众，不可谓知类。"公输盘服。子墨子曰："然，胡不已乎？"

公输盘曰："不可，吾既已言之王矣。"子墨子曰："胡不见我于王？"公输盘曰："诺！"

子墨子见王，曰："今有人于此，舍其文轩，邻有敝舆，而欲窃之。舍其锦绣，邻有短褐，而欲窃之。舍其梁肉，邻有糠糟，而欲窃之。此为何若人？"王曰："必为窃疾矣！"子墨子曰："荆之地方五千里，宋之地方五百里，此犹文轩之与敝舆也。荆有云梦，犀兕麋鹿满之，江汉之鱼鳖鼋鼍，为天下富，宋所为无雉兔狐狸者也，此犹梁肉之与糠糟也。荆有长松文梓楩楠豫章，宋无长木，此犹锦绣之与短褐也：臣以三事之攻宋也，为与此同类。臣见大王之必伤义而不得。"王曰："善哉！虽然，公输盘为我为云梯，必取宋！"

于是见公输盘。子墨子解带为城，以牒为械，公输盘九设攻城之机变，子墨子九距之。公输盘之攻械尽，子墨子之守御有余。公输盘屈，而曰："吾知所以距子矣。吾不言。"子墨子亦曰："吾知子之所以距我。吾不言。"楚王问其故。子墨子曰："公输子之意，不过欲杀臣。杀臣，宋莫能守，可攻也。然臣之弟子禽滑厘等三百人，已持臣守御之器，在宋城上，而待楚寇矣。虽杀臣，不能绝也。"楚王曰："善哉！吾请无攻宋矣。"子墨子归，过宋。天雨，庇其闾中，守闾者不纳也。

墨子止楚攻宋的故事，发生在前440年。墨子（约前

480—前420）运用兼爱非攻学说，体现抑强扶弱，任侠仁义的精神。这是一篇出色的记叙文。《史记·平原君传》说："三寸之舌，强于百万之师。"黄宗羲编《明文海》卷93说："春秋战国之时势，在重口舌战伐也。""审时酌势，在口舌战伐。""数言而佩印，一战而师君。"体现诸子百家善辩的特点。

墨子教弟子"能谈辩者谈辩"，把谈辩作为专门的教育科目。墨子后学，数传弟子，把墨家和诸子百家的辩论，总结为一种专门讲辩论方法的学问，即"辩"学，辩论之学、辩论术，是中国古代土生土长的一门相当于逻辑学的学问。它与古印度的因明学，西方亚里士多德的逻辑学，并称为世界三大逻辑传统。

墨家创立的辩学，自秦汉到清代无人研究，无人过问，没有专家学者发挥发展、创新体系，所以到清代末期孙诒让校释《墨子》，严复翻译西方逻辑时，还无人能懂。直到20世纪的前五十年，经梁启超、胡适、沈有鼎等人的接续研究，才开启今人解读墨家逻辑的锁钥，使这门濒临死亡的冷门绝学，起死回生，枯木逢春，让它重新焕发青春的活力，为今人的思维论辩服务。

二、墨子显学意义大

墨家的思想学说，简称为墨学，是有深远影响的重要学说。墨家是先秦诸子百家中重要的一家。战国时期，儒墨同为显学。《韩非子·显学》说："世之显学，儒墨也。"到汉代，学界还经常"儒墨"并提，"孔墨"对举。

汉后统治者重儒家。汉武帝采纳董仲舒"罢黜百家，独尊儒术"的建议，儒学成为中国文化的正统、主流、巨流、明流和显流。墨学被封建国家机构和知识精英挤压为异端、支流、细流、暗流和潜流。

当代先进思想，以汲取全人类几千年积淀的优秀文化为急务，其中包含汲取墨家逻辑、哲学、科学、技术、经济、政治、伦理、教育、语言、文学、艺术和军事等思想精华。墨家在先秦诸子百家中，是最富科学和人文精神的一家。在当前，汲取墨家的思想精华，有极其重要的现实意义。

墨子道德高尚，屡被称颂。《孟子·尽心上》说："墨子兼爱，摩顶放踵利天下为之。"东汉赵岐《孟子注》卷13下说："墨子，墨翟也，兼爱他人，摩突其顶，下至于踵，以利天下，己乐为之也。"程颢、程颐《二程遗书》卷25也说："墨子之德至矣。"

《汉书·艺文志》说：墨家者流，盖出于清庙之守。茅屋采椽，是以贵俭。养三老五更，是以兼爱。选士大射，是以上贤。宗祀严父，是以右鬼。顺四时而行，是以非命。以孝视天下，是以上同。此其所长也。及蔽者为之,见俭之利,因以非礼。推兼爱之意,而不知别亲疏。

即墨家这个流派,出于古代掌管宗庙的官职。住在茅草盖顶、采木为椽的房子里,注重节俭。奉养年老、更事致仕的人,所以主张兼爱。以大射礼选拔人才,所以崇尚贤人。尊敬祖先,所以崇敬鬼神。顺从四时做事,所以不相信命运。以孝道宣示天下,所以崇尚同心同德。这就是他们长处。但眼光浅短的人,实行墨家学术,只看到节俭的好处,因此就反对礼节。推广兼爱的旨意,而不知道分别亲疏远近。

三、劳动圣人胜于孔

毛泽东读《二十四史》批注说:"墨子是一个劳动者,他不做官,但他是比孔子高明的圣人,孔子不耕地,墨子自己动手做桌椅子。"①

墨子在世时,就被称为"圣人"。例如《公孟》说,墨子生病了,门徒跌鼻问墨子:"今先生,圣人也,何故有疾?"回答:"人之所得于病者多方,有得之寒暑,有得之劳苦。"前439年,楚惠王在位第50年,墨子到楚

---

① 《毛泽东评点二十四史》精华解析本,中国档案出版社1998年版。编者误标"墨子列传"。司马迁《史记》无《墨子列传》。《孟子荀卿列传》末尾只附言墨子24字:"盖墨翟,宋之大夫,善守御,为节用。或曰并孔子时,或曰在其后。"

国，把自己的著作献给楚惠王。惠王借口年老，派大臣穆贺接待。

楚国的封君鲁阳文君，提醒楚惠王说："墨子，北方贤圣人。"意思是不能怠慢墨子这位北方的贤圣人。什么叫圣人？《孟子·尽心下》说："大而化之之为圣。""圣人，百世之师也。"东汉赵岐注："大行其道，使天下化之，是谓圣人。"按照孟子的标准，墨子也该叫作圣人了。

墨子没有做过官，但是墨子推荐弟子到各地做官。孔墨都不亲自耕地，是专职的学派领袖，兼任私人办学的教育者。不同的是，孔子轻视劳动者，墨子重视劳动者。墨子会劳动，熟悉木工等手工业技巧，做过木鸢、车辖和守城器械等。《墨经》记载了许多古代手工业技术和理论。墨子在很多方面比孔子高明。孔墨都是圣人。孔子是统治者的圣人，墨子是劳动者的圣人。墨派成员大多来自劳动者阶层，代表劳动者的利益，说出劳动者的心声。

四、一代伟人出匠师

墨子活动在前5世纪。《墨子》是战国时期墨家著作总集，成书于汉代。汉成帝、哀帝，命刘向、刘歆父子，整理先秦诸子百家著作，搜罗国家图书馆收藏的墨家文稿，校勘、编辑、定稿、抄录。

《墨子》提到"孔子"9次，"孔某"（指代孔子）19次，

"仲尼"（孔子的字）4次，表明墨子的活动年代，在孔子之后。墨子没有提到孟子，孟子提到墨子1次，墨翟1次，墨氏1次，意指墨翟、墨子学派和墨子学说的"墨"字9次，表明墨子的活动年代，在孟子之前。

《孟子·尽心上》说："墨子兼爱，摩顶放踵利天下为之。"《滕文公下》说："墨翟之言盈天下。""墨氏兼爱，是无父也。"

《贵义》说："翟上无君上之事，下无耕农之难。"《鲁问》说："翟以为不若诵先王之道，而求其说，通圣人之言，而察其辞，上说王公大人，次匹夫徒步之士。"

墨子木工技艺高超，跟当时名匠鲁班不相上下，曾制木鸢、车辖和守城器械。《韩非子·外储说左上》说："墨子为木鸢。"弟子说："先生之巧，至能使木鸢飞！"木制老鹰，能使它飞到天上，可以说是早期的航空模型，是实现人类用机械飞天梦想的试验。

魏国宰相，战国中期名家的代表人惠施听到说："墨子大巧，巧为輗。"輗是车辕与驾辕的衡木相衔接的销子。《鲁问》载，鲁班用竹木片制成会飞的喜鹊，"自以为至巧"，墨子说："子之为鹊也，不如翟之为车辖，须臾斫三寸之木，而任五十石（6千斤）之重。"车辖是安在车轴末端，用来防止车轮脱落的挡木。墨子懂得制造大车的技术。

《公输》载墨子说:"臣之弟子禽滑厘等三百人,已持臣守御之器,在宋城上,而待楚寇矣。"《节用中》说:"凡天下群百工,轮车鞼鞄,陶冶梓匠。"《墨子》记载了制革、制陶、冶金、织布、缝纫、刺绣、制鞋、造铠甲、土石建筑等多种手工业门类。

墨子熟悉当时各种手工业技术,特别是木工技巧,把技术升华为科学知识,反映手工业劳动者利益,建立系统学说。

五、自称贱人学而能

《贵义》说:墨子到楚,与楚大臣对话,自称"贱人",即劳动者,没当官,不是贵族。墨子把自己的学说比作粮食、草药,时刻不忘"农与工肆之人"之事。其学说反映"农与工肆之人"的利益,说出劳动者的心声。《吕氏春秋·爱类》载墨子见楚王说:"臣,北方之鄙人也。"

《荀子·王霸》比较墨儒学说的社会基础说,"墨子之说"是"役夫之道"。儒家学说是"君子之道""圣王之道"。"役夫之道",即劳动者的道理。儒家学说,是君子、帝王、圣王之道,是封建贵族的道理。

《庄子·天下》说,墨子"好学而博"。墨子勤奋好学,提倡"学而能""学而知"主张依靠学习,获取广博的知识技能。《尚贤》说:"王公大人骨肉之亲,无故富贵，面目美好者"，不是"学而能"，靠出身门第"既富且贵"，如果让他们治理国家，必然导致混乱。

墨子苦读博览，好学深思，连周游列国时，也在车上带很多书。《贵义》说：墨子到卫国，车上"载书甚多"。弦唐子问："带书这么多书，干什么？"墨子答："过去周公旦，早上要读100篇书，晚上还要接见70个读书人，跟他们座谈。所以他知道的多，能够辅佐天子，成绩卓著。他的影响，一直持续到今天，没有磨灭。我上没有君主治理国家的事情，下没有农民耕种土地的劳作，我怎么能不读书呢？"墨子把读书看作人生第一要务。

六、学习儒家反儒学

墨子最初学儒，后来发现儒家的缺点，就批儒反儒，自创学派。墨家是先秦唯一可以跟儒家分庭抗礼的学派。秦汉儒墨、孔墨并提，汉后受排斥，近代重又引起关注，研究逐渐深入，其重大价值渐为人知。

鲁国是古代传统文化和儒学的中心。鲁国开国君主为周公旦之子伯禽，一向尊重周礼。《左传·昭公二年》说："周礼尽在鲁矣。"《吕氏春秋·当染》说，周王派礼官史角去鲁国传授周朝的礼仪制度，鲁君把史角留在鲁国。史角后代就在鲁国继续传播周礼，墨子曾跟史角的后代学习。

《淮南子·主术训》说："孔墨皆修先圣之术，通六艺之论。"六艺是中国古代传统文化的基本内容。初级的六艺，指礼、乐、射（射箭，军事科目）、御（驾车，军事科目）、书（书法文字）、数（数学计算）。高深的六艺，指礼、乐、书（《书经》）、诗（《诗经》）、易（《易经》）、《春秋》（历史书）。墨子常引《诗经》《书经》和周、燕、宋、齐等国《春秋》。他自称曾遍读百国《春秋》，熟知中国传统文化典籍。

《淮南子·要略》说："墨子学儒者之业，受孔子之术，以为其礼烦扰而不悦，厚葬靡财而贫民，久服伤生而害事，故背周道而用夏政。"孔子推崇周公，墨子效法夏禹。《公孟》说，公孟子称颂古代，墨子就说："子法周而未法夏也，子之古非古也！"道儒墨三家，都争说自己的学说渊源早：儒家说效法周公，墨家说效法夏禹，道家说效法黄帝，一个比一个早，其中隐含着"早比晚好"的大前提。这种思想，后来受到法家学者的尖锐批评，认为是厚古薄今，保守倒退，与法家激进改革思想相对应。

七、当而不易称孔子

墨子没有全盘否定孔子，认为孔学有"当而不可易者"，即有正确而不能改变的部分。《公孟》说，墨子引用孔子作根据。程子问："非儒，何故称于孔子也？"墨子答:"是亦当而不可易者也。今鸟闻热旱之忧则高,鱼闻热旱之忧则下。当此虽禹汤为之谋,必不能易矣。鸟鱼可谓愚矣,禹汤犹云因焉。今翟曾无称于孔子乎?"墨子突破派别偏见,以服从真理为最高标准。《耕柱》载墨子批评儒家"述而不作"说:"吾以为古之善者则述之(继承传统),今之善者则作之(锐意创新),欲善之益多也。"墨学对传统文化兼收并蓄,多多益善。

《鲁问》说:"诵先王之道而求其说,通圣人之言而察其辞。"墨子的这种业务,是孔子的专长,也是一般儒者的业务。孔墨学说有相同的基础和依据以及所推崇的方面,呈现的结果却不同。儒墨同根同源,枝脉流向不同。

儒墨在中华传统文化的共同基础上,呈现了思想学说的多样性,代表着不同阶层的利益。东汉班固《汉书·艺文志》说,诸子百家"各引一端,崇其所善,以此驰说","其言虽殊,譬犹水火,相灭以相生也","相反而皆相成也"。这是对诸子百家关系的正确看法,影响深远。

八、席不暇暖搞宣传

成语有"墨子无暖席"。即墨子的座席,还来不及坐暖,就又急急忙忙,奔走他方。西汉刘安主编《淮南子·修务训》说:"孔子无黔突,墨子无暖席。"东汉高诱注说:"黔,黑也。突灶不至于黑,座席不至于温,历行诸国，汲汲于行道也。"这是"席不暇暖"的出典。

成语有"墨突不黔""墨突不及污"。即墨子灶上的烟囱，还来不及熏黑，他就急急忙忙，奔走他方。东汉班固《答宾戏》说："是以圣哲治世，栖栖（忙忙碌碌，不安定）遑遑（也作皇皇：匆匆忙忙，心神不安），孔席不暖，墨突不黔。"唐颜师古注说："孔，孔子。墨，墨翟也。突，灶突也。黔，黑也。言志在明道，不暇安居。"梁萧统编《文选》卷75唐李善注说："言贵及时，故不避栖遑之弊也。栖遑，不安居之意也。"唐吕延济注说："栖栖遑遑，忧时之不济也。席不暖，卧不安也。突不黔，不暇食也。孔谓孔子，墨谓墨翟也。突，灶孔也。黔，黑也。不暇馔食，故不黑也。"

东汉赵岐《孟子·滕文公下章旨》说："仲尼皇皇，墨突不及污。"墨子居鲁，四处游说。《贵义》说："墨子自鲁即齐。"《鲁问》说：越王"迎子墨子于鲁"。《吕氏春秋·爱类》《淮南子·修务训》说："墨子止楚攻宋，自鲁往。"

《天志上》说："上说诸侯，下说列士。"墨子曾游说齐、楚、宋、卫等国，墨家传人远游越、秦等国。《公孟》说："遍从人而说"，"不强说人，人莫之知也"。公孟子批评墨子说："你到处游说，那么辛苦劳累有什么用呢？譬如美女，在家里不出门，人们也争着娶她。如果到大街上到处奔走，要求别人娶她。结果别人反而不敢娶。"墨子说:"你譬喻不当。现在世道混乱,求美女的人多,所以美女虽不出门,要求娶的人也很多。但是求善的人少。如果不到处游说,人们就不知道自己的学说。"

《鲁问》说:墨子自称"不耕织""功贤于耕织"。墨子是劳动知识分子,专职学派领袖,其任务是宣传鼓动,擂鼓助战,不是亲自耕田,纺纱织布。《鲁问》说:鲁国南部隐士吴虑,夏天种地,冬天制陶,自比于舜,是老庄哲学的信奉者。墨子专程访问吴虑。吴虑对墨子说:"要推行仁义,自己干就行了,何必到处游说演讲?"

墨子问:"你所说的仁义,也是有力量就帮助人,有财产就分给别人吗?"吴虑说:"是!"墨子说:"我曾经慎重想过,如果我亲自耕种,搞得好,不过相当于一个农民的收获,并不能使天下饥饿的人都有饭吃。如果我亲自织布,搞得好,不过相当于一个妇女织的布,并不能使天下受冻的人都有衣穿。如果我亲自穿上铠甲,拿着武器去抵御侵略,搞得好,不过相当于一个战士的战斗力,并不能抵挡侵略者的大军。所以,我不如对上游说王公大人,他们听了我的话,国家一定得到治理;对下游说老百姓,他们听了我的话,行为一定端正。我虽不亲自耕织,而功劳却大于亲自耕织的人。教人耕种的人比自己耕种的人功劳大;鼓励人战斗的人比自己战斗的人功劳大;教天下为义的人比自己为义的人功劳大。用游说鼓励众人推行仁义,我的仁义岂不是更多了吗?"吴虑无言以对。

九、择务从事十论题

《鲁问》说,魏越问:"既得见四方君主,子则将先语?"墨子说:"凡入国,必择务而从事焉。国家昏乱,则语之尚贤尚同;国家贫,则语之节用节葬。国家熹音湛湎,则语之非乐非命。国家淫僻无礼,则语之尊天事鬼。国家务夺侵凌,则语之兼爱非攻。故曰择务而从事焉。"

尚贤,即任用贤能。尚同,即把贤人政治推广到全国,使国家和平一统。节用,即节约开支。节葬,即丧事从简。非乐,即反对统治者举办大型乐舞,搜刮人民。非命,即主张强力从事,不相信命定论。尊天事鬼,即借天意鬼神推行学说。兼爱,即人人相爱互助。非攻,即反对大国攻伐掠夺小国。

这十个论题,是墨子社会政治学说的基本观点。每个论题,都有相应的论文。后学记录墨子的讲演词,成为《墨子》的部分内容。墨家思想,独树一帜,自成体系,跟儒学相对立。但在具体运用时,结合具体情况,强调的重点不同,以解决社会的当务之急。

十、弟子弥丰薪火传

墨子继孔子后,大规模私人办学,弟子极盛。孔墨弟子都遍布天下，一直兴盛于整个战国时期。《吕氏春秋·有度》说："孔墨之弟子徒属充满天下。"《当染》说：孔墨"从属弥众，弟子弥丰"。"孔墨之后学显荣于天下者众矣，不可胜数。""禽滑厘学于墨子，许犯学于禽滑厘，田系学于许犯。"

《耕柱》说："能谈辩者谈辩，能说书者说书，能从事者从事。""谈辩""说书"和"从事"，是墨子教育的专科分工。"谈辩"是游说辩论，理论性教材是广义《墨经》6篇。"说书"是解说讲习墨子著作、古代经典和传统文化，理论性教材是《尚贤》到《非命》等论文，其中渗透《诗》《书》和《春秋》等古代经典和传统文化知识。"从事"是从事农工商兵等实际事业，理论性教材是狭义《墨经》4篇中的有关知识和城守各篇积极防御战的战略战术知识。有大量的实证资料流传至今，从中可以窥见墨子教育的规模和实况。

十一、艰苦朴素学夏禹

墨子学团的成员，有较强的组织纪律性，生活刻苦。《淮南子·泰族训》说："墨子服役者百八十人，皆可使赴火蹈刃，死不旋踵。"《鲁问》说，曹公子从墨子学校毕业，工作三年，返回探望墨子，对墨子回忆说："始吾游于子之门，短褐之衣，藜藿之羹，朝得之，则夕弗得。"

《庄子·天下》说,墨子称道夏禹,学禹之道。使"后世之墨者,多以裘褐为衣,以跂蹻为服,日夜不休,以自苦为极"。墨子要门徒学夏禹,一心为着墨者的事业,艰苦朴素。即使累得大腿没肉,小腿没毛,沐浴风雨,骨瘦如柴,也心甘情愿。墨者穿粗布衣,木麻鞋,白天、晚上劳动,自讨苦吃,累到极点,一心做墨者,行夏禹道。墨子游说天下,席不暇暖,突不及黔,是墨者的表率。

墨子学团的第一、二把手——墨子和禽滑厘,都长得黑,酷似劳动者。《贵义》说:墨子"色黑",从鲁国出发,到齐国游说,算卦先生半路遇见说,您现在不能到齐国去,因为现在老天爷,正在齐国杀黑龙,您颜色黑,去了不吉利。墨子不听,继续往前走。到齐国首都临淄,淄水暴涨,过不去,被迫返回。算卦先生趁机奚落墨子:我不让您去,您偏要去,果然过不去!《备梯》说:禽滑厘"面目黧黑",从事体力劳动,手脚长满老茧。

十二、摩顶放踵利天下

《孟子·尽心上》说:"墨子兼爱,摩顶放踵利天下为之。"《淮南子·泰族训》说:"墨子服役者百八十人,皆可使赴火蹈刃,死不旋踵。"墨家集团有任侠、侠义精神。任侠、游侠、侠义之士手持凶器,用武力扶弱抑强,见义勇为，因此墨家集团带有军事性，这是由当时特殊的社会历史条件和墨家集团的价值取向所决定的。其产生和灭亡，都有时代的必然性，不以个人的主观意志为转移。

《经上》说："任，士损己而益所为也。"《经说上》说："为身之所恶，以成人之所急。"任侠精神，即士人肯牺牲自己的利益，使自己所保护的人得到利益。有任侠精神的人，能经受自身本来所不愿意经受的痛苦，以成功救助别人的急难。

毕沅《墨子注》说："任，谓任侠。""任"，即保护。《说文》："任，保也。"引申为以抑强扶弱为己任的侠义精神和行为。古有"任侠"一词。《史记·季布栾布列传》说："季布者，楚人也，为气任侠，有名于楚。"

《韩非子·五蠹》说："侠以武犯禁"，用武力"扶弱抑强，见义勇为"，抵触国家的禁令。《经上》说："罪，犯禁也。""罪"的定义是"犯禁"，即违犯国家禁令。

用武力"扶弱抑强，见义勇为"，在国家秩序正常，生活安定的和平时期，便是违反国家禁令，是犯罪行为。秦汉统一国家政权建立后，墨家这一有组织，兼侠义的集团，必然解体衰落，因为行侠与政府的权威矛盾，侠义不适应封建大一统的时代要求。

战国时期，周王朝衰微，没有统一、强力的中央政府，诸侯林立，各踞一方，墨家集团采用军事手段，自我防御，助人防御，有其合理性。《墨子》城守11篇文章，讲守城技术和积极防御的战略战术。以墨子为首的手工业匠师，兼制军事器械和武器装备。墨家成员经过军事训练，掌握军事技能。墨家防御战的战略战术和军事辩证法思想，有积极的历史意义和现实的启发价值。

十三、墨分三派有争论

分散各地的墨家派别，保持共同的"墨者"称号，有共同的领袖，都宗奉墨子的学说（如兼爱）。墨者常就各种学术问题，展开争鸣辩论。《韩非子·显学》说：墨子死后，墨家分为三派，以相里氏、相夫氏和邓陵氏为代表的墨家派别，各执其见，都说自己是正统的墨者。《庄子·天下》说：相里勤弟子五侯等人，南方墨者苦获、己齿和邓陵子等人，共同诵读《墨经》，对许多问题有争论，都说对方是非正统的墨家。

十四、收入道藏传到今

《墨子》在东汉有71篇本。班固（32—92）《汉书·艺文志》著录《墨子》71篇，是经刘向、刘歆编辑整理的帛书《墨子》。清代乾隆时期《四库全书》总纂纪昀纂定《四库全书总目提要》卷117，评论《墨子》说："旧本题宋墨翟撰，考《汉书·艺文志》《墨子》七十一篇，注曰，名翟，宋大夫，在孔子后。《隋书·经籍志》亦曰，宋大夫墨翟撰。然其书中多称子墨子，则门人之言，非所自著也。"

《墨子》旧本题墨翟撰，书中多称"子墨子"，意即："我们这个学派的老师。"第一个"子"是强调"我们这个学派的"，第二个"子"是先生的意思。"子墨子曰"，意即："我们的老师墨子说。"这不是墨子的口气，是墨子学生的口气。《四库全书》总纂官纪昀说，《墨子》"则门人之言，非所自著也。"这话是对的。

《墨子》在明代有53篇本。明正统十年（1445）刊《道藏》，比东汉著录71篇本，少18篇（有标题8篇，无标题10篇），是当今最完整可靠的版本，从中可窥见墨学的全貌。

《墨子》是墨家著作的总集。其著作的时间跨度，从战国初至战国末，前五至前三世纪，共两百多年。不是成书于墨子一人，不是成书一时，是集合众人力量，经由两个世纪的积累编纂而成。其内容，分为五组。

第一组，《尚贤》到《非命》十论，墨子十论题，多分上中下，共23篇。墨子后学分三派，南方楚国，东方齐鲁，西方秦国，有不同传本。汉刘向、刘歆整理《墨子》，统编三派书稿，成《尚贤》到《非命》十论，共23篇。论述墨子的主要论题，归类到经济、政治、伦理、军事、哲学，主要是政治伦理。

第二组，《亲士》到《三辩》，共7篇，是墨学的杂论。第三组，《非儒》，《耕柱》到《公输》，共6篇，酷似《论语》，记载墨家的言行、传记资料。第四组，《备城门》到《杂守》，共11篇，讲守城技术、战略战术，属军事学。

第五组，《经上》到《小取》，共6篇。《墨经》术语见《庄子·天下》。广义《墨经》包括《大取》《小取》。晋鲁胜注《墨经》4篇，称《墨辩》《辩经》，是狭义《墨经》，不包括《大取》《小取》。

《墨经》专长科学和逻辑，是千古奇书。《经上》是逻辑和科学定义、划分或简单命题，《经说上》解释。《经下》是逻辑和科学命题，解释论证理由，浓缩为几字，《经说下》展开。它是微型的百科全书，文字精练浓缩，涵盖各门科学，是墨学的精华，人类知识的优秀遗产，有重要的现代价值。

东晋道教理论家葛洪（284—364）《神仙传》，述古代神仙故事，把墨子附会为道教神仙。葛洪说："墨子年八十有二"，"乃入周狄山"学道，修炼为"地仙"。到汉武帝（前156—前87年）时尚存，"视其颜色，常如五十许人"。活了几百岁，还像五十多岁的人。这显然是迷信不经之谈。

但正由于此，后世道士收《墨子》入《道藏》，使

《墨子》侥幸保存到今日。不然，我们就不能像现在这样讲谈墨子了。明正统《道藏》中《墨子》53篇，是清代学者校注《墨子》的底本，也是我们讲谈墨子的底本。

十五、豪言壮语有自信

《贵义》载墨子说："吾言足用矣。舍吾言而革思者，是犹舍获而拾粟也。以其言非吾言者，是犹以卵投石也。尽天下之卵，其石犹是，不可毁也！"即我的言论就够用了。如果抛开我的言论，遵照别的学说，相当于农民抛弃收获，捡拾遗落在地上的几粒粮食。你用别的学说，非难我的学说，是"以卵投石"，打烂天下的所有鸡蛋，我这块石头还是原样。因为我的学说是真理，不会被攻破。

《大取》说："天下无人，子墨子之言也犹在！"即假如万一有一天，世界上都没有人了，我们老师墨子的言论学说，还依然响彻在宇宙无尽的苍穹。后学对墨子的崇拜，已经到了迷信的地步。

十六、孟子攻击成冤案

《孟子·滕文公下》说："墨氏兼爱，是无父也。无父无君，是禽兽也。"孟子攻击墨子为禽兽，墨学是邪说、淫辞。《四库全书》有24卷25处，发挥孟子对墨子"无父无君是禽兽"的攻击。

在中国长期的封建社会里，孟子对墨子的攻击，成为官方对墨子的政治结论和定性，不能翻案。有人略为墨子说半句公道话，跟传统儒家的言论相抵触，立即就被株连为"异端邪说"，大加挞伐围剿。

清汪中（1745—1794），幼年孤贫好学，1780年34岁时得"生员"（秀才）头衔，为"选拔贡生"，因搜集墨子论述，作《墨子序》，推崇墨学，说墨子是救世"仁人"，批评孟子攻击墨子"无父"是诬枉，与传统儒家的言论相反，被清朝官员儒者翁方纲（1733—1818），扣为"名教之罪人"。

翁方纲《复初斋文集》卷15说："有生员（秀才）汪中者，则公然为《墨子》撰序，自言能治《墨子》，且敢言孟子'兼爱无父'为诬墨子，此则名教之罪人，又无疑也。"翁方纲威胁要"褫革"（剥夺）汪中"生员"的名号，扣上"墨者汪中"的帽子。先秦墨家自称"墨者"，是普通的称呼，像儒家自称"儒者"一样。翁方纲给汪中扣上"墨者"的帽子，等于给汪中定性为政治异端，重则足以砍头杀身。官方儒学打击迫害墨学，是汉至清两千年墨学中绝的主要原因。汪中的遭遇，是一典型个案。

十七、后世挤压不发展

墨学是对后世有深远持久影响的重要学说。战国时期，儒墨同为显学。《韩非子·显学》："世之显学，儒墨也。"到汉代，学界还经常儒墨并提，孔墨对举。《四库全书》儒墨并称，孔墨对举，多达千次。

由汉到清，墨家衰微。汉武帝采纳董仲舒"罢黜（排除）百家，独尊儒术"建议，儒学成为中国文化的正统、主流、巨流、明流和显流，墨学被封建国家机构与知识精英挤压为异端、支流、细流、暗流和潜流。

汉武帝于前133年，下诏举贤良对策，召儒生策问。董仲舒前后上《天人三策》，其第三策说："春秋大一统者，天地之常经，古今之通谊也。今师异道，人异论，百家殊方，指意不同，是以上无以持一统，法制数变，下不知所守。臣愚以为诸不在六艺之科，孔子之术者，皆绝其道，勿使并进，邪僻之说灭息，然后统纪可一，而法度可明，民知所从矣。"

汉武帝采纳董仲舒建议，"独尊儒术，罢黜百家"，使儒学成为中国两千多年封建社会的统治思想，传统文化主流。

《汉书·董仲舒传》说："（董仲舒）盖三年不窥园，其精如此。"司马光《司马温公文集》卷12《独乐园咏·读书堂》说："吾爱董仲舒，穷经守幽独。所居虽有园，三年不游目。邪说远去耳，圣言饱充腹。发策登汉庭，百家始消伏！"

王充《论衡·儒增》说：儒书言："董仲舒读《春秋》，专精一思，志不在他，三年不窥园菜。"夫言不窥园菜，实也。言三年，增之也。仲舒虽精，亦时懈休。懈休之间，犹宜游于门庭之侧。能至门庭，何嫌不窥园菜？闻用精者，察物不见，存道以忘身，不闻不至门庭，坐思三年，不及窥园也。《尚书·毋佚》曰，"君子所其毋逸，先知稼穑之艰难，乃佚"者也。人之筋骨非木、非石，不能不懈。故张而不弛，文王不为。弛而不张，文王不行。一弛一张，文王以为常。圣人才优，尚有弛张之时，仲舒才力劣于圣，安能用精三年不休！

墨学生根于社会底层，展现了多元化社会的一个侧面。儒学借封建政权，并不足以把墨学从中国社会的角落，连根拔除。从汉到清两千多年，墨学没有成为中国传统文化的主流，但是其影响还在，通过道教、农民起义和文学作品的汲取、改造与转型，墨学间接地影响着中国社会。

十八、当今时代容墨言

墨家是先秦诸子百家中的重要一家，与儒学并称显学，影响仅次于儒学。墨儒诸子，激烈辩论，渗透汲取。《墨经》概括科学和逻辑，囊括百科，熔铸百家。今日之文化汲取世界和中国数千年创造的一切优秀文化，包括汲取《墨子》精华。现代新文化，着重汲取《墨子》的哲学、逻辑、科学和人文学，如经济学、政治学、伦理学、教育学、语言文学艺术和军事学等精华，作为思想资源和启发借鉴。

《墨经》科学精神的要点：(1)求故明法重理性，因果规律探分明。即探求原因，明确法则，重视理性和理论认识。(2)求真务实重实证，实事求是科学性。即坚持求真务实，重视实际证明。

这是古代科学家实事求是的科学精神，是墨家科学知识形成的机理、建构标准和灵魂，是墨家科学知识客观性、科学方法有效性和科学思想合理性的支柱，是古代科学家朴素科学的世界观。

科学是知识、学问，是用范畴和定理来反映事物本质与规律的知识体系，是实践经验和应用技术的总结、升华和提高。现代科学的特点是精确、系统和严密。古代科学的特点是描述经验和技术，理论朴素粗疏。

《墨经》的科学知识，包罗万象，浓缩已知，是微型的百科全书，体现墨家的科学精神。其语言精练，表达古代哲学、逻辑学、自然科学和人文社会科学的范畴、定理与简单论证。《经上》共100条，是各门科学的范畴和简单命题。《经说上》对其进行解释。《经下》共83条，是各门科学的定理，提示论证的关键。《经说下》对其进行论证。

《墨经》的科学知识,总结手工业技术、生产经验,整合荟萃,没有分科和严格分类。如按现代的知识系统,《墨经》183条内容可分两层。第一层分哲学社会科学和自然科学两大类。哲学社会科学再分为世界观、认识论、逻辑学、方法论、历史观、经济学、政治学、伦理学与军事学九小类。自然科学再分为数学、力学、物理学、简单机械学、光学五小类。

在先秦诸子中,墨家最重视生产经验、应用技术的理论总结和科学研究。由手工业工匠上升的墨家学者,有条件把当时的手工业生产经验和应用技术,上升为科学理论。墨家的科学智慧,以实践经验为基础,以逻辑论证为手段,是实践性和理论性的统一,是技术经验和朴素科学理论的结合。

墨家注意在生产中观察实验,如小孔成像实验、光学投影实验、罂听声学实验等。墨家从世代相传的手工技巧中探明原因,总结规律,提炼数学、力学、物理学、光学和简单机械学知识,在中国科技史上留下了光辉一页。

墨家主张从有利于人民生产和生活的目的出发,利用法则,制造器械。墨家从桔槔、辘轳、车梯等简单机械中总结出杠杆、斜面原理,设计制造出各种器械,减轻劳动,提高效率。英国学者李约瑟评价说:"墨家绝不猜疑人类理性,并且明白订定可以成为亚洲的自然科学之主要基本概念";"墨家关于'规范思维'的论辩,可与当代科学的模型(models)的逻辑讨论正在进展的见解,具有强烈的类似。"他肯定《墨经》的界说,"具有奇特的现代气味","这确已由现代科学的哲学家为之重新发现与发展了"。

胡适说,墨家"实有科学的精神","试看《墨辩》所记各种科学的议论,可以想见这种科学的方法应用","墨家论知识,注重经验,注重推论。看《墨辩》中论光学和力学的诸条,可见墨家学者真能做许多实地试验。这是真正科学的精神"。梁启超说:"在吾国古籍中,欲求与今世所谓科学精神相悬契者,《墨经》而已矣,《墨经》而已矣!"

十九、探求原因明规律

《经上》说:"巧传则求其故。""求故",即探求原因。即对于代代相传的手工业技巧,要探求其缘故。墨家要求,对世代相传累积的手工业技术,要探求原因,把握因果联系,不仅要"知其然",确定事实、结果,还要"知其所以然",深刻认识其原因、本质和规律。

"明法",即明确法则,知道规律。法是标准、方法、法则和规律。《法仪》说:"百工为方以矩,为圆以规,直以绳，正以县，平以水。无巧工不巧工，皆以此五者为法。巧者能中之，不巧者虽不能中，放依以从事，犹逾已。故百工从事，皆有法所度。"

《经说上》说："法取同，观巧传。"《经上》说："法，所若而然也。循，所然也。说，所以明也。"《经说上》说："意、规、圆三也，俱可以为法。然也者，民若法也。""方法"一词，希腊文原意是"沿着道路"，与《墨经》"所若而然"思想一致。

"所若而然"，即利用有效方法，符合对象的实际，通过实践，产生预期结果，达到预期目的，制成合格产品，把"非我之物"转变为"为我之物"，把"非人工自然"转变为"人工自然"，创造物质和精神文明。

狭义《墨经》183条，5700余字，无一字谈神论鬼。《墨经》重视感性认识，认为接触事物，"过物貌之"是认识的基础。更重视理性认识，认为"以其知论物"，用认识能力分析事物，取得深切著明的科学知识，是认识的更高阶段。

墨家为表示"理性认识"的特点，专造特殊文字：知下加心。理性认识的特点，是通过心智思维。古人认为心是思维器官。《孟子·告子上》说："心之官则思。"清代王清任（1768—1831）通过观察、解剖，在所著《医林改错》第2卷说："灵机记性不在心，在脑。"古人孟子说的"心之官则思",现代人称为"脑之官则思"。脑是思维器官,通过大脑的认识,即是理性认识。

二十、科学精神无伦比

《墨子》屡讲桔槔机的器械,利用杠杆原理提升重物。《经下》说:"负而不挢,说在胜。"《经说下》说:"衡木加重焉,而(标端)不挢,极胜重也。右校交绳,无加焉而挢,极不胜重也。"

负:桔槔机本端负重。胜:胜过,大于。杠杆标端重力距,大于本端和重物合力距。校:调节校准。交绳:立柱和横杆用绳交结相连。用桔槔机提重物,本端负重,标端不挢(下降,省力),论证的理由在于,标端的重力距,胜过本端与重物的合力距。

儒家视劳动为小人之事,不屑一为。韩愈《师说》说:"百工之人,君子不齿。"儒家说"学而优则仕",学习优秀就做官,不做农工。《礼记·王制》说:"奇技奇器以疑众,杀。"即使用奇怪的技巧,奇怪的器物,以迷惑众人,要杀头。

东汉郑玄(127—200)注说:"奇技奇器,若公输般请以机窆。"唐孔颖达疏说:"'若公输般请以机窆',指其人巧,谓之奇技。指其机窆,谓之奇器。故奇技、奇器,总谓般也。"《礼记·王制》郑注、孔疏所说的"公输般"和"般",都指鲁班。

"请以机窆",即鲁班请用桔槔机下葬棺木。"窆":落葬,把棺木下入墓穴。《礼记·檀弓》说:"季康子之母死,公输若方小,敛,(鲁)般请以机封。"这是郑玄注说"奇技奇器,若公输般请以机窆"的出处。指鲁班请用桔槔机机下葬季康子之母的棺木。

儒家经典,对以鲁班为代表的手工业技艺,持否定和排斥的态度,甚至要用"杀",即暴力镇压的手段对付,这是极不正常、奇特怪异的科技观。以儒家思想为主流的封建意识形态,长期统治中国,严重迟滞束缚中国科技发展。

道家经典的态度同样如此。《老子》19章说:"绝巧弃利。"根绝技巧,抛弃功利。《老子》20章说:"绝学无忧。"不学习,没忧愁。五十七章说:"民多利器,国家滋昏。人多技巧,奇物滋起。"即老百姓有锐利器械,国家就更加混乱。技巧发达,奇怪事情就纷纷生起。

《庄子·天地》故事:一老人"凿隧而入井,抱瓮而出灌"。挖地道到井中,用瓦罐背水浇菜。"用力甚多,而见功寡。"费力气,效率低,一天浇一畦。有人说:"凿木为机,后重前轻,挈水若抽,数如溢汤。"砍凿木头,制成桔槔机,后重前轻,提水像抽水,像滚水漫溢。"用力甚寡,而见功多。"桔槔机用杠杆原理提水,用力少,效率高，一天浇百畦，效率高百倍。这位信奉道家学说的老人说："吾闻之吾师：有机械者，必有机事。有机事者，必有机心。""吾非不知，羞而不为也。"即听道家的老师说，运用机械，必定会做投机取巧的事。做投机取巧的事，必定会滋长投机取巧的心。我不是不知道有这种机械，我是耻于用这种机械。用这种机械，于我脸上无光，感到羞耻。

儒道两家这种消极保守的科学技术观的流行，大为影响了中国科技的发展。墨家是"百工之人"的知识分子，提升技术为科学。《墨经》的灵魂，是重科技。《墨经》说："巧传则求其故。"即探索手工业技巧的原因，总结科学知识。

这与古希腊人探求自然的奥秘相似。亚里士多德说："技术家较之经验家更聪明；前者知其原因，后者则不知。凭经验的，知事物之所然而不知其所以然，技术家则兼知其所以然之故。""大匠师应更受尊敬，他们比之一般工匠知道得更深切，也更聪明。""我们说他们较聪明，并不是因为他们敏于动作，而是因为他们具有理论，懂得原因。""而理论部门的知识，比之生产部门，更应是较高的智慧。"

墨子一身多任：经验家、技术家、工匠、大匠师、理论家。亚氏说，技术家较经验家聪明，技术家知道原因。

经验家知道技术，不知道原因。大匠师比一般工匠知道得更深切。哲学家知道世界原因，哲学是最高智慧。

美国科学哲学家罗伯特·瓦尔托夫斯基说："从古到今的能工巧匠中，向来就存在着许多不可言传的知识。科学应该承认这些知识，总结它们，提高它们，不应把它们拒之门外。"[①]《墨经》从工匠技术中，总结科学知识。

二十一、求真务实重实证

求即研究。真即真实。实即事实。务实，即清楚分辨事实。证即论证，是形成科学的手段。实证即事实证明。求真务实，即实事求是。实事，即客观存在的事物。是，即事物的内部联系和规律性。《墨子》《经下》和《经说下》论证83条科学命题，从"影不徙"到"鉴团"等，论几何光学8条，论杠杆、滑轮、斜面原理，用实证方法，观察，实验，选取事实例证。重事实，重归纳。

《公孟》说：子墨子有疾，跌鼻进而问曰："今先生圣人也，何故有疾？"子墨子曰："人之所得于病者多方，有得之寒暑，有得之劳苦。百门而闭一门焉，则盗何遽无从入？"探求疾病的自然原因，而不求之于鬼神。

---

① 罗慧生：《西方科学哲学史纲》，天津人民出版社1988年版，第305、306页。

《贵义》说：子墨子北之齐，遇日者（据天象占卜）。日者曰："帝以今日杀黑龙于北方，而先生之色黑，不可以北。"子墨子不听，遂北，至淄水，不遂而反焉。日者曰："我谓先生不可以北。"子墨子曰："南之人不得北，北之人不得南，其色有黑者，有白者，何皆不遂也？且帝以甲乙杀青龙于东方，以丙丁杀赤龙于南方，以庚辛杀白龙于西方，以壬癸杀黑龙于北方，若用子之言，则是禁天下之行者也，是违心而虚天下也（违背心愿，欺骗天下）。子之言不可用也。"用归谬法驳斥占卜人的迷信。

二十二、人文精神有要点

人文，即人类社会文化现象。人文精神，即人类文化的精神，即人道精神、人道主义、人文主义。人道，相对于天道，即为人之道，做人的道理，是人所独有的。

人道主义，拉丁文 humanus，又译人文主义。人文，相对于神文。人文主义，即人的文化，主张关怀人，尊重人，以人为中心，人是服务对象和目标。神文主义，即神的文化，以神为中心，服务于神。西方中世纪，神文主义占统治地位。

自然科学，研究自然现象，是认知的体系，目标是求真。人文科学，研究人类社会文化现象，是认知、价值和伦理的体系，目标是求善。

人文精神的要义，是重视人生、人格、人性和人权。重视人生，即重视、爱护生命，重视人生的价值、意义。人生，就是人的生存、生活。人要生存、生活，先得有吃喝穿住，这是经济基础。首先要满足最大多数劳动人民的基本生活需要，让人民能够生存、生活，然后才能谈意识形态、文化娱乐和休闲安适。

重视人格，即尊重作为人的资格和标准。重视人性，即承认人有不同于动物的性质、特质。重视人权，即尊重人的权利，不随意剥夺。重视人生、人格、人性和人权，是人类普世伦理最基本的思想，是优秀传统文化。

墨子人文思想要点，是崇尚贤人，主张统一；倡导兼爱，反对侵略；主张节约，反对浪费；否认命定，倡导人为。墨子后学活动于前3世纪，代表作是狭义《墨经》，提出论证兼爱的许多新角度，把墨子人文思想推进到新阶段，发展古代的科学和逻辑。

墨家从工匠理论家的视野，以改造社会为宗旨，独创一套涵盖自然人文的应用哲学系统，囊括社会政治、经济、文化、伦理、科学、逻辑和军事。墨子游说，魏越问："您看见四方的君主，将先说什么？"墨子："凡入国，必择务而从事焉。国家昏乱，则语之尚贤、尚同。国家贫，则语之节用、节葬。国家喜音沉湎，则语之非乐、非命。国家务夺侵凌，即语之兼爱、非攻。故曰：择务而从事焉。"

墨子从战国时代课题之中，总结十个论题。墨子人文思想，即尚贤：贤人治国。尚同：国家统一。兼爱：整体、平等、无差别爱。非攻：反对侵略，用正义防御战，制止非正义进攻战。节用：节约开支。节葬：节约办丧。非乐：批判统治者不顾人民疾苦，大办乐舞。非命：反对命定论，主张充分发挥人力，改造世界。

《尚书·五子之歌》说："民惟邦本，本固邦宁。""民惟邦本"：只有人民，才是国家的根本。"民惟邦本"，简缩为"民本"，即以民为本，民本主义，人本主义，以人为本。"本固邦宁"：人民这个根本巩固，国家才能安定。这是夏禹的训诫之词。墨子称道夏禹，禹是墨家效法的典范。"禹之道"（夏禹道理），是墨学"民本"思想的渊源。

《庄子·天下》说：墨子称道曰："昔者禹之湮洪水，决江河，而通四夷九州也。名川三百，支川三千，小者无数。禹亲自操橐耜，而九杂天下之川。腓无胈，胫无毛，沐甚雨，栉疾风，置万国。禹，大圣也，而形劳天下也如此！"使后世之墨者，多以裘褐为衣，以跂蹻为服，日夜不休，以自苦为极，曰：不能如此，非禹之道也，不足谓墨！

即墨子推崇夏禹治理洪水，疏通江河，沟通四夷九州。大河三百，支流三千，小溪无数。夏禹亲自拿畚箕锄头,汇合天下河川,直累得腿肚没肉,小腿没毛,大雨浇身,狂风吹发,安顿万国。禹是大圣人,为天下如此劳苦!于是墨子叫后代墨者,多穿粗皮麻衣,木屐草鞋,白天黑夜不休息,把自讨苦吃作为最高原则,说:做不到这样,就不合夏禹的道理,不配做墨者!夏禹治水,公而忘私,为民服务,以民为本,是墨家效法的榜样。以下依次展开墨家人文学的要点。

(1)劳动生产历史观

《非乐上》说:"今人固与禽兽、麋鹿、飞鸟、贞虫异者也。今之禽兽、麋鹿、飞鸟、贞虫,因其羽毛,以为衣裘,因其蹄爪,以为裤屦,因其水草,以为饮食。故虽使雄不耕稼树艺,雌亦不纺绩织纴,衣食之财,固已具矣。今人与此异者也:赖其力者生,不赖其力者不生。"

人兽之别:赖其力者生,不赖其力者不生;劳动者得食,不劳动者不得食。人生本质是劳动。人文精神——人类文化精神——的物质前提和第一要素,是生产劳动。动物仅仅利用外部自然界,单纯地以自己的存在来使自然界改变;而人则通过他做出的改变来使自然界为自己的目的服务,来支配自然界。这便是人同其他动物的本质的区别,而造成这一区别的是劳动。

墨教三科,即"能谈辩的谈辩,能说书的说书,能从事的从事"。"从事"即生产劳动。《墨经》知识分类的一种是"为知",即自觉实践的知识。根据植物生长规律种植农作物,养殖青蛙、鹌鹑,这是农牧业生产实践的知识。尚贤,因为贤人重视生产。非攻,因为攻伐掠夺会破坏生产。小国稻麦熟了,大国趁机攻打,把稻麦收走,把年轻男女,用绳子捆束,带回本国做奴隶。反对厚葬久丧,因为这会破坏生产。非乐,因为大办音乐歌舞会破坏生产。非儒,因为儒家信命背本(农业生产)会破坏生产。

(2)劳动人民有人权

《尚贤中》说:"民生为甚欲。"百姓把生存看作最大欲望,有生存的基本人权。人民第一愿望是生存。《非乐上》说:"民有三患:饥者不得食,寒者不得衣,劳者不得息,三者民之巨患也。"《非命下》说:"必使饥者得食,寒者得衣,劳者得息。"

《尚贤中》说:"为政乎天下也,兼而爱之,从而利之。"《尚贤下》说:"为贤之道,有力者疾以助人,有财者勉以分人,有道者劝以教人,若此则饥者得食,寒者得衣,乱者得治。此安生生。""安生生",即世代安生,生生不息。贤人治国,要满足人民世代繁衍、生活安定的基本权利。

《兼爱下》说:"万民饥即食之,寒即衣之,疾病侍养之,死丧葬埋之,老而无妻子者,有所侍养以终其寿。幼弱孤童之无父母者,有所放依以长其身。"这是现代社会福利，劳动保险思想的萌芽，是儒家大同说的素材。《礼记·礼运》说："使老有所终，壮有所用，幼有所长，矜寡孤独废疾者皆有所养。"这是汲取墨学的营养。墨子批判统治者奢侈纵欲，"暴夺民衣食之财"。《辞过》说："富贵者奢侈，孤寡者冻馁。"

（3）劳动本位有古训

《辞过》说："民富国治。"人民富足，国家好治理。《史记·太史公自序》引司马谈《论六家要指》说，墨者"强本节用，不可废也"。"强本节用，则人给（富裕充足）家足之道也，此墨子之所长，虽百家弗能废也。"《尚贤上》说："农与工肆之人，有能则举之。民无终贱，有能则举之。""农与工肆之人"，是国家管理服务的对象、方向和目的，是国家的本位和基础，是夏禹"民惟邦本"中的"本"。

（4）群众智慧是路线

《尚同中》说："夫唯能使人之耳目，助己视听，使人之吻，助己言谈，使人之心，助己思虑，使人之股肱，助己动作。助之视听者众，则其所闻见者远矣。助之言谈者众，则其德音之所抚循者博矣。助之思虑者众，则其谈谋度速得矣。助之动作者众，即其举事速成矣。"吸取众人智慧，让众人帮助自己视听言动，谋划迅速周到，办事迅速成功，是集中群众智慧、群众路线思想的萌芽。

（5）人力能动破迷信

《非命》说:"昔桀之所乱,汤治之。纣之所乱,武王治之。当此之时,世不渝,而民不易,上变政,而民改俗。存乎桀纣,而天下乱。存乎汤武,而天下治。天下之治也,汤武之力也。天下之乱也,桀纣之罪也。若以此观之,夫安危治乱,存乎上之为政也,则夫岂可谓有命哉?故以为其力也。"国家安稳大治,不应期盼天命赐予,而应充分发挥人民力量。上级当政者把政策改变调整好,人民就会迅速改变、矫正不良风俗。

墨家充分发挥人力的积极能动作用,批判儒家消极命定论。由暴王夏桀、商纣、周幽王、周厉王皆执有命,概括"命者暴王所作,懒人所述"。《公孟》说:强调命定论的"儒之道足以丧天下",儒家"以命为有,贫富寿夭、治乱安危有极矣(命有定数),不可损益也。为上者行之必不听治矣,为下者行之必不从事矣,此足以丧天下"。

《非儒》批判儒家说:"强执有命以说议曰:寿夭贫富、安危治乱,固有天命,不可损益。穷达、赏罚、幸否有极,人之智力不能为焉。群吏信之,则怠于分职。庶人信之,则怠于从事。吏不治则乱,农事缓则贫,贫且乱政之本。而儒者以为道教,是贼天下之人者也。"

儒家坚持有命论,长寿短命、贫穷富贵、安定危难、治理混乱,由天命决定,不能改变。穷困通达、受赏遭罚、吉祥灾祸,由天命决定,人智慧和力量无所作为。官吏相信天命,会懈怠职守。平民相信天命,会荒废事业。官吏不理政事,社会会混乱,耽误农业生产百姓会贫穷,贫穷是混乱政治的根本。儒家把有命说作为教化的道理,毒害天下人。

儒家宣扬人的现实遭遇,由命预先安排好,非人力所能改变。墨家认为,儒家宣扬命定论,足以懈怠人的意志,使人放弃奋斗,安于贫穷,导致天下沦丧。墨家主张在认识世界的基础上,运用自身力量顽强奋斗,改变现状,达到理想的目标。

《非儒》说:"其亲死,列尸弗敛,登屋窥井,挑鼠穴,探涤器,而求其人矣。以为实在,则赣愚甚矣。知其亡也,必求焉,伪亦大矣。"即双亲死,尸体陈放不入棺,为招魂爬屋顶,看水井,掘鼠洞,查器具,寻找死者,以为死者真在,是愚蠢至极。明知死者已不在人世,还一定要去寻找,真是虚伪至极。

(6)人民价值是标准

墨子检验言论真理标准的"三表法":"下原察百姓耳目之实","观其中百姓人民之利"。眼睛向下,到基层考察百姓见闻,参考人民经验,观察言论是否符合百姓人民利益。

《鲁问》说:"所为功,利于人。"《经上》说:"功,利民也。"《贵义》说：墨子自称学说是"贱人之所为"，将其比喻为粮食草药。《荀子·王霸》说："墨子之说"："役夫之道"。儒家学说"君子之道""圣王之道"。

墨学有人民性。墨子是劳动者尊崇的圣人。孔子看不起劳动者。《论语·子路》说：樊迟请学稼，子曰："吾不如老农。"请学为圃。曰："吾不如老圃。"樊迟出。子曰："小人哉，樊须也！"《论语·子张》说："学而优则仕。"认为学习优秀是为当官。

（7）兼爱平等是纲领

爱的整体性、普遍性、交互性和平等性，是墨家理想和奋斗目标。"兼爱"，即尽爱、俱爱、周爱，不分民族、阶级、阶层、等级、亲疏、住地、人己、主仆等差别，爱包括过去、现在和未来的一切人。兼爱是最普遍、深刻的人文精神、人道主义思想。

兼爱有整体性。兼即整体，兼爱是遍爱人类整体。《经下》说："无穷不害兼，说在盈否。"《经说下》说："人若不盈无穷，则人有穷也，尽有穷无难。盈无穷，则无穷尽也，尽无穷无难。"世界是无穷的，人也是无穷的，不妨碍兼爱。

兼爱有周遍性。《小取》说："爱人，待周爱人而后为爱人。不爱人，不待周不爱人。失周爱：因谓不爱人矣。"《经上》说："尽，莫不然也。"

不知人数不妨害兼爱。《经下》说:"不知其数而知其尽也,说在问者。"《经说下》说:"尽问人,则尽爱其所问。若不知其数,而知爱之尽之也,无难。"《经下》说:"不知其所处,不害爱之,说在丧子者。"

兼爱包含爱己。《大取》说:"爱人不外己,己在所爱之中。己在所爱,爱加于己。伦列之:己,人也;爱己,爱人也。"《大取》说:"爱众世与爱寡世相若,兼爱之又相若。"兼爱及于过去、现在和未来。《大取》说:"爱上世与爱后世,一若今之世人也。"

兼爱有一贯性。《大取》说:"昔者之爱人也,非今之爱人也。"兼爱不容割裂,《大取》说:"兼爱相若,一爱相若,一爱相若,其类在死蛇。"爱人包含爱奴隶臧获。《小取》说:"获,人也;爱获,爱人也。臧,人也;爱臧,爱人也。此乃是而然者也。"

爱人不分血缘亲疏和地域远近。《耕柱》说巫马子"别爱"论:"我与子异,我不能兼爱。我爱邹人于越人,爱鲁人于邹人,爱我乡人于鲁人,爱我家人于乡人,爱我亲人于我家人,爱我身于吾亲。"

《孟子·滕文公下》说:"墨氏兼爱。""墨者夷之爱无差等。"《孟子·告子下》说:"墨子兼爱,摩顶放踵利天下为之。"宋张栻《癸巳孟子说》说:"摩其顶,以至于踵。一身之间,凡可以利天下者,皆不惜也。"《庄子·天下》

说:"墨子泛爱兼利。"《尸子·广泽》说:"墨子贵兼。"

儒家主张爱有差等性。《非儒》批判儒家的说法:"亲亲有杀,尊贤有等,亲疏尊卑之异。"《荀子·天论》说:"墨子有见于齐,无见于畸。"齐,即平等。畸,即不平等。孙中山《三民主义》说:"古时最讲爱字的莫过于墨子。"梁启超《墨子学案》说:"墨学所标纲领,其实只从一个根本观念出来,就是兼爱。"墨家对"兼爱"范畴、原理的多方论证,是墨学人文精神的集中表现和实出成就,在人类思想史上树立了丰碑。

第五讲　法家：倡导改革行法治

一、激进改革法家群

法家是诸子百家中的重要一家。法家群体是杰出的思想理论家，又是推动激进改革的社会活动家。法家主张厉行法治，以法治国，倡导改革，变法图强，富国强兵。法家群体中的精英分子，善于谋国，奋力搏取，改造社会，创造历史，功在当时，惠及千秋。其中的先锋人物，如吴起、商鞅和韩非，竟惨遭射杀、车裂或毒死，不得善终，值得深思。

吴起在前381年，被70余家贵族，乱箭射死，车裂肢解。商鞅在前338年，被击毙分尸，株连全家。韩非于前233年，遭遇诬陷，被毒死在秦国云阳（陕西淳化）狱中。百多年的时间里，吴起、商鞅和韩非三位法家先锋，相继死于非命。

汉代史学家司马迁、班固，用两点论的分析方法，论述法家的优劣短长，富有新意。《史记·太史公自序》引司马谈《论六家要旨》说："法家严而少恩。然其正君臣上下之分，不可改矣。"司马迁发挥说："法家不别亲疏，不殊贵贱，一断于法，则亲亲尊尊之恩绝矣。可以行一时之计，而不可长用也。故曰'严而少恩'。若尊主卑臣，明分职不得相逾越，虽百家弗能改也。"

《汉书·艺文志》说："法家者流，盖出于理官，信赏必罚，以辅礼制。《易》曰先王以明罚饬法。此其所长也。及刻者为之，则无教化，去仁爱，专任刑法，而欲以致治，至于残害至亲，伤恩薄厚。"即法家流派，出自于古代法官。他们主张奖赏有信用，处罚必施行，以辅助礼仪制度的推展。《易经》说："先王用严明刑罚，整饬法律。"这是他们的长处。到刻薄的人，实行法家的学术，就不要教化，舍去仁爱，专用刑法，想要达到治理国家的目的，至残害最亲近的人，伤害恩义，刻薄应该亲厚的人。

法家的法治思想，为秦始皇一统天下奠定了理论基础。韩非死于秦廷尉李斯等人的陷害，但韩非的法治思想，为李斯等人所沿袭。李斯、姚贾、秦始皇、秦二世等人，都可说是韩非的高足。秦国杀韩非，但用其法治思想。韩非的法治思想，成为秦代的官方学术，影响深远。

杀其人，而用其思想，是法家精英面临的时代悖论。

中国封建社会，统治者王霸杂用，儒法兼收，阳儒阴法，儒表法里。儒家称王道，法家称霸道。儒法两家，构成中国传统政治的基本要素，是中国传统文化的主导精神。法家著作，成为治国经典，安民常规，影响深远。

《盐铁论·刑德》论法的作用说：执法者，国之辔衔，刑罚者国之维楫也。故辔衔不饬，虽王良不能以致远。维楫不设，虽良工不能以绝水。韩子疾有国者不能明其法势，御其臣下，富国强兵，以制敌御难，惑于愚儒之文词，以疑贤士之谋，举浮淫之蠹，加之功实之上，而欲国之治，犹释阶而欲登高，无衔橛而御悍马也。今刑法设备，而民犹犯之，况无法乎？其乱必也！

即执行法令，对于国家，就像驭马要有缰绳和马嚼子。使用刑罚，对于国家，就像撑船，要有缆绳和桨。所以缰绳嚼子不齐备，即使是最好的驭手王良，也不能使马跑远路。没有缆绳和桨，就是再好的船工，也无法撑船渡河。韩非感慨有国君不重视法制和权势，不能用法治理臣民，做到富国强兵、克敌制胜、抵御外患，反而被愚蠢儒生的花言巧语所迷惑，怀疑贤人的计谋，抬举轻浮阴险像蛀虫一样的坏人，给他们超过其功劳和真实本事的权力，用这种办法，要想治理好国家，就好像想登高却撤掉梯子，不用马嚼子就驾驭烈马一样，根本办不到。现在刑法完备，人们尚且犯法，何况没有法呢？那样国家就必然混乱！

法家主要思想家有李悝（约前455—前395）、吴起（？—前381）、商鞅（约前390—前338）、慎到（约前395—前315）、申不害（约前395—前337）和韩非（约前280—前233）等。

二、首创法经是李悝

李悝，战国初魏人，早期法家。《汉书·艺文志》说李悝是"子夏弟子，为魏文侯相"。魏文侯于前445—前396年在位，前445年继父位为魏大夫，前425年称魏侯。魏文侯任李悝为相国，主持变法，使魏富强。

李悝集诸国刑典，著首部法典《法经》6篇。《汉书·艺文志》法家之首，列《李子》32篇。商鞅于前361年29岁时，带李悝所著《法经》入秦，将之作为秦国变法的依据，变法有成。李悝著的《法经》，是秦汉制定法律的依据。董说《七国考》卷3引桓谭《新书》说："（李悝著《法经》）卫鞅受之，入相于秦，是以秦、魏二国，深文峻法相近。"

《晋书·刑法志》说："汉承秦制，萧何定律。"汉初，丞相萧何建立法令制度，参照秦律，增加3篇，编成《九章律》，实施于汉代。《晋书·刑法志》说："秦汉旧律，其文起自魏文侯师李悝。悝撰次诸国法，著《法经》。"

三、吴起之裂史留名

1. 车辕赤菽树赏誉

《韩非子·内储说上·七术》说：吴起为魏武侯西河之守，秦有小亭临境，吴起欲攻之。不去，则甚害田者。去之，则不足以征甲兵。于是乃倚一车辕，于北门之外，而令之曰："有能徙此南门之外者，赐之上田、上宅！"人莫之徙也。及有徙之者，遂赐之如令。俄又置一石赤菽，于东门之外，而令之曰："有能徙此于西门之外者，赐之如初！"人争徙之。乃下令曰："明日且攻亭，有能先登者，仕之国大夫，赐之上田宅！"人争趋之。于是攻亭，一朝而拔之。

即吴起做魏武侯的西河郡守。秦国有一座小岗亭（军事侦察监视岗楼），临近边境，吴起想攻占它。如果不拔除岗亭，对种田人有害。如果拔除岗亭，不值得大动干戈。于是就把车辕斜放在北门外，下令说："谁能把车辕搬到南门外，赏给上等农田和住宅！"没有人搬。后来有人搬，就按命令奖赏。吴起又把一石红豆，放在东门外，下令说："谁能把这石红豆，搬到西门外，赏赐一样！"人们都争着搬。于是就下令说："明天将攻占岗亭，有谁能先登上，就任命他当国大夫，赐给上等田宅！"人们都争去。于是吴起下令攻亭，一个早上就将其拔除了。

这是韩非论证"信赏尽能"这一法家论点的典型事例，即对有功者信实地给予赏赐，绝不失信，这样就使臣下竭尽才能，轻死听命。也就是第三条"经"文"赏誉"所说："赏誉薄而谩（欺骗）者下不用，赏誉厚而信者下轻死。"即赏誉菲薄，并且欺诳不兑现，则臣下不听命；赏誉优厚，并且讲信用，立即兑现，则臣下轻死听命。明王世贞《弇州四部稿》卷158，在叙述"吴起倚车辕"的故事后说："商鞅徙木之赏盖本此。人知鞅之赏徙，而不知起之赏徙也。"

2.同甘共苦聚士卒

《史记·吴起列传》说：起之为将，与士卒最下者同衣食。卧不设席，行不骑乘，亲裹赢粮，与士卒分劳苦。卒有病疽者，起为吮之。卒母闻而哭之。人曰："子卒也，而将军自吮其疽，何哭为？"母曰："非然也。往年吴公吮其父，其父战不旋踵，遂死于敌。吴公今又吮其子，妾不知其死所矣，是以哭之。"

即吴起做主将时，跟最下等的士兵穿一样的衣服，吃一样的伙食，睡觉不铺垫褥，行军不乘车骑马，亲自背负着捆扎好的粮食和士兵们同甘共苦。有个士兵生了恶性毒疮，吴起替他吸吮浓液。这个士兵的母亲听说后，就放声大哭。有人说："你儿子是无名小卒，将军却亲自替他吸吮浓液，怎么还哭呢？"母亲回答："不是为儿子受宠而哭。往年吴将军替他父亲吸吮毒疮，他父亲在战场上勇往直前，死在敌人手里。如今吴将军给儿子吸吮毒疮，我不知道他又会在什么时候，死在什么地方，因此，我才哭啊！"

关于"吴起吮创"，史籍还有如下相似记载。《韩非子·外储说左上》说：吴起为魏将而攻中山，军人有病疽者，吴起跪而自吮其脓。伤者之母立泣。人问曰："将军于若子如是，尚何为而泣？"对曰："吴起吮其父之创而父死。今是子又将死也，吾是以泣。"

刘向《说苑·复恩》说：吴起为魏将攻中山，军人有病疽者，吴子自吮其脓，其母泣之。旁人曰："将军于而子如是，尚何为泣？"对曰："吴子吮此子父之创，而役之于注水之战，战不旋踵而死。今又吮之，安知是子何战而死？是以哭之矣！"

唐马总《意林》卷5说：吴起吮疮者之脓，积恩以感下也。《史记》云，吴起吮痈，昼战目相见，夜战耳相闻。得利同势，失利相救。明胡奎《斗南老人集·吴起》诗咏吴起"千载名不灭"说："吴起好用兵，尝学曾子法。① 东出卫郭门，啮臂与母诀。② 鲁君不见用，杀妻与齐绝。③ 将军自吮疽，士卒甘喋血。④ 击秦拔五城，魏侯尚功烈。⑤ 在德不在险，舟中尽吴越。⑥ 孰云猜忌人，千载名不灭！⑦"

3. 变法有成遭车裂

《墨子·亲士》说："吴起之裂，其事也。"即吴起之所以遭遇车裂惨祸，是由于变法事业，卓有成效。吴起，战国中期卫国左氏（山东定陶）人，军事家，社会改革家，法家前期代表人，学于孔子的杰出弟子子夏和曾子，初任鲁将，继任魏将和魏西河郡守。

前390年，吴起遭魏武侯大臣的排挤，入楚，任宛（今河南南阳）守，一年后升任楚国令尹。令尹是楚国的

---

① 《史记·吴起列传》："吴起者，卫人也，好用兵。尝学于曾子。"

② 《史记·吴起列传》："（吴起）少时，家累千金，游仕不遂，遂破其家，乡党笑之，吴起杀其谤己者三十余人，而东出卫郭门，与其母决，啮（niè）臂而盟曰：'起不为卿相，不复入卫！'"

③ 《史记·吴起列传》："（吴起）事鲁君，齐人攻鲁，鲁欲将吴起，吴起娶齐女为妻，而鲁疑之，吴起于是欲就名，遂杀其妻，以明不与齐也，鲁卒以为将，将而攻齐，大破之。"

④ 见上文。

⑤ 《史记·吴起列传》："于是魏文侯以（吴起）为将，击秦，拔五城。"

⑥ 《史记·吴起列传》：吴起对魏武侯说："在德不在险，若君不修德，舟中之人尽为敌国也！"

⑦ 即吴起虽屡被猜忌，但终功成名就，名声千载不灭。

最高官职。他执掌军政大权，主持变法，促使楚国富强，南收扬越，北并陈蔡，却三晋，西伐秦。

前381年，楚国救赵攻魏，攻到黄河岸边，饮马大河。这是吴起变法后，楚国取得的大胜。就在这年，楚悼王（前401—前381，在位共21年）去世，吴起在悼王治丧处所，遭遇70余家贵族的联合攻击。吴起伏于王尸，贵族的箭射中王尸，由此70余家贵族获罪，罪及三族，阳城君逃亡，吴起被车裂肢解。

楚国贵族仇恨吴起，是因为吴起的变法改革触动了贵族的利益，"使封君之子孙，三世而收爵禄"。吴起变法，疏散贵族，移民垦边，让"贵人往实广虚之地，皆甚苦之"。

吴起出行巡视，贵族屈宜臼用道家学说抨击吴起说："善治国家者，不变其故，不易其常"，说吴起变法，"是变其故，而易其常"。吴起的富国强兵政策，是"阴谋逆德，好用凶器"，抨击吴起是"祸人"，说"非祸人不能成祸"。

《韩非子·和氏》说：昔者吴起教楚悼王以楚国之俗曰："大臣太重，封君太众，若此则上逼主而下虐民，此贫国弱兵之道也。不如使封君之子孙三世而收爵禄，绝灭百吏之禄秩，损不急之枝官，以奉选练之士。"悼王行之期年而薨矣，吴起枝解于楚。楚不用吴起而削乱，秦行商君法而富强，二子之言也已当矣，然而枝解吴起而车裂商君者何也？大臣苦法而细民恶治也。当今之世，大臣贪重，细民安乱，甚于秦、楚之俗，而人主无悼王、孝公之听，则法术之士，安能蒙二子之危也而明己之法术哉！此世所以乱无霸王也。

即从前吴起向楚悼王指出楚国的风气说："大臣的权势太重，分封的贵族太多。像这样下去，他们就会上逼主而下虐民，这是造成国贫兵弱的途径。不如使分封贵族的子孙到第三代时君主就收回爵禄，取消或减少百官的俸禄，裁减多余的官吏，来供养经过选拔和训练的士兵。"楚悼王施行此法不到一年就死了，吴起在楚遭到肢解。

楚国不用吴起变法，因而削弱混乱，秦国推行商鞅变法，因而富庶强大。二人主张正确，但是肢解吴起，车裂商鞅，是为什么呢？因为大臣苦于法令，而小民憎恨社会安定。当今之世，大臣贪权，小民安于动乱，比秦楚的坏风气还要严重，而君主没有楚悼王、秦孝公那样的英明判断力，那么法术之士，又怎能冒吴起、商鞅的危险，来阐明自己的法术主张呢？这就是社会混乱，而没有霸王的原因。韩非道出了吴起变法的内容，以及遭到贵族反对的原因。

《吕氏春秋·贵卒》说：吴起谓荆王曰："荆所有余者地也，所不足者民也。今君王以所不足，益所有余，臣不得而为也。"于是令贵人往实广虚之地，皆甚苦之。荆王死，贵人皆来，尸在堂上，贵人相与射吴起。吴起号呼曰："吾示子吾用兵也！"拔矢而走，伏尸插矢而疾言曰："群臣乱王，吴起死矣！"且荆国之法，丽兵于王尸者，尽加重罪，逮三族。吴起之智可谓捷矣。

《史记·孟子荀卿列传》说："当是之时，秦用商君，富国强兵。楚、魏用吴起，战胜弱敌。"《史记·吴起列传》说："楚悼王素闻吴起贤，至则相楚。明法审令，捐不急之官，废公族疏远者，以抚养战斗之士。要在强兵，破驰说之言纵横者。于是南平百越；北并陈蔡，却三晋；西伐秦。诸侯患楚之强。故楚之贵戚尽欲害吴起。及悼王死，宗室大臣作乱，而攻吴起，吴起走之王尸而伏之。击起之徒，因射刺吴起，并中悼王。悼王既葬，太子立，乃使令尹尽诛射吴起，而并中王尸者。坐射起而夷宗者七十余家。"

《史记·范雎蔡泽列传》说："吴起为楚悼王立法，卑减大臣之威重，罢无能，废无用，损不急之官，塞私门之请，一楚国之俗，禁游客之民，精耕战之士。南收杨越，北并陈蔡，破横散纵，使驰说之士无所开其口，禁朋党以励百姓，定楚国之政，兵震天下，威服诸侯。功已成矣，而卒枝解。"

宋郑樵《通志·列传·战国》说："吴起之事悼王也，

使私不得害公，谗不得蔽忠，言不取苟合，行不取苟容，不为危易行，行义不辟难，然为霸主强国，不辞祸凶。"

叶适《习学记言》卷20说："信如迁所称，吴起能以吮疽使士，而不以险守西河，然则行之于楚，安得以刻暴少恩亡其躯？盖要在强兵，而破驰说之言。纵横者，战国腹心之疾也，虽欲治国家，保民人，终不可得而相随以亡。起以是相楚，其所交贵戚大臣怨恶者众矣，一日君死而难作（灾难发生）耳。"

明王世贞《弇州四部稿》卷158说："楚悼王薨，贵戚大臣作乱，攻吴起。起走之王师而伏之，击起之徒，因射刺起，并中王尸。既葬，肃王即位，使令尹尽诛为乱者，坐起夷宗者七十家。"

四、商鞅能令政必行

1. 商鞅徙木学吴起

《史记·商君列传》说：令既具，未布，恐民之不信，已乃立三丈之木于国都市南门，募民有能徙置北门者予十金。民怪之，莫敢徙。复曰："能徙者予五十金。"有一人徙之，辄予五十金，以明不欺。卒下令。

即法令已经完备，但没有公布，商鞅怕百姓不信任，于是在都城市场南门，立起一根三丈长的木头，招募百姓有能搬到北门的，给十镒黄金。民众感到怪异，没人敢搬。就又宣布说"有能搬的人，给五十镒黄金！"有一个人搬走木头，商鞅立即给他五十镒黄金，以表明没有欺诈。终于颁下法令。明王世贞《弇州四部稿》卷158说："商鞅徙木之赏盖本此（指故事'吴起倚车辕'）。人知鞅之赏徙，而不知起之赏徙也。"

2. 悔之已晚魏惠王

《史记·商君列传》说：商君者，卫之诸庶孽公子也，名鞅，姓公孙氏，其祖本姬姓也。鞅少好刑名之学，事魏相公叔痤为中庶子。公叔痤知其贤，未及进。会痤病，魏惠王亲往问病曰："公叔病有如不可讳，将奈社稷何？"公叔曰："痤之中庶子公孙鞅，年虽少，有奇才，愿王举国而听之。"王默然。王且去，痤屏人言曰："王即不听用鞅，必杀之，无令出境！"王许诺而去。公叔痤召鞅谢曰："今者王问可以为相者，我言若，王色不许我。我方先君后臣，因谓王即弗用鞅，当杀之。王许我。汝可疾去矣，且见擒！"鞅曰："彼王不能用君之言任臣，又安能用君之言杀臣乎？"卒不去。惠王既去，而谓左右曰："公叔病甚，悲乎，欲令寡人以国听公孙鞅也，岂不悖哉！"

即商君是卫国公室的庶出公子，名鞅，姓公孙，他的祖先原本姓姬。商鞅年少时喜好刑名之学，事奉魏国相国公叔痤，当中庶子。公叔痤知道他有才干，还没有来得及向魏王进荐。适遇公叔痤病重，魏惠王亲自前往探望病情说："您的病，倘若有三长两短，国家将怎么办？"公叔痤说："我的中庶子公孙鞅，年纪虽轻，却身怀奇才，希望大王把全部国政交付给他。"魏王沉默不语。魏王将要离去，公叔痤屏退旁人而说道："大王如果不起用公孙鞅，就一定要杀掉他，别让他出国境！"魏王一口应承而离去。公叔痤召见商鞅告诉道："今日大王询问可以担任相国的人选，我说了你，看大王的表情，不赞成我的意见。我理应先国君，后臣子，便对大王说，如果不任用公孙鞅，就该杀掉他。大王应承了我。你可以赶紧离开了，不然将要被逮捕！"商鞅说："大王他既然不采纳您的话任用我，又怎么能采纳您的话杀我呢？"结果没有离去。魏惠王离开公叔痤后，便对身边的人说："公叔痤病得很重，令人悲伤啊！他想让我把国政交付给公孙鞅，岂不荒谬！"

魏惠王没听公叔痤劝告，重用商鞅。于是在公叔痤死后，商鞅西向入秦，投奔秦孝公，辅佐秦国变法成功，结果壮大秦国，削弱魏国，迫使魏国离开安邑，迁都大梁。魏惠王说："寡人恨不用公叔痤之言也！"他后悔因自己用人不当，本是魏国奇才的商鞅被迫流失到秦国，去帮助秦国富强，此时悔之已晚。

3. 三谈王霸说孝公

《史记·商君列传》说：公叔既死，公孙鞅闻秦孝公下令国中求贤者，将修穆公之业，东复侵地，乃遂西入秦，因孝公宠臣景监以求见孝公。孝公既见卫鞅，语事良久，孝公时时睡，弗听。罢而孝公怒景监曰："子之客，妄人耳，安足用邪！"景监以让卫鞅。卫鞅曰："吾说公以帝道，其志不开悟矣！"后五日，复求见鞅。鞅复见孝公，益愈，然而未中旨。罢而孝公复让景监，景监亦让鞅。鞅曰："吾说公以王道而未入也。请复见鞅。"鞅复见孝公，孝公善之而未用也。罢而去。孝公谓景监曰："汝客善，可与语矣！"鞅曰："吾说公以霸道，其意欲用之矣。诚复见我，我知之矣！"卫鞅复见孝公。公与语，不自知膝之前于席也。语数日不厌。景监曰："子何以中吾君？吾君之欢甚也！"鞅曰："吾说君以帝王之道，比三代，而君曰：'久远，吾不能待！且贤君者，各及其身显名天下，安能悒悒待数十百年以成帝王乎？'故吾以强国之术说君，君大悦之耳。然亦难以比德于殷周矣！"

即公叔痤已死，公孙鞅听说秦孝公在国中下令寻求贤才，准备重建秦穆公的霸业，要收复东方被魏国侵占的土地，于是就西行进入秦国，通过秦孝公的宠臣景监来求见孝公。秦孝公会见卫鞅，交谈很长时间，孝公常打瞌睡，没听。谈完后，孝公怒对景监说："你的来客，是个狂妄之徒，怎么能用呢？"景监因此责备卫鞅。卫鞅说："我用五帝之道①劝说孝公,他的心思,没有开窍啊!"五天后,卫鞅要求孝公接见。卫鞅进见孝公,谈得更多,然而不合孝公心意。谈完后,孝公责备景监,景监责备卫鞅。卫鞅说:"我用三王之道,劝说孝公,他听不进。请求再次召见。"卫鞅再次进见孝公,孝公觉得好,没有采用。谈完后,卫鞅离开。孝公对景监说:"你的来客好,可以跟他交谈!"卫鞅说:"我用霸道劝说孝公,他的意思是要采用了。他肯定再召见我,我意识到了!"卫鞅又进见秦孝公。孝公跟他交谈,不知不觉,膝盖在席上往前挪动。谈好几天也不满足。景监对卫鞅说:"你用什么说中我国君的心意?我国君高兴得很哪!"卫鞅说:"我劝说国君用帝王之道,建立夏商周三代盛世,国君说:'时间太长了,我不能等待!况且贤能的君主,都是在位时就扬名天下,哪能郁闷不乐地等待几十、上百年才成就帝王大业呢?'所以,我就用强国之术劝说国君,国君大为高兴。但这样,也难跟殷周的德治相比呢!"

商鞅讲法治,是战国中前期法家的代表,卫国人,出身宗族,庶出公子,姓公孙,名鞅,又叫卫鞅。秦孝公是战国秦君主,封商鞅于於(今河南内乡)、商(今陕西商县)十五邑,号商君,叫商鞅。商鞅初为魏国大臣公叔

---

① 五帝:黄帝、颛顼、帝喾、唐尧、虞舜。据《史记·五帝本纪》。

痤家臣。据《史记·秦本纪》说：前361年秦孝公22岁即位，"下令国中求贤者"，征求"有能出奇计强秦者"。这年，商鞅29岁，带李悝《法经》入秦，经秦孝公宠臣景监推荐，见到孝公。第一次谈帝道，"孝公时时睡，弗听"。第二次谈王道，孝公"未入"。第三次谈霸道，孝公听得入迷，不知不觉跪在席上，向前移动膝盖。"语数日不厌"，"欢甚"。商鞅"以强国之术说"，深得孝公赏识。从此，商鞅辅佐秦孝公21年，变法卓有成效，使秦国富强，终成霸业。

4. 惊人之辩反守旧

在商鞅变法之前，秦国宫廷有一场变法和反变法的惊世之辩。辩论反方代表是甘龙、杜挚。甘龙是秦国世族的名臣领袖，先当上大夫，后当太师，是变法的反对派、新锐势力的政敌。杜挚是秦国破魏的功臣，官拜左司空，是秦国守旧派的代表。

前359年，商鞅辅佐秦孝公，酝酿变法，遭到甘龙、杜挚反对。甘龙、杜挚的论点是："利不百不变法，功不十不易器。""法古无过，循礼无邪。"辩论正方代表商鞅，用历史进化论观点说："前世不同教，何古之法？帝王不相复，何礼之循？""治世不一道，便国不法古。故汤武不循礼而王，夏殷不易礼而亡。反古者不可非，而循礼者不足多！"他主张"当时而立法，因事而制礼"。

前356年，秦孝公任命商鞅为左庶长，实行第一次变法。前350年，实行第二次变法。商鞅鼓励耕战，富国强兵。秦国原被中原诸国，视为夷狄，不被约请参与诸侯国会盟。魏国屡次加兵，逼秦国紧缩在西方一隅。商鞅变法成功，使秦国富强，由二流诸侯国，一跃而为七国中实力最强的超级大国，为秦国在百年后统一中国奠定了基础。《论衡·书解》说："商鞅相孝公，为秦开帝业。"

5. 孝公决断做后盾

《史记·商君列传》说：孝公既用卫鞅，鞅欲变法，恐天下议己。卫鞅曰："疑行无名，疑事无功。且夫有高人之行者，固见非于世。有独知之虑者，必见骜于民。愚者暗于成事，知者见于未萌。民不可与虑始，而可与乐成。论至德者不和于俗，成大功者不谋于众。是以圣人苟可以强国，不法其故。苟可以利民，不循其礼。"孝公曰："善！"

甘龙曰："不然！圣人不易民而教，知者不变法而治。因民而教，不劳而成功。缘法而治者，吏习而民安之。"卫鞅曰："龙之所言，世俗之言也。常人安于故俗，学者溺于所闻。以此两者居官守法可也，非所与论于法之外也。三代不同礼而王，五伯不同法而霸。智者作法，愚者制焉。贤者更礼，不肖者拘焉。"杜挚曰："利不百不变法，功不十不易器。法古无过，循礼无邪。"卫鞅曰："治世不一道，便国不法古。故汤武不循古而王，夏殷不易礼而亡。反古者不可非，而循礼者不足多。"孝公曰："善！"以卫鞅为左庶长，卒定变法之令。

令民为什伍，而相牧司连坐。不告奸者腰斩。告奸者与斩敌首同赏。匿奸者与降敌同罚。民有二男以上不分异者，倍其赋。有军功者，各以率受上爵；为私斗者，各以轻重被刑大小。勠力本业，耕织致粟帛多者复其身。事末利及怠而贫者，举以为收孥。宗室非有军功论，不得为属籍。明尊卑爵秩等级，各以差次名田宅，臣妾衣服以家次。有功者显荣，无功者虽富无所芬华。

即秦孝公任用卫鞅，卫鞅准备变法，但孝公担心天下非议自己。卫鞅说："行动迟疑不决，就不会成名。做事犹豫不定，就不会成功。那些有过人举动的人，本来就会被世俗所非难。有独到见识的谋划者，必定会被民众所讥讽。蠢人对已经完成的事情都感到困惑，聪明人事先预见将要发生的事情。民众不可以同他们谋划新事物的创始，只可以同他们欢庆事业的成功。探讨最高道德的人不与世俗合流，成就大业的人不与一般人共谋。因此圣人如果可以强国，就不袭用成法。如果可以利民，就不遵循旧礼。"秦孝公说："好！"

甘龙说："不对！圣人不改民俗而施教，智者不变法度而治国。依照民俗而施教，不费气力就会成功。根据成法而治国，官吏习惯而民众安宁。"卫鞅说："甘龙所说的话，是凡夫俗子的言论。常人苟安于旧习俗，读书人拘泥书本见闻。用这两种人当官守法是可以，不能和他们谈论成法以外的改革，三代礼制不同都能统一天下，五伯法制不一都能各霸一方。聪明人定法度，蠢人受制约。贤能人变更礼制，不肖的人受拘束。"杜挚说："没有百倍利益，不变法。没有十倍功效，不换器具。效法古代没过失，遵循旧礼没偏差。"卫鞅说："治理国家没有一成不变的办法，有利国家不效法古人。汤武不遵循古人王天下，夏殷不更换旧礼制而灭亡。跟古人相反没错，遵循旧礼不值得赞扬。"秦孝公说："好！"于是用卫鞅为左庶长，终于决定变法的条令。

下令百姓五家为伍，十家为什。相互监视，实行连坐。不检举犯法，腰斩。告发奸恶者给予和斩获敌人首级相同的赏赐，藏匿奸恶者给予和投降敌人相同的惩罚。一家有两个以上壮丁不分居，赋税加倍。有军功，各按标准升爵受赏。私下斗殴者，各按情节轻重给予大小刑罚。努力从事农业生产，粮食丰收，布帛增产，免除劳役赋税。专事工商末利，因懒惰而贫困者，妻子儿女全收为官奴。王族没军功，不列入家族名册，无爵位。明确尊卑爵位等级，各按等级差别占有土地房产，家臣奴婢衣裳服饰，按爵位等级决定，不能逾越。有军功显赫荣耀，无军功虽富有，不能显荣。

6. 太子犯法刑师傅

《史记·商君列传》说：鞅新令行于民期年，秦民之国都言初令之不便者以千数。于是太子犯法。卫鞅曰："法之不行，自上犯之。"将法太子。太子，君嗣也，不可施刑，刑其傅公子虔，黥其师公孙贾。明日，秦人皆趋令。行之十年，秦民大说，道不拾遗，山无盗贼，家给人足。民勇于公战，怯于私斗，乡邑大治。秦民初言令不便者有来言令便者，卫鞅曰："此皆乱化之民也。"尽迁之于边城。其后民莫敢议令。行之四年公子虔复犯约，劓之。居五年，秦人富强，天子致胙于孝公，诸侯毕贺。

即商鞅变法的新法令，在百姓中实行一年，秦国百姓到国都来说新法不适宜的，数以千计。在这时，太子触犯法令。卫鞅说："法令不能实行，是由于上面的人触犯法令。"准备依法惩处太子。太子是国君的继承人，不能施加刑罚，便对太子傅公子虔行刑，并对太子师公孙贾处以黥（脸刺字）刑。

第二天，秦国百姓都服从法令。实行新法十年，秦国百姓皆大欢喜，路上不捡拾他人遗物，山中没有蟊贼强盗，家家富裕，人人满足。百姓勇敢为国作战，害怕私人斗殴，城乡大治。秦国百姓中当初说法令不适宜者，其中有人又来改口说法令适宜，卫鞅说："这些都是扰乱教化的人！"全部迁居到边城。此后民众没人敢非议法令。实行第二次新法四年，公子虔再次违反规约，处以劓（割鼻）刑。经过五年，秦人国富兵强，周天子赠送祭肉给秦孝公，诸侯都来祝贺。

7.商鞅战功逼魏国

《史记·商君列传》说：于是以鞅为大良造，将兵围魏安邑，降之。居三年，作为筑冀阙、宫庭于咸阳，秦自雍徙都之。而令民父子兄弟同室内息者为禁。而集小乡邑聚为县，置令、丞，凡三十一县。为田开阡陌封疆，而赋税平。平斗桶权衡丈尺。

即前352年秦孝公任用卫鞅为大良造，卫鞅率领军队包围魏国安邑，迫使安邑投降。经过三年，在咸阳大兴土木建造冀阙、宫殿，秦国从雍迁都到咸阳。而后下令禁止百姓父子兄弟同居共室，养育后代。合并小都、小乡、小邑、小聚落为县，设置县令、县丞，共三十一个县。整治田地，设立地界，从而使赋税征收整齐划一。统一斗桶、权衡、丈尺的标准。

图3 商鞅方升

商鞅方升（见图3），是战国中期青铜器。高2.32厘米，全长18.7厘米，内口长12.4厘米，宽6.9厘米，深2.3厘米，容积202.15毫升。现藏于上海博物馆。初置于"重泉"（今陕西蒲城），后转发至临地。《史记·秦本纪》说，"（孝公）十年，卫鞅为大良造"。铭文说，此器是商鞅任大良造时，在秦孝公十八年（前344年）颁发的标准量器。方升底部加刻秦始皇26年诏书："廿六年，皇帝尽并兼天下诸侯，黔首大安，立号为皇帝，乃诏丞相状、绾，法度量则不壹歉疑者，皆明壹之。"证明秦始皇统一中国后，仍以商鞅所规定的制度和标准，统一全国度量衡。以十六又五分之一立方寸容积为一升，说明在公元前三百多年，已用"以度审容"的科学方法，反映我国人民在数字运算和器械制造方面的高度成就。

8.商鞅再战逼魏国

《史记·商君列传》说：其明年，齐败魏兵于马陵，虏其太子申，杀将军庞涓。其明年，卫鞅说孝公曰："秦之与魏，譬若人之有腹心疾，非魏并秦，秦即并魏。何者？魏居领阨之西，都安邑，与秦界河，而独擅山东之利。利则西侵秦，病则东收地。今以君之贤圣，国赖以盛。而魏往年大破于齐，诸侯畔之，可因此时伐魏。魏不支秦，必东徙。东徙，秦据河山之固，东向以制诸侯，此帝王之业也。"

孝公以为然，使卫鞅将而伐魏。魏使公子卬将而击之。军既相距，卫鞅遗魏将公子卬书曰："吾始与公子驩，今俱为两国将，不忍相攻，可与公子面相见，盟，乐饮而罢兵，以安秦魏。"魏公子卬以为然。会盟已，饮，而卫鞅伏甲士而袭虏魏公子卬，因攻其军，尽破之以归秦。魏惠王兵数破于齐秦，国内空，日以削，恐，乃使使割河西之地献于秦以和。而魏遂去安邑，徙都大梁。梁惠王曰："寡人恨不用公叔痤之言也！"卫鞅既破魏还，秦封之於、商十五邑，号为商君。

即第二年齐军在马陵击败魏军，俘虏魏太子申，杀死将军庞涓。又过一年，卫鞅劝秦孝公说："秦国与魏国，就譬如人有心腹之病，不能两全，不是魏国吞并秦国，就是秦国吞并魏国。什么原因呢？魏国居于崇山峻岭的西面，在安邑建都。与秦国以黄河为界，而独占山东的地利。情况有利，就向西侵伐秦国。情况不妙，就向东扩展土地。如今靠国君的贤能圣明，国家赖以强盛。而魏国去年被齐军打得大败，诸侯纷纷背离，可以乘这时机攻伐魏国。魏国抵挡不住秦军，必定向东迁移。魏东迁之后，秦国占据黄河、华山的天险，向东可以控制诸侯，这是千秋帝王之业啊！"

秦孝公认为对，于是派遣卫鞅领兵攻伐魏国。魏王派公子卬领兵迎击秦军。两军已经相遇，卫鞅送信给魏军将领公子卬说:"我当初与公子相交甚好,如今同为两国之将,不忍心互相攻伐,是否可以同公子当面相见,缔结盟约,痛饮一番而后撤兵,以安定秦国和魏国。"魏公子卬认为好。两人会面订立盟约完毕,设宴对饮,可是卫鞅事先埋伏穿戴盔甲的武士袭击俘虏魏公子卬,乘势攻击他的军队,打垮魏军,返回秦国。魏惠王因军队屡次败于齐国、秦国,国内十分空虚,日益衰落,非常恐慌。于是派遣使者,割让河西之地,奉送给秦国,以求和解。而后魏惠王就离开安邑,迁都到大梁。魏惠王说:"我悔恨当初不听公叔痤的话啊!"卫鞅击败魏军归来(前340),秦孝公封给他於(今河南内乡)、商(今陕西商县)之间的十五个邑,从此号称商君。

9. 商君不听道家言

《史记·商君列传》说:商君相秦十年,宗室贵戚多怨望者。赵良见商君。商君曰:"鞅之得见也,从孟兰皋,今鞅请得交,可乎?"赵良曰:"仆弗敢愿也。孔丘有言曰:'推贤而戴者进,聚不肖而王者退。'仆不肖,故不敢受命。仆闻之曰:'非其位而居之曰贪位,非其名而有之曰贪名。'仆听君之义,则恐仆贪位贪名也。故不敢闻命。"

商君曰:"子不悦吾治秦与?"赵良曰:"反听之谓聪,内视之谓明,自胜之谓强。虞舜有言曰:'自卑也尚矣。'君不若道虞舜之道,无为问仆矣。"商君曰:"始秦戎狄之教，父子无别，同室而居。今我更制其教，而为其男女之别，大筑冀阙，营如鲁卫矣。子观我治秦也，孰与五羖大夫贤？"

赵良曰："千羊之皮，不如一狐之掖．千人之诺诺，不如一士之谔谔。武王谔谔以昌，殷纣墨墨以亡。君若不非武王乎，则仆请终日正言而无诛，可乎？"商君曰："语有之矣，貌言华也，至言实也，苦言药也，甘言疾也。夫子果肯终日正言，鞅之药也。鞅将事子，子又何辞焉！"

赵良曰："夫五羖大夫，荆之鄙人也。闻秦穆公之贤而愿望见，行而无资，自粥于秦客，被褐食牛。期年，穆公知之，举之牛口之下，而加之百姓之上，秦国莫敢望焉。相秦六七年，而东伐郑，三置晋国之君。一救荆国之祸，发教封内，而巴人致贡。施德诸侯，而八戎来服。由余闻之，款关请见。

五羖大夫之相秦也，劳不坐乘，暑不张盖，行于国中，不从车乘，不操干戈，功名藏于府库，德行施于后世。五羖大夫死，秦国男女流涕，童子不歌谣，舂者不相杵。此五羖大夫之德也。

今君之见秦王也，因嬖人景监以为主，非所以为名也。相秦不以百姓为事，而大筑冀阙，非所以为功也。刑黥太子之师傅，残伤民以峻刑，是积怨畜祸也。教之化民也深于命。民之效上也捷于令。今君又左建外易，非所以为教也。君又南面而称寡人，日绳秦之贵公子。

诗曰：'相鼠有体，人而无礼。人而无礼，何不遄死。'以诗观之，非所以为寿也。公子虔杜门不出已八年矣，君又杀祝欢而黥公孙贾。诗曰：'得人者兴，失人者崩。'此数事者，非所以得人也。君之出也，后车十数，从车载甲，多力而骈胁者为骖乘，持矛而操闟戟者，傍车而趋。此一物不具，君固不出。

书曰：'恃德者昌，恃力者亡。'君之危若朝露，尚将欲延年益寿乎？则何不归十五都，灌园于鄙，劝秦王显岩穴之士，养老存孤，敬父兄，序有功，尊有德，可以少安。君尚将贪商於之富，宠秦国之教，畜百姓之怨，秦王一旦捐宾客，而不立朝，秦国之所以收君者，岂其微哉？亡可翘足而待！"商君弗从。

即商君做秦国宰相十年，公室贵族有很多对他怨恨不满的人。赵良会见商君。商君说："我能见到您，是通过孟兰皋，现在我请求同您结交，可以吗？"赵良说："我不敢奢望啊！孔丘说：'推举贤才，而受到拥护的人进用。收罗不才，而成就王业的人辞退。'我不才，故而不敢从命。我听说：'不该有的地位而占据它，叫作贪位。不该有的名声而享有它，叫作贪名。'我若听从您的意思，就怕我要成为贪图地位名声的人了。所以不敢从命。"

商君说："您不高兴我治理秦国吧？"赵良说："能

听取反面的话叫作聪，能自我反省叫作明，能约束自己叫作强。虞舜说：'自我谦卑就高尚了。'您不如实行虞舜之道，那就不必再来问我了。"商君说："当初秦国通行戎狄的习俗，父子之间没有区别，男女同室共居。如今我改造他们的旧俗陈规，制定男女的区别，大建悬示政教法令的门阙，造得如同鲁国、卫国一样。您看我治理秦国，跟五羖大夫相比谁高明？"

赵良说："一千只羊的皮，不如一只狐狸的腋毛。一千人的随声附和，不如一个士的直言争辩。周武王倡导直言争辩而昌盛，殷纣王喜好无人进言而灭亡。您倘若不以周武王为非，那么我便请求始终直言而不受责难，可以吗？"商君说："常言说：'美言巧语好比花朵，直言不讳好比果实，苦口逆耳好比药石，甜言蜜语好比疾病。'您当真肯始终直言，便是我治病的良药，我将以您为师，您又何必推辞呢！"

赵良说："五羖大夫，原是楚国郊野人，听说秦穆公贤明，而希望谒见，可上路没有盘缠，便将自己卖给秦国客商，身穿粗麻服装喂牛。一年之后，秦穆公得知他，把他从牛口之下提拔起来，让他凌驾于百姓之上，秦国没人敢同他相比。任秦相六七年，东面讨伐郑国，三次置立晋国的君主，一次挽救楚国北侵的祸患。在境内发布政教，连巴人都来进纳贡品；对诸侯施予德泽，连八方戎狄都来臣服。由余（原是晋人，后降秦）风闻，也来叩关求见。

五羖大夫当秦国的相，即使疲劳也不坐安车，即使酷暑也不打伞盖，在国中巡行，不要随从的车辆，也不携带武器，他的功绩名字载入史册保存在府库中，他的德泽品行流传到后代。五羖大夫去世，秦国男男女女痛哭流涕，小孩子不唱歌谣，捣谷人不哼小调。这就是五羖大夫的德行啊！

如今您进见秦王，利用宠臣景监作为荐主，不是成名的正道。任秦相不为百姓做事，而大建宫殿门阙，不是立功的举动。对太子的师傅处以惩罚和黥刑，用严刑酷法残害平民百姓，这是在积聚怨恨、酝酿祸患啊！教化百姓，比命令百姓更深入人心。使百姓模仿上边行为，比命令百姓更迅速。如今您又搞歪门邪道，让国君大权旁落，这不是实施政教的办法。您同时又在封邑中坐北朝南，自称寡人，却时时用法律约束秦国的贵胄子弟。

《诗》说道：'看那老鼠都有肢体，做人却没有礼仪。做人没有礼仪，为什么不快死？'用《诗》中说的话来观察您的所作所为，实在不是谋求长寿善终的行为。公子虔闭门不出已经八年了，您又杀死祝欢，而判处公孙贾黥刑。《诗》说道：'得人心者兴旺发达，失人心者土崩瓦解。'这几件事，是不得人心的啊！您一出行，后面随从的车乘几十辆，车上载满全副武装的卫士，力大而肌肉发达的作陪乘,手持矛戟的武士,紧紧护卫着您的车乘疾走。这中间有一样不齐备,您就不肯出门。

《书》上说:'依仗德行的昌盛,依仗暴力的灭亡。'您的生命危险得像早晨的露水。您还想延年益寿吗?那为什么不归还封赐的十五个都邑,自己到偏僻边城耕灌菜园,劝说秦王起用隐居山林的贤士,奉养老人,抚恤孤儿,敬重父兄,叙用有功,尊崇有德,这样您才可以稍微求得平安。您若还要贪恋商、於的财富,专擅秦国的政教,积聚百姓的怨怒,秦王一旦抛弃宾客,而不再在朝,秦国用以逮捕您的罪名,难道会轻吗?到那时死期就指日可待了!"商君没有听从。

10.商君被杀遭车裂

《史记·商君列传》说:后五月,而秦孝公卒,太子立。公子虔之徒告商君欲反,发吏捕商君。商君亡至关下,欲舍客舍。客人不知其是商君也,曰:"商君之法,舍人无验者坐之。"商君喟然叹曰:"嗟乎,为法之敝,一至此哉!"去之魏。魏人怨其欺公子卬,而破魏师,弗受。商君欲之他国。魏人曰:"商君,秦之贼,秦强而贼入魏,弗归不可。"遂纳秦。商君既复入秦,走商邑,与其徒属发邑兵,北出击郑。秦发兵攻商君,杀之于郑黾池。秦惠王车裂商君以徇曰:"莫如商鞅反者!"遂灭商君之家。

即前338年后五月秦孝公去世,太子即位。公子虔一帮人告发商君要谋反,国君就派出官吏逮捕商君。商君逃亡到边关之下,打算住客栈。客栈的人不知他是商君,说:"商君的法令:留宿没有通行证件的人,要判罪。"商君喟然叹息道:"唉,制订法令的弊端,竟然到了这种地步!"商鞅离开秦国,前往魏国。魏人怨恨他欺骗公子卬而大败魏军,拒绝接纳他。魏国人说:"商君是秦国逃犯,秦国强大,逃犯跑到魏国,不送还不行。"于是把商君送回秦国。商君再进入秦国,便直奔封地商邑,跟下属调动邑中士兵,往北攻击郑邑(今陕西华县)。秦王派兵攻打商君,在郑黾池杀死他。秦惠王车裂商君尸体而示众说:"不许再有像商鞅这样的造反者!"接着杀灭商君全家。商鞅享年约52岁,秦孝公享年43岁,他任用商鞅变法,使秦国富强。

11. 商鞅变法诸家评

《史记·商君列传》说:商君,其天资刻薄人也。迹其欲干孝公以帝王术,挟持浮说,非其质矣。且所因由嬖臣,及得用,刑公子虔,欺魏将卬,不师赵良之言,亦足发明商君之少恩矣。余尝读商君开塞耕战书,与其人行事相类。卒受恶名于秦,有以也夫!

即商君是个天性刻薄的人。考察他起初用帝王之术,求取秦孝公的信任,操持浮虚之说,并非他的本性。况且通过宠臣走门路，为了取得任用，施刑宗室公子虔，欺诈魏将公子卬，不听赵良的话，都足以说明商君的寡恩。我曾读商君《开塞》《耕战》等书，跟他本人的行为处事相类似。他最终在秦国蒙受恶名，是有缘由的啊！

唐司马贞《史记索隐·商君列传述赞》说："卫鞅入秦，景监是因。王道不用，霸术见亲。政必改革，礼岂因循？既欺魏将，亦怨秦人。如何作法，逆旅不宾！"

《战国策·秦策一》说：卫鞅亡魏入秦，孝公以为相，封之於、商，号曰商君。商君治秦，法令至行，公平无私，罚不讳强大，赏不私亲近，法及太子，黥劓其傅。期年之后，道不拾遗，民不妄取，兵革大强，诸侯畏惧。然刻深寡恩，特以强服之耳。孝公行之八年，疾且不起，欲传商君，辞不受。孝公已死，惠王代后，莅政有顷，商君告归。人说惠王曰："大臣太重者国危，左右太亲者深危。今秦妇人婴儿皆言商君之法，莫言大王之法。是商君反为主，大王更为臣也。且夫商君，固大王仇雠也，愿大王图之。"商君归还，惠王车裂之，而秦人不怜。

即卫鞅从魏国逃到秦国，秦孝公任用他为丞相，把商地分封给他，号称商君。商君治理秦国，法令雷厉风行，公平无私。惩罚不忌避威势强大的贵族，奖赏不偏私关系特殊的亲信，法令实施至于太子，依法对其师傅处以黥劓之刑，一年之后，路上没人拾取遗失的东西，百姓不乱取非分的财物，国力大大加强，诸侯个个畏惧。但刑罚严酷，缺少仁恩，只是用强力压服人。孝公实行商君新法八年后，重病卧床不起，打算传位给商君，商君辞谢不受。孝公死后，惠王继位，执政不久，商君请求告老还乡。有人游说惠王说："大臣权力太重，会危及国家，左右近臣太亲，会危及自身。现在国内连妇女、儿童都说法令是商君的法令，不说是大王的法令。这样商君反为人主，而大王反为人臣。况且商君本来就是大王的仇人，希望大王想办法对付他。"商君出逃不遂，返回秦国，惠王以车裂极刑处死商鞅，而秦国人不表同情。

西汉刘歆（前50—23）《新序论》说："秦孝公保崤函之固，以广雍州之地，东并河西，北收上郡，国富兵强，长雄诸侯，周室归籍，四方来贺，为战国霸君，秦遂以强，六世而并诸侯，亦皆商君之谋也。夫商君极身无二虑，尽公不顾私，使民内急耕织之业以富国，外重战伐之赏以劝戎士，法令必行，内不阿贵宠，外不偏疏远，是以令行而禁止，法出而奸息。故虽书云'无偏无党'，诗云'周道如砥，其直如矢'，司马法之励戎士，周后稷之劝农业，无以易此。此所以并诸侯也。故孙卿曰：'四世有胜，非幸也，数也！'"

"今商君倍公子卬之旧恩，弃交魏之明信，诈取三军之众，故诸侯畏其强而不亲信也。藉使孝公遇齐桓、晋文,得诸侯之统将,合诸侯之君,驱天下之兵以伐秦,秦则亡矣。天下无桓文之君,故秦得以兼诸侯。"

"今卫鞅内刻刀锯之刑,外深斧钺之诛,步过六尺者有罚,弃灰于道者被刑,一日临渭,而论囚七百余人,渭水尽赤,号哭之声动于天地,畜怨积雠比于丘山,所逃莫之隐,所归莫之容,身死车裂,灭族无姓,其去霸王之佐亦远矣!然惠王杀之亦非也,可辅而用也。使卫鞅施宽平之法,加之以恩,申之以信,庶几霸者之佐哉!"

商鞅变法成功,原因是用"严刑峻法治天下,不贵仁义而贵法"。商鞅靠法治,以法为教,以法治代德治。《商君书·画策》说:"圣王者,不贵义而贵法。法必明,令必行,则已矣!"《商君书·错法》说:"故凡明君之治也,任其力不任其德,是以不忧不劳而功可立也。度数已立,而法可修。""然而功可得者,法之谓也!"

《韩非子·和氏》说:"商君教秦孝公以连什伍,设告坐之过。燔诗书,而明法令。塞私门之请,而遂公家之劳。禁游宦之民,而显耕战之士。孝公行之,主以尊安,国以富强。"即商君教秦孝公建立什伍组织,设置告密连坐的制度。焚烧诗书,彰明法令。堵塞私人的请托,而进用对国家有功的人。约束靠游说做官的人,而显贵耕农和战士。孝公实行主张,君主因此尊贵安稳,国家因此富庶强大。

商鞅变法1400年后，11世纪宋代改革家王安石（1021—1068）诗说："自古驱民在信诚，一言为重百金轻。今人未可非商鞅，商鞅能令政必行！"

商鞅变法影响中国数千年，商鞅改革意义重大。毛泽东早期文稿说："（商鞅）可以称为中国历史上第一个真正彻底的改革家，他的改革不仅限于当时，更影响了中国数千年。"[1]

五、慎到重法又任势

慎到重法任势，说"权重位尊""势位之足恃。"势即权势。慎到是赵国人，曾在齐国都城临淄的稷下学宫讲学。齐闵王（前301—前284在位）末年，离齐到韩，任韩国大夫。

《韩非子·难势》引慎到说：飞龙乘云，腾蛇游雾，云罢雾霁，而龙蛇与蚓蚁同矣，则失其所乘也。贤人而诎于不肖者，则权轻位卑也。不肖而能服于贤者，则权重位尊也。尧为匹夫不能治三人，而桀为天子能乱天下。吾以此知势位之足恃，而贤智之不足慕也。夫弩弱而矢高者，激于风也。身不肖而令行者，得助于众也。尧教于隶属而民不听，至于南面而王天下，令则行，禁则止。由此观

---

[1] 《毛泽东早期文稿》，湖南人民出版社2008年版，第1—2页。

之，贤智未足以服众，而势位足以诎贤者也。

即飞龙乘云飞行，腾蛇乘雾游动，然而一旦云开雾散，它们未免就跟蚯蚓、蚂蚁一样，因为它们失去了腾空飞行的凭借。贤人之所以屈服于不贤的人，是因为贤人权力小、地位低。不贤的人之所以能被贤人制服，是因为贤人的权力大，地位高。尧作为一个平民时，连三人也管不住。桀作为天子，却能搞乱天下。我由此得知，势位足以依赖，而贤智不足以羡慕。弓弩力弱，而箭头飞得很高，这是因为借助于风力的推动。自身不贤，而命令得以推行，是因得到众人帮助。尧在平民百姓中施行教化，平民百姓不听他。等他南面称王统治天下，有令则行，有禁则止。由此看来，贤智不足以制服民众，而势位足以使贤人屈服。强调权势的重要意义。

六、法家言术申不害

申不害是战国中期法家，郑国京邑（今河南荥阳）人。韩灭郑，前355—前336任韩昭侯（前361—前333在位）相19年，变法富强。《韩非子·定法》说："今申不害言术。"《史记·老子韩非列传》说："申不害者，京人也，故郑之贱臣。学术以干韩昭侯，昭侯用为相。内修政孝，外应诸侯十五年。终申子之身，国治兵强，无侵韩者。申子之学本于黄老而主刑名，著书二篇，号曰《申子》。"

即申不害是京邑人,原先是郑国的低级官吏。后研究刑名法术的学问,向韩昭侯求官,昭侯命他做宰相。他对内修明政教,对外应对诸侯,前后执政15(19)年。一直到申子逝世,国家安定,政治清明,军队强大,没有哪个国家敢侵犯韩国。申不害的学说,本源于黄帝、老子,主张循名责实。有著作两篇,名叫《申子》。

申不害学的"术",指法家的刑名法术之学,特指君主控制和使用臣下的策略与手段。说"申子之学本于黄老而主刑名",所谓"黄老",指黄帝和老子。先秦儒家只谈尧舜,不提黄帝。道家为了和儒家争夺学术地位,看谁的学说来源早,于是就把传说中比尧、舜更早的黄帝搬出来,与老子并尊为道家的创始人,所以汉时有"黄老之学"的称呼。所谓"刑名",即实与名。法家主循名责实,以推行法治。"刑"通"形",指形体、事实。"名",指言论、主张。

七、集大成者是韩非

1. 李斯妒才杀韩非

《论衡·祸虚》说:"李斯妒同才,幽杀韩非于秦。"韩非把满腔热情和悲愤,倾注笔端,写《孤愤》《五蠹》《内外储》《说林》《说难》十余万言。著作传到秦国,受到秦王政的重视。秦王见《孤愤》《五蠹》说:"嗟乎,寡人得见此人与之游，死不恨矣！"前234年，秦军特意紧急攻打韩国，逼迫韩王派遣韩非出使秦国。韩非上书秦始皇，劝说秦国先伐赵，而缓伐韩。

李斯说："非之来也，未必不以其能存韩也，为重于韩也。辩说属辞，饰非诈谋，以钓利于秦，而以韩利窥陛下。"李斯（廷尉）、姚贾（上卿）合谋，谗害韩非入狱。前233年，李斯送毒药，逼韩非自杀于秦国云阳（陕西淳化）狱中。韩非死后3年，秦灭韩。但韩非的学说，被秦始皇、李斯实行。这是时代的悖论，有其必然性。

《史记·老子韩非列传》说：韩非者，韩之诸公子也。喜刑名法术之学，而其归本于黄老。非为人口吃，不能道说，而善著书。与李斯俱事荀卿，斯自以为不如非。非见韩之削弱，数以书谏韩王，韩王不能用。于是韩非疾治国不务修明其法制，执势以御其臣下，富国强兵，而以求人任贤，反举浮淫之蠹，而加之于功实之上。以为儒者用文乱法，而侠者以武犯禁。宽则宠名誉之人，急则用介胄之士。今者所养非所用，所用非所养。悲廉直不容于邪枉之臣，观往者得失之变，故作《孤愤》《五蠹》《内外储》《说林》《说难》十余万言。然韩非知说之难，为《说难》书甚具，终死于秦，不能自脱。

人或传其书至秦。秦王见《孤愤》《五蠹》之书，曰："嗟乎，寡人得见此人与之游，死不恨矣！"李斯曰:"此韩非之所著书也。"秦因急攻韩。韩王始不用非,及急,乃遣非使秦。秦王惊之,未信用。李斯、姚贾害之,毁之曰:"韩非,韩之诸公子也。今王欲并诸侯,非终为韩不为秦,此人之情也。今王不用,久留而归之,此自遗患也,不如以过法诛之。"秦王以为然,下吏治非。李斯使人遗非药,使自杀。韩非欲自陈,不得见。秦王后悔之,使人赦之,非已死矣。申子、韩子皆著书,传于后世,学者多有。余独悲韩子为《说难》,而不能自脱耳。

即韩非是韩国的贵族子弟。他爱好刑名法术的学问。他学说的理论基础来源于黄帝和老子。韩非有口吃的缺陷,不善于讲话,却擅长于著书立说。他和李斯都是荀卿的学生,李斯自认为学识比不上韩非。韩非看到韩国渐渐衰弱下去,屡次上书规劝韩王,但韩王没有采纳他的意见。当时韩非痛恨治理国家,不致力于修明法制,不能凭借君王掌握的权势来驾驭臣子,不能富国强兵,寻求任用是贤能之士,反而任用夸夸其谈、对国家有害的文学游说之士,使其地位高于讲求功利实效的人。他认为儒家用经典文献,扰乱国家法度,而游侠凭借着武力,违犯国家禁令。国家太平时,君主就宠信那些徒有虚名假誉的人,形势危急时,就使用那些披甲戴盔的武士。现在国家供养的人,并不是所要用的。而所要用的人,又不是所供养的。他悲叹廉洁正直的人,不被邪曲奸枉之臣所容。他考察了古往今来的得失变化，因此写了《孤愤》《五蠹》《内外储》《说林》《说难》等十余万字的著作。然而韩非深深地明了游说的困难，因为他撰写的《说难》，非常完备周详，但不能让自己摆脱游说带来的灾祸，最终死在秦国。

有人把韩非的著作传到秦国。秦王见到《孤愤》《五蠹》说："哎呀，我要是能见到这个人，并且能和他交往，就是死也不遗憾了！"李斯说："这是韩非写的书！"秦王因此立即攻打韩国。起初韩王不重用韩非，等到情势吃紧，才派遣韩非出使秦国。秦王很喜欢他，但没有信任起用他。李斯、姚贾嫉妒他，在秦王面前攻击他说："韩非是韩国贵族子弟，现在大王要吞并各国，韩非到头来，还是要帮助韩国，而不帮助秦国。这是人之常情啊！如今大王不任用他，在秦国留的时间长了，再放他回去，这是给自己留下祸根！不如给他加个罪名，依法处死他！"

秦王认为他们说的对，就下令司法官吏，给韩非定罪。李斯派人给韩非送去毒药，叫他自杀。韩非想要当面向秦王讲明是非，又不能见到。后来秦王后悔，派人去赦免韩非，可惜他已死。申子、韩子都著书立说，留传于后世，学者大多有他们的书，我唯独悲叹韩非撰写《说难》，而本人却逃脱不了游说君主带来的灾祸。

司马迁总结道："申子卑卑，施之于名实。韩子引绳墨，切事情，明是非，其极惨核少恩。"即申子勤奋自勉，主张循名责实。韩子依据法度作为规范行为的绳墨，决断事情，明辨是非，用法严酷苛刻，绝少施恩。

韩非建议韩王变法图强，挽救危局，韩王未听。韩非写《难言》《和氏》进谏。《难言》表达爱国心，希望韩王听取逆耳忠言。《和氏》讲述哀婉凄切的寓言故事，表达自己救国不顾个人危难的爱国志向，为主张不能实现而深沉悲痛。

《韩非子·和氏》说：楚人和氏得玉璞楚山中，奉而献之厉王（前757—前741在位）。厉王使玉人相之。玉人曰："石也。"王以和为诳，而刖其左足。及厉王薨，武王（前740—前690在位）即位，和又奉其璞而献之武王，武王使玉人相之，又曰："石也。"王又以和为诳，而刖其右足。武王薨，文王（前689—前677在位）即位，和乃抱其璞而哭于楚山之下，三日三夜，泪尽而继之以血。王闻之，使人问其故，曰："天下之刖者多矣，子奚哭之悲也？"和曰："吾非悲刖也，悲夫宝玉而题之以石，贞士而名之以诳，此吾所以悲也。"王乃使玉人理其璞，而得宝焉，遂命曰和氏之璧。珠玉，人主之所急也。和虽献璞而未美，未为王之害也，然犹两足斩而宝乃论，论宝若此其难也。今人主之于法术也，未必"和璧"之急也，而禁群臣士民之私邪。然则有道者之不戮也，特帝王之璞未献耳。主用术，则大臣不得擅断，近习不敢卖重；官行法，则浮萌趋于耕农，而游士危于战阵。则法术者，乃群臣士民之所祸也。人主非能背大臣之议，越民萌之诽，独周乎道言也，则法术之士虽至死亡，道必不论矣。

即楚人卞和在楚山得玉石，献楚厉王。楚厉王派治玉工匠鉴定，玉匠说："是石头。"楚厉王认为卞和骗自己，砍掉左脚。楚厉王死，楚武王登位，卞和献玉楚武王。楚武王叫玉匠鉴定，玉匠说："是石头。"楚武王认为卞和骗自己，砍掉他的右脚。楚武王死，楚文王即位，卞和抱玉璞在楚山下哭，三天三夜，眼泪流干后继续流血。楚文王听说，派人询问缘故说："天下被砍脚的人很多，你为什么哭得这样悲伤？"卞和说："我不是悲伤被砍脚，是悲伤宝石被误认为石，忠贞人被误认为骗子，这是我悲伤的原因。"楚文王派玉匠雕刻玉璞，得到宝玉，即命为和氏之璧。

珍珠宝玉是君主急需，即使卞和献玉璞不完美，也不构成对君主损害，但还是在卞和双脚被砍后，宝玉才论定，鉴定宝玉如此困难。如今君主对法术的需求，未必像对和氏璧那样急迫，还要用来禁止群臣百姓的自私邪恶行为。法术之士还没有被杀戮的原因，只是促成帝王之业的法宝还没进献。

君主运用法术，大臣不能擅权独断，左右近侍不敢卖弄权势；官府执行法令，游民就得从事农耕，游说之士就得冒生命危险冲锋陷阵。那么法术,就被群臣百姓看成祸害。君主不能违背大臣议论,摆脱百姓批评,单要完全采纳法术之言,那么法术之士即使到死,学说也一定不会被认可。

2.道家劝退遭拒绝

跟商鞅一样,韩非宣扬激进的法家思想,也遭到道家堂溪公的劝退,被韩非拒绝。《韩非子·问田》说:堂溪公谓韩子曰:"臣闻服礼辞让,全之术也;修行退智,遂之道也。今先生立法术,设度数,臣窃以为危于身而殆于躯。何以效之?所闻先生述曰:'楚不用吴起而削乱,秦行商君而富强。二子之言已当矣,然而吴起枝解,而商君车裂者,不逢世遇主之患也。'逢遇不可必也,患祸不可斥也。夫舍乎全遂之道,而肆乎危殆之行,窃为先生无取焉。"

韩子曰:"臣闻先生之言矣。夫治天下之柄,齐民萌之度,甚未易处也。然所以废先王之教,而行贱臣之所取者,窃以为立法术,设度数,所以利民萌,便众庶之道也。故不惮乱主暗上之患祸,而必思以齐民萌之资利者,仁智之行也;惮乱主暗上之患祸,而避乎死亡之害,知明夫身,而不见民萌之资利者,贪鄙之为也。臣不忍向贪鄙之为,不敢伤仁智之行。先生有幸臣之意,然又大伤臣之实。"

即堂溪公告诉韩非:"我听说遵循礼制,退让谦虚,是保全自身的方法；修养品德，隐藏才智，是成就名声的道路。如今先生主张法治术治，设置规矩，我认为这会危害你的生命，毁坏你的身体。怎么证明呢？我听先生说：'楚国不任用吴起，削弱混乱，秦国实行商鞅法治，繁荣富强。两位先生主张正确，然而吴起被肢解，商鞅被五马分尸，是没有碰上好世道，没有遇到明君的祸患。'好的机会运气不是必然来到，祸患灾祸不可以挥之即去。舍弃保全自身的顺畅道路，肆无忌惮去做危害自身的行为，我认为先生的做法不可取。"

韩非说："我听到先生说的话。治理天下的权柄，平等民众的法度，的确不容易处理。然而要废除先王的教导，而实行本人变法图强的主张，我认为建立法治术治，设置规矩，对民众有利，是方便民众的道路。所以不害怕昏庸胡来的君主制造的祸患，而坚持考虑民众利益，是仁爱明智的行为；害怕昏庸胡来的君主制造的祸患，而逃避自我牺牲的灾害，只知明哲保身，而不见民众的利益，是贪生怕死、自私卑鄙的行为。我不忍心采取贪生怕死、自私卑鄙的行为，不敢损伤仁爱明智的行动。先生有爱护我的心意，然而却大伤我的事功。"

3.历史经验善总结

《史记·老子韩非列传》说韩非"观往者得失之变"，即善于总结历史经验。《韩非子·饰邪》比较西方秦国的强势与东方六国的弱势说:"法明则忠臣劝,罚必则邪臣止。忠劝邪止而地广主尊者,秦是也。""群臣朋党比周以隐正道、行私曲而地削主卑者,山东是也。"

《韩非子·外储说左上》说:"夫婴儿相与戏也,以尘为饭,以涂为羹,以木为胾,然至日晚必归饷者,尘饭涂羹可以戏而不可食也。夫称上古之传颂,辩而不悫,道先王仁义而不能正国者,此亦可以戏而不可以为治也。夫慕仁义而弱乱者,三晋也;不慕而治强者,秦也;然而未帝者,治未毕也。"进一步比较导致东方三晋弱势而西方秦国强势的内在原因。

4. 主张法治重赏罚

《韩非子·五蠹》说:"故明主之国,无书简之文,以法为教。无先王之语,以吏为师。无私剑之捍,以斩首为勇。是境内之民,其言谈者必轨于法,动作者归之于功,为勇者尽之于军。是故无事则国富,有事则兵强,此之谓王资(凭借)。"《韩非子·定法》说治国"不务德而务法"。

5. 法不阿贵天下公

《韩非子·有度》说:"法不阿贵,绳不挠曲。法之所加,智者弗能辞,勇者弗敢争。刑过不避大臣,赏善不遗匹夫。故矫上之失,诘下之邪,治乱决缪,绌羡齐非,一民之轨,莫如法。属官威民,退淫殆,止诈伪,莫如刑。"

韩非主张以封建性的郡县官僚,代替奴隶主贵族的分封世袭,奖励耕战垦荒,限制贵族特权。柳宗元《封建论》、王夫之《读通鉴论》颂扬法家改革是"天下之大公"。

6. 明知变法有风险

《韩非子·孤愤》说:"智术之士,必远见而明察,不明察不能烛私;能法之士,必强毅而劲直,不劲直不能矫奸。""智术之士,明察听用,且烛重人之阴情;能法之士,劲直听用,且矫重人之奸行。故智术能法之士用,则贵重之臣必在绳之外矣。是智法之士与当涂之人,不可两存之仇也。""故资必不胜而势不两存,法术之士焉得不危?其可以罪过诬者,以公法而诛之;其不可被以罪过者,以私剑而穷之。是明法术而逆主上者,不戮于吏诛,必死于私剑矣!"法家精英的可贵处,是变法图强、不避风险、知难而上。

7. 法家理论最高峰

韩非综合商鞅的"法",慎到的"势",申不害的"术",提出法术势统一的法治理论,是法家理论的最高峰,是秦始皇统一中国,建立中央集权制度的理论基础。

《韩非子·外储说右下》说:造父方耨,时有子父乘车过者,马惊而不行,其子下车牵马,父亲推车,请造父:"助我推车!"造父因收器,辍而寄载之,援其子之乘,乃始检辔持策,未之用也,而马咸鹜矣。使造父而不能御，虽尽力劳身，助之推车，马犹不肯行也。今身使逸，且寄载，有德于人者，有术而御之也。故国者，君之车也。势者，君之马也。无术以御之，身虽劳，犹不免乱。有术以御之，身处逸乐之地，又致帝王之功也。

即造父正在锄草，这时有父子坐车路过，马受惊不肯前行，儿子拉住马，父亲推车，请造父："帮我推车！"于是造父收拾农具，停止操作，把农具寄放在车上，拽住儿子拉的马，才拿起缰绳马鞭，还没有使上绳鞭，马就感受到并向前奔跑。假使造父不会驾驭，即使用尽全力，帮助推车，马还是不肯前行。现在他操作得很安逸，而且把农具寄放在车上，又有恩德施于人家，是因为有办法驾驭惊马。所以国家是君主的车，权势是君主的马。君主没有法术驾驭它，自身即使很劳苦，国家还是不免于混乱。有法术驾驭，自身处在安逸快乐的地位，还能取得帝王的功业。

法，是法令，成文法。《韩非子·难三》说：法者，编著之图籍，设之于官府，而布之于百姓者也。法莫如显，是以明主言法，则境内卑贱莫不闻知也，不独满于堂。术，是权术。君主驾驭臣民的权术、策略、手段。《难三》说：术者，藏之于胸中，以遇（应接）众端（业），而潜御群臣者也。故术不欲见。用术，则亲爱近习莫之得闻也，不得满室。势，是政权、权势。《韩非子·心度》说：主之所以尊者，权也。《韩非子·八经》说：势者，胜众之资也。

韩非所谓"五蠹"，即国家的五种蛀虫：学者（儒家）、言谈者（纵横家）、带剑者（游侠）、患御者（依附贵族，逃避兵役的人）、商工之民。韩非认为这些人无益于耕战，却扰乱法制，像蛀虫一样，有害于社会，必须铲除。法家激进斗狠的特质，溢于言表。

《韩非子·五蠹》说：儒以文乱法，侠以武犯禁，而人主兼礼之，此所以乱也。夫离法者罪，而诸先生，以文学取；犯禁者诛，而群侠以私剑养。故法之所非，君之所取；吏之所诛，上之所养也。法、趣、上、下，四相反也，而无所定，虽有十黄帝不能治也。故行仁义者非所誉，誉之则害功；工文学者非所用，用之则乱法。

楚之有直躬，其父窃羊，而谒之吏。令尹曰："杀之"以为直于君而曲于父，报而罪之。以是观之，夫君之直臣，父之暴子也。鲁人从君战，三战三北。仲尼问其故，对曰："吾有老父，身死，莫之养也。"仲尼以为孝，举而上之。以是观之，夫父之孝子，君之背臣也。故令尹诛而楚奸不上闻，仲尼赏而鲁民易降北。上下之利，若是其异也，而人主兼举匹夫之行，而求致社稷之福，必不几矣。

是故乱国之俗：其学者，则称先王之道，以借仁义，盛容服，而饰辩说，以疑当世之法，而贰人主之心。其言谈者，伪设诈称，借于外力，以成其私，而遗社稷之利。

其带剑者，聚徒属，立节操，以显其名，而犯五官之禁。其患御者，积于私门，尽货赂，而用重人之谒，退汗马之劳。其商工之民，修治苦窳之器，聚弗靡之财，蓄积待时，而侔农夫之利。此五者，邦之蠹也。人主不除此五蠹之民，不养耿介之士，则海内虽有破亡之国，削灭之朝，亦勿怪矣。

即儒家利用文献扰乱法纪，游侠使用武力违犯禁令，而君主却对他们加以礼待，这就是国家混乱的根源。犯法的本该判罪，而那些儒生却靠着文章学说得到任用；犯禁的本该处罚，而那些游侠却靠着充当刺客得到豢养。所以，法令反对的，成了君主重用的。官吏处罚的，成了权贵豢养的。法令反对和君主重用，官吏处罚和权贵豢养，四者互相矛盾，而没有确立一定的标准，即使有十个黄帝也不能治好天下。所以对于宣扬仁义的人，不应当加以称赞，如果称赞了，就会妨害功业。对于从事文章学术的人，不应当加以任用，如果任用了，就会破坏法治。

楚国有个叫直躬的人，他的父亲偷了人家的羊，他便到令尹那儿揭发，令尹说："杀掉他！"认为他对君主虽算正直，而对父亲却属不孝。结果判了他死罪。由此看来，君主的忠臣，反倒成了父亲的逆子。鲁国有个人，跟随君主去打仗，屡战屡逃。孔子向他询问原因，他说："我家中有年老的父亲，我死后就没人养活他了！"孔子认为这是孝子，便推举他做官。由此看来，父亲的孝子，恰恰是君主的叛臣。所以令尹杀了直躬，楚国的坏人坏事就没有人再向上告发了。孔子奖赏逃兵，鲁国人作战就要轻易地投降逃跑。君臣之间的利害得失，是如此不同，而君主却既赞成谋求私利的行为，又想求得国家的繁荣富强，这是肯定没有指望的。

因此，造成国家混乱的风气是：那些著书立说的人，称引先王之道来宣扬仁义道德。讲究仪容服饰，而文饰巧辩言辞，用以扰乱当今的法令，从而动摇君主的决心。那些纵横家们，弄虚作假，招摇撞骗，借助于国外势力，达到私人目的，进而放弃国家利益。那些游侠刺客，聚集党徒，标榜气节，以图显身扬名，结果触犯国家禁令。那些逃避兵役的人，大批依附权臣贵族，肆意行贿，而借助于重臣的请托，逃避从军作战的劳苦。那些工商业者，制造粗劣的器具，积累奢侈资财，囤积居奇，待机出售，希图从农民身上牟取暴利。上述这五种人，都是国家的蛀虫。君主如果不除掉这五种像蛀虫一样的人，不广罗刚直不阿的人，那么天下出现破败沦亡的国家，地削名除的朝廷，不足为怪。

8. 中央集权有歌诀

《扬权》篇名，意即高举权柄，称扬君权。其中说："事在四方，要在中央。圣人执要，四方来效！"即国家大权，集中君主一人。君主有权势，才能治理天下。《韩非子·主道》说：商周灭亡原因，是"诸侯之博大"。晋齐被分夺原因，是"群臣之太富"。韩飞主张用术，除掉如虎的奸臣，"散其党""夺其辅"，提出"王之道"是："宰相必起于州部，猛将必发于卒伍。"即宰相从基层提拔，猛将从战士提升。

《韩非子·人主》说：主之所以身危国亡者，大臣太贵，左右太威也。所谓贵者，无法而擅行，操国柄而便私者也。所谓威者，擅权势而轻重者也。此二者，不可不察也。夫马之所以能任重引车致远道者，以筋力也。万乘之主、千乘之君所以制天下而征诸侯者，以其威势也。威势者，人主之筋力也。今大臣得威，左右擅势，是人主失力。人主失力而能有国者，千无一人。虎豹之所以能胜人执百兽者，以其爪牙也。当使虎豹失其爪牙，则人必制之矣。今势重者，人主之爪牙也。君人而失其爪牙，虎豹之类也。宋君失其爪牙于子罕，简公失其爪牙于田常，而不早夺之，故身死国亡。今无术之主，皆明知宋、简之过也，而不悟其失，不察其事类者也。

即君主之所以会遇到身危国死的情况，是因为大臣过分显贵，近侍过分逞威。所谓显贵，就是无视法令而独断专行，掌握国家大权来谋取私利。所谓逞威，就是独揽权势而为所欲为。对这两种人，不能不加以明察。马之所以能负重拉车到达远方，凭的是肌肉力量。大、中国家的君主之所以能统治天下讨伐诸侯，凭的是威势。威势也就是君主的肌肉力量。如今大臣得势，亲信擅权，即是君主失去了威势。君主失去威势而仍能保有国家的，一千人中也没有一个。虎豹之所以能胜人以及擒拿其他各种野兽，靠的是它的尖爪利牙。假使去掉尖爪利牙，人就一定能制服它。现在权势正是君主的尖爪利牙，要是统治别人而丢失权势，便同虎豹去掉尖爪利牙一样。宋桓公把他的"爪牙"丢给了子罕，齐简公把他的"爪牙"丢给了田常，又不早点夺回来，终致身死国亡。现在不懂得法术的君主，都明知宋桓公、齐简公的过错，却不能觉察他们失误的根源，是不懂得君主失去权势跟虎豹失去爪牙相类。

《韩非子·二柄》说：明主之所导制其臣者，二柄而已矣。二柄者，刑德也。何谓刑德？曰：杀戮之谓刑，庆赏之谓德。为人臣者，畏诛罚，而利庆赏，故人主自用其刑德，则群臣畏其威，而归其利矣。故世之奸臣则不然。所恶，则能得之其主而罪之，所爱则能得之其主而赏之。今人主非使赏罚之威利出于己也，听其臣而行其赏罚，则一国之人皆畏其臣，而易其君，归其臣，而去其君矣，此人主失刑德之患也。夫虎之所以能服狗者，爪牙也。使虎释其爪牙，而使狗用之，则虎反服于狗矣。人主者，以刑德制臣者也。今君人者，释其刑德而使臣用之，则君反制于臣矣。故田常上请爵禄，而行之群臣，下大斗斛，而施于百姓，此简公失德，而田常用之也。故简公见弑。子罕谓宋君曰："夫庆赏赐予者，民之所喜也，君自行之。杀戮刑罚者，民之所恶也，臣请当之。"于是宋君失刑，而子罕用之。故宋君见劫。田常徒用德，而简公弑。子罕徒用刑，而宋君劫。故今世为人臣者，兼刑德而用之，则是世主之危，甚于简公、宋君也。故劫杀壅蔽之主，兼失刑德，而使臣用之，而不危亡者，则未尝有也。

　　人主将欲禁奸，则审合刑名。刑名者，言与事也。为人臣者陈其言，君以其言授之事，专以其事责其功。功当其事，事当其言，则赏；功不当其事，事不当其言，则罚。故群臣其言大而功小者则罚，非罚小功也，罚功不当名也。群臣其言小而功大者亦罚，非不说于大功也，以为不当名也害甚于有大功，故罚。昔者韩昭侯醉而寝，典冠者见君之寒也，故加衣于君之上，觉寝而说，问左右曰："谁加衣者？"左右对曰："典冠。"君因兼罪典衣与典冠。其罪典衣，以为失其事也，其罪典冠，以为越其职也。非不恶寒也，以为侵官之害甚于寒。故明主之畜臣，臣不得越官而有功，不得陈言而不当。越官则死，不当则罪。守业其官，所言者贞也，则群臣不得朋党相为矣。

即明君用来控制臣下，是两种权柄。两种权柄，是刑和德。什么叫刑德？回答是：杀戮叫作刑，奖赏叫作德。做臣子的，害怕刑罚而贪图奖赏，所以君主亲自掌握刑赏权力，群臣就会害怕他的威势，而追求他的奖励。而现在的奸臣，却不是这样。他们对所憎恶的人，能够从君主那里取得权力，予以惩罚。对所喜爱的人，能够从君主那里取得权力，予以奖赏。假如君主不是让赏罚的威严和利益掌握在自己手里，而是听任他的臣下去施行赏罚，那么全国的人，就都会害怕权臣而轻视君主，就都会归附权臣而背离君主。这是君主失去刑赏大权的祸害。老虎能制服狗，靠的是爪牙。假使老虎去掉它的爪牙，而让狗使用，那么老虎反而会被狗所制服。君主靠刑德制服臣下，如果君主丢掉刑赏大权，让臣下使用，君主反而会被臣下控制。田常向君主请求爵禄，而赐给群臣，对下用大斗出，小斗进的办法，把粮食施舍给百姓，这就是齐简公失去奖赏大权，而由田常掌握，简公因而遭到杀害。子罕告诉宋桓侯说："奖赏恩赐，百姓喜欢，君王自己施行。杀戮刑罚，百姓憎恶，请让我来掌管。"于是宋桓侯失去刑罚大权，而由子罕掌握，宋桓侯因而遭到挟制。田常掌握奖赏大权，齐简公遭到杀害。子罕掌握刑赏大权，宋桓侯遭到挟制。当代臣下，如果统摄刑赏大权，这代君主将会遭到比齐简公、宋桓侯更大的危险。被劫杀、被蒙蔽的君主，同时失去刑赏大权，而由臣下执掌，这样还不导致危亡的情况，从来没有过。

　　君主要想禁止奸邪，就要审核刑名。刑名，指言论和职事。臣下发表言论，君主根据言论授予臣下职事，专就职事，责求功效。如果功效符合职事，职事符合言论，就赏。如果功效不符合职事，职事不符合言论，就罚。群臣言大功小要罚。这不是罚小功，是要罚功绩不符合言论。群臣言小功大要罚。这不是不喜欢大功，是认为功绩不符合言论的危害，超过所建大功，所以要罚。从前韩昭侯喝醉酒睡着了，掌帽官见他冷，就给他盖衣服。韩昭侯睡醒后很高兴，问近侍说："盖衣服的是谁？"近侍回答："掌帽官。"昭侯便同时处罚掌衣官和掌帽官。处罚掌衣官，是认为掌衣官失职。处罚掌帽官，是认为掌帽官越权。不是不担心寒冷，而是认为越权的危害超过寒冷。明君驾驭臣下，臣下不能越权去立功，不能说话不恰当。超越职权就该处死，言行不一就该治罪。司守本职，言而有信，群臣就不可能结党营私。法家严刑峻法、苛刻偏执的特质，溢于言表。

　　9.秦皇统一用法家

　　《史记·太史公自序》说："能明其画，因时推秦，遂得意于海内，斯为谋首。作李斯列传第二十七。"《史记·秦始皇本纪》说：丞相绾、御史大夫劫、廷尉斯等皆曰："海内为郡县，法令由一统。"琅邪台石刻："皇帝作始。端平法度，万物之纪。"登之罘刻石："普施明法，经纬天下，永为仪则。"

丞相李斯曰："五帝不相复，三代不相袭，各以治，非其相反，时变异也。""今天下已定，法令出一，百姓当家则力农工，士则学习法令辟禁。""今皇帝并有天下，别黑白而定一尊。私学而相与非法教，人闻令下，则各以其学议之，入则心非，出则巷议，夸主以为名，异取以为高，率群下以造谤。如此弗禁，则主势降乎上，党与成乎下，禁之便。臣请史官非秦记皆烧之。非博士官所职，天下敢有藏诗、书、百家语者，悉诣守、尉杂烧之。有敢偶语诗书者弃市。以古非今者族。吏见知不举者与同罪。令下三十日不烧，黥为城旦。所不去者，医药卜筮种树之书。若欲有学法令，以吏为师。"制曰："可。"司马迁："始皇""事皆决于法，刻削毋仁恩和义"。

秦王朝短命15年（前221—前207）。秦始皇（前259—前210）享年50岁，于前246—前210年在位，共在位37年。秦始皇于前246年13岁时即位，前238年20岁时亲政。前221年，秦始皇38岁时统一中国。作为中国统一王朝的皇帝，秦始皇共在位12年（前221—前210）。秦二世（前230—前207），享年24岁。秦二世前

209—前207年在位，共在位3年。秦王朝被农民起义推翻，前206年为汉高祖刘邦元年，历史翻新页。

秦二世和李斯同引韩非"圣人"语，作为统治权威的理论根据。《史记·李斯列传》说："而二世责问李斯曰：'吾有私议而有所闻于韩子也曰（引《韩非子·五蠹》语）。'""李斯恐惧，重爵禄，不知所出，乃阿二世意，欲求容，以书对曰：故韩子曰：'慈母有败子，而严家无悍虏（凶悍的奴隶）'者，何也？则能罚之加焉必也。""明主圣王之所以能久处尊位，长执重势，而独擅天下之利者，非有异道也，能独断而审督责，必深罚，故天下不敢犯也。今不务所以不犯，而事慈母之所以败子也，则亦不察于圣人（指韩非）之论矣。夫不能行圣人之术，则舍为天下役何事哉？可不哀邪！""若此然后可谓能明申、韩之术，而修商君之法。法修术明而天下乱者，未之闻也。故曰'王道约而易操'也，唯明主为能行之。若此则谓督责之诚，则臣无邪，臣无邪则天下安，天下安则主严尊，主严尊则督责必，督责必则所求得，所求得则国家富，国家富则君乐丰。故督责之术设，则所欲无不得矣。群臣百姓救过不给，何变之敢图？若此则帝道备，而可谓能明君臣之术矣。虽申、韩复生，不能加也。"

韩非老师荀子，主张兼综王霸。王指儒家王道，以德治国，追求道义。霸指法家霸道，以法治国，追求功利。

王霸杂用，即兼用儒家王道和法家霸道。《荀子·成相》说："治之经，礼与刑（法）。君子以修，百姓宁。"荀子主张"隆礼""重法"，礼法结合，才能"天下为一"，实行中央集权。

《汉书·元帝纪》载，汉宣帝太子汉元帝"柔仁好儒"，宣帝说："汉家自有制度，本以霸王道杂之，奈何纯任德教，用周政乎！"后人总结说："汉家制度，王霸杂用。"清姚鼐（1731—1815）《漫咏》诗说："秦法本商鞅，日以劳使民。竟能一四海，诗书厝为薪。发难以铲除，藉甚项与陈。刀笔吏相汉，法令惟所遵。王霸杂用之，叔孙为圣人。盛衰益隆污，治道何由醇？焉知百世后，不有甚于秦？天道且日变，民生弥苦辛！"

诗作联系由商鞅到秦法，到后世"王霸杂用"，预言"百世后"，怎知不会出现有更"甚于秦"的情况？"天道"可日有所变，愿民众生活，不要过得更辛苦。诗作借古讽今，语意激烈。"诗书厝为薪"：指由商鞅到秦法，提倡焚书，把诗书当柴烧。厝（cuò）：放置，指焚书。《韩非子·和氏》说："商君教秦孝公以连什伍，设告坐之过，燔诗书而明法令。"《史记·秦始皇本纪》说："天下敢有藏诗书百家语者，悉诣守尉杂烧之。"《史记·淮南衡山列传》说："昔秦绝圣人之道，杀术士，燔诗书。"

10. 成语典故传千古

韩非著有寓言310多则，集中于《储说》《说林》。"储说"即储以备用的论证说辞。"说林"即论证说辞，林林总总。司马贞《史记索隐》说："说林者，广说诸事，其多如林。"分上下二篇，上篇汇集故事34则，下篇37则，共71则。论据取材于历史故事和日常生活。主人公是现实生活中的平常人，没有出神入化的神人，奇形怪状的奇人。但常人表现不平常，使人从中领悟变法大道，虽素材平常，但见解独到。

如《韩非子·五蠹》说："宋人有耕田者。田中有株（树桩），兔走，触株折颈而死。因释其耒（农具）而守株，冀复得兔。兔不可得，而身为宋国笑。今欲以先王之政，治当世之民，皆守株之类也。"用守株待兔的故事，讽刺为政因循守旧，不知变通。韩非的结论是："世异则事异。""事异则备变。""圣人不期修古，不法常可，论世之事，因为之备。"即不期望修行先王古道，不效法旧制，而是根据时代发展，制定新法。韩非善用寓言故事，论证变法的抽象哲理，语言形象生动，发人深省。

第六讲　名家：名家辩者逞智辩

一、白马非马成名辩

白马非马，是名家辩者的成名之辩。汉代所称呼的名家，在先秦叫辩者。名家的特点是通过大量奇辞怪说，大逞其智慧之辩，申发其特殊的学术观点。名家的奇辞怪说，是逻辑学的前导和刺激，对现代的批判性思维有积极的启发和借鉴意义。

说到名家的奇辞怪说，马上会想到白马之辩。名家建立一个跟常识相反的论题"白马非马"，然后展开各种离奇论证，耸人听闻，引人注目。名家集大成者公孙龙公开宣称，他之所以成名，就是因为白马之辩。

《韩非子·外储说左上》说："倪说，宋人，善辩者也，持白马非马也，服齐稷下之辩者。乘白马而过关，则顾白马之赋。故借之虚辞，则能胜一国，考实按形，不能谩于一人。"即宋国人倪说是善于辩论的人，他坚持"白马非马"的论点，把齐国稷下学宫的辩者们都辩输了。但是等到他乘白马而过关口时,却只好看着自己的白马,乖乖地交马税。所以韩非做结论说,凭借虚假的辞句,也许能辩胜一国辩者之口,但如果考察实际,按照形状,不能骗过一人。清王先慎注说:"顾,视也。古人马税,当别毛色。故过关视马,而赋不能辩也。"宋人倪说引为得意的"白马非马"之辩,是后来公孙龙奇文《白马论》的先声。

宋人倪说骑马过关的故事,在流传中主人公逐渐被替换为公孙龙。明董斯张《广博物志》卷46引桓谭《新论》说:"公孙龙常争论曰白马非马,人不能屈。后乘白马,无符传,欲出关,关吏不听。此虚言难以夺实也。"即公孙龙常跟人争论说"白马非马",人们都辩不过他。后来他骑白马过关,没有带证明信,把守关口的官吏不听他的辩论,硬是不让他过去。这就是"假话难以代替事实"的道理。

三国魏刘邵《人物志·材理》凉刘昞注说,公孙龙论证"白马非马","一朝而服千人,及其至关必赋,直而后过也"。即公孙龙会论证"白马非马",一个早上就能辩输一千人,但是到过关交马税时,只好说实话,承认"白马是马",才能过关。唐《古类书》第一种文笔部说,公孙龙度关,官司禁曰:"马不得过。"公孙曰:"我马白,非马。"遂过。即公孙龙过关,官司禁止说:"马不能过！"公孙龙诡辩说："我马白，所以不是马！"关吏竟一时糊涂，被他蒙混过关。

《公孙龙子·迹府》说：公孙龙，六国时辩士也。疾名实之散乱，因资材之所长，为守白之论。假物取譬，以守白辩，谓白马为非马也。白马为非马者，言白所以名色，言马所以名形也。色非形，非色也。夫言色，则形不当与。言形，则色不宜从。今合以为物，非也。如求白马于厩中，无有，而有骊色之马，然不可以应有白马也。不可以应有白马，则所求之马亡矣，亡则白马竟非马。欲推是辩，以正名实，而化天下焉。

龙与孔穿，会赵平原君家。穿曰："素闻先生高谊，愿为弟子久，但不取先生以白马为非马耳。请去此术，则穿请为弟子。"龙曰："先生之言悖。龙之所以为名者，乃以白马之论尔。今使龙去之，则无以教焉。且欲师之者，以智与学不如也。今使龙去之，此先教而后师之也。先教而后师之者，悖。且白马非马，乃仲尼之所取。龙闻楚王张繁弱之弓，载忘归之矢，以射蛟兕于云梦之圃，而丧其弓。其左右请求之，王曰：'止，楚王遗弓，楚人得之，又何求乎？'仲尼闻之曰：'楚王仁义而未遂也。亦曰人亡弓，人得之而已，何必楚？'若此，仲尼异楚人于所谓人。夫是仲尼异楚人于所谓人，而非龙异白马于所谓马，悖。先生修儒术，而非仲尼之所取。欲学，而使龙去所教。则虽百龙，固不能当前矣。"孔穿无以应焉。

公孙龙，赵平原君之客也。孔穿，孔子之裔也。穿与龙会。穿谓龙曰："臣居鲁，侧闻下风，高先生之智，说先生之行，愿受业之日久矣，乃今得见。然所不取先生者，独不取先生之以白马为非马耳。请去白马非马之学，穿请为弟子。"

公孙龙曰："先生之言悖。龙之学，以白马为非马者也。使龙去之，则龙无以教。无以教，而乃学于龙也者悖。且夫欲学于龙者，以智与学焉为不逮也。今教龙去白马非马，是先教而后师之也。先教而后师之不可。先生之所以教龙者，似齐王之谓尹文也。齐王之谓尹文曰：'寡人甚好士，以齐国无士，何也？'尹文曰：'愿闻大王之所谓士者。'齐王无以应。尹文曰：'今有人于此，事君则忠，事亲则孝，交友则信，处乡则顺，有此四行，可谓士乎？'齐王曰：'善，此真吾所谓士也！'尹文曰：'王得此人，肯以为臣乎？'王曰：'所愿而不可得也。'是时齐王好勇。于是尹文曰：'使此人广庭大众之中，见侵侮而终不敢斗，王将以为臣乎？'王曰：'讵士也？见侮而不斗，辱也，辱则寡人不以为臣矣。'

尹文曰：'虽见侮而不斗，未失其四行也。是人未失其四行，其所以为士也，然而王一以为臣，一不以为臣，则向之所谓士者，乃非士乎？'齐王无以应。尹文曰：

'今有人君,将理其国,人有非则非之,无非则亦非之,有功则赏之,无功则亦赏之,而怨人之不理也,可乎?'齐王曰:'不可。'尹文曰:'臣窃观下吏之治齐,其方若此矣。'王曰:'寡人治国,信若先生之言,人虽不治,寡人不敢怨也,意未至然与?'

尹文曰:'言之敢无说乎?王之令曰:杀人者死,伤人者刑。人有畏王之令者,见侮而终不敢斗,是全王之令也。而王曰:见侮而不斗者,辱也。谓之辱,非之也。无非,而王辱之,故因除其籍,不以为臣也。不以为臣者,罚之也。此无罪而王罚之也。且王辱不敢斗者,必荣敢斗者也。荣敢斗者,是王是之,必以为臣矣。必以为臣者,赏之也。彼无功,而王赏之。王之所赏,吏之所诛也。上之所是,而法之所非也。赏罚是非,相与四缪,虽十黄帝,不能治也。'齐王无以应焉。故龙以子之言,有似齐王。子知难白马之非马,不知所以难之说。以此,犹知好士之名,而不知察士之类。"

据上述记载,公孙龙跟孔子六世孙孔穿辩论,有五次用逻辑范畴"悖"(自相矛盾):第一次:"先生之言悖。"第二次:"先教而后师之者,悖。"第三次:"夫是仲尼异楚人于所谓人,而非龙异白马于所谓马,悖。"第四次:"先生之言悖。"第五次:"无以教,而乃学于龙也者悖。"

"悖"是表示论敌议论自相矛盾的元语言语义概念,

是运用归谬式间接反驳法的标志词。"齐王之谓尹文"的故事，是为了类比说明孔穿议论的自相矛盾。归谬式间接反驳法（简称归谬法），是诸子百家最常用的辩论方式，是战胜论敌的不二法门。《迹府》载公孙龙辩论轶事，是熟练运用归谬法的实例。

南朝刘宋裴骃《史记集解·平原君传》注引刘向《别录》说：齐使邹衍过赵，平原君见公孙龙及其徒綦母子之属，论白马非马之辩，以问邹子。邹子曰：不可。辩者别殊类使不相害，序异端使不相乱，抒意通指，明其所谓，使人与知焉，不务相迷也。故胜者不失其所守，不胜者得其所求。若是故辩可为也。及至烦文以相假，饰辞以相悖，巧譬以相移，引人声使不得及其意，如此害大道，夫缴纷争言而竞后息，不能无害君子。坐皆称善。

即齐国使臣邹衍（阴阳家首领）经过赵国，平原君引见公孙龙及其徒弟綦母子等人，谈到白马非马的辩论，询问邹衍的意见。邹衍说："不行。正当的辩论，要区分不同的类别，不要使之互相混淆，排列不同的方面，不要使之互相乱侵害，抒发意义，疏通指趣，明确所说，使人认知，不相迷惑。所以辩胜的一方，能够不失其所坚守的真理。辩输的一方，能够得到其追求的真理。如果这样，辩论就是有意义的。如果用烦琐文句，互相代替，用花言巧语，互相背离，用巧妙譬喻，互相偷换，引用话语，曲解意义，这有害于传播真理，烦琐争辩，而看谁最后闭嘴不言，办不到这一点，不妨害成为君子。"在场听众，齐声说好。

《史记·平原君传》说，赵惠文王弟平原君赵胜，有宾客数千人，"平原君厚待公孙龙"，"及邹衍过赵，言至道，乃绌公孙龙"。邹衍当面否定公孙龙"白马非马"的诡辩，对比正反辩论的原则区别，平原君听信邹衍所讲的逻辑学大道理（实质是同一律、矛盾律），把公孙龙免职。公孙龙的成名之辩，是"白马非马"。公孙龙的被免职，也是因为"白马非马"。这是历史的讽刺。

公孙龙对孔穿说："子知难白马之非马，不知所以难之说。"批评孔穿，只知反驳"白马非马"，不知道怎样才能驳倒。公孙龙自知"白马非马"为"不可"，是虚假论题，可以驳倒，也知道如何驳倒"白马非马"，用来教授门徒辩论的技巧。

"白马非马"是公孙龙成名的辩题，也是训练门徒辩论技艺的逻辑习题，引导、刺激中国古代逻辑学的发展。公孙龙辩论"白马非马"，是他借以谋生的手段。他宁愿因这一辩论不得人心而被解雇，至死也未曾放弃这一论辩。

公孙龙是战国后期名家辩者最著名代表，著有《公孙龙子》传世。一提起公孙龙，人们自然联想到"白马非马"。今存《公孙龙子·白马论》是古代世界少有的诡辩名篇。

《白马论》说：白马非马，可乎？曰：可。曰：何哉？曰：马者，所以命形也。白者，所以命色也。命色者非命形也。故曰：白马非马。曰：有白马，不可谓无马也。不可谓无马者，非马也？有白马为有马，白之非马何也？曰：求马，黄黑马皆可致。求白马，黄黑马不可致。使白马乃马也，是所求一也。所求一者，白者不异马也。所求不异，如黄黑马有可有不可，何也？可与不可，其相非明。故黄黑马一也，而可以应有马，而不可以应有白马。是白马之非马，审矣。

曰：以马之有色为非马，天下非有无色之马也。天下无马，可乎？曰：马固有色，故有白马。使马无色，有马如已耳，安取白马？故白者非马也。白马者，马与白也。马与白，马也？故曰白马非马也。曰：马未与白为马，白未与马为白，合马与白，复名白马，是相与以不相与为名，未可。故曰白马非马。曰：以有白马为有马，谓有白马为有黄马，可乎？曰：未可。曰：以有马为异有黄马，是异黄马于马也。异黄马于马，是以黄马为非马。以黄马为非马，而以白马为有马，此飞者入池，而棺椁异处，此天下之悖言乱辞也。

曰：有白马不可谓无马者，离白之谓也。不离者，有白马不可谓有马也。故所以为有马者，独以马为有马耳，非有白马为有马。故其为有马也，不可以谓马马也。曰：白者不定所白，忘之而可也。白马者，言白定所白也。定所白者，非白也。马者，无去取于色，故黄黑皆所以应。白马者，有去取于色，黄黑马皆所以色去，故惟白马独可以应耳。无去者非有去也，故曰白马非马。

即客方问：说"白马非马"，可以吗？主方答：可以。客方问：为什么呢？主方答：马说的是形体，白说的是颜色，说颜色的不能说形体，所以说"白马非马"。客方问：有白马，不能说没有马。不能说没有马，难道不是马吗？有白马是有马，说"白马非马"，是为什么呢？主方答：找马，黄马、黑马都可以算数。找白马，黄马、黑马不能算数。假如白马是马，那么找马和找白马，就是一回事。找马和找白马，是一回事，则白马就跟马没有区别了。白马跟马没有区别，那么黄马、黑马有可以算数的，有不能算数的，是为什么呢？有可以算数的，有不能算数的，这中间的不同，是很明显的。所以同样是黄马、黑马，可以说是有马，却不可以说是有白马，说"白马非马"，是很清楚的。

客方问：因为马有颜色，就说不是马，天下并没有无色的马，说天下没有马，可以吗？主方答：马本来有颜色，所以说有白马。假使马没有颜色，只说有马就是了，还哪里去找白马？所以说"白马非马"。"白马"，是

"马"跟"白"的结合。"马"跟"白"的结合,难道是马吗?所以说"白马非马"。"马"不等待跟"白"结合,就是"马"。"白"不等待跟"马"结合,就是"白"。把"马"与"白"结合起来,构成复合名词"白马",是把相结合的用不相结合的作为名称,这是不可以的,所以说"白马非马"。主方问:把有白马,说成是有马,那么把有白马,说成是有黄马,可以吗?客方答:不可以。主方论述:把有马跟有黄马区别开来,是把黄马跟马区别开来。把黄马跟马区别开来,就等于说"黄马非马",说"黄马非马",而说"白马是马",这犹如说"天上飞的入了池,棺椁拆开放异处",这是天下的矛盾言论,混乱词句。

说"有白马,不能说没有马",这是把白分离开来的说法。不把白分离开来,就不能说有白马是有马。所以说有马,只是以马为有马,并不是有白马说有马。所以说有马,不是说马马(马是马,白马是马,变成"马马",归谬反驳)。说白,不确定是指什么东西白,我们可以暂时把它忘掉。说白马,这个白确定是指马的白。确定是指马的白,并非不确定是指什么东西的白。说马,对颜色无所排除和选择,所以黄马、黑马都可以算数。说白马,对颜色有所排除和选择,所以黄马、黑马都因黄、黑的颜色而被排除,而只有白马可以算数。对颜色无所排除的,不是对颜色有所排除的，所以说"白马非马"。

《白马论》可作为学习逻辑学的练习题，分析其中何者是诡辩，何者是逻辑。《白马论》的主旨是诡辩。诡辩是违反事实、真理和逻辑的辩论，用非有效的推论形式和虚假论据以论证虚假论题。

《白马论》的论题虚假是"白马非马"。"白马非马"，不是事实。其矛盾命题"白马是马"是事实，为我们的常识和动物学所承认。公孙龙选择这个题目辩论，是为了训练门徒思维论辩的技巧，表达对逻辑哲学问题的看法。

虚假论题，不可能通过有效论证，使之变为真论题。虚假论题的论证者，利用非有效的推论形式，进行似是而非的论证，使人误信其论题为真。《白马论》说："马者，所以命形也。白者，所以命色也。命色者非命形也。故曰：白马非马。"这样说，局部范围正确，作为论证论据是真实的，但从这个论据，推不出"白马非马"的论题。论据说的是"白马"这个词的构成，论题说的是白马是不是马的事实，论据和论题之间，没有必然联系，为不相干。论据成立，不是论题成立的充足理由。

《白马论》说："白马者，马与白也。""合马与白，复名白马，是相与以不相与为名，未可。故曰白马非马。""白马"，是"马"跟"白"的结合。把"马"与"白"结合起来，构成复合名词"白马"，是把相结合的用不相结合的作为名称，这是不可以的，所以说"白马非马"。这些话，是用对"白马"的语词和概念分析，混淆和偷换论题说的"白马是不是马"的事实问题，从论据推不出论题。

《白马论》全篇，所有从论据推出论题的推论形式，都是非有效的。所用的手法，是偷换概念和论题，牵强附会，强词夺理。《白马论》通篇是不合逻辑的论证，尽管其部分论据真实，部分议论包含逻辑学的萌芽，但这不能改变其整体结构不合逻辑的实质。

说部分论据符合事实是指《白马论》说："求马，黄黑马皆可致。求白马，黄黑马不可致"；"可与不可，其相非明。故黄黑马一也，而可以应有马，而不可以应有白马"。即黄、黑马是马，但不是白马，这是事实，是真实论据，但从这个论据，推不出论题"白马非马"。

《白马论》说："马者，无去取于色，故黄黑皆所以应。白马者，有去取于色，黄黑马皆所以色去，故惟白马独可以应耳。"这是事实，是真实论据，但从这个论据，推不出论题"白马非马"。因为论据说的是"白马与马有异"，而论题说的是"白马不是马"。"有异"即有差异、有不同，因为"白马"这个小类，从属于"马"这个大类。而论题"白马不是马"，说的是"白马"与"马"全异，"白马"的外延被排斥于"马"的外延。把"有异"

说成"全异",是偷换概念和论题的诡辩。

说部分议论包含逻辑学的萌芽,第一是指自相矛盾和悖的概念。《白马论》说:"以黄马为非马,而以白马为有马,此飞者入池,而棺椁异处,此天下之悖言乱辞也。""悖言乱辞",指自相矛盾言辞,是矛盾律的运用。"悖"是自觉的元逻辑语义概念。"飞者入池,棺椁异处",是公孙龙独创的形容自相矛盾的比喻。这种议论包含逻辑学的萌芽。但公孙龙鼓吹"黄马非马",否定"白马是马",属于论据和论题虚假的实质谬误。

第二是指提出抽象和具体的理念。《白马论》说:"有白马不可谓无马者,离白之谓也。不离者,有白马不可谓有马也。""离白"是理论思维的抽象法。把"白马"中"白"的颜色性质抽象舍弃(舍象),而只把握"马"类的实质,可以引出"白马是马"的正确论题。公孙龙发现"离白"这种理论思维的抽象法,是他的贡献,但他却不主张在辩论中运用。相反,他主张运用"不离"的方法,即守住具体,不进行抽象,在《白马论》的辩论中叫"守白"。

《公孙龙子·迹府》说公孙龙"为守白之论""以守白辩"。《隋书·经籍志》"道家"类著录《守白论》一卷。唐成玄英《庄子·天下》疏:"公孙龙著有《守白论》,见行于世。"《庄子·秋水》疏说,公孙龙"著守白之论,以驳辩知名"。《庄子·齐物论》疏："坚执守白之论，眩惑世间，虽宏辩如流，终有言而无理也。"

"守白"，即死守住"白马"中"白"的性质，守住"白马"的具体，不要对其进行"马"类的抽象，那就只能说"白马是白马"和"白马非马"。这是同一律的错误运用，对应于《名实论》中"彼此止于彼此"和"彼此非此"的公式，是正名逻辑语义原则的错误运用，是公孙龙的蓄意诡辩。

公孙龙是继邓析、惠施和尹文之后的著名辩者。《公孙龙子·迹府》称公孙龙为"辩士"，《庄子·天下》叫"辩者"，《吕氏春秋·不屈》叫"察士"，司马谈、司马迁、班固叫"名家"。名家公孙龙的学术特色，是针对"名实散乱"的社会现实，用"正名实"的手段，达到教"化天下"的目的。这与司马谈、司马迁论诸子百家都"务为治"，都以治理天下为最高理想一致。

司马谈、司马迁论名家学术范式说："名家使人俭而善失真，然其正名实不可不察也。名家苛察缴绕，使人不得反其意，专决于名，而失人情，故曰使人俭而善失真。若夫控名责实，参伍不失，此不可不察也。""苛察缴绕"即"缠绕不通大体"，有烦琐哲学倾向。公孙龙说赵惠文王和燕昭王"以偃兵"，是公孙龙"正名实"的实例。公孙龙"白马非马"的诡辩，是《四库全书总目》所说其

"言愈辩，而名实愈不可正"的事例。

二、诡异之言离坚白

《史记·平原君传》说：平原君厚待公孙龙，公孙龙善为坚白之辩，及邹衍过赵，言至道，乃绌公孙龙。《史记·孟子荀卿列传》说公孙龙为坚白之辩。《汉书·艺文志》著录《公孙龙子》十四篇，班固自注："赵人。师古曰：即为坚白之辩者。"王充《论衡·案书》说：公孙龙著坚白之论，析言剖辞，务曲折之言，无道理之较，无益于治。

《庄子·秋水》说："离坚白，然不然，可不可，困百家之知，穷众口之辩。"《庄子·天地》说："可不可，然不然。"郭象注说："强以不可为可，不然为然。"这都是指公孙龙的诡辩。公孙龙"离坚白"和"白马非马"的论证，由"盈"到"离"，由"是"到"非"，由统一到分离，由融合到排斥，导致了绝对主义的诡辩。

《淮南子·齐俗训》说：公孙龙析辩抗辞，别同异，离坚白，不可与众同道也。东汉高诱注说：公孙龙，赵人，好分析诡异之言，以白马不得合为一物，离而为二也。公孙龙把"白马"和"坚白"的统一体，分离为两个不可调和的对立物，导致了绝对主义诡辩。

"然不然，可不可"，即"两可两然"的双重论证。

"两可",即可是可,不可也是可。"两然",即然是然,不然也是然,是相对主义的诡辩。辩者辩论的特色,是正方和反方的角色,可以随时转换,绝对和相对这两个极端,可以跳来跳去,反复无常。

唐杨倞《荀子·修身》注说:"坚白,谓离坚白也。公孙《坚白论》曰,坚白石三,可乎?曰不可。二,可乎?曰可。谓目视石,但见白,不知其坚,则谓之白石。手触石,则知其坚,而不知其白,则谓之坚石。是坚、白终不可合为一也。司马彪曰,坚白,谓坚石非石,白马非马也。"

"坚石非石"和"白马非马"是同一类型的诡辩,是《名实论》"彼此非此"矛盾律公式的错误运用。《庄子·天地》说:"辩者有言曰,离坚白,若悬宇。"郭象注:"言其高显易见。"成玄英疏:"雄辩分明,如悬日月于区宇。"《庄子·德充符》说惠施"以坚白鸣",《庄子·齐物论》说惠施"以坚白之昧终"。《史记·鲁仲连传》正义引《鲁连子》说,齐之辩士田巴,"离坚白,合同异,一日服千人"。可见,辩者惠施、田巴和公孙龙,都曾有"离坚白"的诡辩。

《公孙龙子·坚白论》说:(客)"坚白石三,可乎?"(主)曰:"不可。"(客)曰:"二,可乎?"(主)曰:"可。"(客)曰:"何哉?"(主)曰:"无坚得白,其举也二。无白得坚，其举也二。"（客）曰："得其所白，不可谓无白。得其所坚，不可谓无坚。而之石也，之于然也，非三也？"（主）曰："视不得其所坚，而得其所白者，无坚也。拊不得其所白，而得其所坚者，无白也。"（客）曰："天下无白，不可以视石。天下无坚，不可以谓石。坚、白、石不相外，藏之，可乎？"（主）曰："有自藏也，非藏而藏也。"

（客）曰："其白也，其坚也，而石必得以相盈。其自藏奈何？"（主）曰："得其白，得其坚，见与不见离。一二不相盈，故离。离也者，藏也。"（客）曰："石之白，石之坚，见与不见，二与三，若广修而相盈也。其非举乎？"（主）曰："物白焉，不定其所白。物坚焉，不定其所坚。不定者兼，恶乎其石也？"（客）曰："循石，非彼无石。非石，无所取乎白石。不相离者，固乎然，其无已。"

（主）曰："于石，一也。坚白，二也。而在于石。故有知焉，有不知焉。有见焉，有不见焉。故知与不知相与离，见与不见相与藏。藏故，孰谓之不离？"（客）曰："目不能坚，手不能白，不可谓无坚，不可谓无白。其异任也，其无以代也。坚白域于石，恶乎离？"（主）曰："坚未与石为坚，而物兼。未与物为坚，而坚必坚。其不坚石、物而坚，天下未有若坚，而坚藏。白固不能自白，恶能白石、物乎？若白者必白，则不白物而白焉。黄、黑与之然。石其无有，恶取坚白石乎？故离也。离也者，因是。力与知果，不若因是。且犹白，以目、以火见，而火不见，则火与目不见，而神见。神不见，而见离。坚以手，而手以捶，是捶与手知，而不知。而神与不知。神乎！是之谓离焉。离也者，天下故独而正。"

即客人说："说坚白石是三种东西可以吗？"主人说："不可以。"客人说："说坚白石是两种东西可以吗？"主人说："可以。"客人说："为什么呢？"主人说："看不到坚，只看到白，是白和石两种东西。摸不到白，只摸到坚，是坚和石两种东西。"客人说："看到白，不能说没有白。摸到坚，不能说没有坚。这块石头，就是这个样子，难道不是三种东西吗？"

主人说："看不到坚，而只看到白，那是没有坚。摸不到白，而只摸到坚，那是没有白。"客人说："天下没有白，不能够看见石头。天下没有坚，不能够叫作石头。说坚白石不是互相排斥，而是互相隐藏可以吗？"主人说："是它们各自隐藏自己，并不是一个隐藏在另一个中。"

客人说："那个白，那个坚，在石头中必然是互相包含的，说它们各自隐藏自己，是为什么呢？"主人说："看到白，摸到坚，感觉到和没有感觉到，是分离的。白和坚石，坚和白石，都不互相包含，所以就分离了。分离了，就是自己隐藏。"客人说："石头的白，石头的坚，感觉到和没有感觉到，是两个（白石，或坚石）与三个（坚白石），犹如面积中的长和宽，互相包含。这个举例不恰当吗？"主人说："物的白，不确定是什么东西的白。物的坚，不确定是什么东西的坚。不确定是什么东西的白和坚，兼通万物，为什么一定是说石头呢？"客人说："摸石头，没有坚就没有石头。没有石头，无从找白石头。坚白石三者不互相分离，本来如此，永远如此。"

主人说："石头是一个，坚白是两个，存在于石头，所以有知道的和不知道的，有见到的和没有见到的。知道的和不知道的，互相分离；见到的和没有见到的，互相隐藏。隐藏了，谁能说它们不互相分离？"客人说："眼睛不能看到坚，手不能摸到白，不能说没有坚和白。眼睛和手有不同功能，不能互相代替。坚白存在于石头，怎么是分离的呢？"主人说："坚不固定于石头，兼通万物。坚不固定于万物，坚本身必然是坚。不固定于石头和万物的坚，天下没有，而是隐藏起来。白如果不能使自己本身白，怎能使石头和万物白呢？必须自己本身白，并不是使物白，自己才白。黄、黑跟白一样。如果石头本身没有，哪里去找坚白石呢？坚白石三者互相分离。分离的原因，就是如此。用能力和智慧证明，不如相信分离。况且白是用眼睛和光线看见，而光线本身看不见，则光线跟眼睛加一起也看不见，而靠精神看见。但精神也看不见，而只看见离开石头的白本身。坚用手知道，手用棍知道，棍和手知道，而人不知道，精神也不知道。神奇吧？这就叫分离。分离，从而天下万物各自独立地存在于自己的正位。"

《公孙龙子·坚白论》模拟主方，即公孙龙的观点是：从人的认识器官触觉和视觉的不同，论证一块石头坚和白分离，进而论证坚白脱离人的认识过程、认识器官和石头的实体，而互相独立自存。这种荒诞论证，依据的是非科学和形而上学的世界观、方法论。《坚白论》模拟客方，即《墨经》的观点是：人所认识的坚白，在石头实体中，互相涵容，同时存在。这种论证，依据的是朴素科学和辩证的世界观、方法论。

清纪昀等《四库全书总目》卷117，批评公孙龙的坚白之辩，"持论雄赡，实足以耸动天下"，"理究不足以相胜"，辞胜理拙。《庄子·天下》批评公孙龙的辩论，"饰人之心，易人之意，能胜人之口，不能服人之心"，即迷惑人心，曲解人意，使人口服心不服。

司马谈、司马迁批评名家"使人检而善失真"，即叫人专注检视名词，失掉真意，"苛察缴绕，使人不得反其意，专决于名，而失人情"，细抠名词，论证烦琐，缠绕不通大体，偷换概念，转移论题，叫人心迷意乱，失掉原意，专注词句，不顾人情事理，指明公孙龙诡辩的方法论根源。

《孔丛子·公孙龙》引孔穿论公孙龙"言非而博，巧而不理"，"甚难实非"，把假话说得头头是道，言辞巧妙，不合道理，论证难以成立，不合事实。燕客史由说公孙龙之辩，是"辞则有焉，理则否矣"，言辞不合事理。平原君批评公孙龙之辩"辞胜于理"，言辞胜过道理，道理输给别人，使人口服心不服。

公孙龙坚白之辩荒谬而细腻的论证，从反面刺激《墨经》哲学方法论的成熟。《庄子·天下》说墨家门徒"相里勤之弟子，五侯之徒，南方之墨者，苦获、已齿、邓陵子之属，俱诵《墨经》，而倍谲不同，相谓别墨，以坚白同异之辩相訾"。墨子死后，墨家门徒就"坚白同异之辩"热烈争论，墨家学派之外的推动助力，是公孙龙"离坚白"的诡辩。《墨经》坚白之辩的观点，与《公孙龙子·坚白论》中公孙龙的观点相对立，是先秦坚白之辩的正确总结。

荀子、韩非从政治伦理观点出发，批判公孙龙坚白之辩。《荀子·修身》说："夫坚白同异、有厚无厚之察，非不察也，然而君子不辩，止之也。"《荀子·儒效》说："坚白同异之分隔也，是聪耳之所不能听也，明目之所不能见也，辩士之所不能言也。虽有圣人之知，未能偻指也。不知无害为君子，知之无损为小人。工匠不知，无害为巧。君子不知，无害为治。王公好之则乱法，百姓好之则乱事。而狂惑戆陋之人，乃始率其群徒，辩其谈说，明其辟称，老身长子，不知恶也。夫是之谓上愚，曾不如相鸡狗之可以为名也。"《韩非子·问辩》说："坚白无厚之词彰，而宪令之法息。"荀子、韩非强力贯彻其泛政治伦理观点，而相对忽视公孙龙学说的逻辑哲学意义。

三、奇言尽扫鸡三足

《公孙龙子·通变论》论证"鸡三足"的诡辩论题说："谓鸡足，一。数足，二。二而一，故三。"这是把"鸡足"的集合和"鸡足"的元素机械相加所导致的诡辩。不同类而机械相加，违反逻辑学的同一律。《通变论》论证"牛羊足五"的诡辩论题说："谓牛羊足，一。数足，四。四而一，故五。"这是把"牛羊足"的集合和"牛羊足"的元素机械相加所导致的诡辩。

《吕氏春秋·淫辞》说：孔穿、公孙龙相与论于平原君所，深而辩至于臧三耳。公孙龙言臧三耳甚辩，孔穿不应。少选，辞而出。明日，孔穿朝，平原君谓孔穿曰："昔者公孙龙之言甚辩。"孔穿曰："然。几能令臧三耳矣。虽然，难。愿得有问于君：谓臧三耳，甚难而实非也。谓臧两耳，甚易而实是也。不知君将从易而是者乎？将从难而非者乎？"平原君不应。明日谓公孙龙曰："公无与孔穿辩。"

《孔丛子·公孙龙》说：公孙龙又与子高（孔穿）泛论于平原君所，辩理至于臧三耳。公孙龙言臧之三耳甚辩析。子高弗应，俄而辞去。明日复见，平原君曰："畴昔公孙之言信辩也，先生实以为何如？"答曰："然，几能臧三耳矣。虽然，实难。仆愿得又问于君：今为臧三耳，甚难而实非也；谓臧两耳，甚易而实是也。不知君将从易而是者乎？亦从难而非者乎？"平原君弗能应，明日谓公孙龙曰："公无复与孔子高辩事也。其人理胜于辞，公辞胜于理。辞胜于理，终必受屈。"

"臧三耳"的诡辩与"鸡三足"相似。孔子的六世孙孔穿（子高）给出有普遍意义的评价标准说，"臧三耳"的诡辩"甚难而实非"，即很难成立，违反事实。"臧两耳"的命题"甚易而实是"，很容易成立，符合事实。

孔穿的议论"理胜于辞"，即道理胜过言辞，以道理胜人。公孙龙的议论"辞胜于理"，即言辞胜过道理，以言辞胜人。平原君警告公孙龙："辞胜于理，终必受屈。"即言辞胜过道理，最终必然失败。

《庄子·天下》列辩者有"黄马骊牛三"的诡辩论题，按《公孙龙子·通变论》的逻辑，其论证形式如："谓黄马骊牛，一。数黄马骊牛，二。二而一，故三。"

《公孙龙子·通变论》有一个诡辩公式，叫"二无一"。其思路是，这个"一"和那个"一"，是各自独立的两个元素（个体），它们组成一个集合"二"。按照常识和集合论的观点，可以说"二有一"。即"二"的集合中，有元素"一"。如两个分别独立的单身男女个体，婚后组成一个集合"夫妻"。这时，可以说"二有一"。即"夫妻"的集合中，有"夫"的元素，有"妻"的元素。但是，公孙龙却坚持违反常识和集合论的诡辩公式"二无一"。即集合"二"中，没有元素"一"。公孙龙用"二无一"的诡辩公式，论证"白马非马"。在公孙龙看来，"白未与马为白"，"马未与白为马"，"白"和"马"原来都是分离自藏，各自独立存在的一般概念，都是各自独立存在的"一"。而"白马"则是"马与白"结合而成的"复名"（复合名词），是集合"二"。套用他"二无一"的诡辩公式，就引申出"白马非马"的诡辩结论。

四、概念诡辩指物论

《公孙龙子·指物论》说：（主）物莫非指，而指非指。（客）天下无指，物无可以谓物。非指者天下，而物可谓指乎？指也者，天下之所无也。物也者，天下之所有也。以天下之所有，为天下之所无，未可。

（主）天下无指，而物不可谓指也。不可谓指者，非指也？非指者，物莫非指也。天下无指，而物不可谓指者，非有非指也。非有非指者，物莫非指也。物莫非指者，而指非指也。（客）天下无指者，生于物之各有名，不为指也。不为指而谓之指，是无不为指，以有不为指，之无不为指，未可。

（主）且指者天下之所兼。天下无指者，物不可谓无指也。不可谓无指者，非有非指也。非有非指者，物莫非指，指非非指也。指与物，非指也。使天下无物指，谁径谓非指？天下无物，谁径为指？天下有指无物指，谁径谓非指？径谓无物非指？且夫指固自为非指，奚待于物而乃与为指？

即[主]事物都是由一般概念构成的，一般概念是第一性的本体，它不是由其他一般概念构成的。[客]万物是可感知的客观实在，一般概念是不可感知的抽象，把客观实在的事物，归结为抽象概念，是不可以的。

[主][连锁推理，强词夺理]你说一般概念不是天下的实际存在，因而不能把客观实在的事物，归结为抽象概念，但是这不能把客观实在的事物，归结为抽象概念，不也是一种抽象概念吗？既然这也是一种抽象概念，那么事物就没有不是由一般概念构成的。所谓一般概念不是天下的实际存在，因而不能把客观实在的事物，归结为抽象概念，并不是有什么不能分析为抽象概念的事物。既然没有什么不能分析为抽象概念的事物，那么事物就没有不是由

一般概念构成的。事物既然没有不是由一般概念构成的，那么一般概念就是第一性的本体，它不由其他一般概念构成。［客］我说一般概念不是天下客观存在的实体，出自万物各有名称，并不等于一般概念的事实。我说万物不等于一般概念，你说这也是一种一般概念，是把一切都变成一般概念。［混淆对象语言和元语言］你把我说的万物不等于一般概念，说成万物都是一般概念，是不可以的。

［主］"指"是兼称天下万物的普遍概念。天下虽无可感的"指"存在，万物不能说不能分析为抽象概念。万物不能说不能分析为抽象概念，即并非有不能分析为抽象概念的事物。并非有不能分析为抽象概念的事物，就是事物都是由一般概念构成的，一般概念是第一性的本体，它不由其他一般概念构成。一般概念与事物结合，不是一般概念本身。假使天下没有与事物结合的一般概念，谁还来说与事物结合的一般概念，不再是一般概念本身？假使天下没有由一般概念转化来的事物，谁还来说一般概念？假使天下只有一般概念，而没有与事物结合的一般概念，谁还来说一般概念是第一性的本体，它不由其他一般概念构成？谁还来说事物都是由一般概念构成？并且一般概念本来就具有转化为不再是自身而是事物的能力，哪里还等待与事物结合，才称为一般概念？

分析：本篇论证的论题虚假。本篇模拟主客对辩，讨论事物和概念关系。《公孙龙子·名实论》说："天地与其所产焉，物也。"这里说的"物"，与《墨经》和荀子的概念一致，指物质、存在、实体。"指"的意义，有从具体到抽象的演变过程。"指"的第一个原始意义，是人肢体：手指。《墨子·经下》："若数指，指五而五一。""指"的第二个引申义，是人表达交流思想的手段：用手指指着某物，指向某物说话。

《墨子·经说下》说："指是鹤也，是以实示人也。"实指定义。展示实物，让人了解。《墨子·经下》："所知而弗能指，说在春也、逃臣、狗犬、遗者。"《经说下》说："春也，其死固不可指也。逃臣，不知其处。狗犬，不知其名也。遗者，巧弗能两也。"

"指"的第三个引申义，是人对事物的认知：指认。没有完全摆脱"用手指指着某物，指向某物说话"的含义，又包含一般认识的含义。既适用于公孙龙"用手摸坚，用目视白"，又超越"用手摸坚，用目视白"，泛指对事物一切不同性质的指认。

《墨子·经下》说："有指于二，而不可逃，说在以二参。"假设有二人，同时指认事物两种不同性质，这两种不同性质，可以同时为人把握，无所逃逸，论证的理由在于：假设二人同时参与认识活动。

《墨子·经说下》说：若知之，则当指之知告我，则我知之。兼指之以二也。横指之，参直之也。若曰："必独指吾所举，毋举吾所不举。"则二者固不能兼指。所欲指不传，意若未较。

即你如果知道事物的一种性质，应当把你已经知道的这一种性质告我，我就也知道了。用这种方法，可以同时知道事物的多种不同性质。同时指认事物的各种不同性质，可以同时把握它们。你如果故意跟我为难，说："你必须仅仅指认我已经列举的性质，不许指认我还没有列举的性质。"则事物的各种不同性质，自然不能同时被认识。我想让你指认的性质，你偏偏不指认、不传播，意识、判断就不能彰显明白。

"指"的第四个引申义，是人对事物的概念、意识。《指物论》连标题在内，"指"共出现46次，都可以用"一般概念""抽象概念"解释。这种"指"的含义，在《白马论》《坚白论》中都有应用。

《白马论》中有以下三次应用：第一次说："白马者，马与白也。"这里"马与白"，指一般概念、抽象概念，《指物论》中叫"指"。第二次说："马未与白为马，白未与马为白。"这里未与白结合的"马"，未与马结合的"白"，指一般概念、抽象概念，《指物论》中叫"指"。第三次"白者不定所白，忘之而可也。白马者，言白定所白也。定所白者，非白也。"这里"不定所白"的"白"，指一般概念、抽象概念,《指物论》中叫"指"。

《坚白论》中有以下三次应用：第一次说:"物白焉,不定其所白。物坚焉,不定其所坚。不定者兼,恶乎其石也？"这里"不定其所白"的"白","不定其所坚"的"坚",指一般概念、抽象概念,《指物论》中叫"指"。第二次说:"坚未与石为坚,而物兼。未与物为坚,而坚必坚。其不坚石、物而坚,天下未有若坚,而坚藏。白固不能自白,恶能白石、物乎？若白者必白,则不白物而白焉。黄、黑与之然。石其无有,恶取坚白石乎？"这里自离自藏,各自独立存在的"坚""白""黄""黑""石"等,都是指一般概念、抽象概念,《指物论》中叫"指"。

把《指物论》中的"指",解释为一般概念、抽象概念,则论题"物莫非指",意为"事物都是由一般概念构成的",这在本体论、存在论、宇宙观上是一个虚假命题。事实是,先有事物,后有概念,概念是事物的反映。"物莫非指"论题虚假,违反事实,不可能通过逻辑论证,证明其为真。在公孙龙的论证中,必然会发生强词夺理、窃取论点、推不出来等谬误。

"物指非指"的公式,是公孙龙诡辩体系的一环。《指物论》说:"指与物,非指也。使天下无物指,谁径谓非指？""天下有指无物指,谁径谓非指？""指与物"就是"一般概念与事物结合",就是"物指"——物化的"指",

具体化的概念，它不再是物化、具体化前的抽象概念。

"物指非指"的公式，被公孙龙应用到白马、坚白等具体辩论中。《白马论》说："白马者，马与白也。马与白，马也？故曰白马非马也。曰：马未与白为马，白未与马为白，合马与白，复名白马，是相与以不相与为名，未可。故曰白马非马。"抽象概念"白"与"马"结合成为"白马"，是"物指"——物化的指、具体化的概念，它不再是物化、具体化前的抽象概念"马"，说"白马非马"，即具体物"白马"不是抽象概念的"马"。

《坚白论》说："坚未与石为坚，而物兼。未与物为坚，而坚必坚。其不坚石、物而坚，天下未有若坚，而坚藏。白固不能自白，恶能白石、物乎？若白者必白，则不白物而白焉。黄、黑与之然。石其无有，恶取坚白石乎？故离也。""离也者，天下故独而正。"晋司马彪（？—约306）解释："谓坚石非石、白马非马也。"同样公式下，有石坚非坚，白石非石，石白非白等，可无穷列举。

"物指非指"的公式，是《名实论》"彼此非此"正名和矛盾律公式的错误运用。"彼此非此"正名和矛盾律公式，运用到"牛马非马"的对象，是正确的。运用到"白马非马"和"坚石非石"等，是错误的。公孙龙的议论，混淆以下区别：

第一，"彼此"和"牛马"是并列词组表示的"兼名"：集合概念。前后两项，是集合概念独立、平等的子集合，可引出"彼此非此""牛马非马"的命题。

第二，"白马""坚石""石坚""白石""石白""物指"是偏正词组，运用概括方法，排除前面形容词表示的性质、种差，剩下主体词表示更大的类，只能是肯定命题"白马，马也"，不能是否定命题"白马非马"。

五、总论名家三特点

名家学说的整体特点有三，即奇辞怪说的表达方式、双重论证的思维模式和归谬反驳的论证方式。名家学说的历史作用，是充当墨家辩学、荀子名学的前导和刺激，墨家辩学、荀子名学是对名家学说的清理与升华。名家学说对现代的批判性思维有借鉴价值。

西汉司马谈《论六家要旨》，东汉班固《汉书·艺文志·诸子略》论九流十家，都包含名家在内。汉代学者司马谈、班固所称名家，就是先秦学者所称辩者。

《汉书·艺文志》说：名家者流，盖出于礼官。古者名位不同，礼亦异数。孔子曰："必也正名乎！名不正则言不顺，言不顺则事不成。"此其所长也。及警者为之，则苟钩鈲析乱而已。

即名家这个流派，出自于古代掌礼仪的官职。古代名号品位不一样，所用的礼节也就异等。孔子说："一定要来端正名分啊！名分不端正，那么所说的话就不顺当。所说的话不顺当，那么所做的事就不成功。"这是他们的长处。到喜欢攻击别人的人实行名家的学术，就只会卖弄屈曲破碎、支离错杂的言辞。

名家学说的三大特点，即奇辞怪说的表达方式、双重论证的思维模式与归谬反驳的论证方式，是名家对修辞效用性、思维全面性与论证严谨性的机智妙用。奇辞怪说和双重论证有诡辩成分，表现名家学说与逻辑的矛盾和对立。归谬反驳是名家和逻辑家共用的论证方式，表现名家学说与逻辑学的统一和渗透。

就名家和逻辑家共用的论证方式归谬法说，归谬法虽对名家和逻辑家都同样在形式上有效，但充其量只是论证形式和工具方法，而归谬法对名家和逻辑家所服务的论证内容和目的却判然有别。逻辑家可用归谬法论证真理，名家可用归谬法论证诡辩。《公孙龙子·迹府》载名家公孙龙用归谬法，凭借"悖"的逻辑语义学概念，辩护"白马非马"的诡辞，反驳孔子六世孙孔穿劝说公孙龙放弃"白马非马"诡辩的忠告。

名家学说的主轴是挥洒诡辩。在名家的大量诡辩说辞中，有蕴含着逻辑的点滴，折射出智慧的光芒。名家在大放诡辩厥词的同时，又在运用和发展归谬反驳的论证方式。名家学说的主要特色是戏玩和歪用逻辑，以反题形式激发逻辑思考。

梁启超说:"学问以辨而明,思潮以摩而起。"① 名家学说是逻辑的前导和刺激,逻辑是名家学说的清理与升华。没有名家奇辞怪说的反面刺激和推动,就没有墨家辩学和荀子名学的诞生。名家奇辞怪说的激烈碰撞,是催生墨家辩学和荀子名学的思想前提。

名家"鸡三足"、"臧三耳"和"黄马骊牛三"等诡辩,刺激《墨经》作者苦心孤诣,推出数条《经》和《经说》的文字,总结集合和元素概念的学说,尽扫辩者的"鸡三足"等诡辩。宋陈渊《默堂集》卷9说:"奇言尽扫鸡三足,妙意谁窥豹一斑?"没有名家"鸡三足"等奇言诡辩,就没有墨家对集合和元素概念艺术的总结,这是逻辑发展机理妙意的"窥豹一斑"。

"魔高一尺,道高一丈。"反题的怪论,刺激正题的思考。诡辩的说辞,促进逻辑的发展。诡辩的大流行,刺激逻辑学家探索思维的规律,构造逻辑学的体系。

六、奇辞怪说表达式

名家的主要代表人物,是邓析(前560—前501)、

---

① 梁启超:《论中国学术思想变迁之大势》,《饮冰室合集》文集七,中华书局1989年版,第14页。

惠施（前370—前310）和公孙龙（前325—前250）。《荀子·非十二子》说，"好治怪说，玩奇辞"，"然而其持之有故，其言之成理，足以欺惑愚众，是惠施、邓析也"。

奇辞怪说，即奇怪的命题论证，对应英文 paradox，拉丁文 paradoxum，希腊文 paradoxos，即与通常见解对立，违反常识，似是而非的言论，又译奇论、怪论、诡论、反论、异论、悖论、谬论、佯谬和自相矛盾的议论。

《荀子·不苟》说："山渊平，天地比，齐秦袭，入乎耳，出乎口，妪有须，卵有毛，是说之难持者也，而惠施、邓析能之。"即山与渊一样平（特例），天地互比高（整体看），齐秦紧相连（地理不相连，政治经济文化相连），耳进口部出（学习语言过程），老妪长胡须（特例），鸟卵生羽毛（孵雏特定阶段）。这些是难以成立的奇辞怪说，但惠施邓析能论证它们。

《庄子·天下》六次说"辩者"，如："惠施以此为大观于天下，而晓辩者，天下之辩者，相与乐之。"两次说辩者的"怪"："特与天下之辩者为怪"（特地向天下辩者发怪论）；"益之以怪"（附加奇怪论证）。

名家钟情于奇辞怪说的表达形式，目的是最大限度地取得轰动天下、惊耸世人的修辞效果。宋叶适《习学记言》说："战国群谈聚议，妄为无类之言。彼固自知其不可，而姑为戏，以玩一世。其贵人公子，亦以戏听之。"

名家奇辞怪说是一种语言游戏和机智娱乐方式。

《列子·仲尼》载:"(公孙)龙诳(骗)魏王曰:'有意不心(意念不是本心),有指不至(概念不反映实际),有物不尽(物体分割不尽),有影不移(影子不会移动),发引千钧(头发牵引三万斤,1钧等于30斤),白马非马(白马不是马),孤犊未尝(曾)有母。'其负类反伦(不合情理,违反常识),不可胜言也。"

《公孙龙子·迹府》载,名家公孙龙对孔子六世孙孔穿说:"子知难白马之非马,不知所以难之说。"批评孔穿只知反驳"白马非马",不知该怎样才能驳倒"白马非马"。而公孙龙自己,则既知"白马非马"为"不可",又知该如何驳倒"白马非马"。解铃还要系铃人。公孙龙对自己的诡辩"白马非马",既能系铃,又能解铃。

清纪昀《四库全书·公孙龙子提要》说:"盖其(指公孙龙)持论雄赡,恢怡恣肆,实足以耸动天下。故当时庄、列、荀卿并著其言,为学术之一特品。""其书出自先秦,义虽恢诞,而文颇离奇可喜。"公孙龙的诡辩,是逻辑学的反面教材。

《庄子·天下》列举辩者奇辞怪说的典型论题,惠施有十个,同期辩者有二十一个。实际的数量还要多。《天下》说:"惠施多方,其书五车。"惠施的奇辞怪说,书于简策，要装满五大车。扬雄《法言·吾子》说："公孙龙诡辞数万，以为法。"公孙龙炮制的奇辞怪说，竟有数万言之多，是训练门徒辩论技巧的标准教材。

今存《公孙龙子》六篇，只有《名实论》一篇从正面阐发"物实位正名"等逻辑哲学范畴和"彼止于彼""此止于此"的同一律，"彼此而彼且此，此彼而此且彼"的矛盾律。但是，却有《白马论》等五篇，论证奇辞怪说。班固《汉书·艺文志》著录《公孙龙子》十四篇，证明汉代国家图书馆所收藏的公孙龙奇辞怪说，比流传至今的数量，超出一倍多。

名家是诡辩论和逻辑学两面精熟的专家。名家在理论上，把诡辩摆第一，逻辑学摆第二。在实践上，把逻辑学摆第一，诡辩摆第二。因为名家从政，为诸侯宫廷出谋划策，只有讲逻辑学，才能行得通。专门施诡辩，终究要碰壁。公孙龙一生的事迹，是绝好的证明。

尽管现存《公孙龙子》六篇，有五篇专讲诡辩，怪话连篇，谬种流传，但公孙龙成名后约有四十年，在赵国宰相平原君赵胜（约前320—前251，赵惠文王弟）门下做谋士，替赵国宫廷筹谋献策，主要是在讲逻辑学。公孙龙处理社会政治问题，应询对答，熟用同一律、矛盾律、归谬法和二难推论，摆事实，讲道理，以理服人。这有史籍记载的大量历史资料为证。

七、正反两面论名家

名家一词，由西汉史学家司马谈、司马迁提出，他们从正反两面评价了名家。《史记·太史公自序》说：太史公（司马谈）仕于建元元封（前140—前105）之间，闵（忧虑）学者之不达其意而师（师法、效法、依据、遵从）悖，乃论六家之要指。

《易大传》说："天下一致而百虑，同归而殊涂。"（《易·系辞下》托孔子语："天下同归而殊涂，一致而百虑"）夫阴阳、儒、墨、名、法、道德，此务为治者也，直（副词：仅，只是）所从言之异路，有省不省（繁简难易隐显）耳。

司马迁《史记·太史公自序》引司马谈《论六家要旨》："名家（辩者），使人俭而善失真。然其正名实，不可不察也。"辩者过细考察，便会钻牛角尖，背离真相，但注意矫正名实关系，这一点却不能抹杀。

司马迁发挥说："名家，苛察缴绕，使人不得反其意，专决于名，而失人情。故曰：'使人俭而善失真。'若夫控名责实，参伍不失，此不可不察也。"名家过细分析，缠绕烦琐，不识大体，曲解对方观点，专抠名词，违背事实，但援引名称、考察对象、错纵比验，值得肯定。

南朝刘宋裴骃《史记集解》引服虔："缴，谓烦也。"

引如淳:"缴绕,犹缠绕,不通大体也。"宋章如愚《群书考索·诸子百家门》论名家"苛察缴绕,滞于析辞,而失大体":钻牛角尖,烦琐缠绕,停留于分析辞句,死抠字眼,不能认识事物整体面貌。明王世贞《合刻管子韩非子序》:"苛察缴绕","若惠施、公孙龙之泛滥诡悖"。

汉代称名家,先秦称辩者、察士,他们以辩察为业,长于思维表达,提出奇怪问题,带有诡辩倾向,是古代哲学家猛烈抨击的对象。

《庄子·天下》列惠施辩题说:"惠施以此为大观于天下,而晓辩者。天下之辩者相与乐之。"举辩者辩题:"辩者以此与惠施相应,终身无穷。桓团、公孙龙,辩者之徒。"《庄子·秋水》说:公孙龙"求之以察,索之以辩"。《徐无鬼》说:"辩士无谈说之序则不乐,察士无凌谇(责难辩诘)之辞则不乐。"《吕氏春秋·不屈》说:"察士以为得道则未也。虽然,其应物也,辞难穷矣。"《韩非子·问辩》说:"以难知为察,以博文为辩","悦辩察之言"。

名家的创始人是春秋末邓析,战国中期的著名代表是惠施,战国末的总结性人物是公孙龙。名家的学术贡献是,名辩思潮提出反题,从反面刺激中国古代逻辑学的发展,是中国古代逻辑学发展的基础、源泉与动力。战国后期,杂、儒和墨家,批判汲取名家学说,显现出各有特色的逻辑思想的生命活力，多姿多彩。没有名家诡辩学说的刺激，不会有杂、儒和墨家在逻辑理论上的总结。

从今日的观点看，名家有部分奇辞怪说确实属于诡辩，如"卵有毛"等，激发《墨经》总结模态命题的理论，有从反面推动逻辑学发展的作用。名家有部分奇辞怪说，不属于诡辩，而是包含敏锐的逻辑学思想，符合科学真理。

如惠施"大同而与小同异，此之谓小同异。万物毕同毕异，此之谓大同异"，是《墨经》总结"达、类、私"概念分类理论的前导。"万物毕同"是"达名"（范畴概念）；"万物毕异"是"私名"（单独概念）；"大同而与小同异"是"类名"（一般普遍概念）。

名家双重论证的思维模式，即《列子·力命》和刘向、刘歆《校上邓析子序》所说邓析"操两可之说，设无穷之辞"。晋鲁胜《墨辩注序》说："是有不是，可有不可，是名两可。"即正确，同时又不正确。成立，同时又不成立。对立两端的两个相反命题都成立。两可之说，就是双重论证。

八、邓析诡辩第一人

1. 三大诡辩有特色

东汉班固《汉书·艺文志》把邓析列为名家第一人，

班固自注:"郑人,与子产并时。"《吕氏春秋·离谓》列举邓析三大诡辩故事。

第一,"郑国多相悬以书者。子产令:'无悬书。'邓析致之。子产令:'无致书。'邓析倚之。令无穷,则邓析应之亦无穷矣,是可不可无辨也。"邓析用双重论证,模糊子产命令"可和不可"(P 和非 P)的区别。

第二,"洧水甚大,郑之富人有溺者,人得其尸者,富人请赎之,其人求金甚多,以告邓析。邓析曰:'安之,人必莫之卖矣!'得尸者患之,以告邓析,邓析又答之曰:'安之,此必无所更买矣!'"邓析用同一答案"安之",安抚利益相反的双方,是旨在从两面赚钱的双重论证。

第三,"子产治郑,邓析务难之。与民之有狱者约,大狱一衣,小狱襦裤,民之献衣襦裤而学讼者不可胜数。以非为是,以是为非,是非无度,而可与不可日变,所欲胜因胜,所欲罪因罪。郑国大乱,民口喧哗。"邓析"是非"、"可不可"(P 和非 P)日变,是旨在从两面赚钱的双重论证。

《墨经》的逻辑学概括,包含邓析双重论证和墨家反驳的对立渗透。《经下》说:"唱和同患,说在功。"《经说下》说:"'唱无过:无所用,若稗。和无过:使也,不得已。'唱而不和,是不学也。智少而不学,功必寡。和而不唱,是不教也。智多而不教,功适息。使人夺人衣,罪或轻或重;使人予人酒,功或厚或薄。"

假定有一犯罪案件。一人是主犯,一人是从犯。邓析为主从二犯均作无罪的辩护。说主犯无罪,因他未亲自实施犯罪,像稻田的稗子,无所用,无过错。从犯无罪,因他是受主犯指使,不得已而为。这是双重论证。

按前一半论证,主犯因未亲自实施犯罪,无罪,则从犯因亲自实施犯罪,应有罪。按后一半论证,从犯因受主犯指使,不得已而为,无罪,则主犯因是指使者,应有罪。邓析的双重论证,随意取一半,舍一半,两头各取对自己有利的一半,回避对自己不利的一半,构成自相矛盾的悖论,是相对主义的诡辩。

邓析是民间律师,招收徒弟,征收学费,教人诉讼,论证主犯和从犯均无过错。为了赚钱,帮主从二犯双方脱罪。《淮南子·诠言训》说邓析"巧辩而乱法"。黄震《黄氏日抄》卷56说:"析盖世所谓教唆者之祖矣。"即邓析是世人所说教唆犯的老祖宗。

《庄子·天下》载惠施说:"南方无穷而有穷。"公孙龙奇辞怪说"轮不碾地",论证机械运动的连续性和非间断性;"飞鸟之影未尝动也",论证机械运动的非连续性和间断性。《庄子·秋水》载公孙龙"合同异,离坚白,然不然,可不可"。公孙龙认为同异、坚白作为对立面,既能合，又能离。然、可（P），能说成不然、不可（非P）。不然、不可（非P），能说成然、可（P）。这是辩者构造双重论证的素材。

《吕氏春秋·淫辞》载："秦赵相与约，约曰：'自今以来，秦之所欲为，赵助之；赵之所欲为，秦助之。'居无几何，秦兴兵攻魏，赵欲救之，秦王不悦，使人让赵王曰：'约曰，秦之所欲为，赵助之；赵之所欲为，秦助之。今秦欲攻魏，而赵因欲救之，此非约也。'赵王以告平原君，平原君以告公孙龙，公孙龙曰：'亦可以发使而让秦王曰，赵欲救之，今秦王独不助赵，此非约也。'"

这是因论题含混导致的双重论证。秦赵相互指责，从同一有效前提却推出矛盾结论，构成悖论式的双重论证。条文预先埋伏了做出矛盾论证的前提，遇到秦赵利益相反的案例时，势必会发生"两可"的争辩。

公孙龙建议赵王"亦可"，沿袭邓析"两可"式双重论证的传统，酷似西方哲学的"二律背反"，英文antinomy，拉丁文antinomies，希腊文antinomos，即从公认的论据，证明矛盾的论题。

名家的双重论证，从任何事物都有矛盾两重性的前提出发，朝谬误方向跨越，抹杀事物对立统一的具体性，抽象断言两个相反命题同时成立，构成自相矛盾的悖论、相对主义的诡辩。墨家朝科学方向跨越，扬弃名家的双重论证,总结思维规律,升华了逻辑学理论。

2.奇辞怪说举六种

《荀子·非十二子》说:"好治怪说,玩奇辞,甚察而不急,辩而无用,多事而寡功,不可以为治纲纪,然而其持之有故,其言之成理,足以欺惑愚众,是惠施、邓析也。"《荀子·不苟》说:"山渊平,天地比,齐秦袭,入乎耳,出乎口,妪有须,卵有毛,是说之难持者也,而惠施、邓析能之。"奇辞怪说,即对奇怪命题的论证,与常识相反,与常理相悖,也叫奇论、怪论、反论、异论、悖论和谬论。古希腊智者普罗泰戈拉说,对任一命题,可以设立其反命题。可以驳斥任一命题。对任一命题,都可以做出相反论证。譬如说今天下雨好,是对的,说今天下雨不好,也是对的。这就叫双重论证,即两可之说。

(1)高山深渊一样平

关于"山渊平",《庄子·天下》引辩者"山与泽平"。山是地面土石隆起的部分,渊是深水、深潭,按定义和概念,山渊是不平的。这里是故意建立其反命题:"山渊平。"一个论证成立,要"持之有故,言之成理",即坚持论点有论据,论证论点合道理,大前提和推论形式都得正确。荀子要求"辩则尽故""推类而不悖",全面列举论据,推演过程不矛盾。"山渊平"的论证,没全面列举论据,推演过程有矛盾,只举部分论据,推演与山渊的概念相矛盾。

撇开一般定义和概念，只据个别事实推论，谬误类型是"特例概括"，"以偏概全"，"逆偶然"（从偶然事例反推一般原则）。存在偶然的特例，即高山上的深渊和平原上的高山一样平。从这个特例，概括出一般概念，说"山渊平"，意思是说"所有的高山深渊都是一样平。"日常语言中的全称量词可习惯性省略。荀子批评说："此惑于用实以乱名者也。验之所缘以同异，而观其孰调，则能禁之矣。"即用个别实体，搞乱一般名称，这时用区分同异的认识论检验这个论题，看是否合乎全面事实和一般概念，就能禁止它。

（2）上天下地同比高

关于"天地比"。唐陆德明《经典释文》说："若宇宙之高，则天地皆卑。"唐成玄英说："以道观之，则山泽均平，天地一致矣。"唐杨倞《荀子·不苟》注说："比谓齐等也。天地长亲比相随，无天高地下之殊也。在深渊则天亦下。地去天远近皆相似。"宋林希逸《口义》卷10说："天气有时下降，泽之气可通于山。"高低都可作为相对的参考点，是合理猜测，有科学因素。

（3）齐秦两国相接壤

关于"齐秦袭"。唐杨倞《荀子·不苟》注说："若以天地之大包之，则曾无隔异。"袭：合，合并。齐秦两国,地理不相连合,但社会、政治、经济、文化、军事、外交等领域,可相连合。

(4)耳朵进去口出来

关于"入乎耳,出乎口",历来没有满意的解释,我设想这是一个谜语,即说:"耳朵进去口出来,打一行为。"谜底就是"语言学习",家长老师教幼儿说话,便是"耳朵进去口出来"。"耳朵进去"是用耳朵听人说话。"口出来"是跟着学说话,用口说出来。谜语的素材虽然简单,但却是名家辩者关注的事物对象。

(5)老年妇女有胡须

关于"妪有须"。清俞樾说:"妪无须,而谓之有须,说之难持也。""妪有须"的论题,属于特例概括的谬误类型。有极个别老年妇女有胡须,用特例概括一般概念,是用反常特例概括正常规律。

(6)鸡蛋里头挑鸡毛

关于"卵有毛"。唐杨倞《荀子·不苟》注引晋司马彪:"胎卵之生,必有毛羽。毛气成毛,羽气成羽。虽胎卵未生,而毛羽之性亦著矣。"这是把鸡蛋有毛的可能性,直接说成现实性的诡辩。清宣颖说:"卵无毛,则鸟何自有也?"这是用归谬法,论证反命题"卵无毛",卵无毛则鸟就不会有毛。

老母鸡孵雏,当小鸡还没成形时,是卵,无毛,当里面小鸡已成但还未破壳而出时,是卵,有毛。这是说"卵有毛""卵无毛"都成立,是双重论证、两可之说。如果从老母鸡孵雏这一特殊时刻(是卵,又是鸡),说卵存在的任一过程都"有毛",就犯了特例概括的谬误。

九、惠施多方书五车

惠施(前370—前310)是战国中期名家代表人。任魏惠王宰相12年(前334—前322年),为魏立法,主张"去尊"(各诸侯国平等相待),主谋齐、魏互相承认对方为"王",倡导合纵,联齐抗秦。《韩非子·五蠹》说:"纵者,合众弱以攻一强也;而横者,事一强以攻众弱也。"

惠施博学。《庄子·天下》说:"惠施多方,其书五车。"这是成语"学富五车"的出典。《汉书·艺文志》著录《惠子》1篇。班固自注:名施,与庄子并时。

惠施善辩。惠施前322年去宋国,与庄子论学,有"濠梁之辩"。前319年,张仪被逐,惠施返魏。前318年惠施使楚,与南方奇人黄缭,论"天地所以不坠不陷,风雨雷霆之故"。前316年惠施使赵,与"天下之辩者"谈辩,讨论逻辑学和诡辩论的论题。

1.濠梁之辩名千古

《庄子·秋水》说:庄子与惠子游于濠梁之上。庄子曰:"鲦鱼出游从容,是鱼之乐也!"惠子曰:"子非鱼,安知鱼之乐？"庄子曰："子非我，安知我不知鱼之乐？"惠子曰："我非子，固不知子矣。子固非鱼也，子之不知鱼之乐全矣！"庄子曰："请循其本。子曰'汝安知鱼乐'云者，既已知吾知之而问我，我知之濠上也！"这个辩论的前半部，是庄子与惠子互用归谬法，揭露对方的观点自相矛盾，以反驳对方。最后则是庄子偷换概念，把有关认知方式的疑问，偷换为有关认知地点的疑问。

2.运斤成风匠善斫

《庄子·徐无鬼》说：庄子送葬，过惠子之墓，顾谓从者曰："郢人垩慢其鼻端若蝇翼，使匠石斫之。匠石运斤成风，听而斫之，尽垩而鼻不伤，郢人立不失容。宋元君闻之，召匠石曰：'尝试为寡人为之。'匠石曰：'臣则尝能斫之。虽然，臣之质死久矣。'自夫子之死也，吾无以为质矣，吾无与言之矣。"这是成语"运斤成风"的出典。

《汉书·扬雄传》引服虔："古之善涂墍者也，施广领大袖以仰涂，而领袖不污。有小飞泥误着其鼻，因令匠石挥斤而斫，知匠石之善斫，故敢使之也。"《淮南子·修务训》："钟子期死，而伯牙绝弦破琴，知世莫赏也。惠施死，而庄子寝说言，见世莫可为语者也。"

3.惠施无譬不能言

汉刘向《说苑·善说》：客谓梁王曰："惠子之言事

也，善譬。王使无譬，则不能言矣。"王曰："诺。"明日见，谓惠子曰："愿先王言事，则直言耳，无譬也。"惠子曰："今有人于此，而不知弹者，曰弹之状何若？应曰弹之状如弹，则谕乎？"王曰："未谕也。"于是更应曰："弹之状如弓，而以竹为弦，则知乎？"王曰："可知矣。"惠子曰："夫说者，固以其所知，谕其所不知，而使人知之。今王曰无譬，则不可矣。"王曰："善！"

惠施善譬，达到"无譬不能言"的地步。这是因为譬喻论证，形象生动，具有"以其所知，谕其所不知，而使人知之"的类推认识作用，所以为惠施和其他游说家乐用常用。譬喻是古代思想家言辞表达与语言艺术的一大特色。

4. 历物之意有十题

《庄子·天下》说：惠施多方，其书五车。其道舛驳，其言也不中。历物之意曰：至大无外，谓之大一。至小无内，谓之小一。无厚不可积也，其大千里。天与地卑，山与泽平。日方中方睨，物方生方死。大同而与小同异，此之谓小同异；万物毕同毕异，此之谓大同异。南方无穷而有穷。今日适越而昔来。连环可解也。我知天下之中央，燕之北、越之南是也。泛爱万物，天地一体也。惠施以此为大观于天下，而晓辩者，天下之辩者，相与乐之。

"历物之意"，即对宇宙万物整体分析的结论。意：判断、结论。大观：大处看、整体观察。历：分析。成玄英疏："历览辩之。"唐陆德明《经典释文》注："分别历说之。"

（1）宏观微观无限性

关于"至大无外谓之大一，至小无内谓之小一"，这是用特征描述法，定义"无限大"和"无限小"的概念，表示宇宙空间宏观微观的无限性。胡适英译"至大"为 great unit，"至小"为 little unit。《庄子·秋水》说："何以知毫末之足以定至细之倪（度量标准）？又何以知天地之足以穷至大之域？"唐成玄英疏："囊括无外，谓之大也。入于无间，谓之小也。"《管子·心术上》说："其大无外，其小无内。"唐尹知章注："所谓大无不包，细无不入也。"

（2）面积概念可思考

关于"无厚不可积也，其大千里"，这是说面积的概念。面积概念只有长宽两个维度，在长宽两个维度上，可无限延伸，但在厚度（高度）上不能累积。《庄子·养生主》说："彼节者有间，而刀刃者无厚。以无厚入有间，恢恢乎其于游刃必有余地矣。"刀刃极薄，可看作"无厚"。《墨子·经上》说："端，体之无厚而最前者也。"点无长宽高（厚）。线有长，无宽高（厚）。面有长宽，无高（厚）。

《荀子·修身》："坚白同异，有厚无厚之察，非不察也,然而君子不辩,止之也。"荀子站在儒家狭隘的泛政治伦理主义立场,认为讨论政治伦理问题才有意义,名家热衷讨论"坚白同异,有厚无厚"这种哲学方法论和自然科学问题,尽管可以明察秋毫,但是儒家君子对讨论这种问题,毫无兴趣。

《韩非子·问辩》说:"坚白无厚之词彰,而宪令之法息。"韩非认为彰显名家关于"坚白无厚"这种哲学方法论和自然科学的见解,会窒息法家推崇的"宪令之法"。《吕氏春秋·君守》说:"坚白之察,无厚之辩外矣。"高诱注:"外,弃也。"主张抛弃名家关于"坚白无厚"这种哲学方法论和自然科学的辩论。晋鲁胜《墨辩注序》解释说:"名必有分,明分莫如有无,故有无厚(讹为序)之辩。"认为名家"有厚无厚"的辩论,有其必然性和合理性,应肯定其价值。

(3)天地山泽一样平

关于"天与地卑,山与泽平",跟惠施、邓析"山渊平,天地比"一样,是与常识相悖的反论,说明天地、山泽的差别是相对的。晋李颐:"若宇宙之高,则天地皆卑。天地皆卑,则山与泽平矣。"从惠施"大一"即无限大观点出发,局部"天高地低,山泽不平"的差别,可忽略不计。

(4)运动矛盾物本性

关于"日方中方睨,物方生方死",唐成玄英疏:

"居西者呼为中,处东者呼为侧,则无中侧也。日既中、侧不殊,物亦死、生无异也。"宋林希逸《口义》说:"日方中之时,侧而视之则非中矣,则中谓之侧亦可。"《庄子·齐物论》说:"方生方死,方死方生。""方",即刚刚、开始、正在,是古汉语中表现时间的模态词,描述事物正在发生的状态。

事物无时无刻不处在运动中。现存的(现在的)即是过去的。可以建立一个普遍适用的语言表达公式:"方 P 并且方非 P。"套用这个公式,可以说:"日方中方睨,物方生方死。"这乍看像是怪话谬论,但却是对事物运动矛盾本性的正确描述。

"反者道之动。"运动包含矛盾的对立面,矛盾对立面是运动的源泉。矛盾运动是所有事物的内在辩证本性。运动着的物体,同一瞬间,既在一个地方,又不在一个地方;既在一个地方,又在另一个地方。新陈代谢是宇宙间永远不可抵抗的规律。惠施所谓"日方中方睨,物方生方死"这一"历物之意",是对宇宙万物整体分析的结论,是中华民族辩证理论思维的结晶。

(5)万物同异范畴表

关于"大同而与小同异,此之谓小同异;万物毕同毕异,此之谓大同异。"唐杨倞《荀子·修身》注:"同在天地之间,故谓之大同。物各有种类所同,故谓之小同。万物总谓之物,莫不皆同,是万物毕同。若分而别之,则人耳目鼻口百体,草木枝叶花实,无不皆异,是物毕异也。"《庄子·德充符》说:"自其异者视之,肝胆楚越也。自其同者视之,万物皆一也。"《荀子·富国》说:"万物同宇而异体。"《吕氏春秋·有始》说:"天地万物,一人之身也,此之谓大同。众耳目鼻口也,众五谷寒暑也,此之谓众异。"

　　荀子从外延区分概念为"大共名""共名"和"别名"。如:"物""人"和"孔子"。《经上》从外延区分概念为"达名""类名"和"私名"。如:"物""马"和"臧"(指一个人的名字)。《经说上》说:"二必异。"即两个个体必然相异。世界上没有两片完全相同的树叶。荀子的"大共名"即《经上》的"达名",这是从"万物毕同"角度说,万物都共同是物。荀子的"小别名"即《墨子·经上》的"私名",这是从"万物毕异"角度说,万物都各是不同的物。"万物毕同"和"万物毕异"是两个互相反对的命题。从这两个反对命题出发,可做出双重论证说,"万物毕同"成立,"万物毕异"也成立。这是"两可之说"。"大同而与小同异",这是区分最高类概念下属的各个类概念的层级。如动物学的界、门、纲、目、科、属、种所有类概念的各个层级。这是哲学、逻辑学的同异观和分类方法,可以照此罗列一份万物同异的范畴表。

（6）南方无穷而有穷

关于"南方无穷而有穷",说"南方",是举例说明。辨明"南方无穷而有穷",可类推各方,既而概括全宇宙。这叫举一反三,触类旁通,是辩者常用的表述方法。说"南方无穷",指南方可从宇宙空间无穷引申。"无穷而有穷",是相反性质的对立统一。南方在整体上具有无穷性,无穷又可无限分割为有穷的总和。说"南方无穷",是用有穷的一句话,把"南方无穷"的性质概括无遗。惠施的"历物之意"和《庄子》《管子》《墨经》等,都肯定宇宙空间的无穷性。宇宙空间无穷有穷对立统一的辩证观点,是抽象理论思维的杰出成果,把抽象理论思维的命题,转化为具体的辩论题目,用为训练辩者的教材和习题。

（7）今日适越而昔来

关于"今日适越而昔来",从常识和日常语言的观点来看,是抹杀今昔区别的绝对性,而夸大其相对性,混淆现在和过去时态的奇辞怪说。辩者的特点,正是故意用奇辞怪说,表达其机智的思索。辩者惯用双重论证,两可之说,论题常为多重意义的综合,可给出多重解释。"今日适越而昔来",包含合理的科学猜测。《周髀算经》说:"日在东极,东方日中,西方夜半。"随地球自转,太阳东升西落,在不同经线有不同的地方时。两个地区地方时的差别，叫时差。东人说"今日适越"，西人说是"昔来"。这是"今去"变"昔来"。今昔相对可变。莫绍揆说："只要以超过地球自转的速度而往西行，必将会出现下列现象：在东方10时启程，到达西方时却是9时。"[①]时间标度相对性的观点，符合现代科学知识。

（8）连环怎样可解开

关于"连环可解也"，因"解"有歧义，命题可做多重解释。第一种解释，是因连环"各自通转"，不解即为解。晋司马彪注："连环所贯，贯于无环，非贯于环也。若两环不相贯，则虽连环，故可解也。"唐成玄英疏："夫环之相贯，贯于空处，不贯于环也。是以两环贯空，不相涉入，各自通转，故可解者也。"宋林希逸《口义》卷10说："两环相浑，虽不可解，而其为环者，必各自为圆，不可以相粘。"

第二种解释，是指出不可解，以不解解之。《淮南子·人间训》说："夫倪说之巧，于闭结无不解，非能闭结而尽解之也，不解不可解也。至乎以弗解解之者，可与及言论矣。"《说山训》说："倪说之为宋王解闭结，此皆微眇可以观论者。"《吕氏春秋·君守》说："鲁鄙人遗宋元王闭，元王号令于国，有巧者皆来解闭。人莫之能解。

---

① 参见莫绍揆：《逻辑学的兴起》，《百科知识》1982年第7期。

倪说之弟子请往解之，乃能解其一，不能解其一，且曰：'非可解，而我不能解也，固不可解也。'问之鲁鄙人。鄙人曰：'然，固不可解也。我为之，而知其不可解也。今不为，而知其不可解也，是巧于我。'故如倪说之弟子者，以不解解之也。"

第三种解释，是人为解体。《战国策·齐策六》说："秦始皇尝使使者遗君王后玉连环，曰：'齐多知。而解此环不？'君王后以示群臣，群臣不知解。君王后引椎椎破之，谢秦使曰：'谨以解矣！'"

第四种解释，是自然解体。冯友兰说："连环是不可解的，但是当它毁坏的时候，自然就解了"。"连环存在的时候，也就是它开始毁坏的时候，也就是它开始解的时候"。①

第五种解释，是解方程。胡适说："对于计算这连环的圆周和半径的数学家来说，每一环都可看作是与他环分离的。它们之彼此扣接，完全没有给他带来任何困难。"②所以，"连环可解也"一条，可作为分析逻辑谬误的习题。它是因为语词意义模糊，而导致语句断定不明。

---

① 冯友兰：《中国哲学史新编》第2册，人民出版社1984年版，第153页。

② 胡适：《先秦名学史》，学林出版社1983年版，第101、102页。

(9) 燕北越南天下中

关于"我知天下之中央,燕之北,越之南是也",是说"中央"和"非中央"对立概念的融通转化。晋司马彪注:"燕之去越有数,而南北之远无穷。由无穷观有数,则燕越之间未始有分也。天下无方,故所在为中。"宋林希逸《口义》卷10说:"燕北越南,固非天下之中,而燕人但知有燕,越人但知有越。天地之初,彼此皆不相知,则亦以其国之中,为天地之中也。"《墨子·经上》说"同异交得"的一例是:"中央,旁也。"意即任一A圆的圆心(中央),可以是另一B圆的圆周(旁边)。从惠施宇宙无限大的观点出发,任何空间位置的"中央"(中心),都是相对的。宇宙在长宽高三维都是无限的,任一空间点都可作为"中央"。

(10) 天地一体爱万物

关于"泛爱万物,天地一体也",表达惠施天地万物是一大整体的一元论宇宙观。惠施广泛热爱万物,是极其开阔的爱物情怀。《庄子·天下》评论惠施"遍为万物说""强于物""散于万物而不厌""逐万物而不返",是以万物为第一性,为认识对象和出发点的宇宙一元论,是跟儒法等泛政治伦理观大异其趣的自然哲学。

惠施的"万物说",坚持"天地一体"的宇宙整体观。从世界"大同"的角度说,"万物毕同",天地人都是"物"。人是万物整体的一部分,每个人是"万物毕异"的生命个体。人类个体和整体,都服从天地万物的大整体。《吕氏春秋·有始》比喻说:"天地万物,一人之身也,此之谓大同。众耳目鼻口也,众五谷寒暑也,此之谓众异,则万物备也。""大同"和"众异"是构成惠施"万物说"大小同异的两个对立面。

惠施"万物说"所描述的世界图景是:天地万物从"至大无外"的"大一"(无限大),到"至小无内"的"小一"(无限小),普遍联系为宇宙整体。从"大同异"角度说,"万物毕同"(都是物),"万物毕异"(都是不同的物),同时成立,这是双重论证,两可之说。从"小同异"角度说,有不同层次、大小类别的同异,直到个体。如生物,动物,人,魏人,魏惠王,秦惠王,赵武灵王,楚怀王,齐宣王等。① 宇宙有矛盾性("南方无穷而有穷")。事物瞬息万变("日方中方睨,物方生方死")。事物、概念有相对性、流动性("天下之中央"可以是

---

① 前322—前316年,是惠施作为名家辩者学术活动最活跃的时期,相当于魏惠王(后元),秦惠文王(更元),赵武灵王,楚怀王,齐宣王等诸侯王的在位年。这期间,惠施于前322年到宋国,跟庄子论学,有濠梁之辩。前319年张仪被逐,惠施返魏。前318年惠施使楚,与南方奇人黄缭,论天地所以不坠不陷,风雨雷霆之故。前316年惠施使赵,与天下之辩者谈辩,讨论逻辑学和诡辩论的论题。

"燕之北""越之南")。惠施"以此为大观于天下",作为对世界整体辩证思考的总体结论。

十、辩者回应相与乐

《庄子·天下》说:惠施以此为大观于天下,而晓辩者。天下之辩者相与乐之:卵有毛,鸡三足,郢有天下,犬可以为羊,马有卵,丁子有尾,火不热,山出口,轮不蹍地,目不见,指不至,至不绝,龟长于蛇,矩不方,规不可以为圆,凿不围枘,飞鸟之影未尝动也,镞矢之疾而有不行不止之时,狗非犬,黄马骊牛三,白狗黑,孤驹未尝有母,一尺之棰,日取其半,万世不竭。辩者以此与惠施相应,终身无穷。桓团、公孙龙,辩者之徒,饰人之心,易人之意,能胜人之口,不能服人之心,辩者之囿也。惠施日以其知,与人之辩,特与天下之辩者为怪,此其柢也。

即惠施用他"历物之意"的十大论题,作为对天下整体观察思考的总结论,跟辩者们交流。天下的辩者,都聚拢来,很乐意跟惠施交流。一时兴起,辩者们竟提出数不清的热辩话题。这里只列举从"卵有毛",到"一尺之棰,日取其半,万世不竭",共21个话题,作为分析的实例。辩者们就用这些话题,跟惠施互相问答,辩论终身都不会终结。桓团、公孙龙,是辩者的后起之秀,迷惑人心，改变人意，胜人之口，不能服人心，这是辩者的局限。惠施每天用他的知识特点和优长，跟人辩论，专门地跟天下的辩者们制造怪异之说，这就是惠施与辩者学术的概略。

（1）鸟卵里头有毛羽

关于"卵有毛"的命题，这是混淆可能性与现实性、或然命题与实然命题的诡辩。参见上文邓析部分。

（2）奇言尽扫鸡三足

关于"鸡三足"的命题，这是把集合和元素机械相加而产生的谬误，参见上文公孙龙部分。

（3）郢有天下有歧义

关于"郢有天下"的命题。楚国都城郢，在湖北江陵西北纪南城。从地理概念说，郢与天下，是部分和整体的关系。通常说"天下有郢"，不能倒过来说"郢有天下"。《墨经》用沈县（今河南固始）和楚国的关系，类比反驳"郢有天下"。《经下》说："荆之大，其沈浅也，说在有。"《经说下》解释说："沈，荆之有也。则沈浅非荆浅也，若易五之一。"即楚国大，沈县小，沈县为楚国所领有，只能说"楚国有沈县"，不能倒过来说"沈县有楚国"。沈县小，不等于楚国小，沈县占楚国的五分之一。沈县和楚国的关系如此，扩展到沈县和天下的关系同样如此。只能说"天下有郢"，不能倒过来说"郢有天下"。

但是词语"有"包含歧义。虽然从地理概念说，不能说"郢有天下"，但是若意义转换，从"领有""占有""据有"的意思理解，则命题成立。宋林希逸《口义》卷10说："郢有天下，言楚都于郢，而自为王，亦与得天下同矣。"清宣颖说："称王自大，楚君居郢而王，领有天下。"

当今时代，全球化和世界一体化进展迅速，电子信息化浪潮汹涌，信息工程技术先进，互联网事业发达，化地球为一村，变世界为一家。进入互联网，击打键盘，点击鼠标，全球信息尽现眼前。先贤的理想——"不出户，知天下""坐于室，而见四海"①，已变为现实。这时，若把词语"有"，定义为"信息拥有"，可将辩者"郢有天下"命题改为："我的电脑有天下""我所处的北京有天下"。

（4）约定俗成谓之宜

关于"犬可以为羊"的命题，有歧义。在命名之初，"犬""羊"之名，有主观性、任意性和不确定性，无定名为"犬""羊"的客观性、必然性和确定性。在这个意义上，"犬可以为羊"的命题成立。

晋司马彪说："名以名物，而非物也。犬羊之名，非犬羊也。非羊可以名为羊，则犬可以名羊。郑人谓玉未理者曰璞，周人谓鼠未腊者亦曰璞。故形在于物，名在于

---

① 分别见《老子》47章；《荀子·解蔽》。

人。"唐成玄英说："名实不定，可呼犬为羊。"宋林希逸《口义》卷10说："犬可以为羊，谓犬羊之名，出于人，而不出于物，使有物之初，谓犬为羊，则今人亦以为羊矣。谓羊为犬，则今人亦以为犬矣。"清宣颖说："犬、羊之名，皆人所命，若先名犬为羊，则为羊矣。"

但是"犬""羊"之名，一旦约定俗成，则为"实名"（真实概念）和"宜名"（合适概念）。《荀子·正名》说："名无固实，约之以命实，约定俗成谓之实名。名无因宜，约之以命，约定俗成谓之宜。异于约则谓之不宜。"在这个意义上，"犬可以为羊"的命题不成立。混淆犬羊实体，是事实认知的错误。混淆犬羊概念，是语言逻辑混乱。

（5）卵生胎生需分清

关于"马有卵"的命题。马胎生，胎生由卵生进化来。高级动物个体发育史，约略重复种类发育史的主要阶段。马的个体发育史，约略重复胎生动物前身卵生动物有卵的阶段。任一马的个体，由受精卵形态发育而来。科学命题是："任一马的个体，都曾经过有卵的阶段。"但是从这一前提出发推论说"马是卵生动物"则是谬误。因为事实是：尽管任一马的个体，都曾经过有卵的阶段，但马毕竟不是卵生动物，而是胎生动物。

（6）丁子有尾偏概全

关于"丁子有尾"的命题。丁子，楚方言指青蛙。宋林希逸《口义》卷10说："丁子虽无尾，而其始也实蝌蚪。化成蝌蚪，既有尾，则谓丁子为有尾亦可。"两栖类动物青蛙的幼体蝌蚪有尾，成长时先生后肢，继生前肢，蝌蚪发育为成体的青蛙。"丁子有尾"的诡辩，是用青蛙发育过程的一个特殊阶段，即蝌蚪有尾，以偏概全，把先期的局部特征，偷换为后期的全部特征。

（7）火热人热要分清

关于"火不热"的命题，涉及主观客观，大是大非的问题，需要分清。唐成玄英疏："譬杖加于体，而痛发于人，人痛杖不痛，亦犹火加体，而热发于人，人热火不热也。一云，犹金木加于人，有痛楚，痛楚发于人，而金木非痛楚也。"这是用人对热的主观感觉，取代物体热的客观性质，是主观唯心主义感觉论的诡辩。

《墨经》用朴素经验论反驳。《经下》说："火热，说在视。"《经说下》解释说："谓火热也，非以火之热我有，若视日。"我们通常说"火热"，不是说"火热为我的感觉"。如在清冷的冬季，出门亲自看太阳，可验证太阳的热，是从太阳发出，辐射我身，并不是由我身发出热，而辐射太阳。

辩者"火不热"的命题，酷似古希腊智者的诡辩"风不冷"。古希腊智者普罗泰戈拉说:"在一阵风吹来时,有些人冷,有些人不冷。因此对于这阵风,我们不能说,它本身是冷的,或是不冷的。"①

(8)山名出自人之口

关于"山出口"的命题,有歧义。如理解为自然界的山,从人之口里蹦出来,这太令人惊异了。唐成玄英疏说:"山本无名,山名出自人口。在山既尔,万法皆然也。""山"名出自人口,一切名称都是如此。方言把聊天,闲聊,叫"侃山""侃大山""说山"。"山出口"一语,是开玩笑、谐谑、滑稽戏弄、语言游戏,是中国古代辩者职业训练的习题。

黑格尔论古希腊智者说:"我们所谓谐谑,在他们乃是正规行业。""许多关于他们的辩论艺术和他们的谜语的轶事,都是开玩笑的。""在柏拉图那里,我们也发现有这样一些开玩笑的、双关的话,用来嘲弄智者们,并指出他们把时间花在何等不重要的事情上面。诡辩派则走得还要远些。""从历史情况中我们看出,这种知道如何使别人陷入困境,并解除这个困境的辩证手法,乃是希腊哲学家所共有的,曾被用在公共场所,也被用在国王们的宴席上作

---

① 参见黑格尔:《哲学史讲演录》第2卷,生活·读书·新知三联书店1957年版,第29页。

为游戏。""在国王们的宴席上,有哲学家们的聪明的谈话和聚会,他们在互相嘲弄和寻开心。希腊人异常喜爱找出语言中和日常观念中所发生的矛盾。"①

围绕智者群体,发生在古希腊的社会风习,与中国有些许相似。宋叶适《习学记言·荀子》说:"战国群谈聚议,妄为无类之言。彼固自知其不可,而姑为戏,以玩一世。其贵人公子,亦以戏听之。"在人类文化的轴心时代,世界文明中心古希腊和古中国的文化氛围相似,是比较文化学研究的共同基础。

(9)车轮碾地不碾地

关于"轮不碾地"的命题,怎样理解?唐成玄英疏说:"夫车之运动,轮转不停。前迹已过,后涂未至。除却前后,更无碾时。是以轮虽运行,竟不碾于地也。"宋林希逸《口义》卷10说:"行于地则为轮,才著地则不可转,则谓轮不碾地亦可。"清王先谦集解说:"轮转不停,碾地则何以转?"

车轮机械运动,是连续性和非连续性,间断性和非间断性的对立统一。车轮某一点,在某一时刻,既在地面某一点,又不在某一点。既在地面某一点,又在另一点。车轮行进,始终有碾地、不碾地两个矛盾的侧面。

---

① 参见黑格尔:《哲学史讲演录》第2卷,第117、119页。

辩者"轮不碾地"命题,强调车轮运动连续性和非间断性一面,肯定车轮某一点,在某一时刻,不在地面某一点,却抹煞车轮运动非连续性和间断性一面,否定车轮某一点,在某一时刻,在地面某一点。没有全面把握车轮运动矛盾本性的两个侧面,"知其一,不知其二""攻其一点,不及其余",结论是片面的和错误的。从论证形式说,属于论据不足型的归纳谬误。

(10)眼睛专门看东西

关于"目不见"的命题,意即"眼睛看不见"。"目司视",眼睛是专门看东西的,怎么能说"目不见"呢?辩者故意违反常识和事实,玩弄诡辩。《公孙龙子·坚白论》保留先秦辩者对"目不见"命题的原始论证说:"白以目、以火见,而火不见,则火与目不见。"意即:白颜色,在有眼睛和光线两种因素时可以看见,如果只有光线一种因素,显然看不见,所以光线和眼睛两种因素加在一起,也看不见。

眼睛是专门视物的生理器官。光线是眼睛视物的外部条件。眼睛和光线两种因素,对于视物的作用不同。辩者故意混淆眼睛和光线对于视物的不同作用,从光线一种因素看不见,类比推出光线和眼睛两种因素共同作用也看不见,犯不当类比、偷换概念和推不出的逻辑谬误。《经说下》说:"以目见而目见,以火见而火不见。"区别"用眼睛看见"（视物器官）和"因光线看见"（视物条件）的不同作用，驳斥公孙龙等辩者对"目不见"命题的论证。

（11）认知绝对相对性

关于"指不至，至不绝"的命题，即指谓有其所达不到之处，但就其已达到之处来说，则不会断绝。这是说认知表达的绝对性和相对性问题。清王先谦集解说："有所指，则有所遗，故曰指不至。"即任何指谓，必有所遗漏，所以说"指不至"。我说："这是天安门。"这是"有所指"，但必"有所遗"，如中山公园、劳动人民文化宫等，都没有说到。天下事无限多样，不能用一句话说尽。这叫"指不至"。但既然已经说："这是天安门。"这句话已达到之处，永远不会断绝。这叫"至不绝"。《列子·仲尼》引公孙龙说："有指不至，有物不尽。"即有指谓达不到之处，有物不能被穷尽之处。

南朝刘义庆《世说新语·文学》说："客问乐令（乐广，尚书令）'指不至'者，乐亦不复剖析文句，直以麈尾柄确几曰：'至不？'客曰：'至'。乐因又举麈尾曰：'若至者，那得去？'于是客乃悟服。乐辞约而旨达，皆此类。"这是用行为动作暗示，取代语言分析。乐广用麈尾柄点击案头，又举起麈尾柄的动作，比喻人类认知和指谓，有"至物"和"不至物"的两个侧面，解释词句很少，却能把意思表达清楚，使听者了悟佩服。

《经说下》说:"指是鹤也,是以实示人也。"指着一动物个体说:"这是仙鹤。"这是用实指定义,把事物实体指给别人看。《经下》说:"所知而弗能指,说在春也、逃臣、狗犬、遗者。"有些知识,不能指着说,如死去的女奴,逃亡的臣仆,儿童不认识"狗犬"的名称,遗失不能重现的宝物。任何指谓,都既有相对性,又有绝对性。辩者"指不至,至不绝"的命题,就表示认知是相对和绝对的对立统一。现在看来,这是一个辩证逻辑的正确陈述,没有诡辩,不能算奇辞怪说。

(12)龟长于蛇有歧义

关于"龟长于蛇"的命题,晋司马彪注说:"蛇形虽长,而命不久。龟形虽短,而命甚长。"宋褚伯秀《南华真经义海纂微》卷106说:"龟长于蛇,论寿不论形。"论形体,"龟长于蛇"的命题不成立。论寿命,"龟长于蛇"的命题成立。这是利用语词歧义来锻炼思维的敏捷性,类似于脑筋急转弯。

(13)规矩能否为方圆

关于"矩不方,规不可以为圆"的命题。晋司马彪注:"矩虽为方而非方,规虽为圆而非圆,譬绳为直而非直也。"意即用矩尺画方,不是绝对的方。用圆规画圆,不是绝对的圆。用绳墨画直,不是绝对的直。如此解释,则命题的积极意义是,强调一般和个别、概念和实体、抽象和具体的差异。任何一般，只是大致地包括一切个别事物。任何概念，只是大致地反映实体性质。任何抽象，只是大致地反映具体事物。

但是该命题也包含消极意义，即导向相对主义、怀疑论和不可知论。"矩不方，规不可以为圆"的字面意思是：矩尺不能画方，圆规不能画圆。这样解释，跟朴素经验和科学知识不合。《经上》说："圆，一中同长也。"一个中心，等长半径，是"圆"的定义（种差）。《经说上》说："圆，规写交也。"这是"圆"的作图法。《经上》说："方，柱隅四权也。"意即：方形是四边四角相等。这是"方"的定义。《经说上》说："方，矩写交也。"这是"方"的作图法。《墨经》如此表述，是辩者命题的反命题，是由工匠经验升华的科学知识。

（14）榫眼榫头求合围

关于"凿不围枘"的命题。晋司马彪注说："凿、枘异质，合为一形。凿积于枘，则凿、枘异围。凿、枘异围，是不相围也。"唐成玄英疏说："凿者，孔也。枘者，孔中之木也。然枘入凿中，本穿空处，不关涉，故不能围。"宋林希逸《口义》卷10说："枘虽在凿之中，而枘之旋转，非凿可止，则谓之不围亦可，言围之不住也。""凿不围枘"，即榫眼围不住榫头。《周礼·考工记》说："调其凿、枘而合之。"榫卯结构的施工过程，力求榫眼能围住榫头，使之结合紧密。如果榫眼始终围不住榫头，可能导致施工失败、建筑垮塌，表明施工技术不到家。但即使施工技术不存在很大问题，榫眼和榫头结合的紧密程度，"围"和"不围"还是有相对的差异，只有力求做好而已。

（15）飞鸟之影未尝动

关于"飞鸟之影未尝动也"的命题。飞鸟影子从来都没有动过。《列子·仲尼》引公孙龙说："有影不移。影不移者，说在改也。"《经下》说："影不徙，说在改为。"《经说下》说："光至影亡，若在，尽古息。"就运动的间断性、点截性、非连续性说，飞鸟的某一个影子，确实从来都没有动过。通常之所以觉得影动，是飞鸟与光源相对位置改变，新影代旧影的结果。现在说"留影"，电影、照相、摄像的定格技术，是"飞鸟之影未尝动"的实际案例。"飞鸟之影未尝动也"，在当时是奇辞怪说，但现在已转化为普通常识和科学知识。

（16）飞矢轨迹可分析

关于"镞矢之疾而有不行不止之时"的命题，意即：飞行很快的箭，其运动轨迹是可分析的。在其运动轨迹的每一个空间、时间点，都是既不行，又不止。"既不行，又不止"，等值于"既止又行"。因为"不行"即止，"不止"即行。也就是说，飞箭一瞬间，既静止，又运动，既在某一点，又不在某一点。既在某一点，又在另一点。飞箭所经历的每一空间点，都既不行（静止，在一点），又不止（运动，不在一点，在另一点），是矛盾对立面的统一。这是飞箭机械运动的辩证本性。"镞矢之疾而有不行不止之时"的命题，不是奇辞怪说，符合科学知识。

（17）狗犬二名可分析

关于"狗非犬"的命题。晋司马彪注说："狗犬同实异名。名实合，则彼所谓狗，此所谓犬也。名实离，则彼所谓狗，异于犬也。"宋林希逸《口义》卷10说："狗犬即一物也，谓之狗，则不可谓之犬矣。谓之犬，则不可谓之狗矣。故曰狗非犬。"

《经说下》说："所谓非同也，则异也。同则或谓之狗，其或谓之犬也。"《经下》说："知狗而自谓不知犬，过也，说在重。"《经说下》："知狗重知犬则过，不重则不过。"《经下》说："狗，犬也。而杀狗非杀犬也不可，说在重。"《经说下》说："狗，犬也。杀狗，谓之杀犬，可。"

以上注解论述归结到一点，即是说人类认知表达过程中出现的狗犬二名，以及狗犬二名跟实际对象的关系，都是可分析的。"狗非犬"命题是否成立，可用《墨经》关于人类知识"名、实、合、为"的四分法，做出不同的分析。

第一，在"名知"（知道名称的知识）场合，"狗非犬"成立。因"狗""犬"是两个名称，知"狗"名不等于知"犬"名,老师教学生认字时,必须对学生分别教读解释。

第二,在"实知"(知道实体的知识)场合,"狗非犬"不成立。因"狗""犬"两个名称,指同一实体。"狗"名所指的实,等于"犬"名所指的实。

第三,在"合知"(知道名称和实体结合的知识)场合,"狗非犬"不成立,因为对"狗"的名实合知,等于对"犬"的名实合知。

第四,在"为知"(有意识行动的知识)场合,"狗非犬"不成立,因有意识地杀一条"狗",等于有意识地杀一条"犬"。

如此看来,"狗非犬"的命题,很能反映辩者的特点,即对任何认知和语言表达,应该坚持分析态度,采取分析方法。名家辩者是中国古代的认知和语言分析哲学家。

(18) 黄马骊牛有分合

关于"黄马骊牛三"的命题,字面意思是:黄马骊牛是三个东西。晋司马彪注说:"曰黄马,曰骊牛,曰黄马骊牛。""牛马以二为三:兼与别也。"兼,即集合概念。别,即元素概念。"黄马骊牛三"的诡辩,是把"黄马""骊牛"两个元素,加上"黄马骊牛"一个集合,得出总量为"三"的结论,跟公孙龙"鸡三足"和"牛羊足五"属同一类诡辩。

（19）白狗怎样可说黑

关于"白狗黑"的命题，晋司马彪注说："狗之目眇，谓之眇狗。狗之目大，不曰大狗。此乃一是一非。然则白狗黑目，亦可为黑狗。"《小取》说："之马之目眇，则谓之马眇。之马之目大，而不谓之马大。此乃一是而一非者也。""白狗黑"的诡辩，是从"狗之目眇，谓之眇狗"的前提出发，运用不当类比而产生出的。排列推理式即："狗之目眇，谓之眇狗。狗之目黑，谓之黑狗。"从"狗之目眇，谓之眇狗"和"狗之目黑"推不出"谓之黑狗"的结论。因为"瞎狗"是指"眼睛瞎"，"黑狗"不是指"眼睛黑"。这违反《墨经》"异类不比"的推论规则。

（20）不同时态不容混

关于"孤驹未尝有母"的命题。李颐注说："驹生有母，言孤则无母。孤称立，则母名去也。"宋林希逸《口义》卷10说："孤驹未尝有母，名之以孤，则非有母矣。"《列子·仲尼》引公孙龙说："孤犊未尝有母，有母非孤犊也。"《经下》："可无也，有之而不可去，说在尝然。"《经说下》说："已然，则尝然，不可无也。"从"孤驹现在无母"（现在时）推出"孤驹从来无母"或"孤驹过去无母"（过去时），是混淆语句不同时态的诡辩。

（21）万世不竭尺棰半

关于"一尺之棰，日取其半，万世不竭"的命题，即一尺长的木棒,每天切一半,万世切不完。晋司马彪注说:"棰,杖也。若其可析,则常有两。"宋洪迈《容斋随笔·尺棰取半》说:"《庄子》载惠子之语曰:'一尺之棰,日取其半,万世不竭。'虽为寓言,然此理固具。盖但取其半,正碎为微尘,余半犹存,虽至于无穷可也。"级差为二分之一的无限等比级数,当"取"的次数为无限大时,剩余为无限小。这是抽象理论和数学的练习题。计算从理论上可以完成。分割实践,在经验上无法完成。因为没有无限薄的刀具,也没有可观察无限小的眼睛或显微镜。

十一、正名逻辑归谬法

1. 正名逻辑有理论

在名家辩者中,公孙龙是一个极端两面人的。一方面,在名家集大成式的著作《公孙龙子》中,有5篇,即《迹府》《白马论》《坚白论》《指物论》和《通变论》,充满诡辩。由此看来,公孙龙是先秦最大的诡辩家。

但是另一方面,《公孙龙子·名实论》却畅论物、实、位、正、名等中国古代逻辑哲学范畴,提出"正名"的逻辑语义学原则。用现代科学观点,阐发公孙龙逻辑哲学,跟《墨经》和《荀子·正名》比较,可为今日逻辑哲学理论建构提供借鉴。由此看来,公孙龙又是先秦跟《墨经》作者和荀子齐名的重要逻辑学家。

史料记载，公孙龙为赵国宫廷服务40年，出谋划策，内容也都是运用逻辑学的形式和规律，如二难推理、矛盾律等。这在公孙龙一个人身上，能够统一起来吗？我的回答是，这正是名家辩者的特点。

名家辩者的特点，正是集诡辩家和逻辑家于一身。诡辩和用逻辑可以随时转换。这就像一个辩论赛参赛团体，抽签定题，抽着正方辩题，就为正方辩题辩，抽着反方辩题，就为反方辩题辩。名家平时教学训练也是一样，逻辑学和诡辩论的教材、习题集，一应俱全，都要学习受训。这样在应用时，才能左右逢源，得心应手。

况且，逻辑学的形式和规律，如二难推理、矛盾律等，可以为真理谬误、诡辩逻辑平等服务。逻辑学的形式和规律，如二难推理、矛盾律等，是全人类都要遵守的基本思维形式和规律，但可以做不同的解释和应用。

如《公孙龙子·名实论》提出"正名"的逻辑语义学原则，可为公孙龙的诡辩与逻辑活动两面服务，也可被应用于错误和正确两面。《公孙龙子·名实论》畅论物、实、位、正、名等中国古代逻辑哲学范畴和"正名"的逻辑语义学原则如下：

（1）物的概念是基石

《名实论》说："天地与其所产焉，物也。"即"物"范畴反映天地与其所产生的一切。天地万物，囊括一切，外延最大，无所不包。《经说上》说："物，达也，有实必待之名也命之。""物"与"实"外延等同。《荀子·正名》说："万物虽众，有时而欲遍举之，故谓之物。物也者，大共名也。""物"，是最高的类概念，是外延最大的普遍概念。公孙龙《名实论》的"物"概念，与《墨经》《荀子》相同。这是先秦诸子百家"正名"的共同哲学基础，是中国优秀传统文化的出发点和基石。

（2）独到创获"实"概念

《名实论》说："物以物其所物而不过焉，实也。"即"实"范畴，反映事物自身固有的本质规定性，是决定一事物是该事物，而不是其他事物的实质和本质。如此规定的"实"范畴，是公孙龙的独到创获。"实"范畴，可翻译为今日所谓实质和本质。

《名实论》用"物"定义"实"，"物""实"是同一序列的概念。《经说上》说："物，达也，有实必待之名也命之。"即"物"概念外延最大，凡存在着的"实"，都可用"物"称谓，"物""实"内涵一致，外延等同。《荀子·正名》说："同实同名""万物虽众，遍举谓之物"。"实""物"二者可互换使用。

（3）独到创获"位"概念

《名实论》说："实以实其所实而不旷焉，位也。出其所位，非位。"即"位"范畴，反映实体的位置，是事物充实而不空缺的界限。"位"范畴，概括事物的实质、本质所规定的位置和界限，是事物质量的统一，即"度"。超出"度"的位置和界限，叫"非位"、出位、过度、过分。保持"度"的位置和界限，不偏不倚，恰到好处，处于质量统一的关节点，叫合适、合宜、正确、合标准。如此规定的"位"范畴，是公孙龙的独到创获。

与此相似，《墨经》叫"宜"，即适宜、合宜、合分寸。《经下》说："无欲恶之为益损也，说在宜。""若酒之于人也。"不能笼统地说"所有欲望的满足都是有益的""所有欲望的满足都是有损的"，应具体分析欲望满足的宜、不宜，即合适、不合适。适量喝酒，有益健康。酗酒成性，"尝多粟"（贪吃），"伤生损寿"。《荀子·正名》说："名无固宜，约之以命：约定俗成谓之宜；异于约则谓之不宜。"荀子从语言的社会约定性（"约定俗成"），论语词的合适不合适。

（4）独到创获"正"概念

《名实论》说："位其所位焉，正也。以其所正，正其所不正。不以其所不正，疑其所正。其正者，正其所实也。正其所实者，正其名也。"即"正"范畴，反映实体处于应处的位置和界限（质量统一的关节点，即度），不偏不倚，恰到好处。用"正"作标准，纠正不合标准的。不以不合标准的怀疑"正"（合标准）的。"正名"是纠正

"名"反映的"实"。如此规定的"正"范畴,是公孙龙的独到创获。

"正"即标准。《经上》说:"欲正权利,恶正权害。"《大取》说:"权,正也。""权"本义是秤锤,引申为称量、权衡。《广雅·释器》说:"锤谓之权。"《汉书·律历志上》说:"权者,铢两斤钧石也,所以称物平施,知轻重也。"《孟子·梁惠王上》说:"权,然后知轻重。"《荀子·正论》说:"凡议,必将立隆正然后可也,无隆正则是非不分,而辩讼不决。""隆正"即最高的标准。

(5)名与正名是中心

《名实论》说:"夫名,实谓也。知此之非此也,知此之不在此也,则不谓也。知彼之非彼也,知彼之不在彼也,则不谓也。""审其名实,慎其所谓。"即"名"范畴是对实体、实质的称谓。已知"此"的实,已经不是"此"的实(发生质变),已知"此"的实已经不在这里(发生位移),就不能再用"此"名称谓。仔细审察名实是否相符,谨慎使用称谓。实是第一性的客观存在,名是第二性的主观意识(概念)、称说陈述(名称)。名必须符合实体的性质和位置。实体的性质和位置变化,名也必须随之改变。这是"正名"的本体论哲学基础。《经说上》说:"所以谓,名也。所谓,实也。"名是称谓实的工具,实是名所称谓的对象。

《墨子·经下》说:"或过名也,说在实。"《经说下》说:"知是之非此也,又知是之不在此也,然而谓此南、北,过而以已为然。始也谓此南方,故今也谓此南方。"《墨经》认为经验主义"刻舟求剑"式的逻辑是错误的。《经说下》说:"知与?以已为然也与?过也。"认为"以已为然"(因为过去曾经如此,就说现在还是如此)不算知识,是"疑"(猜疑、臆测)。这跟《名实论》一致。《荀子·正名》说:"故智者为之分别制名以指实""名也者所以期异实也"。"正名"的本体论哲学基础是正名论的科学精神和精华。

正名的语义学原则,相当于西方逻辑学的同一律和矛盾律。《名实论》说:"其名正,则唯乎其彼此焉。谓彼而彼不唯乎彼,则彼谓不行。谓此而此不唯乎此,则此谓不行。其以当,不当也。不当而当,乱也。故彼彼当乎彼,则唯乎彼,其谓行彼。此此当乎此,则唯乎此,其谓行此。其以当,而当也。以当而当,正也。故彼彼止于彼,此此止于此,可。彼此而彼且此,此彼而此且彼,不可。"

"彼止于彼""此止于此"是同一律。"彼此而彼且此,此彼而此且彼,不可"是矛盾律。《经说下》说:"正名者:彼彼此此可:彼彼止于彼,此此止于此。彼此不可彼且此也。彼此亦可:彼此止于彼此。若是而彼此也,则彼亦且此此也。"古汉语指示代词"彼""此"被作为逻辑变项使用，与西方逻辑学中用字母 A、B 作逻辑变项一样。《墨经》与公孙龙"彼止于彼，此止于此""彼此止于彼此"，相当于同一律公式：A＝A，B＝B，AB＝AB。例子是：牛＝牛，马＝马。牛马＝牛马。

《墨经》与公孙龙"彼此而彼且此，此彼而此且彼，不可"的公式，相当于用字母说：并非（（AB＝A）并且（AB＝B））。其中（（AB＝A）并且（AB＝B）"，等于说"AB≠AB"，并非（（AB＝AB）并且（AB≠AB）），是矛盾律的公式。

《荀子·正名》说："然后随而命之，同则同之，异则异之""知异实者之异名也，故使异实者莫不异名也，不可乱也。犹使同实者莫不同名也"。"同则同之，异则异之"，是同一律。"同实同名""异实异名"是逻辑语义学的同一律。荀子用自然语言表述，不像公孙龙和《墨经》作者，用代词作变项表述。

现代逻辑指号学（semiotics，theory of signs）的一个分支领域，是逻辑语义学（semantics），研究语言符号和对象的关系，是研究语言意义指谓作用的理论。《名实论》阐述有逻辑语义学特色的"正名"原则，要求语言符号与所指谓对象一致，是语义学的同一律："彼止于彼""此止于此"。"彼"名指"彼"实，"此"名指"此"实。语言符号与指谓对象不一致:"彼此而彼且此,此彼而此且彼,不可。""彼此"单说成"彼"或"此",把"牛马"单说成"牛"或"马",是语义学的矛盾律。

2. 归谬反驳成论证

对于归谬反驳的论证方式,名家有杰出运用和精彩总结。《吕氏春秋·审应览》载:"赵惠文王谓公孙龙曰:'寡人事偃兵十余年矣,而不成,兵不可偃乎?'公孙龙对曰:'偃兵之意,兼爱天下之心也。兼爱天下,不可以虚名为也,必有其实。今蔺、离石入秦,而王缟素布总(布冠束发:丧服),东攻齐得城,而王加膳置酒。秦得地而王布总,齐亡地而王加膳,所非兼爱之心也,此偃兵之所以不成也。今有人于此,无礼慢易而求敬,阿党不公而求令,烦号数变而求静,暴戾贪得而求定,虽黄帝犹若困。'"这里,公孙龙用归谬法,据理力驳赵惠文王自相矛盾的思维混乱。

《吕氏春秋·应言》载,公孙龙说燕昭王以偃兵。昭王曰:"甚善。寡人愿与客计之。"公孙龙曰:"窃意大王之弗为也。"王曰:"何故?"公孙龙曰:"日者大王欲破齐,诸天下之士,其欲破齐者,大王尽养之。知齐之险阻要塞,君臣之际者,大王尽养之。虽知而弗欲破者,大王犹若弗养。其卒果破齐以为功。今大王曰:'我甚取偃兵。'诸侯之士,在大王之本朝者,尽善用兵者也。臣是以知大王之弗为也。"王无以应。这里,公孙龙用归谬法,据理力驳燕昭王自相矛盾的思维混乱,使燕昭王无言以对。

《公孙龙子·迹府》载公孙龙说:"先生之言悖。""先教而后师之者,悖。""夫是仲尼异楚人于所谓人,而非龙异白马于所谓马,悖。""无以教,而乃学于龙也者,悖。"连用"悖"概念五次。"悖"是表示论敌自相矛盾的元语言语义概念,为运用归谬反驳论证方式的标志词。《公孙龙子·名实论》从孔子正名术语出发,引申为归谬反驳的论证方式,可与《墨经》的论述互相媲美。公孙龙和墨家的正名归谬,见表2。

表2 正名归谬

	《公孙龙子·名实论》	《墨子·经说下》
正名归谬	其名正,则唯乎其彼此焉。谓彼而彼不唯乎彼,则彼谓不行。谓此而此不唯乎此,则此谓不行。其以当不当也,不当而当乱也。故彼彼当乎彼,则唯乎彼,其谓行彼。此此当乎此,则唯乎此,其谓行此。其以当而当也,以当而当正也。故彼彼止于彼,此此止于此可,彼此而彼此,其彼而此且彼不可	正名者:彼彼此此可:彼彼止于彼,此此止于此。彼此不可彼且此也。彼此亦可:彼此。若是而彼也,则彼亦且此此也
同一律	彼止于彼,此止于此	彼止于彼,此止于此,彼此止于彼此
符号代换	A = A, B = B	A = A, B = B, AB = AB

续表

	《公孙龙子·名实论》	《墨子·经说下》
实例代换	牛=牛，马=马	牛=牛，马=马，牛马=牛马
矛盾归谬	彼此而彼且此，此彼而此且彼不可	彼此不可彼且此也。若是而彼此也，则彼亦且此此也
符号代换	并非（(AB=A)并且(AB=B)），并非（(BA=B)并且(BA=A)），并非（(AB=AB)并且(AB≠AB)），并非（(BA=BA)并且(BA≠BA)）	并非（(AB=A)并且(AB=B)），并非（(AB=AB)并且(AB≠AB)），若C而AB也，则A亦且BB也
实例代换	并非（(牛马=牛)并且(牛马=马)），并非（(马牛=马)并且(马牛=牛)），并非（(牛马=牛马)并且(牛马≠牛马)），并非（(马牛=马牛)并且(马牛≠马牛)）	并非（(牛马=牛)并且(牛马=马)），并非（(牛马=牛马)并且(牛马≠牛马)），若羊而牛马也，则牛亦且马马也

数理逻辑学和计算器学家吴允曾（1921—1987）说，《公孙龙子·名实论》"彼止于彼""此止于此"类似于同一律。"彼此而彼且此，此彼而此且彼"类似于矛盾律。公孙龙和墨家说"彼此"指集合概念，如"牛马"。《经说下》为此提供确证和解释说："'俱一'（从元素角度说）若'牛马四足'。'惟是'（从集合角度说）当'牛马'。数牛数马则牛马二（从元素角度说）。数'牛马'

则'牛马'一（从集合角度说）。若数指，指五（从元素角度说）而"五"一（从集合角度说）。"

《经说下》归谬论证式"若是而彼此也，则彼亦且此此也"，"是"这个古汉语代词，用具体例子说如"羊"。用具体例子"牛马羊"代换古汉语代词"彼此是"，《经说下》归谬论证式可改写为："若羊而牛马也，则牛亦且马马也。"用字母"ABC"代换古汉语代词"彼此是"，《经说下》归谬论证式可改写为："若 C 而 AB 也，则 A 亦且 BB 也。"这是用归谬法，说明违反同一律和矛盾律，势必产生逻辑谬误。

同是表述同一律和矛盾律，公孙龙和墨家用古汉语代词，西方逻辑学用字母，所用元语言工具不同，但逻辑学实质等价。归谬反驳的论证方式，为名家、智者和逻辑家互相贯通，共同运用。名家、智者学说与逻辑学的对立统一，矛盾渗透，成为世界逻辑学的丰富多彩和亮丽风景。人类思维规律一致，虽然公孙龙、墨家和西方逻辑学同一律、矛盾律的不同表述，但实质同一。

以公孙龙为代表的职业辩者，集逻辑学家与诡辩论者于一身，是适应时代和社会需要的思想家。公孙龙一生有 40 年时间在赵国平原君门下做门客，是赵国宫廷的得力谋士。逻辑为论证真理服务，也为论证诡辩服务。前者是逻辑的正确运用，后者是逻辑的歪曲运用。

第七讲　兵家：兵家大作惊世界

一、军用可以转民用

孙子"知己知彼""以众击寡""避实击虚"等军事谋略，不仅在军事上有杰出应用，在政治外交、企业管理、体育竞技等高竞争性的领域也卓有成效。

春秋战国时期，诸侯国之间经常发生战争，战争的频次和规模空前。《孟子·尽心下》说："春秋无义战。彼善于此，则有之矣。征者，上伐下也。敌国（地位对等的国家）不相征也。"即春秋时代没有合乎义的战争。那一国比这一国好一点倒是有。所谓征，应是指上级讨伐下级。地位对等的国家，不应相互征伐。这是孟子特殊的历史观和政治观。

儒家认为"礼乐征伐自天子出"才合乎义的标准。春秋时代"礼崩乐坏""礼乐征伐自诸侯出"，所以没有合乎义的战争。孟子思想源于孔子。《论语·季氏》载孔子说："天下有道，则礼乐征伐自天子出。天下无道，则礼乐征伐自诸侯出。"礼乐征伐自天子出，是西周时代。礼乐征伐自诸侯出，是春秋时代。因为周天子权威失落，诸侯不再听令于周天子。

春秋时期，周天子威望降低，但诸侯兼并战争仍利用王权的破旗，"挟天子以令诸侯"。诸侯打着"勤王"的旗号称霸。孟子说"春秋无义战"，指责诸侯假"勤王"，真争霸。

《史记·太史公自序》说："春秋（三百年）之中，弑君三十六，亡国五十二，诸侯奔走不得保其社稷者，不可胜数。"战国两百多年，战争更加频繁。各大国甲士，从数十万到百万，车数百到千乘，马数千到万匹。春秋战国时期，用兵数量经常在十万左右。《孙子兵法·作战》说："带甲十万"，"日费千金，然后十万之师举矣"。《用间》说："凡兴师十万。"《孟子·离娄上》说："争地以战，杀人盈野。争城以战，杀人盈城。"战国中期后，参战兵员达数十万，死伤从十几万到四十多万不等。

专门研究战争的兵家应运而生，兵家著作如雨后春笋。《史记·孙子列传》司马迁结语说："世俗所称师旅，皆道《孙子》十三篇。"《韩非子·五蠹》说："境内皆言兵，藏孙吴之书者，家有之。"王充《论衡·量知》说："孙武阖庐，世之善用兵者也。知或学其法者，战必胜。不晓什伯之阵，不知击刺之术者，强使之军，军覆师败，无其法也。"

南朝刘勰（465—532）《文心雕龙·程器》说："孙武兵经，辞如珠玉。"南宋叶适《十先生奥论注前集·兵权》说："《孙子》为谈兵之祖。"《唐太宗李卫公问对》说："朕观诸兵书，无出孙武。孙武十三篇，无出虚实。夫用兵，识虚实之势，则无不胜焉。"

北宋苏轼《东坡全集·孙武》说："古之言兵者，无出于孙子矣。利害之相权，奇正之相生，战守攻围之法，盖以百数。虽欲加之，而不知所以加之矣。"明梅鼎祚《西晋文纪》卷10说："孙武论兵，实妙于神，奇正迭用，变化无形。"孙中山《三民主义》称《孙子》是中国的军事哲学。

二、古代兵书分四类

东汉班固（32—92）的《汉书·艺文志》叙述汉代文献整理的事业说："汉兴，改秦之败，大收篇籍，广开献书之路。孝武世，书缺简脱，礼坏乐崩，圣上喟然而称曰：'朕甚闵焉！'于是建藏书之策，置写书之官，下及诸子传说，皆充秘府。至成帝时，以书颇散亡，使谒者陈农求遗书于天下。诏光禄大夫刘向校经传、诸子、诗赋，步兵校尉任宏校兵书。""每一书已，向辄条其篇目，撮其指意，录而奏之。会向卒，哀帝复使向子侍中奉车都尉歆卒父业。歆于是总群书而奏其《七略》：故有《辑略》，有《六艺略》，有《诸子略》，有《诗赋略》，有《兵书略》。"

班固把古兵书分四类。第一类是："兵权谋十三家，二百五十九篇。权谋者，以正守国，以奇用兵，先计而后战，兼形势，包阴阳，用技巧者也。"即权谋学派，用正规的办法守卫国家，对敌作战则主张出奇制胜，先筹划好后再作战，不打无准备的仗，兼有形势家雷厉风行的气势和阴阳家的神秘莫测，是注重使用心思计谋的一派。

《老子》57章说："以正治国，以奇用兵。"《孙子·势》说："凡战者，以正合，以奇胜。"兵家与道家相通，重点研究战略，兼容各派之长，带综合性，如《孙子兵法》《吴子》《六韬》和《孙膑兵法》。

第二类是："兵形势十一家，九十二篇。形势者，雷动风举，后发而先至，离合背向，变化无常，以轻疾制敌者也。"即兵形势家，主张军队像迅雷疾风一样，攻势凌厉，行动迅速，后发而先至，进退聚散，变化无常，用轻快来制服敌人。

《孙子·作战》说："兵闻拙速（宁拙求速），未睹巧之久（求巧久拖）也。"《军争》说："后人发，先人至""其疾如风"。《九地》："兵之情，主速，乘人之不及。由不虞（预料）之道，攻其所不戒也。"《作战》说："兵贵胜，不贵久。"这些都是说兵贵神速，讲求军事行动的运动性和战术运用的灵活性。

第三类是："(兵)阴阳十六家,二百四十九篇。阴阳者,顺时而发,推刑德(推演时辰日期,等待利时良日。《淮南子·兵略训》高注:刑,十二辰也。德,十日也),随斗击(顺随利时良日攻击),因五胜(五行相胜),假鬼神而为助者也。"即兵阴阳家,主张顺应天时而用兵,推测刑罚与德化,观察星斗转移而知吉凶,依据五行之相生相克,假借鬼神而用兵。阴阳家,注意天时气候、地理条件与战争胜负的关系。

第四类是："兵技巧十三家,百九十九篇。省《墨子》重。技巧者,习手足(如手搏、蹴鞠),便器械(如射、弋),积机关(如连弩),以立攻守之胜者也。"即兵技巧家,主张练习手足的灵活,使用器械得心应手,熟用弓弩,以求攻守之胜。注重武器装备、作战技术、军事训练。

班固的结论是:兵家者,盖出古司马之职,王官之武备也。《洪范》八政,八曰师。孔子曰为国者"足食足兵"(《论语》载孔子言,谓无兵无食,不可以为国),"以不教民战,是谓弃之"(《论语》载孔子言,批评不素习武备),明兵之重也。《易》(《易·系辞下》)曰"古者弦木为弧(木弓),剡(削)木为矢,弧矢之利,以威天下",其用上矣。后世铄(销熔)金为刃,割革为甲,器械甚备。下及汤、武受命,以师克乱而济百姓,动之以仁义,行之以礼让，《司马法》是其遗事也。自春秋至于战国，出奇设伏，变诈之兵并作。汉兴，张良、韩信序次兵法，凡百八十二家，删取要用，定着三十五家。诸吕用事而盗取之（盗取秘府藏兵法）。武帝时，军政杨朴捃摭（摘取；搜集）遗逸，纪奏兵录，犹未能备。至于孝成，命任宏论次兵书为四种。

即兵家学派，起源于古代司马之官，是王官的军备。《洪范》八种政事中，第八是军事。孔子说治理国家的人"要有丰富的粮食和充足的军队"，"因为不教育老百姓懂得作战，就等于抛弃了他们"，这是表明军队的重要性。《易》说"古代的人用弦木制造为弓，把木削为箭，弓箭的锐利，可以威行天下"，它的用处很大。后代销金为刀，割皮革作为铠甲，器械很完备。到了汤武承受天命，用军队战胜动乱，而帮助百姓，用仁义来感动他们，用礼让来行动，《司马法》是他们遗留的著作。从春秋到战国，出奇招设伏兵，变化狡诈的战争时常发生。汉朝建立后，张良、韩信整治编排兵法，共有一百八十二家，删去没用的，选取重要可用的，确定了三十五家。吕姓专权后，就盗取了它。武帝时，军政杨朴捃拾取遗文散籍，记录下来，上奏兵录给皇上，仍没有完备。到了成帝时，命任宏评议编次兵书为四种。

兵家即军事家，军事学派，是诸子百家的一家。《汉书·艺文志·兵书略》著录汉以前兵家著作53家，790篇，分权谋、形势、阴阳、技巧4类。兵权谋，专论用兵之理，无今古之异。兵家理论，对当时及后世影响甚大，为我国古代宝贵的思想遗产。

孙子是世界公认的伟大军事思想家之一，著作《孙子兵法》在古今中外影响深远。《汉书·艺文志》著录：《吴孙子兵法》八十二篇，图九卷。传本、1972年山东临沂银雀山汉墓竹简、青海大通上孙家寨汉墓木简、东汉末曹操注均十三篇。

《武经七书》是北宋为适应军事教学的需要，作为官书颁行的兵法丛书。宋神宗于元丰三年（1080），命令国子监司业朱服等编校，武学博士何去非参与。历时3年多，于元丰六年（1083年）完成。

《武经七书》25卷，收录《孙子兵法》《吴子兵法》《六韬》《司马法》《三略》《尉缭子》和《李卫公问对》7部兵书，是从340多部古代兵书挑选出的兵学经典，也是中国古代第一部军事学教科书，是中国兵书的精华、中国军事理论的瑰宝，是中华民族和世界人民的共同财富，奠定了中国古代军事学的基础，对发展现代军事科学有积极作用。

三、孙子教战阖闾城

《史记·孙子列传》说：孙子武者，齐人也，以兵法见于吴王阖闾。阖闾曰:"子之十三篇,吾尽观之矣。可以小试勒兵乎?"对曰:"可。"阖闾曰:"可试以妇人乎?"曰:"可。"于是许之。出宫中美女,得百八十人。

孙子分为二队,以王之宠姬二人,各为队长。皆令持戟。令之曰:"汝知尔心与左右手背乎?"妇人曰:"知之。"孙子曰:"前则视心,左视左手,右视右手,后即视背。"妇人曰:"诺。"

约束既布,乃设斧钺,即三令五申之,于是鼓之右,妇人大笑。孙子曰:"约束不明,申令不熟,将之罪也!"复三令五申而鼓之左,妇人复大笑。孙子曰:"约束不明,申令不熟,将之罪也。既已明而不如法者,吏士之罪也!"

乃欲斩左右队长。吴王从台上观,见且斩爱姬,大骇,趣使使下令曰:"寡人已知将军能用兵矣,寡人非此二姬,食不甘味,愿勿斩也!"孙子曰:"臣既已受命为将,将在军,君命有所不受。"遂斩队长二人以徇,用其次为队长。

于是复鼓之,妇人左右,前后,跪起,皆中规矩绳墨,无敢出声。于是孙子使使报王曰:"兵既整齐,王可试下观之。唯王所欲用之,虽赴水火,犹可也。"吴王曰:"将军罢休就舍,寡人不愿下观!"

孙子曰:"王徒好其言,不能用其实!"于是阖闾知孙子能用兵，卒以为将。西破强楚，入郢。北威齐晋，显名诸侯。孙子与有力焉。

即孙子名武，是齐国人。因为他精通兵法，受到吴王阖闾的接见。阖闾说："您的十三篇兵书，我都看过了。可用来小规模地试着指挥军队吗？"孙子回答说："可以！"阖闾说："可以用妇女试验吗？"回答说："可以！"于是阖闾答应试验。叫出宫中美女，共约百八十人。

孙子把她们分为两队，让吴王阖闾最宠爱的两位侍妾，分别担任各队队长，让所有美女都手握一支戟。然后命令她们说："你们知道自己的心、左右手和背吗？"妇人答："知道！"孙子说："我说向前，你们就看心口所对的方向。我说向左，你们就看左手所对的方向。我说向右，你们就看右手所对的方向。我说向后，你们就看背所对的方向！"妇人答："是！"

号令宣布完毕，于是摆好斧钺等刑具。旋即又把已经宣布的号令，多次重复地交代清楚。就击鼓发令，叫她们向右，妇人们都哈哈大笑。孙子说："纪律还不清楚，号令不熟悉，这是将领的过错！"又多次重复地交代清楚，然后击鼓发令让她们向左，妇人们又都哈哈大笑。孙子说："纪律弄不清楚，号令不熟悉，这是将领的过错。现在既然讲得清清楚楚，却不遵照号令行事，那就是军官和士兵的过错！"

于是要杀左、右两队的队长。吴王在台上观看，见孙子要杀爱妾，大吃一惊。急忙派使臣传达命令说："我已经知道将军善用兵了！我要是没有这两个爱妾，吃东西不香，希望你不要杀她们！"孙子答："我已经接受命令为将，将在军队里，国君的命令有的可以不接受！"于是杀两个队长示众。然后按顺序，任用两队的第二人为队长。

于是再击鼓发令，妇人不论是向左，向右，向前，向后，跪倒，站起，都符合号令、纪律要求，没有人出声。于是孙子派使臣向吴王报告说："队伍已经操练整齐。大王可以下台，检查演习。任凭大王怎样使用，即使叫她们赴汤蹈火，也办得到！"吴王回答："让将军停止演练，回房舍休息。我不下去察看了！"

孙子感叹说："大王只欣赏我的理论，却不让我付诸实践！"从此，吴王阖闾知道孙子能用兵，任命他为将军。向西打败强大的楚国，攻克郢都。向北威震齐国和晋国，在各诸侯国中名声显赫。孙子参与其中，出了大力。

《史记·伍子胥传》说："当是时，吴以伍子胥、孙武之谋，西破强楚，北威齐晋，南服越人。"大有称霸之势。明胡奎《斗南老人集·孙武》诗说："吾闻孙武子，教战阖闾城。美人出后宫，百花媚春晴。三令复五申，约束何分明。一鼓玉颜笑，再鼓蛾眉倾。雷霆肃将令，颇觉君命轻。西来破楚强，北灭齐晋兵。英姿渺千古，飒爽悲风生！"

孙武，前535—前480，著有《吴孙子兵法》《孙子》《吴孙子》。春秋末齐乐安（今山东惠民）人，字长卿，古代兵学（军事学）奠基人。其祖父田书为齐将，因作战有功，齐景公赐姓孙。其父孙凭，为齐卿。孙武20岁时，为避齐内乱奔吴。与从楚出逃的吴伍子胥交。伍向吴王阖闾荐孙武。孙武向阖闾献兵法13篇，被任命为将军，佐吴争霸。前506年，孙武与伍子胥等，佐阖闾，领吴军3万，采取疲敌、误敌、迂回奔袭、长途迫击等战法，历经五战，破楚军20万，攻陷楚都郢（湖北江陵），楚王出逃，孙武以此显名诸侯。夫差继任吴王，败越，迫使越王勾践求和，吴为霸主。夫差信伯嚭谗言，赐伍子胥自尽。孙武55岁卒，十年后越王勾践灭吴，夫差自刎。

吴王阖闾，前514—前496在位，共19年。名光，用专诸刺杀吴王僚自立。吴国是春秋中前期长江下游新兴诸侯国，原楚属国，渐脱离楚。晋为与楚争霸，联吴，派楚国亡臣屈巫，带战车来吴国，教吴人乘车、御射、列阵，吴学会车战。吴与晋交好。吴君寿梦，自号吴王，与楚疆场一试。前506年，吴攻楚，五战五捷，攻破楚200年经营的都城郢（湖北江陵）。吴楚大战，使楚遭受空前创伤，吴取代楚，成为南方大国。

阖闾用楚亡臣伍子胥，灭楚附庸徐国，在徐称王。他重用军事家孙武,制利剑,矛头向楚。前506年,吴联合唐、蔡攻楚。楚军败退,主帅令尹子常逃窜,吴大获全胜,进入楚都郢(湖北江陵西北)。11月底,楚昭王只带妹妹仓皇出逃。楚臣申包胥,到秦国告急求救。他在秦哀公宫廷靠墙而立,日夜号哭不止,七天不喝一口水。秦哀公说:"楚虽无道,但有申包胥这样忠心耿耿的臣下,难道会亡吗?"作《诗经·无衣》首章:"岂曰无衣?与子同袍。王于兴师,修我戈矛,与子同仇!"——难道说没衣服?我跟你同穿战袍。楚王下令起兵,我就修好戈矛,跟你敌忾同仇!申包胥九叩感谢,顿感天旋地转站不稳。前505年,秦派500辆战车救楚,帮楚王重返国都。吴、楚动员数万兵力,有步兵、水兵、象队。前496年,阖闾伐越,越大夫灵姑浮用戈斩断阖闾脚趾,吴军退7里,阖闾死。

四、料敌制胜认识论

指挥员的正确部署,来源于正确的决心。正确的决心,来源于正确的判断。正确的判断,来源于周到和必要的侦察,以及对于各种侦察材料的连贯思索。指挥员使用一切可能和必要的手段,把侦察得来的敌方情况,加以去粗取精、去伪存真、由此及彼、由表及里的思索,加上自己方面的情况,研究双方的对比和相互关系,形成判断,定下决心,做出计划。这是军事家在做出战略、战役和战斗计划以前的认识过程。①

要正确指挥战争,首先要正确认识战争。军事指挥员依照科学的认识论认识战争,是正确统率军队,取得战争胜利的关键。《孙子兵法》对科学的军事认识论,有点滴的理论贡献,值得重视。

(1)论"知",即知识。《地形》说:"知彼知己,胜乃不殆。知天知地,胜乃可全。"即光知己,而不知彼。或光知彼,而不知己。或只"知彼知己",而不"知天知地",这对战争取胜而言,都不能保证取胜。只有既"知彼知己"又"知天知地",这四方面的"知"都达到,战争取胜才有全部把握。

《谋攻》说:故知胜有五,知可以战与不可以战者胜,识众寡之用者胜,上下同欲者胜,以虞待不虞者胜,将能而君不御者胜。此五者,知胜之道也。故曰,知己知彼,百战不殆。不知彼而知己,一胜一负。不知彼不知己,每战必殆。

即预见胜利有五个方面:知道可战和不可战,能胜。知道怎么指挥兵多和兵少,能胜。上下同心协力,能胜。

---

① 参见毛泽东:《中国革命战争的战略问题》,人民出版社1968年版,第163、164页。

自己准备充分,对抗没有准备的敌军,能胜。将领有才能,而国君不牵制,能胜。这五个方面,就是预见战斗胜利的方法。所以说:了解自己,也了解对方,每一次战斗,都不会有危险。不了解对方,而了解自己,胜负各有一半概率。既不了解对方,又不了解自己,每战必败。

毛泽东说:"孙子的规律,'知彼知己,百战不殆',仍是科学的真理。"① 又说,"中国古代大军事家孙武子书上'知彼知己,百战不殆'这句话,是包括学习和使用两个阶段而说的,包括从认识客观实际中的发展规律,并按照这些规律去决定自己行动克服当前敌人而说的;我们不要看轻这句话"②。

《计》说:故经之以五事,校之以计,而索其情:一曰道,二曰天,三曰地,四曰将,五曰法。道者,令民于上同意也,故可以与之死,可以与之生,而不畏危。天者,阴阳、寒暑、时制也。地者,远近、险易、广狭、死生也。将者,智、信、仁、勇、严也。法者,曲制、官道、主用也。凡此五者,将莫不闻,知之者胜,不知者不胜。故校之以计,而索其情,曰,主孰有道?将孰有能?

---

① 参见毛泽东:《论持久战》,人民出版社1968年版,第458页。
② 参见毛泽东:《中国革命战的战略问题》,人民出版社1968年版,第166页。

天地孰得？法令孰行？兵众孰强？士卒孰练？赏罚孰明？吾以此知胜负矣。

即通过五个方面的分析研究，比较敌我双方的各种条件，探求战争胜负的情形：一是道，二是天，三是地，四是将，五是法。道，指上级和民众的心志相通，可以同生共死，而不会惧怕危险。天，指阴晴寒暑、四季更替。地，指远近、平坦艰险、开阔狭窄，地形对部队安危的影响。将，指冷静睿智、赏罚有信，对部下真心关爱，勇敢果断，严格要求。法，指组织的层次结构、责权划分、资金物资的调配。对这五个方面，上级必须十分清楚。清楚就能胜利，不清楚就不能胜利。所以，通过以上比较，可以得知详细情况：哪方的领导与部下心志相通，哪方的将领有能力，哪方占有天时地利，哪方的法令能够执行，哪方的士兵强健，哪方的士兵训练有素，哪方的赏罚分明，通过这些，我就能预知胜败。

班固《汉书·艺文志》论"兵权谋"说："以正守国，以奇用兵，先计而后战（先筹划好后再战，不打无准备的仗）。""计"，即在用兵前，在庙堂上，比较研究敌我双方的各种因素：道、天、地、将、法。

《孟子·公孙丑下》说："天时不如地利，地利不如人和。""道"是"人和"。"天时"指自然界的时令寒热。"地利"指有利的地势，如地势的远近、险易、广狭、高下、死生等因素。

《作战》说:"故不尽知用兵之害者,则不能尽知用兵之利也。"《虚实》说:"故策(策度,计算)之而知得失之计,候(侦察)之而知动静之理,形之而知死生之地,角(火力侦察)之而知有余、不足之处。"

《九变》说:"故将通于九变之利者,知用兵矣。将不通九变之利,虽知地形,不能得地之利矣。治兵不知九变之术,虽知五利,不能得人之用矣。"

《九地》说:"是故不知诸侯之谋者,不能预(与)交。不知山林、险阻、沮泽之形者,不能行军。不用乡导,不能得地利。四五者,一不知,非霸王之兵也。"《用间》说:"故明君贤将,所以动而胜人,成功出于众者,先知也。先知者,不可取于鬼神,不可象于事(相似事物的类推),不可验(应验)于度(度数),必取于人,知敌之情者也。"

所有这些军事指挥员必须认知的方面,都是19世纪德国军事学家克劳塞维茨所说的"战略要素"。这些要素的利弊强弱,决定战争胜负,必须全面考察,整体把握。

(2)论"识",即认识。《谋攻》说:"识众寡之用者胜。"

(3)论"虑",即思虑。《九变》说:"是故智者之虑,必杂(兼顾)于利害(曹操注:在利思害,在害思利)。"《火攻》:"故曰,明主虑之,良将修(治理)之。"

(4)论"智",即智慧。《计》说:"将者,智、信、仁、勇、严也。"《孙子十家注·计》说:"兵家者流,用智为先。盖智者,能机权,识变通也。"

(5)论"谋",即计谋。《谋攻》说:"不战而屈人之兵,善之善者也。故上兵伐谋。"《九地》说:"运兵计谋,为不可测。"即运用兵力,巧设计谋,让敌人无法预测。

(6)论"计",即计划。《计》说:"故经之以五事,校之以计,而索其情。"即用计算来比较。《军争》说:"故迂其途,而诱之以利,后人发,先人至,此知迂直(以迂为直)之计者也。"

(7)论"算",即计算。《计》说:"夫未战而庙算胜者,得算多也。未战而庙算不胜者,得算少也。多算胜少算,而况于无算乎!吾以此观之,胜负见矣。"庙算,即战前在宗庙里商讨作战计划,分析利害得失。得算,即取得战争胜利的条件。《汉书·赵充国传》说:"臣闻兵以计为本,故多算胜少算。"班固用"兵权谋"定义"先计而后战",即先筹划好后再战,不打无准备的仗。

(8)论"料",即料想。《地形》说:"将不能料敌,以少合众,以弱击强,兵无选锋,曰北。"即将领不能判明敌情,以少胜多,以弱胜强,军队没有精选训练的前锋,这叫作败北。《地形》说:"料敌制胜,计险厄远近,上将之道也。"即判明敌情，拟定取胜计划，计算险易远近，是高明将领的指导方针。

五、智谋制胜辩证法

如何认识和处理战争过程中所遇到的各种矛盾对立面，如虚实、有无、分合、众寡、强弱、难易、远近、劳逸、动静、治乱、奇正、真假等，从而改变敌我形势，争取战争主动，夺取最终胜利，是用智谋制胜的军事辩证法，不可不用心钻研，灵活运用。

（1）论灵活性和抓薄弱环节。《军争》说："故三军可夺气，将军可夺心。是故朝气锐，昼气惰，暮气归。善用兵者，避其锐气，击其惰归，此治气者也。以治待乱，以静待哗，此治心者也。以近待远，以逸待劳，以饱待饥，此治力者也。无邀正正之旗，无击堂堂之陈，此治变者也。"

《九变》说："途有所不由，军有所不击，城有所不攻，地有所不争，君命有所不受。故将通于九变之利者，知用兵矣。将不通九变之利，虽知地形，不能得地之利矣。治兵不知九变之术，虽知五利，不能得人之用矣。"《左传·庄公十年》曹刿论战说："夫战，勇气也。一鼓作气，再而衰，三而竭。彼竭我盈，故克之。夫大国，难测也，惧有伏焉。吾视其辙乱，望其旗靡，故逐之。"

（2）论虚实。这涉及战略策略的对立面。《虚实》说："故形人而我无形，则我专而敌分。我专为一，敌分为十，是以十攻其一也。则我众敌寡，能以众击寡者，则吾之所与战者约矣。"《虚实》又说："夫兵形象水。水之行避高而趋下，兵之形避实而击虚。水因地而制流，兵因敌而制胜。故兵无常势，水无常形。能因敌变化而取胜者，谓之神。"

《管子·制分》说："故凡用兵者，攻坚则韧，乘瑕则神。攻坚则瑕者坚，乘瑕则坚者瑕。故坚其坚者，瑕其瑕者。"即用兵的人，攻坚则容易受挫，攻弱则能收得神效。攻坚，其薄弱环节也会变得坚固。攻弱，其坚固部分也会变得薄弱。所以要稳住其坚固环节，削弱其薄弱环节。《霸言》说:"释实而攻虚，释坚而攻脆，释难而攻易。"战略，是以一当十。策略，是以十当一。伤其十指，不如断其一指。集中优势兵力，各个歼灭敌人。

（3）论奇正。曹操注说："正者当敌（正面交锋），奇兵从旁击不备也（避实击虚）。"《势》说："凡战者，以正合，以奇胜。故善出奇者，无穷如天地，不竭如江河。"即所有的战争，都是以正兵相交合，以奇兵制胜。善于出奇兵的人，计谋就像天地运行一样无穷无尽，像江海一样永不枯竭。

《势》说："战势不过奇正，奇正之变，不可胜穷也。

奇正相生，如循环之无端，孰能穷之？激水之疾，至于漂石者，势也。鸷鸟之疾，至于毁折者，节也。故善战者，其势险，其节短。势如扩弩，节如发机。"

即战势不过奇正两种，而奇正的组合变化，永无穷尽。奇正互相转化，就像一个永无尽头的循环，谁能使它穷尽呢？湍急的流水，能漂动大石，是因为来势宏大。迅猛的猛禽，能捕杀雀鸟，是因为节奏迅猛。善战者，来势大，节奏快，像拉开弓弩那样蓄势，像扣动扳机那样突然射出。

"故善战人之势，如转圆石于千仞之山者，势也。"即善于指挥打仗的人创造势态，就像在极高的山上滚动圆石，来势宏大。《谋攻》说："敌则能战之（打得过敌人就打），少则能逃之（打不过敌人就撤），不若则能避之（不如敌人就避免跟它交锋）。"

（4）论诡诈。《军争》说：兵以诈立（用诡诈诱骗立足成功）。以利动（用利己原则决定行动），以分合（用分散集中）为变者也（作为灵活变动）。《计》说："兵者，诡道也。故能而示之不能，用而示之不用，近而示之远，远而示之近。利而诱之，乱而取之，实而备之，强而避之，怒而挠之，卑而骄之，佚而劳之，亲而离之，攻其无备，出其不意。"

即军事就是诡诈。有能力，假装没能力。要攻打，假装不攻打。攻打近处，假装攻打远处。攻打远处，假装攻打近处。对方贪利，就用利益诱惑。对方混乱，就趁机攻取。对方坚实、强大，就防备回避。对方暴怒，就不停撩拨。对方谦卑，就使他骄傲。对方安逸，就使其劳累。对方团结，就挑拨离间。攻打对方没有防备的地方，在对方没有想到的时候发动进攻。

《韩非子·难一》说："战阵之间，不厌诈伪。"《唐李问对》："千章万句，不出乎多方以误之。"《汉书·艺文志》总论兵书说："自春秋至于战国，出奇设伏，变诈之兵并作。"用兵诡诈，是战略思想，后概括为"兵不厌诈"。

克劳塞维茨在《战争论》说"战略"名称来源于诡诈，战略本有诡诈性质。制造假象迷惑敌人，引诱敌人犯错误，使敌将狂暴自满、分崩离析、疲于奔命，乘敌乱取胜。在敌人意料不到的时间和地点，发动攻击。运筹帷幄，决胜千里。

《谋攻》说："不战而屈人之兵，善之善者也。故上兵伐谋，其次伐交，其次伐兵，其下攻城。攻城之法，为不得已。修橹（望楼；盾牌）轒辒（古代用来攻城的四轮兵车），具器械，三月而后成。距堙（攻城土山），又三月而后已。将不胜其忿而蚁附之，杀士卒三分之一，而城不拔者，此攻之灾也。故善用兵者，屈人之兵而非战也，拔人之城而非攻也，毁人之国而非久也，必以全争于天下，故兵不顿而利可全，此谋攻之法也。"

即上策是用谋略战胜敌人。次一等是用外交战胜敌人。再次一等是武力击败敌军。最次的是攻打敌人的城池。攻城是没有办法的办法。各种攻城器械，需要三个月才能制成。堆积出土山，又要三个月。将领气愤不过，命令士兵像蚂蚁一样地登上城墙，结果士兵被杀掉了三分之一，而城池却没有攻下，这就是攻城带来的灾难。所以善用兵者，不打仗，就使敌人屈服。不攻城，就使敌城投降。摧毁敌国不必长期的战争。必定要在天下争取全胜，这样不损耗兵力，而利益得以保全，这就是谋攻的方法。

战争的目的是为了取胜，而不是杀人。应尽力避免破坏城市，伤害生灵。反对无限使用暴力。这是今日社会对战争的理解。唐杜甫《前出塞九首》说："挽弓当挽强，用箭当用长。射人先射马，擒贼先擒王。杀人亦有限，列国自有疆。苟能制侵陵，岂在多杀伤？"《射经·辨的》引歌诀谣谚说："射人先射马，擒贼必擒头。"以战去战，以强兵制止侵略。以制侵陵为限，不乱动干戈，不穷兵黩武。

战争贵以智谋取胜。《计》说："将者，智、信、仁、勇、严也。"《管子·霸言》说："德义胜之，智谋胜之。"《史记·管仲列传》说："齐桓公以霸，九合诸侯，一匡天下，管仲之谋也。"《汉书·高帝纪下》说："夫运筹帷幄之中，决胜千里之外。"

六、中国兵家全球闻

7世纪时,《孙子兵法》传日。唐开元、天宝年间（714—755），日本留学生吉备真备把《孙子兵法》带回日本。15世纪时,《孙子兵法》传到李氏朝鲜。到17世纪，日本研究《孙子兵法》著作有一百七十多种。

18世纪《孙子兵法》传入欧洲。1772年，法国耶稣会传教士阿米奥（汉名钱德明）所译《孙子兵法》在巴黎出版。这一年拿破仑3岁。1860年,《孙子兵法》有俄译本。

至今,《孙子兵法》在全世界有20多种文字译本。第二次世界大战后，各国军事学者对《孙子兵法》中的军事谋略日益重视。英国蒙哥马利元帅说，世界上所有的军事学院，都应把《孙子兵法》列为必修书目。

《孙子兵法》的影响超出了军事领域，从经济、政治、文化、外交、人生等多方面产生影响。《孙子兵法》是军事哲学、谋略哲学，它把战争克敌取胜的谋略，提升为有普遍意义的方法原则，可应用于社会生活各领域。

第八讲　杂家：杂家巨子著鸿篇

一、兼容百家倡综合

杂家巨子吕不韦（前290—前235）主编《吕氏春秋》，总结先秦思想。刘安（前179—前122）主编《淮南子》，总结汉初思想。这两部杂家巨著，兼容百家倡综合，树立秦汉文化丰碑，对现代新文化建设饶有启发。

班固《汉书·艺文志》说：杂家者流，盖出于议官。兼儒墨，合名法，知国体之有此，见王治之无不贯，此其所长也。及荡者为之，则漫羡而无所归心。

即杂家流派，出于古代议政之官。兼容儒家墨家，综合名家法家，知道治理国家的体要必须有这些学派的主张，看出王道政治必须贯通百家，这是他们的长处。至于放荡的人，则散漫杂乱，而缺乏中心目标。

唐魏徵（580—643）等《隋书·经籍志》说："杂者，兼儒墨之道，通众家之意。"宋王尧臣《崇文总目·杂家类》说："杂家者流，取儒墨名法，合而兼之，其言贯穿众说，无所不通。"杂家思想，兼容百家倡综合，不像秦皇尊法、汉武崇儒。

假如秦皇汉武，果能如班固所说，"见王治之无不贯"，把国家治理建筑在贯综百家的基础上，当时的历史文化，当有一番决然不同的景象。"虎踞龙盘今胜昔，天翻地覆慨而慷。"社会发展到今天，我们可在一个全新的平台，运用当今世界先进的科学方法，评析诸子百家的长短优劣，决定合理的趋避弃取。

二、假人之长补己短

《吕氏春秋·用众》说："善学者，若齐王之食鸡也，必食其跖（脚掌）数千而后足。虽不足，犹若有跖。物固莫不有长，莫不有短。人亦然。故善学者，假人之长以补其短。故假人者遂有天下。"即善于学习的人，像齐王吃鸡一样，一定要吃上几千鸡脚掌才满足。即使不能满足，仍然像有鸡脚掌可供取食。事物本来都有长处和短处。人也是这样。所以，善于学习的人，能假借别人的长处，以弥补自己的短处。因此，善于假借别人的长处的人，才能拥有天下

《用众》说："天下无粹白之狐，而有粹白之裘。取之众白也。夫取于众，此三皇五帝之所以大立功名也。"即天下没有纯白的狐狸，却有纯白的狐裘。这是用许多狐狸

的小块白皮积聚而成的。善于吸取众人的长处,这是三皇五帝[①]之所以能大建功名的原因。

《用众》说:"凡君之所以立,出乎众也。立已定而舍其众,是得其末而失其本。得其末而失其本,不闻安居。故以众勇无畏乎孟贲矣,以众力无畏乎乌获矣,以众视无畏乎离娄矣,以众知无畏乎尧舜矣。夫以众者,此君人之大宝也。"

即凡君主的确立,都是凭借众人的力量。君位一经确立,就舍弃众人,这是得到细枝末节,而丧失根本。凡是得到细枝末节,而丧失根本的君主,从未听说过他的统治会安定稳固。所以,依靠众人的勇敢,就不怕孟贲。[②]依靠众人的力气,就不怕乌获。[③]依靠众人的眼力,就不怕离娄。[④]依靠众人的智慧,就不怕赶不上尧舜。依靠众人,是为人之君的法宝。

---

① 高诱注:三皇:伏羲、女娲、神农。五帝:黄帝、帝喾、颛顼、尧、舜。

② 孟贲,卫人,古代大勇士,能生拔牛角。《必己》:"孟贲过于河,先其伍,船人怒,而以楫敲其头,顾不知其孟贲也。中河,孟贲瞋目而视船人,发植,目裂,鬓指,舟中之人尽扬播入于河。使船人知其孟贲,弗敢直视,涉无先者,又况于辱之乎?此以不知故也。"

③ 乌获,力士,能举千钧。一钧是三十斤,千钧即三万斤。《商君书·错法》:"乌获举千钧之重,而不能以多力易人。"

④ 离娄,古明目人。能见秋毫之末于百步之外。

《用众》说:"田骈谓齐王曰:楚魏之王辞言不悦,而境内已修备矣,兵士已修用矣,得之众也。"即田骈对齐王说:楚国、魏国的君主,不贵言辞,国内备战的各种设施,已经修整完备,兵士已经训练有素,这都是得之于众人的力量。

三、百家殊业务于治

《泛论训》说:"百川异源,而皆归于海。百家殊业,而皆务于治。"即世上所有的河流,虽然源泉不同,最终都要归于大海。诸子百家虽钻研不同的业务,最终目的却都是为治理国家。这里蕴藏着深刻的语义,即坚持多样性的统一,用辩证法看待和处理诸子百家的关联。

《泛论训》批评说:"今世之为武者,则非文也。为文者,则非武也。文武更相非,而不知时世之用也。此见隅曲之一指,而不知八极之广大也。故东面而望,不见西墙。南面而视,不睹北方。唯无所向者,则无所不通。"

即当今之世,武士看不起文人,文人看不起武士。文人武士互相看不起,而不知各自都可以为世所用。这是只看见自己眼皮下的一指之地,而不知八方的广大无边。人向东望,不见西墙。向南面望,不见北方。只有不受固定方向局限的人,才能到处通达。片面性错误的认识论根源,是不能自觉、正确地处理一面与多面,局部和整体的关系,只有克服片面性,才能把握整体。

《淮南子·齐俗训》说:"故百家之言,指奏相反,其合道一也。譬若丝竹金石之会乐同也,其曲家异,而不失于体。"即诸子百家的言论学说,虽然旨趣相反,它们共同综合为一个统一的大道理这一点,却是一致的。就好像丝竹金石不同乐器的曲调音质不同,可以会聚为同一部美妙的乐章,构成一个有机整体。

《齐俗训》又说:"愚者有所修(长处),智者有所不足。""故其见不远者,不可与语大。其智不闳(宏大)者,不可与论至(最深刻的道理)。""事之情一也,所从观者异也。从城上视牛如羊,视羊如豕,所居高也。窥面于盘水则圆,于杯则椭。面形不变其故,有所圆,有所椭者,所自窥之异也。"即由于主客观条件的限制,会导致观察失误。从城上,会把远处的牛看成羊,把羊看成猪。不同弧度的镜面,会把面容照成不同的形状。

《齐俗训》又说:"胡人便于马,越人便于舟。异形殊类,易事而悖(调换工作,会引起混乱)。失处而贱(失去优势,长处变短处),得势而贵(得环境之便,短处变长处)。圣人总(兼容综合)而用之,其数一(道理一贯)也。"

《说山训》说:"桀有得事,尧有遗道。嫫母(古丑女)有所美,西施(古美女)有所丑。故亡国之法,有可随者。治国之俗，有可非者。""视方寸于牛，不智其大于羊。总视其体，乃知其大相去之远。"即暴君夏桀有成功之处，圣王唐尧有失败之处。丑女嫫母有美丽之处，美女西施有丑陋之处。败亡之国的法律，有可取之处。治理很好的国家，有可非议的之处。如果只看牛身上一方寸的地方，不知其整体大于羊。纵观牛的整体，才知道牛的个头比羊大很多。这是提倡全面性的思维方法，反对片面性和一知半解。

《原道训》说："夫井鱼不可与语大，拘于隘也。夏虫不可与语寒，笃于时也。曲士不可与语至道，拘于俗，束于教也。"即不能跟井里的鱼说大海，因为它拘泥于狭隘的环境。不能跟夏天的虫说冰雪，因为它受时令的限制。不能跟看问题片面的人说大道理，因为他们受流俗和教养的束缚。

《泰族训》说："夫天地不包一物，阴阳不生一类，海不让水潦以成其大，山不让土石以成其高。夫守一隅而遗万方，取一物而弃其余，则所得者鲜，而所治者浅矣。""夫彻于一事，察于一辞，审于一技，可以曲说，而未可以广应也。"《保真训》说："喻于一曲，而不通于万方之际也。"《谬称训》说："察一曲者，不可与言化。审一时者，不可与言大。"《要略》说："理万物，应变化，通殊类，非循一迹之路，守一隅之指。"

刘安关于正确心术（思维方法）的主张，集中到一点，即认识应由一隅到万方，从部分到整体，反对片面性，提倡全面性。事物的片面部分叫"一曲""一隅"。观察、思考的片面性叫"察一曲""喻一曲""偏一曲""守一隅"。固执片面认识的人，叫"曲士"。跟片面性相反的，叫大"道"（全面性的道理）、"万方"（各方面）。反对片面性的是非观，把握多样性统一的全面道理，才能实事求是，认识真理。

四、圣人兼用无弃才

《淮南子·主术训》说："人主者，以天下之目视，以天下之耳听，以天下之智虑，以天下之力争。是故号令能下究，而臣情得上闻。百官修同，群臣辐凑。喜不以赏赐，怒不以罪诛。是故威立而不废，聪明光而不蔽，法令察而不苛，耳目达而不暗。善否之情，日陈于前而无所逆。是故贤者尽其智，而不肖者竭其力。德泽兼覆而不偏，群臣劝务而不怠。近者安其性，远者怀其德。所以然者何也？得用人之道，而不任己之才者也。故假舆马者，足不劳而致千里。乘舟楫者，不能游而绝江海。夫人主之情，莫不欲总海内之智，尽众人之力。"

即君主应凭借天下人的眼看。借助天下人的耳听。凭借天下人的智慧考虑。依仗天下人的力量取胜。因此，君主发布的号令，能够向下贯彻。群臣的情况，能够上达。百官同心协力，群臣紧密聚集。君主不凭一时喜怒，实施赏赐诛罚。君主树立起来的权威，不易废弃。聪明广远，不易蒙蔽。法令明察，而不苛刻。耳目通达，而不闭塞。善恶是非，每天出现在眼前，不会弄错。贤能的人，能充分发挥智慧。能力差的，竭尽全力。君主恩德，施予普遍，而不偏私。群臣勤奋工作，而不懈怠。附近居民，安居乐业。边远民众，归顺德政。能够有这样的结果，原因何在？是在于君主采用正确的用人选人方法，而不是只靠君主一个人的才能。借助车马，脚腿不辛苦，能到达千里之外。乘坐舟船，不会游泳，能横渡江河大海。君主的性情，没有一个不想集中天下的智慧，充分运用众人的力量。

《主术训》又说："是以积力之所举，尤不胜也。而众智之所为，无不成也。聋者可令嚼筋（捶打牛筋，以缠弓弩），而不可使有闻也。瘖者可使守御，而不可使言也。形有所不周（全），而能有所不容（兼容）也。是故有一形者处一位，有一能者服一事。力胜其任，则举之者不重也。能称其事，则为之者不难也。毋小大修短，各得其宜，则天下一齐，无以相过（责备）也。圣人兼而用之，故无弃才。"

即积聚众力办事，没有什么不能胜任。利用众人智慧做事，没有什么不能成功。聋人可以让他去嚼生牛筋，不能派他去伺听。哑巴可以叫他去看守马圈，而不能派他传话。这是因为他们生理形体上有缺陷，因而有些功能就不具备。所以有哪种功能，就安排他处在适合这种功能的岗位。有哪种技能，就让他做适合这种技能的事情。他的能力，胜任这项工作，他就不会感到压力重。他的能力，跟他做的这项工作相称，他就不会觉得困难。所以，不论能力大小，水平高低，让他干适合自己能力和水平的事，天下人都可一样发挥各自的作用，以至于不会有因无法胜任，而出现的过失。圣人用人兼容并蓄，所以没有被遗弃的才能。

《老子》27章说："是以圣人常善救人，故无弃人；常善救物，故无弃物。"《文子·自然》发挥说："老子曰：知而好问者圣，勇而好问者胜。乘众人之智者，即无不任也。用众人之力者，即无不胜也。用众人之力者，乌获不足恃也。乘众人之势者，天下不足用也。无权不可为之势，而不循道理之数，虽神圣人不能以成名。故圣人举事，未尝不因其资而用之也。有一形者处一位。有一能者服一事。力胜其任，即举者不重也。能胜其事，即为者不难也。圣人兼而用之，故人无弃人，物无弃材。"

以上论述，包含精彩的群众智慧论。"积力之所举，无不胜。众智之所为，无不成"，即集中群众的智慧和力量，则无往而不胜，这是群众路线思想在中国古代的萌芽胚胎。

五、奇货可居吕不韦

战国末动荡不安的年代，造就了文化巨人吕不韦。春秋战国时代，中华民族面临从来没有经历过的最伟大的、进步的变革，是一个需要而且产生了巨人的时代。吕不韦"在思维能力、热情和性格方面，在多才多艺和学识渊博方面"，不愧为中华传统文化的巨人。他主编的巨著《吕氏春秋》，是荟萃诸子百家的先秦文化丰碑。

吕不韦，战国末卫国濮阳（今河南东北部）人，本是阳翟（今河南禹县）大商人，往来贱买贵卖，家累千金。吕氏在赵都邯郸做生意，遇到在赵作人质的秦公子异人（后改名子楚）。尽管当时秦公子异人"进用不饶，居处困"（缺钱少用，居处困窘），但吕不韦将他经商的职业敏感移植到政治领域，观察风向，捕捉时机，判明秦公子异人有巨大的利用价值，视为"奇货可居"。于是自出五百金，资助异人，供他广交宾客。自己再用五百金，西行入秦，游说华阳夫人，劝华阳夫人拥立异人为太子。

前249年，异人继位，即秦庄襄王，任命吕不韦为丞相，封文信侯，食邑河南洛阳十万户。前247年，秦庄襄王卒，秦始皇13岁时继位，尊吕不韦为相国，称"仲父"①，又增加食邑蓝田（陕西）12县，并把燕国所献河间（今河北献县）十城作为其封邑。

《史记·吕不韦传》说："吕不韦娶邯郸诸姬绝好善舞者，与居，知有身。子楚从不韦饮，见而悦之，因起为寿，请之（请吕不韦把赵姬赏给他做妻子）。吕不韦怒。念业已破家为子楚，欲以钓奇（用赵姬做钓饵，钓出公子异人，即子楚，以便奇货可居，待机卖出好价钱），乃遂献其姬。姬自匿有身，至大期时，生子政。子楚遂立姬为夫人。"即异人（子楚，秦庄襄王）只是秦王政名义上的父亲，吕不韦才是秦王政实际上的父亲。

吕不韦本是阳翟（河南禹县）大商人，后来改行，成为秦国的大政治家、军事家和文化巨人，有显著的政治、军事和文化业绩，彪炳青史。《史记·吕不韦传》说：吕不韦者，阳翟大贾人也，往来贩贱卖贵，家累千金。秦昭王四十年（前267），太子死。其四十二年（前265），以其次子安国君（名柱，后为孝文王）为太子。

安国君有子二十余人。安国君有所甚爱姬，立以为正夫人，号曰华阳夫人。华阳夫人无子。安国君中男名子

---

① "仲父"，次父，效齐桓公以管仲为仲父。

楚①。子楚母曰夏姬，毋爱。子楚为秦质子于赵（在赵国作人质）。秦数攻赵，赵不甚礼子楚。子楚，秦诸庶孽孙（贱子，非嫡正），质于诸侯，车乘进（财）用不饶，居处困，不得意。吕不韦贾邯郸，见而怜之，曰："此奇货可居！"

吕不韦执政时期的三大军事成就：第一，攻灭东周。《史记·秦本纪》说："庄襄王元年（前249）"，"东周君与诸侯谋秦，秦使相国吕不韦诛之，尽入其国"。秦昭王五十一年（前256）灭西周。第二，集中兵力攻击韩赵魏三国。"使蒙骜伐韩，韩献成皋、巩。秦界至大梁，初置三川郡。二年，使蒙骜攻赵，定太原。三年，蒙骜攻魏高都、汲，拔之。攻赵榆次、新城、狼孟，取三十七城。（四年）王龁攻上党。初置太原郡。"第三，攻取周、赵、魏的土地，建立三川、太原和东郡。

秦王年少，太后（赵姬）时时窃私通吕不韦。吕不韦有远大的政治眼光。第一部有计划集体编写的《吕氏春秋》完成。从秦昭王四十二年（前265），到秦王政十年（前237）十月免相国吕不韦，这期间共28年，秦国的社

---

① 子楚即后来的秦庄襄王。《战国策》说他本名异人，后从赵还，吕不韦使以楚服见华阳夫人，华阳夫人悦之，曰"吾楚人也，而子字之"，乃变其名曰子楚。

会政治，按照吕不韦预想的蓝图发展。吕不韦由阳翟大商人，一变而为名冠全国的大政治家、军事家、秦国丞相，完成许多重大的政治军事计划。十几年后，秦于前221年统一全中国。

六、一字千金编吕览

吕不韦是秦一统天下的奠基人，与商鞅功业并居前列。吕不韦经商从政，文韬武略，业绩辉煌。吕氏的功业，从流传的成语"奇货可居""一字千金"中可以看出。奇货可居，造就千古一帝秦始皇（前259—前210）。一字千金，造就杂家巨著《吕氏春秋》。

《史记·吕不韦传》说："当是时，魏有信陵君，楚有春申君，赵有平原君，齐有孟尝君，皆下士喜宾客以相倾。吕不韦以秦之强，羞不如，亦招致士，厚遇之，至食客三千人。是时诸侯多辩士，如荀卿之徒，著书布天下。"

秦王政六年（前241，秦王政19岁），吕不韦（50岁）乃使其客人人著所闻，集论以为八览、六论、十二纪，二十余万言。以为备天地万物古今之事，号曰《吕氏春秋》。布咸阳市门，悬千金其上，延诸侯游士宾客有能增损一字者予千金。这是"一字千金"的出典。"一字千金"，极言文字价值昂贵。

《论衡·自纪》说："书不能纯美。""《吕氏》《淮南》，悬于市门，观读之者，无訾一言。""大羹必有澹味，至宝必有瑕秽，大简必有大好，良工必有不巧。然则辩言必有所屈，通文犹有所黜。言金由贵家起，文糞自贱室出。《淮南》《吕氏》之无累害，所由出者，家富官贵也。夫贵，故得悬于市。富，故有千金副。观读之者，惶恐畏忌，虽见乖不合，焉敢谴一字？"

《史记·秦始皇本纪》说："招致宾客游士，欲以并（统一）天下。"吕不韦编著《吕氏春秋》的目的，是为秦王政提供治国的蓝图和指导思想，以及政治路线的参考。可惜秦王政尊崇法家，置杂家吕不韦巨著《吕氏春秋》于不顾。

《史记·太史公自序》说："结子楚亲，使诸侯之士斐然争入事秦。作吕不韦列传第二十五。"司马迁明知吕不韦对秦国发展的巨大贡献。到秦王政十年（前237）十月，秦王政23岁时，罢免吕不韦相国的职务。秦王政十一年，命吕不韦出居封地河南。秦王政十二年，命吕不韦跟家属徒役一起迁往蜀郡。吕不韦恐怕自己被秦王政诛杀，于是饮鸩而死。一代文化巨人吕不韦，被司马迁认为是吕不韦私生子的秦王政逼死。

《史记·太史公自序》说："不韦迁蜀，世传《吕览》。"《吕览》是《吕氏春秋》的别称。班固《汉书·艺文志》著录"杂家"《吕氏春秋》，自注"秦相吕不韦辑智略士作"。唐司马贞《史记索隐》卷30述赞吕不韦说："不韦钓奇，委质子楚。华阳立嗣，邯郸献女。及封河南，乃号仲父。徙蜀惩谤，悬金作语。筹策既成，富贵斯取！"

清洪亮吉《洪北江诗文集》卷8《北郊种树集·读史六十首》说："著书空费万黄金，剽窃根源尚可寻。吕览淮南尽如此，两家宾客太欺心！"

七、推崇道家无为治

《吕氏春秋·谨听》说：主贤世治则贤者在上，主不肖世乱则贤者在下。今周室既灭，而天子已绝。乱莫大于无天子，无天子则强者胜弱，众者暴寡，以兵相残，不得休息，今之世当之矣。故当今之世，求有道之士，则于四海之内，山谷之中，僻远幽闲之所，若此则幸于得之矣。得之则何欲而不得？何为而不成？太公钓于滋泉，遭纣之世也，故文王得之而王。文王，千乘也。纣，天子也。天子失之而千乘得之，知之与不知也。诸众齐民，不待知而使，不待礼而令。若夫有道之士，必礼必知，然后其智能可尽。解在乎胜书之说周公，可谓能听矣。齐桓公之见小臣稷，魏文侯之见田子方也，皆可谓能礼士矣。

《贵公》说：昔先圣王之治天下也，必先公，公则天下平（和）矣。平得（出）于公。尝试观于上志（上古的记载），有得天下者众矣，其得之必以公，其失之必以偏（私，不正）。凡主之立也，生于公。故《鸿范》曰："无偏无党，王道荡荡（平易）；无偏无颇，遵王之义（法仪）；无或作好（私好，偏好），遵王之道；无或作恶（私恶，偏恶），遵王之路。"天下非一人之天下也，天下人之天下也。阴阳之和，不长一类。甘露时雨，不私一物。万民之主，不阿（私）一人。伯禽（周公儿子，成王封之于鲁）将行，请所以治鲁，周公曰："利（民）而勿（自）利也。"荆人有遗弓者，而不肯索，曰："荆人遗之，荆人得之，又何索焉？"孔子闻之曰："去其'荆'而可矣。"老聃闻之曰："去其'人'而可矣。"（以天地之大，无所谓得失）故老聃则至公矣。天地大矣，生而弗子，成而弗有，万物皆被其泽，得其利，而莫知其所由始，此三皇、五帝之德也。

这里劝秦王政礼贤下士，在"四海之内，山谷之中，僻远幽闲之所""求有道之士"，起用道家隐士，并推崇老聃的道家思想。东汉高诱评《吕氏春秋》的宗旨，是以"道德"为目标，以"无为"为纲纪，倚重道家，以道学为主体，以儒学为形式，营造道家理想的无为而治。

八、与时俱进倡变法

吕不韦重视法家李斯。《史记·李斯传》说："不韦贤之，任以为郎。"《察今》讲"刻舟求剑"的故事说："楚人有涉江者，其剑自舟中坠于水，遽契其舟曰：'是吾剑之所从坠。'舟止，从其所契者入水求之。舟已行矣，而剑不行，求剑若此，不亦惑乎？"《察今》由此引申说："以此故法为其国，与此同。时已徙矣，而法不徙，以此为治，岂不难哉？"

《察今》又讲"循表夜涉"的故事说："荆人欲袭宋，使人先表澭水。澭水暴益，荆人弗知，循表而夜涉，溺死者千有余人，军惊而坏都舍。向其先表之时可导也，今水已变而益多矣，荆人尚犹循表而导之，此其所以败也。"

《察今》由此引申说："今世之主，法先王之法也，有似于此。其时已与先王之法亏矣，而曰：'此先王之法也。'而法之，以为治，岂不悲哉？故治国无法则乱，守法而弗变则悖，悖乱不可以持国。世易时移，变法宜矣。譬之若良医，病万变，药亦万变。病变而药不变，向之寿民，今为殇子矣。故凡举事必循法以动，变法者因时而化。若此论，则无过务矣。""因时变法者，贤主也。"

九、具体分析知类别

《别类》一篇，顾名思义，这是从认识论上讲区分事物的类别。从辩证法的角度分析，它是指具体问题具体分析。从逻辑学角度讲，它是讲类推的作用和局限。类有可推和不可推两面。类可推是以类同为前提，肯定类推的功能和作用。类不可推是以类异为前提，说明类推的局限和谬误。

《别类》说：知不知上矣。过者之患，不知而自以为知。物多类然而不然，故亡国戮民无已。夫草有莘有藟，独食之则杀人，合而食之则益寿。万堇不杀。漆淖水淖，合两淖则为蹇（坚强），湿之则为干。金柔锡柔，合两柔则为刚，燔之则为淖。或湿而干，或燔而淖，类固不必，可推知也。小方，大方之类也。小马，大马之类也。小智，非大智之类也。

即知人所不知，是高级的认识。不知而自以为知，是错误的认识。事物在很多情况下像是那样，而实际不是那样。莘和藟两种草，单吃能毒死人，合吃则延年益寿。被毒虫咬伤，涂另一种毒药，却能解毒。漆和水是液体，合起来，却能凝结，这是把它变湿，反而变干的事例。铜和锡柔软，合炼，则先变液体（熔液），冷却后变硬，这是用火烧，反而变液体的事例。或变湿却干，或火烧却变液体。事物的类别、性质，不全是永远不变的，可以依此类推了。小方和大方是方类，小马和大马是马类，小智和大智却不是一类（爱耍小聪明的人办大事，显得愚蠢）。

《别类》说：鲁人有公孙绰者，告人曰："我能起死人。"人问其故。对曰："我固能治偏枯，今吾倍所以为偏枯之药，则可以起死人矣。"物固有可以为小，不可以为大。可以为半，不可以为全者也。

即鲁国人公孙绰，向人吹牛说："我能起死回生。"别人问他是怎么回事。他推论说："因为我本来能治半身不遂，现在我把治半身不遂的药加倍，就能起死回生。"这是诡辩。因为事物的小大半全，不仅有量的不同，还有质的区别。会治小病，未必能治大病。半身不遂的人是有病的活人，与死人有质的区别，所以把治半身不遂的药加倍，并不能起死回生。

《别类》说：相剑者曰："白所以为坚也，黄所以为韧也。黄白杂，则坚且韧，良剑也。"难者曰："白所以为不韧也，黄所以为不坚也。黄白杂，则不坚且不韧也。又柔则卷，坚则折。剑折且卷，焉得为利剑？"剑之情未革，而或以为良，或以为恶，说使之也。故有以聪明听说，则妄说者止。无以聪明听说，则尧桀无别矣。此忠臣之所患也，贤者之所以废也。

即在鉴定剑的质量时，认为是好剑的人说：白锡使剑坚硬，黄铜使剑柔韧。白锡、黄铜兼有，所以剑既坚硬又柔韧，是好剑。认为不是好剑的人说：白锡使剑不柔韧，黄铜使剑不坚硬。白锡、黄铜兼有，剑既不柔韧，又不坚硬，不是好剑。并且按照对方所说，黄铜使剑柔韧，但柔韧则卷刃；白锡使剑坚硬，但坚硬则易折断。白锡、黄铜兼有，使剑既易卷刃，又易折断，不是好剑。双方推论，都是正确的假言联言推论式。都以白锡、黄铜性质作前提，推出相反结论。剑制作过程中，白锡、黄铜混合比例的大小，是否合乎制作好剑的需要，应对具体问题做具体分析，不能简单推理。相剑者推论，见表3。

表3　相剑者推论

相剑者推论	难者推论	难者驳相剑者推论	假言联言推论式
白锡→坚硬 黄铜→柔韧 白锡∧黄铜 ∴坚硬∧柔韧	白锡→不柔韧 黄铜→不坚硬 白锡∧黄铜 ∴不柔韧∧不坚硬	柔韧→卷刃 坚硬→折断 柔韧∧坚硬 ∴卷刃∧折断	P→R Q→S P∧Q ∴R∧S

注：表中符号的含义，→：如果，则；∧：并且

　　《别类》说：义，小为之则小有福，大为之则大有福。于祸则不然，小有之不若其亡也。射招者欲其中小也，射兽者欲其中大也。物固不必，安可推也。高阳应将为室家，匠对曰："未可也。木尚生，加涂（泥）其上，必将挠。以生为室，今虽善，后将必败。"高阳应曰："缘子之言，则室不败也。木益枯则劲，涂益干则轻，以益劲胜益轻，则不败。"匠人无辞而对，受令而为之。室之始成也善，其后果败。高阳应好小察，而不通乎大理也。"

　　即好事，小做则小有益，大做则大有益。对于祸事则

不是这样,有小祸事不如没有。射箭靶,希望射中小的。射野兽,希望射中大的。事情本来不是必然一样,哪里可以类推呢。高阳应想盖房,木匠对他说:现在还不行。木料还没干透,往上糊泥土,一定会弯曲。拿没有干透的木料盖房,眼前虽好,日后一定倒塌。高阳应说:根据你的说法,则房不会倒塌。因为木头愈干愈有劲,泥土愈干则愈轻,用愈有劲的,承担愈轻的,不会倒塌。听他讲这番道理,木匠无话可说,于是按吩咐盖房。房刚盖成很好,后来果然倒塌。高阳应好玩弄小聪明,不懂大道理。实际上,没有等湿木干透,湿泥土早已把它压弯。高阳应知其一,不知其二。知小,不知大。知局部,不知整体。单靠一两个简单推理,不能从整体上解决复杂的具体问题。解决复杂的具体问题,需要集合无数简单推理。

《别类》说:骥骜绿耳背日而西走,至乎夕则日在其前矣。目固有不见也,智固有不知也,数固有不及也。不知其说所以然而然,圣人因而兴制,不事心焉。

即千里马背着太阳向西跑,到傍晚太阳反而在它们前面。这是由于太阳比千里马跑得快。眼睛本来就有看不到的,智慧、能力本来就有达不到的。圣人因而定下规矩:不单凭心智臆断。

十、分清是非与真假

《察传》篇名，顾名思义，是审察传言的是非与真假。《察传》说："夫传言不可以不察。数传，而白为黑，黑为白。故狗似玃，玃似母猴，母猴似人，人之与狗则远矣。此愚者之所以大过也。闻而审，则为福矣。闻而不审，不若无闻矣。齐桓公闻管子于鲍叔，楚庄闻孙叔敖于沈尹筮，审之也，故国霸诸侯也。吴王闻越王句践于太宰嚭，智伯闻赵襄子于张武，不审也，故国亡身死也。"

又说："凡闻言必熟论，其于人必验之以理。鲁哀公问于孔子曰：乐正夔一足，信乎？孔子曰：昔者舜欲以乐传教于天下，乃令重黎举夔于草莽之中而进之，舜以为乐正。夔于是正六律，和五声，以通八风，而天下大服。重黎又欲益求人，舜曰：夫乐，天地之精也，得失之节也，故唯圣人为能和。乐之本也。夔能和之，以平天下。若夔者一而足矣。故曰夔一足，非一足也。宋之丁氏，家无井而出溉汲，常一人居外。及其家穿井，告人曰：吾穿井得一人。有闻而传之者曰：丁氏穿井得一人。国人道之，闻之于宋君，宋君令人问之于丁氏，丁氏对曰：得一人之使，非得一人于井中也。求能之若此，不若无闻也。"

"子夏之晋，过卫，有读史记者曰：晋师三豕涉河。子夏曰：非也，是己亥也。夫己与三相近，豕与亥相似。

至于晋而问之，则曰晋师己亥涉河也。辞多类非而是，多类是而非。是非之经，不可不分，此圣人之所慎也。然则何以慎？缘物之情及人之情以为所闻则得之矣。"

《疑似》说："使人大迷惑者，必物之相似也。玉人之所患，患石之似玉者。相剑者之所患，患剑之似吴干者。贤主之所患，患人之博闻辩言而似通者。亡国之主似智，亡国之臣似忠。相似之物，此愚者之所大惑，而圣人之所加虑也。故墨子见歧道而哭之。"

"梁北有黎丘部，有奇鬼焉，喜效人之子侄昆弟之状。邑丈人有之市而醉归者，黎丘之鬼效其子之状，扶而道苦之。丈人归，酒醒而诮其子，曰：吾为汝父也，岂谓不慈哉？我醉，汝道苦我，何故？其子泣而触地曰：孽矣！无此事也。昔也往责于东邑人可问也。其父信之，曰：嘻！是必夫奇鬼也，我固尝闻之矣。明日端复饮于市，欲遇而刺杀之。明旦之市而醉，其真子恐其父之不能反也，遂逝迎之。丈人望其真子，拔剑而刺之。丈人智惑于似其子者，而杀于真子。夫惑于似士者而失于真士，此黎丘丈人之智也。疑似之迹，不可不察。察之必于其人也。舜为御，尧为左，禹为右，入于泽而问牧童，入于水而问渔师，奚故也？其知之审也。夫人子之相似者，其母常识之，知之审也。"

《去尤》说："世之听者，多有所尤，多有所尤则听必悖矣。所以尤者多故，其要必因人所喜，与因人所恶。东面望者不见西墙，南乡视者不睹北方，意有所在也。人有亡斧者，意其邻之子，视其行步窃斧也，颜色窃斧也，言语窃斧也，动作态度无为而不窃斧也。相其谷而得其斧，他日复见其邻之子，动作态度无似窃斧者。其邻之子非变也，己则变矣。变也者无他，有所尤也。"

《去宥》说："齐人有欲得金者，清旦，被衣冠，往鬻金者之所，见人操金，攫而夺之。吏搏而束缚之，问曰：人皆在焉，子攫人之金，何故？对吏曰：殊不见人，徒见金耳。此真大有所宥也。夫人有所宥者，固以昼为昏，以白为黑，以尧为桀，宥之为败亦大矣。亡国之主，其皆甚有所宥邪？故凡人必别宥然后知，别宥则能全其天矣。"

《听言》说·"今人曰：某氏多货，其室培湿，守狗死，其势可穴也。则必非之矣。曰：某国饥，其城郭卑，其守具寡，可袭而篡之。则不非之：乃不知类矣。"

即现在有人说，某人家里很有钱，家里后墙下雨淋湿了，看门狗死了，可以在他家的后墙挖洞，偷他值钱的东西，一定会遭到非议，认为这样做不对。可是有人说，一个国家正在闹饥荒，城墙很矮，守城工具缺乏，可以攻取，却没有人指责。这是不知类的错误，自相矛盾。

《达郁》说："得其细，失其大，不知类耳。"对复杂的具体问题，知其一不知其二，知小不知大，知局部不知整体，是不知事物的类别、性质。

《似顺》说："事多似倒而顺，多似顺而倒。有知顺之为倒、倒之为顺者，则可与言化矣。至长反短，至短反长，天之道也。荆庄王欲伐陈，使人视之。使者曰：陈不可伐也。庄王曰：何故？对曰：城郭高，沟洫深，蓄积多也。宁国曰：陈可伐也。夫陈，小国也，而蓄积多，赋敛重也，则民怨上矣。城郭高，沟洫深，则民力罢矣。兴兵伐之，陈可取也。庄王听之，遂取陈焉。"这是要求区分事物的真相和假象，透过现象认识本质。

十一、发明豆腐淮南王

史籍记载有刘安发明豆腐的故事：第一，宋朱熹《豆腐》诗说："种豆豆苗稀，力竭心已腐；早知淮南术，安坐获泉布。"朱熹《豆腐》题下自注说："世传豆腐，本乃淮南王术。"第二，明李时珍《本草纲目》卷25谷部"豆腐"集解说："时珍曰：豆腐之法，始于汉淮南王刘安。"第三，明方以智《物理小识》卷7说："盖本草言，豆腐为淮南王刘安所作者也。"第四，明彭大翼《山堂肆考》卷195说："淮南作腐。世传豆腐，本汉淮南王术。"第五，清陈元龙《格致镜源》卷24引五代谢绰《拾遗》说："豆腐之术，三代前后未闻，此物至汉淮南王安始传其术于世。"

十二、一人得道鸡升天

杂家刘安（前179—前122）是汉高祖刘邦的孙子，淮南王刘长的长子，汉武帝刘彻（前156—前87）的叔父。汉武帝前140—前87年在位，共53年。刘安在前164年16岁时，被封为淮南（今安徽淮河南）王，到前122年58岁时自杀身亡，在淮南王位43年。

刘安是江淮学术群体的领袖。《史记·淮南衡山列传》说："淮南王安为人好读书鼓琴，不喜弋猎狗马驰骋，亦欲以行阴德（暗中行德），拊循百姓，流誉天下。"《汉书·淮南衡山济北王传》说："招致宾客方术之士数千人。"高诱《淮南子序目》说："天下方术之士，多往归焉。"

刘安主编的《淮南子》，成为《吕氏春秋》之后杂家的又一部巨著。《淮南子》模仿《吕氏春秋》，综合各家，设计治国方案，呈献给国家最高统治者。二书的宗旨目的和作者的命运相似，都是以道家思想为基础，提倡无为，"因其自然"（《原道训》），综合百家，兼容异说，显示出杂家的特点。

据《汉书·武帝纪》，汉武帝建元元年（前140），汉武帝刘彻17岁时，采纳丞相卫绾的奏议，下令罢黜百家，独尊儒术。建元二年，41岁的刘安入朝，向18岁的侄子汉武帝,进献以道家思想为主的治国方案《淮南子》。《汉书·淮南王传》载"上爱秘之",即爱而秘藏之。言外之意,是不愿其在社会上广为流传。

《史记·淮南王传》说:"(淮南王安)时时怨望厉王死,时欲叛逆,未有因也。及建元二年,淮南王入朝。素善武安侯,武安侯时为太尉,乃逆王霸上,与王语曰:'方今上无太子,大王亲高皇帝孙,行仁义,天下莫不闻。即宫车一日晏驾,非大王当谁立者!'淮南王大喜,厚遗武安侯金财物。阴结宾客,拊循百姓,为叛逆事。建元六年,彗星见,淮南王心怪之。或说王曰:'先吴军起时,彗星出长数尺,然尚流血千里。今彗星长竟天,天下兵当大起。'王心以为上无太子,天下有变,诸侯并争,愈益治器械攻战具,积金钱赂遗郡国诸侯游士奇材。诸辩士为方略者,妄作妖言,谄谀王,王喜,多赐金钱,而谋反滋甚。"

《汉书·淮南王传》说:"(淮南王安)招致宾客方术之士数千人,作为内书二十一篇,外书甚众,又有中篇八卷,言神仙黄白之术,亦二十余万言。时武帝方好艺文,以安属为诸父,辩博善为文辞,甚尊重之。每为报书及赐,常召司马相如等视草乃遣。初,安入朝,献所作内篇,新出,上爱秘之。使为《离骚传》,旦受诏,日食时上。又献《颂德》及《长安都国颂》。每宴见,谈说得失,及方技赋颂,昏暮然后罢。"

《淮南子》经汉成帝时刘向整理校定。东汉末高诱《淮南子序目》说:"其旨近《老子》,淡泊无为,蹈虚守静,出入经道。""然其大较,归之于道,号曰鸿烈。鸿,大也。烈,明也。以为大明道之言也。"

淮南王刘安封国淮南,古属楚地。楚文化歌颂自然,探索宇宙。《淮南子·要略》说:"上考之天,下揆之地,中通诸理。""故著书二十篇,则天地之理究矣,人间之事接矣。""若刘氏之书,观天地之象,通古今之变,权事而立制,度形而施宜。""以统天下,理万物,应变化,通殊类。"

唐刘知幾《史通·自序》说:"昔汉世刘安著书,号曰《淮南子》,其书牢笼天地,博极古今,上自太公(周代吕尚称号),下至商鞅,其错综经纬,自谓兼于数家,无遗力矣。"

梁启超《中国近三百年学术史》说《淮南子》"为两汉道家之渊府"。胡适《中国中古思想史长编》说:"道家集古代思想的大成,而《淮南书》又集道家的大成。"范文澜《中国通史简编》说:"《淮南子》虽以道为归,但杂采众家。"汉杨修《临淄侯笺》说:"《吕氏》《淮南》,字值千金。"

《史记·淮南衡山列传》说,刘安在封地"阴结宾客，拊循百姓，为叛逆事"，"为反谋益甚"。刘安谋反被告发，自杀身亡。后来的好心人，给刘安安排一个较好的结局，于是编造神话故事，说刘安好道术，修炼成仙，跟随八位神仙，白日升天。临走，丢弃在院子里的药器，被鸡啄狗舔，于是鸡狗都跟随主人一起升天。霎时间，直听得云中有鸡鸣，天上有狗叫，一片热闹非凡的景象。这是"一人得道，鸡犬升天"成语的出典。

东汉王充《论衡·道虚》分析说："儒书言：淮南王学道，招会天下有道之人。倾（委屈）一国之尊，下（降低身份尊重）道术之士。是以道术之士，并会淮南。奇方异术，莫不争出。王遂得道，举家升天。畜产皆仙，犬吠于天上，鸡鸣于云中。此言仙药有余，犬鸡食之，并随王而升天也。好道学仙之人，皆谓之然，此虚言也！"指出荒诞臆造不可信。

十三、智能别异明是非

《原道训》说："察能分白黑，视美丑。而智能别同异，明是非。"《人间训》说："物类相似若然，而不可以从外论者，众而难识矣，是故不可不察也。"即事物的类别，经常呈现表面的相似性，似乎是那样的，但实际不是那样的。不可以根据表面现象进行判断。这种事例很多，很难识别，不可不仔细审察。

《泛论训》说：夫物之相类者，世主之所乱惑也。嫌疑肖像者，众人之所眩耀。故狠者类知而非知，愚者类仁而非仁，戆者类勇而非勇。使人之相去也，若玉之与石，美之与恶，论人易矣。夫乱人者，芎䓖之与藁本也，蛇床之与麋芜也。此皆相似者。故剑工惑剑之似莫邪者，唯欧冶能名其种。玉石眩玉之似碧卢者，唯猗顿不失其情。

即事物的类似，使国君迷惑。疑惑难辨，使众人迷惑。狠毒的人类似有智慧，而实际没有智慧。愚昧的人类似有仁惠，而实际没有仁惠。刚直而愚的人类似勇敢，而不是勇敢。假使人与人的区别像宝玉和石头、美丽和丑恶一样明确，那么评论人就容易了。迷惑人的，像芎䓖和藁本、蛇床和麋芜，都是相似的。剑工被类似莫邪的剑迷惑，只有欧冶能区别。玉工被类似碧卢的玉石迷惑，只有猗顿不会看错其性质。

《主术训》说："是非之所在，不可以贵贱尊卑论也（真理的客观性）。是明主之听于群臣，其计乃可用，不羞其位（不以其地位低而感到羞耻）；其言可行，而不责其辩（说得好听）。"《齐俗训》说："天下是非无所定，世各是其所是，而非其所非。所谓是与非各异，皆自是而非人。由此观之，事有合于己者，而未始有是也。有忤（违反、抵触）于心者，而未始有非也。故求是者，非求道理也，求合于己者也。去非者，非批（排除）邪迤（斜曲）也，去忤于心者也。忤于我，未必不合于人也。合于我，未必不非于俗也。至是之是无非，至非之非无是。此真是非也。若夫是于此，而非于彼，非于此，而是于彼者，此之谓一是一非也。此一是非，隅曲也。夫一是非，宇宙也。今吾欲择是而居之，择非而去之，不知世之所谓是非者，孰是孰非。"这是说真理的客观性。求"是"，即求真理，是探求反映宇宙整体的大道理。

十四、以小明大论近远

《说山训》说："尝一脔肉，知一镬之味。悬羽与炭，而知燥湿之气：以小明大。见一叶落，而知岁之将暮；睹瓶中之冰，而知天下之寒：以近论远。"即尝一片肉，可推知一锅肉的滋味。在天平两端各放上羽毛和木炭，木炭的吸湿性大于羽毛，木炭重可推知空气湿度大。这是由小范围推知大范围。看见一片树叶随风飘落，可推知秋冬季节的交替。看见瓶中水结冰，可推知天下的寒冷。这是由近处推知远处。这些事例是类比和典型事例归纳的应用。

《说山训》说："得万人之兵，不如闻一言之当。得隋侯之珠，不若得事之所由。"即得到一万人的军队，不如听到一句恰当的话。得到名贵珠宝，不如发现一个事物的因果联系。古希腊哲学家德谟克利特曾说，发现一个事物的原因，胜过获得一个波斯王位。这是人类探索自然的科学精神的表现。

《说山训》说:"见簌(空)木浮而知为舟,见飞蓬转而知为车,见鸟迹而知著书,以类取之。"即看见空木在水中飘浮,可推知造船。看见飞蓬转动,可推知造车。见鸟爪痕迹,可推知造字。这是由已知属性,推知未知属性的类比推理。类比推理是人类创造发明之母。

《泛论训》说:"未尝灼而不敢握火者,见其有所烧也。未尝伤而不敢握刃者,见其有所害也。由此观之,见者可以论未发也,而观小节可以知大体矣。"即没有被灼伤过但不敢用手握火,是因为已经看见火烧东西。没有被割伤过但不敢用手握刀刃,是因为已经看见刀刃割东西。已经观察了许多火烧、刀割东西的事例,就归纳出火能烧、刀能割东西的一般命题。从这一般命题又可演绎出火能烧手、割手的个别结论。在潜意识里已经反复进行过无数次的归纳、演绎过程,使我们即使没有被火烧伤、被刀割伤的经验,也不敢用手握火、握刃。这是用已知推论未知,表现出推理的巨大认识作用。

《泰族训》说:"有喑(哑叭)聋之病者,虽破家求医,不顾其费。岂独形骸有喑聋哉?心志亦有之。夫指之拘也(指头卷缩伸不开),莫不事伸也。心之塞也,莫知务通也。不明于类也。"这是归谬式的类比推理,即人有聋哑病,失听失语,一定会不怕花费,破家求医。同样,思维疾病，逻辑谬误，也应该注意医治。指头卷缩伸不开，一定到处找医生治疗，心不开窍，则不设法疏通，这是"不明于类"，即违反同一律和矛盾律的逻辑谬误，应该防止。

十五、欧冶之巧伯乐数

这是讲比喻方法的重要性。《齐俗训》说："得十利剑，不若得欧冶（春秋时人，善铸剑，曾为越王、楚王铸名剑）之巧。得百走马，不若得伯乐之数。"即得到十把利剑，不如得到铸剑高手的技巧。得百匹千里马，不如得到伯乐的相马术。有格言说："受人以鱼，不如授人以渔。""好教师授人以真理；更好的教师，授人以获得真理的方法。"

刘安认为"心术"，即思维方法，是所有具体方法的总管，是思考的技艺、智慧的门径。《人间训》说："发一端，散无境，周八极，总一管，谓之心。见本而知末，观指而睹归，执一而应万，握要而治详，谓之术。"心术即思维方法，是一切具体方法的总管。

又说："凡人之举事，莫不先以其知，规虑揣度，而后敢以定谋。其或利或害，此愚智之所以异也。""晓自然以为智，知存亡之枢机，祸福之门户，举而用之。陷溺于难者，不可胜计也。使知所为是者，事必可行，则天下无不达之途矣。是故知虑者，祸福之门户也。"这说明知识、思虑、揣量的思维活动和方法，是做事成败的关键，是智慧愚蠢的分界。

刘安重视研究心术，他认为人的心智有分析和综合的功能，可以掌握类推和预见的技巧。思维方法有助于人们正确认识同异是非、然不然、真相假象，使人能恰当处理祸福利害。

第九讲　纵横家：苏秦张仪说纵横

纵横家是诸子百家、十家九流之一。代表人是苏秦（前337—前284）和张仪（约前360—前309）。纵是南北合，横是东西连。成语有"纵横捭阖"，原意指战国时代纵横家用合纵、连横的主张，游说各国诸侯的方法，后指代用辞令探测打动人，以实现联合分化的手段。纵横家善用开合、放收、言默、阴阳、刚柔和软硬两手。他们凭三寸舌强于百万师。其思维语言艺术，对现代社会交往，有启示借鉴意义。

苏秦合纵六国（燕赵韩魏齐楚），共同抗秦。张仪连横六国，分别事秦。《韩非子·五蠹》说："纵者，合众弱以攻一强也。而横者，事一强以攻众弱也。"一语道破纵横两派的实质差异。纵派以合为主，协调矛盾，联合团结，多阳谋，少阴谋。横派以分为主，利用矛盾，各个击破，多阴谋，少阳谋。战国策士，运用合纵连横策略，开展政治、军事和外交活动，影响各国军政大局。在战国军政外交的大舞台上，以苏秦、张仪为主角，上演了惊动天人的连台大戏。

《汉书·艺文志》说：纵横家者流，盖出于行人之官。孔子曰："诵诗三百，使于四方，不能专对，虽多亦奚以为？"又曰："使乎，使乎！"言其当权事制宜，受命而不受辞，此其所长也。及邪人为之，则尚诈谖而弃其信。

即纵横家流派，出于古代外交官。孔子说："读《诗经》三百篇，派他出使到国外，不能独当一面，应对进退。虽然学很多，有何用？"孔子称赞蘧伯玉的使者说："好使者呀！好使者呀！"使者应该权衡事情的利害得失，适当处置。只接受出使的命令，不接受应对的言辞，这是他们的长处，等到偏邪的人实行，就崇尚欺诈，背弃诚信。

"权事制宜"，即权衡事情的利害得失，据以制定适宜方式，采取恰当对策，灵活运用。"受命而不受辞"，即接受出使命令，以完成出使任务为目的，至于完成出使任务的方法，则不受言辞约束。意同于"将在外，君命有所不受"[1]。《公羊传·庄公十九年》说："大夫受命不受辞，出境有可以安社稷，利国家者，则专之可也。"

---

[1] 《孙子兵法·九变》："途有所不由，军有所不击，城有所不攻，地有所不争，君命有所不受。"

《晋书·周浚传》说："且握兵之要，可则夺之，所谓受命不受辞也。"

《论语·宪问》说："蘧伯玉使人于孔子。孔子与之坐而问焉，曰：'夫子何为？'对曰：'夫子欲寡其过而未能也。'使者出，子曰：'使乎！使乎！'"朱熹注："夫子，指伯玉也。使者之言愈自卑约，而其主之贤益彰，亦可谓深知君子之心，而善于辞令者矣。故夫子再言'使乎'以重美之。"

一、三寸舌强百万师

1. 脱颖而出是毛遂

《史记·平原君传》说：秦之围邯郸，赵使平原君求救，合纵于楚，约与食客门下有勇力文武备具者二十人偕。平原君曰："使文能取胜，则善矣。文不能取胜，则歃血于华屋之下，必得定纵而还。士不外索，取于食客门下足矣！"得十九人，余无可取者，无以满二十人。门下有毛遂者，前，自赞于平原君曰："遂闻君将合纵于楚，约与食客门下二十人偕，不外索。今少一人，愿君即以遂备员而行矣！"平原君曰："先生处胜之门下几年于此矣？"毛遂曰："三年于此矣！"平原君曰："夫贤士之处世也，譬若锥之处囊中，其末立见。今先生处胜之门下三年于此矣，左右未有所称诵，胜未有所闻，是先生无所有也。先生不能，先生留！"毛遂曰："臣乃今日请处囊中耳！使遂早得处囊中，乃颖脱而出，非特其末见而已！"平原君竟与毛遂偕。十九人相与目笑之，而未发也。

即前259年9月，秦昭王派五大夫王陵进攻赵都邯郸。前258年，秦昭王又改派王龁代王陵继续进攻邯郸。赵孝成王派平原君（约前307—前251）赵胜到楚国寻求救援，跟楚国合纵抗秦。约定集合门下食客，有勇力谋略、文武双全的二十人同行。平原君说："假如用文的一手，能取胜，那就好了。假如用文的一手不能取胜，那只能在华丽的大厅下歃血为盟，一定要签订合纵条约才回国。同去的文臣武士，不到外面寻找，从我门下食客中挑选就够了！"结果选中十九人，剩下的人没有可再挑选的，没有凑满二十人。门下食客中有叫毛遂的人，走到前面，向平原君自我推荐说："我听说您要到楚国，跟楚国订立合纵盟约，约定跟门下食客二十人同去，人不到外面寻找，现在还少一个人，希望您就拿我充数，一起去吧！"平原君问道："先生在我门下有几年了？"毛遂答："整三年！"平原君说："贤士生活在世上，如同锥子放在口袋里，锋尖立即会显露。如今先生在我门下已三年，左右近臣没有称赞推荐过你，我从来没听说过你，这是因为先生没有什么专长！先生不能去，先生留下！"毛遂说："我今天请求您将我放入口袋！假使我早被放在口袋里，是会整个锥锋都露出来的，不只是露出一点锋尖！"平原君终于同意让毛遂一同去。十九人互相使眼色，暗自嘲笑，只是没有笑出声。这是成语"脱颖而出"的出典。

2.合纵说辞是典范

《史记·平原君传》说：毛遂比至楚，与十九人论议，十九人皆服。平原君与楚合纵，言其利害，日出而言之，日中不决。十九人谓毛遂曰："先生上。"毛遂按剑历阶而上，谓平原君曰："纵之利害，两言而决耳。今日出而言纵，日中不决，何也？"楚王谓平原君曰："客何为者也？"平原君曰："是胜之舍人也。"楚王叱曰："胡不下！吾乃与而君言，汝何为者也？"毛遂按剑而前曰："王之所以叱遂者，以楚国之众也。今十步之内，王不得恃楚国之众也，王之命悬于遂手。吾君在前，叱者何也？且遂闻汤以七十里之地王天下，文王以百里之壤而臣诸侯，岂其士卒众多哉？诚能据其势，而奋其威。今楚地方五千里，持戟百万，此霸王之资也。以楚之强，天下弗能挡。白起，小竖子耳，率数万之众，兴师以与楚战，一战而举鄢郢，再战而烧夷陵，三战而辱王之先人。此百世之怨，而赵之所羞，而王弗知恶焉。合纵者为楚，非为赵也。吾君在前，叱者何也？"楚工口："唯唯，诚若先生之言，谨奉社稷而以纵！"毛遂曰："从定乎？"楚王曰："定矣！"毛遂谓楚王之左右曰："取鸡狗马之血来!"毛遂奉铜盘而跪进之楚王曰:"王当歃血而定纵,次者吾君,次者遂。"遂定纵于殿上。毛遂左手持盘血,而右手招十九人曰:"公相与歃此血于堂下!公等碌碌,所谓因人成事者也!"

平原君已定纵而归,归至于赵,曰:"胜不敢复相士。胜相士多者千人,寡者百数,自以为不失天下之士,今乃于毛先生而失之也。毛先生一至楚,而使赵重于九鼎大吕。毛先生以三寸之舌,强于百万之师。胜不敢复相士。"遂以为上客。

即等到毛遂到达楚国,跟十九人议论局势,十九人都很佩服。平原君与楚王谈判订立合纵盟约的事,再三陈述利害关系,日出就谈,到中午还没决定。十九人鼓动毛遂说:"先生登堂!"毛遂紧握剑柄,急速登阶到殿堂,对平原君说:"合纵的利害,两句话就决定。现在日出就谈,到中午还没决定,是什么缘故?"楚王对平原君说:"这人是干什么的?"平原君答:"是我的随从。"楚王呵叱说:"怎么还不给我下去!我是跟你的主人谈判,你来干什么?"毛遂紧握剑柄,走上前去说:"大王敢呵叱我,不过是依仗楚国人多势众。现在我与你相距十步之内,大王依仗不了楚国人多势众,大王的性命控制在我手中。我的主人就在面前,当着他的面,你为什么这样呵叱我?况且我听说,商汤凭着七十里方圆的地方,统治天下,周文王凭着百里的土地,让诸侯臣服,难道是因为他们士卒众多吗?正是因为他们善于掌握形势,而奋力发扬威力。如今楚国领土纵横五千里,士兵百万,这是争王称霸所凭借的资本。凭着楚国的强大,天下没人能挡。秦将白起,毛孩子一个,率领数万之众,发兵与楚国交战,第一战就攻克鄢城郢都(前279年秦将白起攻下楚国鄢等五城。前278年攻取郢都),第二战火烧了夷陵,第三战凌辱大王的先祖。这是楚国百世不解的怨仇,连赵王都感羞耻,可是大王却不觉得羞愧。签订合纵盟约,是为了楚国,不是为了赵国。我的主人就在面前,你呵叱什么?"楚王说:"是,是,的确像先生所说,我一定竭尽全国力量,履行合纵盟约!"毛遂问:"合纵盟约确定了吗?"楚王说:"确定了!"毛遂对楚王左右近臣说:"拿鸡狗马血来!"毛遂双手捧着铜盘,跪进楚王说:"大王应先吮血,确定合纵盟约,下一个是我的主人,再下一个是我!"于是在楚国殿堂确定合纵盟约。毛遂左手托盘血,右手招呼十九人说:"各位在堂下,一块儿吮盘中血,各位虽然庸碌,也算因人成事(依赖他人力量完成任务)!"

平原君确定了合纵盟约,便返回赵国。回到赵国后,平原君说:"我不敢再观察识别人才了。我观察识别的人才多说上千,少说几百,自认为不会遗漏天下的贤能之士,现在竟然把毛先生给漏下了。毛先生第一次到楚国,就使赵国的地位，比周朝传国之宝九鼎大吕还尊贵。毛先生凭借三寸之舌，强过百万大军的威力。我不敢再观察识别人才了。"于是把毛遂尊为上等宾客。

毛遂智驳楚王的话，是合纵说辞的典范。毛遂先以自身勇力，震慑住楚王。再对楚王，晓之以商汤、周武王的道义。继而赞扬楚国富有称王称霸的资本，煽起楚王对秦国的怨恨，拉拢楚王对赵国的亲近。打着"合纵者为楚，非为赵"的旗号，立刻坚定楚王与赵国合纵抗秦的决心。毛遂可谓勇谋兼有，文武双全。这是成语"因人成事"和名言"三寸舌强于百万师"的出典。

《史记·淮阴侯传》说，郦食其"掉三寸之舌，下齐七十余城"。《史记·留侯世家》说，张良"以三寸舌为帝者师，封万户，位列侯，此布衣之极"。明胡奎《斗南老人集》卷1咏张良说："一掉三寸舌，名高万户侯。"宋高似孙《子略》卷1说："士掉三寸舌，得意天下。"士人动用三寸舌，能够得意横行天下。宋王应麟《通鉴答问》卷3说："自战国纵横之士，掉三寸舌，以簧鼓诸侯。"

战国纵横策士，充分发挥三寸舌的作用，犹如鼓动乐器发声的簧片，策动诸侯。《庄子·盗跖》描绘诡辩说："摇唇鼓舌，擅生是非。"诡辩家巧嘴利舌，无事生非。张仪所谓"舌在足矣"，充分反映诡辩家的人生体验，靠口舌善辩成名。

《史记·张仪传》说：张仪者，魏人也。始尝与苏秦俱事鬼谷先生学术，苏秦自以不及张仪。张仪已学，而游说诸侯，尝从楚相饮。已而楚相亡璧，门下意张仪曰："仪贫无行，必此盗相君之璧！"共执张仪，掠笞数百，不服，释之。其妻曰："嘻！子毋读书游说，安得此辱乎？"仪谓其妻曰："视吾舌尚在不？"其妻笑曰："舌在也！"仪曰："足矣！"

即张仪是魏国人，开始曾和苏秦一起，共同侍奉纵横家祖师鬼谷子，学习纵横捭阖的技巧。苏秦自以为不如张仪。张仪学成后，游说诸侯，曾跟楚国宰相一起喝酒。一次楚国宰相的玉璧丢失，门人怀疑是张仪偷窃，说："张仪人穷，没德行，必是他盗窃宰相玉璧！"于是逮捕张仪，打了他数百鞭子，但他始终不承认，只好放了他。妻子说："你如果不读书游说，怎会受这般污辱？"张仪说："看我的舌头，还在不在？"妻子笑说："舌在！"张仪说："这就足够了！"

"有舌在，就足够了！"这话反映诡辩家的特点。诡辩家的特点，是把三寸不烂之舌的作用，发挥到极致。利用舌头的柔软灵和性，来论证任何论题。诡辩家的职业，是专门从事诡辩，舌头是利器。只要舌在，就什么都有。《诗·小雅·巧言》说："巧言如簧，颜之厚矣！"诡辩家说话巧妙，舌头像乐器的发声簧片，柔软灵和，可演奏任何乐曲。这种人脸皮厚,说假话,脸不红,心不跳。

《墨子·尚同中》说:"是以先王之书《术令》之道曰:'唯口出好兴戎(张开口,可说出好话,也可兴起战端)。'则此言善用口者出好,不善用口者以为谗贼寇戎(谗言,贼害,寇乱,战争),则此岂口不善哉?用口则不善也,故遂以为谗贼寇戎。"

张仪是战国连横派的代表。《战国策·齐策一》说:"张仪为秦国连横。"张仪是魏国贵族的后代。前328年,张仪任秦惠文君的相国,被封为武信君,为秦国制定连横的政治、外交、军事策略,迫使魏国向秦国献上郡,帮助秦惠文君称王,游说各国放弃联合,屈从秦国,瓦解齐楚联合体,为秦国谋划攻取楚国汉中地区。秦武王(前310—前307在位)即位后,张仪回魏国任宰相,一年后死去。

张仪和苏秦是同窗好友。苏秦创合纵策略,游说六国合纵抗秦,拆散张仪连横。张仪施连横策略,游说六国亲秦,拆散苏秦合纵。二人同在战国舞台,演练合纵连横大戏。

苏秦挂六国相印,张仪见苏秦,要求与之共事。苏秦说,你我才能,旗鼓相当。现在我披六国相印,你投靠我,必不受重用。你我二人帮六国灭秦,必因功劳大被嫉妒。现在你应连横,投靠秦国,与我合纵抗秦相对才好。

于是张仪西去投秦，受到秦惠文王重用。前328年，张仪任秦相，实行连横。张仪与秦王商定，由自己先去魏国任相，设法使魏国先背离合纵盟约，与秦国交好。张仪到魏国，向魏王指出，就算是亲兄弟，也会争夺财产，何况六国各有计谋，同盟不可能长久。魏国处在各国的包围中，地势平坦，无险可守，只有投靠秦国，才能保住安全。魏王没有采纳张仪的建议。于是张仪暗告秦王，发兵攻魏，软硬兼施，打拉结合，魏王终于背弃合纵盟约，转而与秦国结盟。

张仪回到秦国，向秦王要求出使楚国，以拆散齐楚联盟。前313年，张仪进见楚王说，当今七雄，以秦楚齐三国最为强大。三者又以秦国最强，齐楚两国相当。如果楚国与秦国结盟，则楚国就比齐国强大。如果齐国先与秦国结盟，则齐国就比楚国强大。楚国最好的出路，是与秦国结盟。张仪许诺，在楚国与齐国断交，同秦国结盟后，秦国把商（今陕西商县）、於（今河南内乡）地方六百余里，归还楚国。楚王为眼前利益所动，不顾众大臣反对，授张仪相印，与齐国断交，派一名将军做使臣，跟随张仪，回秦国取回商、於地方。

楚国使臣到秦国后，张仪假装从车上摔下，三个月不上朝。楚王得知张仪没有兑现承诺，误判是因为自己与齐国绝交不彻底，张仪才不兑现承诺，于是派人到齐国大骂齐王，齐王大怒，决定与秦国结盟。后来张仪证实楚国已经跟齐国绝交，上朝召见楚国使臣说，我有俸邑六里，愿献给楚王。楚国使臣说，我受楚王派遣，接收秦国六百里土地，没听说过六里！张仪说："我答应楚王的，不是六百里商、於之地，而是自己的俸邑六里，从来没听说过六百里！"

楚王得知张仪违背承诺后，大为震怒，发兵十万攻打秦国，被齐、秦联军击败，损兵八万，被秦国夺走丹阳、汉中。楚王不甘心失败，调动举国之兵攻打秦国，再次被打得大败，只好再割让两座城池，以跟秦国讲和。秦王提出用商、於之地，换取楚国黔中之地，楚王竟然答复，只要得到张仪并亲自诛之，愿将黔中之地奉送秦国。

张仪不顾个人安危，只身赴楚，用重金买通楚怀王的宠臣靳尚和夫人郑袖。"而设诡辩于怀王之宠姬郑袖"，欺骗楚怀王，使楚王改变对自己的态度。屈原看破张仪的诡计，谏劝楚怀王。楚怀王不听，反而流放屈原。屈原在远迁途中，作《怀沙之赋》说："变白而为黑兮，倒上以为下！"黑白颠倒、是非混淆，这是形容张仪的诡辩。

张仪向楚王提出，可以向秦王建议不要黔中之地，两国太子互为人质，永结亲盟，楚王听后，十分高兴。最终，齐楚两国都背离"合纵"，与秦国结盟。

张仪回秦，出使其余几国，使他们纷纷由合纵抗秦，转变为连横亲秦，被秦王封为武信君。张仪凭借高超智谋和说辩技巧，瓦解苏秦所创六国合纵。张仪连横事业，达到高峰。张仪连横成功，是秦国攻灭六国，一统天下战略的预演、先声和序幕。

张仪雄才大略，凭借谋略和游说技巧，瓦解合纵，连横成功，以片言得楚六百里，为秦国立功。秦惠文王死后，即位的是秦武王。武王在当太子时，就不喜欢张仪。于是张仪出逃到魏国，出任魏相，一年后去世。

张仪连横亲秦，成秦国统一天下的最高指导方针。秦国冲破六国联合，各个击破。秦国人才缺乏，坚持开放政策，吸引六国人才。辩士、谋臣和武夫，长途跋涉，不避艰险，叩关入秦，凭借秦国的有利条件，发挥自己的聪明才智，使秦国力挫群雄，统一全国。

张仪是连横策略的首创者。张仪为秦国制定"事一强以攻众弱"的策略，为秦国奔走。商鞅变法，为秦国奠定的经济、政治实力，张仪以连横外交，为秦国东扩，吞并六国，统一全国铺路。张仪把握天下大势，统筹全局，深谋远虑，东向连横，南向发展，瓦解合纵，各个削弱，连横韩魏以攻楚。

为南向发展，张仪先稳定东方，软硬兼施，打拉结合，改变对魏国一味进攻的旧法。前328年，张仪攻魏，取蒲阳（山西永济），不久又归还蒲阳于魏，使公子繇入质于魏，换取更多领土。战国时秦国出质子，是张仪首创。《史记·张仪列传》载，张仪陪公子繇入魏，对魏襄王说："秦王之遇魏甚厚，魏不可以无礼！"逼魏献上郡十五县和少梁，张仪因功提升为秦相。

魏国处中原腹部，西为秦韩，南有楚宋，东有齐卫，北邻赵国。魏国地处秦与山东六国的交接点，秦人向东发展，魏国是首要目标。东方诸侯合纵拒秦，魏又是前沿。因此魏国，是合纵连横斗争的矛盾焦点，也是合纵连横两方势力的争夺对象。

张仪审时度势，借机拉拢魏国，想让魏国作事秦的领头羊。迫于军事压力，魏国不得不同意与秦国连横。秦国攻取魏国的上郡，对秦国的安全极为重要，魏国从此失去河西的据点，而秦魏两国的关系，反而密切起来。

张仪一石三鸟，既得到战略要地，又减轻秦国外交和军事压力，是其外交的一大胜利。《战国策·韩策一》载，张仪又以同样手段，威胁与利诱双管齐下，迫使韩王"比郡县，筑帝宫，祠春秋，称东藩，效宜阳"，西面事秦。秦韩魏结成暂时联盟。

在战国中期，齐楚是秦的劲敌。齐楚合纵，是秦的心腹大患。以秦国当时的实力，还不可能同时与齐楚对抗。张仪在第二次任秦相期间，主要推行弱楚外交。在张仪游说各国的活动中，以拆散齐楚联盟，削弱楚国的活动最为出色，舌辩最有效。

前313年，张仪使楚，深入考察，知道楚国力强盛，但楚怀王贪婪好色，昏庸无能，决定投其所好，花言巧语，行骗楚之策。运用行贿利诱，欺诈蒙骗手段，献一计三利之策。第一利：得商、於之地六百里。第二利：秦楚结为姻亲，互相提携。第三利：弱齐，使楚国"绝约于齐"。楚怀王被意外之财，利令智昏，冲昏头脑，不听谏劝，重赏张仪，与齐绝交。

张仪回国，称病三月不出，至此怀王仍执迷不悟，乃重绝于齐王，齐、楚联盟被拆散。齐王怒，而与秦交好，秦齐缔结盟约。张仪这时才上朝，要把自己的封地六里，送给楚国。张仪扯弥天大谎，先承诺给楚国土地六百里，事后又矢口否认，骗术并不高明，但他选对了对象，怀王不仅昏庸，而且刚愎自用，不听忠言，真可谓人主受蒙，皆咎由自取，成千古笑柄，这是怀王第一次受骗。

前311年，秦国取楚国召陵，秦王遣使赴楚，表示愿意修好。张仪再次出使，张仪用三寸不烂之舌，夸秦楚联盟的好处，夸耀秦的兵威，诋毁合纵主张，是"聚众弱而攻至强"的"危亡之术"。纵人是"饰辩虚辞，高主之节，言其利，而不言其害"。说"凡天下强国，非秦而楚，非楚而秦，两国竞争，其势不两立。"建议两国世代相亲。

张仪凭说服术和对天下局势及怀王心理的透彻了解，

在军事行动以后，又用行贿、人质、联姻和蒙骗手段，化解楚王欲杀之而后快的危机，又一次达成秦楚联盟。几次反复，楚因失齐而孤立，齐楚失和，秦从中取利。其他国家也因楚背纵约，而攻楚。三强之一的楚国，从此衰落。这为秦东进中原，扫除障碍。

张仪连横策略，是分析天下大势和各国实力后，为秦国的强大扩张提出的外交指导方针，有利于秦国冲破六国联合，各个击破。张仪是典型的纵横家，对各国政治、军事、经济和君臣情况了如指掌，他施展辩才，济以智略，组织连横，手段诡诈，功业卓著。

《史记·李斯列传》载李斯说："（秦）惠王用张仪之计，拔三川之地，西并巴蜀，北收上郡，南取汉中，包九夷，制鄢郢，东据成皋之险，割膏腴之壤，遂散六国之纵，使之西面事秦，功施至今。"

秦惠王去世，是张仪政治生命的终结。但张仪提出连横、拉拢诸侯、远交近攻、各个击破的策略都被一直贯彻，成秦国一统天下、东进中原的最高指导方针。

《史记·张仪列传》说：三晋多权变之士，夫言纵横强秦者，大抵皆三晋之人也。夫张仪之行事，甚于苏秦，然世恶苏秦者，以其先死，而仪振暴其短，以扶其说，成其横道。要之，此两人真倾危之士哉！

即三晋出了很多权宜机变的人物，那些主张合纵连横，使秦国强大的大多是三晋人。张仪的作为，比苏秦有过之，可是社会上厌恶苏秦的原因，是因为他先死了，而张仪张扬暴露了他合纵的短处，用来附会自己的主张，促成连横之道。总而言之，这两个人是真正险诈的人。司马贞《索隐述赞》说："仪未遭时，频被困辱。及相秦惠，先韩后蜀。连横齐魏，倾危诳惑！"

二、掉三寸舌相六国

苏秦曾受贫贱的厄困，因充分发挥三寸舌的作用，佩六国相印。苏秦，字季子，战国中期东周洛阳人。与周显王、秦惠王、秦武王、魏惠王、魏襄王、赵肃侯、楚怀王、燕文公、燕易王、燕王哙、燕昭王、齐威王、齐宣王同时代，是合纵派的代表。

苏秦年幼时，与张仪一起，在颍川阳城（今河南登封）拜鬼谷先生为师。学成后，先后去东周和秦国，请求出仕，施展抱负，但未被录用。此后，苏秦回到故里，勤奋学习。

一年中，苏秦刻苦读书。头悬梁，锥刺骨，留下"悬梁刺股"的佳话。[①]苏秦攻读兵法、医学、经济和法令等

[①] 成语"悬梁刺股"，形容刻苦学习。《战国策·秦策一》："（苏秦）读书欲睡，引锥自刺其股。"明彭大翼《山堂肆考》卷124说："苏秦与魏国张仪，同事鬼谷先生。读书欲睡，以头发系梁上。手引锥，自刺其股，血流至踝（脚跟）。"

书，研究各国形势。苏秦反复思考，认为各国中，以齐、楚、燕、韩、赵、魏、秦七雄为最强，而七雄中以秦国为最强，因此提出合纵主张，促使六国结盟抗秦。

《史记·苏秦列传》说：苏秦者，东周洛阳人也。东事师于齐，而习之于鬼谷先生。出游数岁，大困而归。兄弟嫂妹妻妾窃皆笑之曰："周人之俗，治产业，力工商，逐什二以为务。今子释本而事口舌，困，不亦宜乎！"苏秦闻之而惭，自伤，乃闭室不出，出其书遍观之曰："夫士，业已屈首受书，而不能以取尊荣，虽多亦奚以为！"于是得周书阴符，伏而读之。期年，以出揣摩曰："此可以说当世之君矣！"求说周显王。显王左右素习知苏秦，皆少之，弗信。乃西至秦，秦孝公卒，说惠王曰："秦四塞之国，被山带渭，东有关河，西有汉中，南有巴蜀，北有代马，此天府也！以秦士民之众，兵法之教，可以吞天下，称帝而治！"秦王曰："毛羽未成，不可以高飞。文理未明，不可以并兼！"方诛商鞅，疾辩士，弗用。乃东之赵。赵肃侯令其弟成为相，号奉阳君。奉阳君弗悦之。

即苏秦是东周洛阳人。他曾向东到齐国拜师求学，在鬼谷先生门下修习。然而，他外出游历多年，弄得穷困潦倒，狼狈地回到家中。兄嫂、弟妹、妻妾都私下讥笑他："周国人的习俗，人们都治理产业，努力从事工商，以追求十分之二的盈利为事业。如今他丢弃本业，专干耍嘴皮子的事儿，弄得穷困潦倒，也是活该！"

苏秦听后，暗自惭愧，自我伤感，闭门不出，把藏书全都阅读一遍说："一个读书人，既然已经拜师求教，埋头读书，可又不能借以获取荣华富贵，即使书读得再多，有啥用呢！"于是找到周书《阴符》，伏案苦读。揣摩一年后，忽然眼前一亮，激动地说："就凭这些，足以游说当代国君了！"

苏秦求见游说周显王。显王臣下一向了解苏秦，都看不起他，显王也不信任他。苏秦于是向西到秦国。恰巧秦孝公已死，就游说秦惠王说："秦国四面，山关险固，群山环抱，渭水如带，横流国中，东有关河，西有汉中，南有巴蜀，北有代马，简直是天府之国！凭着秦国的众多百姓，士兵训练有素，足以吞并天下，建立帝业，统治四方！"秦惠王说："鸟儿羽毛没丰满，不能凌空高飞。国家政教没上正轨，不能兼并天下！"此时正值秦国刚处死商鞅，痛恨辩士说客，因此没用苏秦。苏秦于是向东，先到赵国。赵肃侯命令弟弟赵成出任国相，封为奉阳君。奉阳君不喜欢苏秦。

苏秦兄弟五人，苏秦最小。苏秦哥哥"代"以及"代"的弟弟"厉""辟""鹄"等四人，都是游说之士。《史记集解》引徐广注说："颍川阳城有鬼谷，盖是其人所居，因为号。"裴骃注说："《风俗通义》曰：鬼谷先生，六国时纵横家。"《史记索隐》注说："鬼谷，地名也。扶风池阳，颍川阳城，并有鬼谷墟，盖是其人所居，因为号。"乐壹注《鬼谷子》书说："苏秦欲神秘其道，故假名鬼谷。"

周书《阴符》是古代的兵书。《战国策》说是姜太公所著，已佚。传本《阴符经》，旧题黄帝撰。有太公、范蠡、鬼谷子、张良、诸葛亮、李筌等六家注。《史记集解》引《战国策》说："乃发书，陈箧数十，得太公阴符之谋，伏而诵之，简练以为揣摩。读书欲睡，引锥自刺其股，血流至踵曰：'安有说人主，不能出其金玉锦绣，取卿相之尊者乎？'期年，揣摩成。"

揣摩，即悉心求意，以相比合，有测度、估量、欣赏和效仿之意。《鬼谷子》有《揣摩篇》。"揣情""摩意"是《鬼谷子》两章的名称。高诱注说："揣，定也。摩，合也。定诸侯，使售其术，以成六国之纵也。"江邃注说："揣人主之情，摩而近之。"

周显王的臣下，平常都知道苏秦的虚浮之说，多不合当时需要，认为苏秦知识肤浅，都轻视他。苏秦西到秦，秦孝公刚死，就游说秦惠王说："秦四塞之国，被山带渭，东有关河，西有汉中，南有巴蜀，北有代马，此天府也！"秦国东有黄河，有函谷、蒲津、龙门、合河等关；南山及武关、峣关；西有大陇山及陇山关、大震、乌兰等关；北有黄河南塞。所以叫"四塞之国"。代郡有马邑，马城县，兼有胡马之利。《周礼·春官》有"天府"。郑玄说："府，物所藏。言天，尊此所藏，若天府然。"

周显王前368—前321在位，共48年。秦惠王前337—前311在位，共27年。苏秦对天下大事，了然在胸。对各国山川地理、物产民风、现实力量，了如指掌，精辟分析。对各国局势和君主心理，准确把握。用各国联合、互相支持的策略，打消韩、赵、魏的顾虑担心。用天下大势，实际利益，引诱齐国、燕国。周游列国，畅言赂秦之害，合纵之利，说服燕、赵、韩、魏、齐加入合纵，形成合纵联盟。

苏秦游说各国君主权臣，以利益结交，以祸福劝诱。《战国策·魏策二》载："（苏秦）遍事三晋之吏，奉阳君、孟尝君、韩珉、周最、周、韩徐为徒，从而下之。"经苏秦策划奔走，由赵奉阳君李兑出面组织，形成三晋及燕、齐的五国合纵。

前287年，五国联军攻秦，驻荥阳、成皋不进，迫使秦国取消帝号。苏秦被赵国封为武安君。苏秦横行天下，游说诸侯，大获全胜，六国合纵，并力抗秦。"苏秦为纵约长，并相六国。"合纵有效地遏制了秦国向中原的发展，使秦国遭受重挫，显示了合纵的威力。

合纵是战国后期弱国抗强的可行方略。在秦国图谋吞并天下时，六国为生存，合纵对敌是最佳选择。秦与六国的矛盾是当时的主要矛盾。苏秦提出合纵战略，是六国救亡图存的国策。六国和衷共济，团结一致，可有效抵抗秦国的进攻。

《史记·苏秦列传》和《张仪列传》罗列七雄兵力对比。秦国："虎贲之士百余万，车千乘，骑万匹。"楚国："带甲百余万，车千乘，骑万匹。"齐国："带甲数十万。"都城临淄，战时可出兵二十一万。魏国："武士二十余万，苍头二十万，奋击二十万，厮徒十万，车六百乘，骑五千匹。"赵国："带甲数十万，车千乘，骑万匹。"韩国："带甲数十万。"燕国："带甲数十万，车七百乘，骑六千匹。"

七雄兵力对比表明，秦国最强，其余六国，都不是秦国的对手。六国联合可构成对秦国的绝对优势。任何两国以上的联合，可构成对秦国的相对优势。战国中期，秦统一的前景不明朗，六国有扭转局势的可能。如果坚持合纵抗秦，则胜败未定。

苏秦主张合纵，操纵五国，合纵攻秦。又操持六国，合纵攻齐。齐、秦是当时两大强国。苏秦不畏强暴，施展机谋，组织合纵攻秦，取得成功。合纵破齐，使燕报灭国之恨，结束齐、秦并立的局面，客观上促进了天下大一统的进程。

《淮南子·说林训》说："（苏秦）以百诞成一诚。"

苏秦凭三寸不烂之舌，合纵六国，佩六国相印，统领六国抗秦，逼秦废弃帝位，显赫一时。宋程珌《洺水集》卷11说："夫六国至难合也，苏秦掉三寸舌，犹能合之为一家，而获效。"

六国很难合作，苏秦一掉三寸舌，让六国合为一家，取得成效。一语道破苏秦合纵的手段与结果。苏秦以智略见长，帮燕昭王谋划进攻齐国，并受命入齐反间。齐闵王任命苏秦为齐国的相国，燕国将领乐毅率五国军队攻齐，苏秦被齐国车裂而死。

苏秦游说辞的逻辑。苏秦怎样凭三寸舌，合纵六国，佩六国相印？苏秦合纵攀高峰，其游说辞的逻辑结构方式，遵循以下路数："条件优越，亡国威胁。接受合纵，迎刃而解！"第一步，指出贵国自然地理军事条件的无比优越。第二步，指出贵国面临亡国威胁。第三步，指出如果贵国接受合纵策略，一切问题迎刃而解。

公式是："形势大好，问题不少。接受合纵，全都美好！"这是人类早已发现的辩证法矛盾分析法的杰出应用，苏秦为了游说成功的需要，被迫从实践中领悟到这种方法的威力效应。苏秦如此游说六国合纵，大获成功，获得六国国君一致表态听从。元胡布《元音遗响》卷4《长剑行》咏苏秦说："男儿当作万夫豪，俯拾青紫如鸿毛。时来拥篲横区宇，剖决浮云凌九霄。苏秦昔时贫贱厄，掉三寸舌相六国。位高金多归故乡，入门妻嫂皆下堂！"

1. 表态听从燕文侯

《史记·苏秦列传》说：去游燕，岁余而后得见，说燕文侯曰："燕东有朝鲜、辽东，北有林胡、楼烦，西有云中、九原，南有呼沱、易水，地方二千余里，带甲数十万，车六百乘，骑六千匹，粟支数年。南有碣石、雁门之饶，北有枣栗之利，民虽不佃作而足于枣栗矣。此所谓天府者也。夫安乐无事，不见覆军杀将，无过燕者。大王知其所以然乎？夫燕之所以不犯寇被甲兵者，以赵之为蔽其南也。秦赵五战，秦再胜而赵三胜。秦赵相毙，而王以全燕制其后，此燕之所以不犯寇也。且夫秦之攻燕也，逾云中、九原，过代、上谷，弥地数千里，虽得燕城，秦计固不能守也。秦之不能害燕亦明矣。今赵之攻燕也，发号出令，不至十日，而数十万军军于东垣矣。渡嘑沱，涉易水，不至四五日，而距国都矣。故曰秦之攻燕也，战于千里之外。赵之攻燕也，战于百里之内。夫不忧百里之患，而重千里之外，计无过于此者。是故愿大王与赵纵亲，天下为一，则燕国必无患矣。"

文侯曰："子言则可，然吾国小，西迫强赵，南近齐，齐赵强国也。子必欲合纵以安燕，寡人请以国从！"于是资苏秦车马金帛，以至赵。

即苏秦去燕国游说，等了一年多，才有机会拜见燕王。他劝燕文侯（前361—前333在位）说："燕国东边有朝鲜、辽东，北边有林胡、楼烦，西有云中、九原，南有滹沱、易水，区域纵横两千多里，身披铠甲的士兵几十万，战车六百辆，战马六千匹，储存的粮食够用几年。南有碣石、雁门的肥沃土地，北有红枣板栗的收益，百姓即使不耕作，光是红枣板栗的收获，就足够生活。真是天府之国！

能安居乐业，没有战事，看不到军队覆灭，将领被杀的情景，没有谁比得上燕国。大王知道这其中的原因吗？燕国之所以不被侵犯，是因为在燕国的南面，有赵国屏蔽。秦赵五次战争，秦胜两次，赵胜三次。秦赵相互杀伤，大王用完好无损的燕国在后边牵制，这就是燕国不受侵犯的原因。

况且秦国要攻打燕国，需要穿越云中和九原，穿过代郡和上谷，远攻几千里，即使攻占燕国城池，秦国认为也无法守住。秦国不能侵害燕国，道理很明显。如今赵国要攻打燕国，只要发出号令，不到十天，几十万大军就可挺进东桓驻扎。渡过滹沱，淌过易水，用不了四五天，就到燕国都城。所以说，秦国攻打燕国，是在千里以外作战。赵国攻打燕国，是在百里以内作战。不忧虑百里以内的祸患，而重视千里以外的敌人，再没有比这更愚蠢的计策。因此希望大王跟赵国结盟，使齐楚燕韩赵魏结为一体，联合抗秦，则燕国就一定没有祸患！"

文侯说："您说得不错，可是我国弱小，西边紧靠强大的赵国，南边接近齐国，齐赵都是强国。您一定要想办法用合纵相亲的办法，使燕国安全无事，我愿意倾国听从！"苏秦的说辞打动了燕文侯的心，他资助苏秦车马金帛，让他到赵国游说。

2.表态听从赵肃侯

《史记·苏秦列传》说：而奉阳君已死，即因说赵肃侯曰："天下卿相人臣及布衣之士，皆高贤君之行义，皆愿奉教陈忠于前之日久矣。虽然，奉阳君妒而君不任事，是以宾客游士莫敢自尽于前者。今奉阳君捐馆舍，君乃今复与士民相亲也，臣故敢进其愚虑。窃为君计者，莫若安民无事，且无庸有事于民也。安民之本，在于择交，择交而得则民安，择交而不得则民终身不安。请言外患：齐、秦为两敌，而民不得安。倚秦攻齐，而民不得安。倚齐攻秦，而民不得安。故夫谋人之主，伐人之国，常苦出辞断绝人之交也。愿君慎勿出于口。请别黑白，所以异阴阳而已矣。君诚能听臣，燕必致毡裘狗马之地，齐必致鱼盐之海，楚必致桔柚之园，韩、魏、中山皆可使致汤沐之奉，而贵戚、父兄，皆可以受封侯。夫割地包利，五伯之所以覆军擒将而求也。封侯贵戚，汤武之所以放弒而争也。今君高拱，而两有之，此臣之所以为君愿也。今大王与秦，则秦必弱韩、魏。与齐，则齐必弱楚、魏。魏弱则割河外，韩弱则效宜阳，宜阳效则上郡绝，河外割则道不通，楚弱则无援。此三策者，不可不熟计也。夫秦下轵道，则南阳危。劫韩包围，则赵氏自操兵。据卫取卷，则齐必入朝秦。秦欲已得乎山东，则必举兵而向赵矣。秦甲渡河逾漳，据番吾，则兵必战于邯郸之下矣。此臣之所为君患也。当今之时，山东之建国莫强于赵。赵地方二千余里，带甲数十万，车千乘，骑万匹，粟支数年。西有常山，南有河漳，东有清河，北有燕国。燕固弱国，不足畏也。秦之所害于天下者莫如赵，然而秦不敢举兵伐赵者，何也？畏韩、魏之议其后也。然则韩、魏，赵之南蔽也。秦之攻韩、魏也，无有名山大川之限，稍蚕食之，附国都而止。韩、魏不能支秦，必入臣于秦。秦无韩、魏之窥，则祸必中于赵矣。此臣之所为君患也。

臣闻尧无三夫之分，舜无咫尺之地，以有天下。禹无百人之聚，以王诸侯。汤武之士不过三千，车不过三百乘，卒不过三万，立为天子。诚得其道也。是故明主外料其敌之强弱，内度其士卒贤不肖，不待两军相当，而胜败存亡之机，固已形于胸中矣，岂掩于众人之言，而以冥冥决事哉！臣窃以天下之地图按之，诸侯之地五倍于秦，料度诸侯之卒十倍于秦，六国为一，并力西向而攻秦，秦必破矣。今西面而事之，见臣于秦。夫破人之与破于人，也，臣人之与臣于人也，岂可同日而论哉！夫横人者，皆欲割诸侯之地以予秦。秦成，则高台榭、美宫室，听竽瑟之音，前有楼阙轩辕，后有长姣美人，国被秦患而不与其忧。是故夫横人，日夜务以秦权恐愒诸侯，以求割地，故愿大王孰计之也。臣闻明主绝疑去谗，摒流言之迹，塞朋党之门，故尊主广地强兵之计臣得陈忠于前矣。故窃为大王计，莫如一韩、魏、齐、楚、燕、赵以纵亲，以叛秦。令天下之将相会于洹水之上，通质，刳白马而盟。要约曰：'秦攻楚，齐魏各出锐师以佐之，韩绝其粮道，赵涉河漳，燕守常山之北。秦攻韩、魏，则楚绝其后，齐出锐师而佐之，赵涉河漳，燕守云中。秦攻齐，则楚绝其后，韩守城皋，魏塞其道，赵涉河漳、博关，燕出锐师以佐之。秦攻燕，则赵守常山，楚军武关，齐涉渤海，韩、魏皆出锐师以佐之。秦攻赵，则韩军宜阳，楚军武关，魏军河外，齐涉清河，燕出锐师以佐之。诸侯有不如约者，以五国之兵共伐之。'六国纵亲以摈秦，则秦甲必不敢出于函谷，以害山东矣。如此，则霸王之业成矣。"赵王曰："寡人年少，立国日浅，未尝得闻社稷之长计也。今上客有意存天下，安诸侯，寡人敬以国从！"乃饰车百乘，黄金千镒，白璧百双，锦绣千纯，以约诸侯。是时周天子致文武之胙于秦惠王。惠王使犀首攻魏，禽将龙贾，取魏之雕阴，且欲东兵。苏秦恐秦兵之至赵也，乃激怒张仪，入之于秦。

即奉阳君已死，苏秦就趁机游说赵肃侯（前349—前326在位，共24年）说："天下的卿相臣子，一直到穿粗衣的读书人，都仰慕您这贤明的国君施行仁义，都希望能在您面前听从教诲、陈述忠言，为时已久。虽然如此，但由于奉阳君妒忌人才，而您又不理政事，因此宾客和游说之士，没有谁敢在您面前畅所欲言。如今奉阳君已经撒手人寰，您又可以和士民百姓亲近了，所以我才敢向您陈述愚见。

我私下为您考虑，没有比百姓生活的安宁、国家太平，并且无须让人民卷入战争中更重要的了。使人民安定的根本在于选择邦交。邦交选择得当，人民就安定。邦交选择不得当，人民就终身不安定。请允许我分析赵国的外患。假如赵国与齐、秦两国为敌，那么人民就得不到安宁。如果依靠秦国攻打齐国，人民也不会得到安宁。假如依靠齐国攻打秦国，人民还是得不到安宁。所以想要计算别国的国君，攻打别人的国家，常常苦于如何公开声明断绝与别国的外交关系，希望您小心谨慎，不要轻易把这话说出来。请让我为您分析这种黑白、阴阳极其分明的利害得失。您果真能听我的忠告，燕国一定会献上盛产毡裘狗马的土地，齐国一定会献上盛产鱼盐的海湾，楚国一定会献上盛产桔柚的园林，韩、卫、中山都可以献上供您汤沐的费用，而您的亲戚和父兄，都可以裂土封侯。获得他国的土地，享受权利，这正是春秋五霸不惜付出全军覆没、将领被俘的代价也要去追求的。使贵戚封侯，正是商汤、武王所以要起兵，并不惜采用流放甚至弑君的办法去争取的原因。如今我让您安然就座就可以轻易地获得这两种好处，这就是我许诺于您的。

现在如果大王和秦国友好，那么秦国一定要利用这种优势，去削弱韩国、魏国。如果和齐国友好，那么齐国一定会利用这种优势，去削弱楚国、魏国。魏国衰弱了，就要割地河外。韩国衰弱了，就要献出宜阳。宜阳一旦献纳秦国，上郡就要陷入绝境。割让了河外，就会切断上郡的交通。而楚国衰弱了，赵国就孤立无援了。这三个方面，您不能不仔细地考虑。

秦国攻下轵道，韩国的南阳就危在旦夕。秦国要强夺南阳，包围周都，那么赵国就要拿起武器自卫。假如秦国占据了卫地，攻取了卷城，那么齐国一定会向秦国俯首称臣。秦国的欲望，既然已经在山东得逞，就一定会发兵向赵国进犯。假如秦军渡过黄河，越过漳水，占据番吾，那么，秦、赵两国的军队，一定要在邯郸城下作战。这就是我替您忧虑的原因。

当今之际，山东诸国中没有比赵国强大的了。赵国区域纵横两千多里，身披铠甲的士兵几十万人，战车千辆，战马万匹，粮食可支用几年。赵国西有常山，南有漳水，东有清河，北有燕国。燕国本来就是个弱小国家，不值得害怕。天下间，秦国最忌恨的，莫过于赵国。然而秦国为什么不敢发兵攻打赵国呢？是因为害怕韩国和魏国在后边暗算它。既然如此，那么韩、魏，可算是赵国南边的屏障。秦国要是攻打韩、魏，就没有什么名山大川的阻挡，像蚕吃桑叶似的逐渐地侵占，直到逼近两国的国都为止。韩、魏不能抵挡秦国，必然会向秦国臣服。秦国解除了韩、魏暗算的顾虑，那么战祸必然会临到赵国。这是我替您忧虑的原因。

我听说当初唐尧没有超过三百亩的土地，虞舜甚至没有超过一尺的封地，却能拥有整个天下。禹夏聚集的民众不够百人，却能在诸侯中称王。商汤、周武的卿士不足三千，战车不足三百辆，士兵不足三万，却能成为天子。他们确实掌握了夺取天下的策略。所以，一个贤明的君主，对外要能预料敌国的强弱，对内要能估计士兵们素质的优劣，这样用不着等到双方军队接触，对胜败存亡的关键所在，早就了然于胸。如此怎么会被众人的议论所蒙蔽，而昏昧不清地决断国家大事呢？

我私下考察过天下的地图，众诸侯国的土地五倍于秦国，估计众诸侯国的士兵十倍于秦国，假如六国结成一个整体，同心协力，向西攻打秦国，秦国一定会被打败。如今反而向西侍奉秦国，向秦国称臣。打败别人，和被别人打败，让别人向自己称臣，和自己向别人称臣，难道是可以同日而语的么！

凡主张连横策略的人，都想把各诸侯国的土地割让给秦国。秦国的霸业成功，他们就可把楼台亭榭建得高大，把宫室建得华美，欣赏着竽瑟演奏的音乐，前有楼台、宫阙、高敞华美的车子，后有窈窕艳丽的美女，至于各国遭受的秦国的祸害，他们就不去分担忧愁了。所以那些主张连横的人，凭借秦国的权势，日夜不停地威胁诸侯各国，谋求割让土地，因此，希望大王能仔细地考虑。

我听说贤明的君主断决疑虑，排斥谗言，摒弃流言蜚语的传播途径，堵塞结党营私的门路，所以我才有机会在您面前，陈述使国君尊崇，使土地扩展，使军队强大的计策。我私下为大王考虑，不如使韩、魏、齐、楚、燕、赵结成一个相亲的整体，对抗秦国。让天下的将相，在洹水之上聚会，相互交换人质，杀白马歃血盟誓，彼此约定说：'假如秦国攻打楚国，那么齐、魏就分别派出精锐部队帮助楚国，韩国就切断秦国的运粮要道，赵军就南渡河漳支援，燕军就固守常山以北。假如秦国攻打韩国、魏国，那么楚军就切断秦国的后援，齐国就派出精锐部队去帮助韩、魏。赵军就渡过河漳支援，燕国就固守云中地带。假如秦国攻打齐国，那么楚国就切断秦国的后援，韩国固守城皋，魏国堵塞秦国的要道，赵国的军队就渡河漳挺进博关支持，燕国派出精锐部队去协同作战。假如秦国攻打燕国，那么，赵国固守常山，楚国的部队驻扎武关，齐军渡过渤海，韩、魏同时派出精锐部队协同作战。假如秦国攻打赵国，那么韩国的部队驻扎宜阳，楚国的部队驻扎武关，魏国的部队驻扎河外，齐国的部队渡过清河，燕国派出精锐部队协同作战。假如有的诸侯不照盟约办事，便用其他五国的军队共同讨伐他。'假如六国结成一体，共同抵抗秦国，那么秦国一定不敢从函谷关出兵，侵犯山东六国。这样，您的霸主事业就成功了。"

赵王说："我还年轻，即位时间又短，不曾听到过使国家长治久安的策略。如今您有意使天下得以生存，使各诸侯国得以安定，我愿尊敬地倾国相从。"于是为苏秦准备装饰华丽的车子一百辆，黄金一千镒，白璧一百双，绸缎一千匹，用来游说各诸侯国加盟。

这时，周天子把祭祀文王、武王用过的肉，赐给秦惠王。惠王派犀首攻打魏国，生擒魏将龙贾，攻克魏国的雕阴，打算挥师向东挺进。苏秦恐怕秦国的部队打到赵国，就用计激怒张仪，迫使他投奔秦国。

苏秦到赵国，以燕国使者身份，晋见赵侯，向赵肃侯指出，秦国强大，早就想入侵中原。凭各国实力，都难以单独抗秦。若各国都争相讨好秦国，势必被秦国各个击破。若各国联合，则"地五倍，兵十倍于秦"，攻一国而各国援助，则秦虽强，亦不敢轻举妄动，各国亦可相安无事。苏秦请赵侯出面，倡议六国合纵抗秦。赵侯采纳建议，拜苏秦为相国，派他去游说各国，订立合纵盟约。

3. 表态听从韩宣王

《史记·苏秦列传》说：于是说韩宣王曰："韩北有巩、成皋之固，西有宜阳、商阪之塞，东有宛、穰、洧水，南有陉山，地方九百余里，带甲数十万，天下之强弓劲弩，皆从韩出。溪子、少府时力、距来者，皆射六百步之外。韩卒超足而射，百发不暇止，远者括洞胸，近者镝掩心。韩卒之剑戟，皆出于冥山、棠溪、墨阳、合赙、邓师、宛冯、龙渊、太阿，皆陆断牛马，水截鹄雁，当敌则斩，坚甲铁幕，革抉芮，无不毕具。以韩卒之勇，被坚甲，跖劲弩，带利剑，一人当百，不足言也。夫以韩之劲与大王之贤，乃西面事秦，交臂而服，羞社稷而为天下笑，无大于此者矣。是故愿大王孰计之。大王事秦，秦必求宜阳、成皋。今兹效之，明年又复求割地。与则无地以给之，不与则弃前功，而受后祸。且大王之地有尽，而秦之求无已，以有尽之地，而逆无已之求，此所谓市怨结祸者也，不战而地已削矣。臣闻鄙谚曰：'宁为鸡口，无为牛后。'今西面交臂而臣事秦，何异于牛后乎？夫以大王之贤，挟强韩之兵，而有牛后之名，臣窃为大王羞之。"于是韩王勃然作色，攘臂瞋目，按剑仰天太息曰："寡人虽不肖，必不能事秦。今主君诏以赵王之教，敬奉社稷以从！"

即于是苏秦游说韩宣王（前331—前312在位，共21年）说："韩国北部有坚固的巩邑、城皋，西部有宜阳、商阪作为要塞，东有宛、穰、洧水，南有陉山，区域纵横九百多里，甲士有几十万，天下的强弓硬弩都是从韩国制造出来的。像溪子弩以及少府制造的时力、距来等名弓，射程都在六百步以外。韩国士兵脚踏连弩而射，能连续发射一百箭，中间不停止。远处的敌人，可以射穿他们胸前的铠甲，穿透胸膛，近处的敌人，可以射透他们的心脏。韩国士兵使用的剑戟都是从冥山、棠溪、墨阳、合赙、邓师、宛冯、龙渊、太阿锻造的，这些锋利的武器能在陆上截断牛马，在水上能劈天鹅、大雁，临阵对敌能刺穿坚固的铠甲、铁衣，从臂套、盾牌到系在盾牌上的丝带，没有不具备的。凭着韩国士兵的勇敢，披着坚固的铠甲，拉着强劲的硬弩，佩戴着锋利的宝剑，即使以一当百，也不在话下。凭着韩国兵力的强劲和大王的贤明，却向西侍奉秦国，拱手而臣服，使国家蒙受耻辱而被天下人耻笑，没有比这更严重的了。因此希望大王仔细地考虑啊。

"如果大王去侍奉秦国，秦国必定会向您索取宜阳、成皋。今年把土地献给他，明年又要索取割地。给他吧，却没有土地可给，不给吧，那么就会丢掉以前割地求好的功效而后患无穷。况且大王的土地是有限的，而秦国贪婪的索取是没有止境的，拿有限的土地，去迎合无止境的索取，这就叫作拿钱购买怨恨、纠结灾祸。不用打仗，而土地就被割去了。我听说过一句俗话：'宁做鸡嘴，不做牛肛。'现在，如果向西拱手臣服，和做牛的肛门有什么不同呢？凭着大王的贤明，又拥有韩国这样强大的军队，却蒙受做牛后的丑名，我私下为大王感到羞耻。"

这时韩王突然变了脸色，捋起袖子，愤怒地瞪大眼睛，手按宝剑，仰望天空长长地叹息说："我虽然没有出息，也决不能去侍奉秦国。现在您既然转告了赵王的指教，我愿意把整个国家托付给您，听从您的安排。"

4. 表态听从魏襄王

《史记·苏秦列传》说：又说魏襄王曰："大王之地，南有鸿沟、陈、汝南、许、郾、昆阳、召陵、舞阳、新都、新郪，东有淮颍、煮枣、无胥，西有长城之界，北有河外、卷、衍、酸枣，地方千里。地名虽小，然而田舍庐庑之数，曾无所刍牧。人民之众，车马之多，日夜行不绝，輷輷殷殷，若有三军之众。臣窃量大王之国不下楚。然横人怵王交强虎狼之秦以侵天下，猝有秦患，不顾其祸。夫挟强秦之势以内劫其主，罪无过此者。魏，天下之强国也；王，天下之贤王也。今乃有意西面而事秦，称东藩，筑帝宫，受冠带，祠春秋，臣窃为大王耻之。臣闻越王句践战敝卒三千人，禽夫差于干遂；武王卒三千人，革车三百乘，制纣于牧野：岂其士卒众哉，诚能奋其威也。今窃闻大王之卒，武士二十万，苍头二十万，奋击二十万，厮徒十万，车六百乘，骑五千匹。比其过越王勾践、武王远矣，今乃听于群臣之说而欲臣事秦。夫子秦必割地以效实，故兵未用而国已亏矣。凡群臣之言事秦者，皆奸人，非忠臣也。夫为人臣，割其主之地以求外交，偷取一时之功而不顾其后，破公家而成私门，外挟强秦之势以内劫其主，以求割地，愿大王孰察之。《周书》曰：'绵绵不绝，蔓蔓奈何？毫厘不伐，将用斧柯。'前虑不定，后有大患，将奈之何？大王诚能听臣，六国纵亲，专心并力一意，则必无强秦之患。故敝邑赵王使臣效愚计，奉明约，在大王之诏诏之。"魏王曰："寡人不肖，未尝得闻明教。今主君以赵王之诏诏之，敬以国从！"

即苏秦游说魏襄王（前318—前296在位，共23年）说："大王的国土，南边有鸿沟、陈地、汝南、许地、郾地、昆阳、召陵、舞阳、新都、新郪，东边有淮河、颍河、煮枣、无胥，西边有长城为界，北边有河外、卷地、衍地、酸枣等地，国土纵横千里。这些地方虽然狭小，但是田间到处盖满房屋，连放牧牲畜的地方都没有。人口稠密，车马众多，日夜行驰，络绎不绝，轰轰隆隆，好像有三军人马的声势。我私下估量大王的国势和楚国不相上下。可是那些主张连横的人，恐吓您侍奉秦国，伙同像虎狼一样凶恶的秦国，侵扰整个天下，一旦魏国遭受秦国的危害，谁都不会顾及您的灾祸。他们依仗着秦国强大的势力，在内部劫持别国的君主，一切罪恶没有比这更严重的了。魏，是天下强大的国家。王，是天下贤明的国君。现在您竟然有意向西面奉事秦国，自称是秦国东方的属国，为秦国建筑宫殿，接受秦国的分封，采用秦国的冠服式样，春秋季节给秦国纳贡助祭，我私下为大王感到羞耻。

"我听说越王句践仅用三千疲惫的士兵，就在干遂活捉了吴王夫差。周武王只用三千士兵，三百辆蒙着皮革的战车，在牧野制服商纣。难道他们是靠着兵多将广？实在是因为充分发挥出他们的威力。现在，我私下听说大王的军事力量，精锐部队二十万，裹着青色头巾的部队二十万，能冲锋陷阵的部队二十万，勤杂兵十万，战车六百辆，战马五千匹。这些实力，超过越王句践和周武王很远。可是，如今您却听信群臣的建议，想以臣子的身份奉事秦国。如果奉事秦国，必然要割让土地，表示忠诚。因此，还没动用军队，国家却已亏损。凡是群臣中妄言奉事秦国的，都是奸妄之人，而不是忠臣。他们作为君主的臣子，却想割让自己国君的土地，以求得与秦国的友谊，偷取一时的功利，而不顾后果。破坏国家的利益，而成就私人的好处。对外凭借着强秦的势力，从内部劫持自己的国君，以达到割让土地的目的。希望大王仔细地审察这种情况。

"《周书》上说：'草木滋长出微弱的嫩枝时不及时除掉它，到处滋长延伸了怎么办呢？细微嫩枝不及时砍掉它，等到长的粗壮了，就得用斧头了。'事前不考虑成熟，事后将有灾祸临头，那时该怎么办呢？大王果真能听从我的建议，六国联合相亲，同心合力，就一定没有强秦侵害的祸患。所以赵王派我献上不成熟的策略，奉上详明的公约，全赖大王的指示号召大家。"

魏王说："我没有出息，从没听说过如此贤明的指教，如今您奉赵王的使命来指教我，我将尊敬地率领全国民众，听从您的安排！"

5. 表态听从齐宣王

《史记·苏秦列传》说：因东说齐宣王曰："齐南有泰山，东有琅邪，西有清河，北有勃海，此所谓四塞之国也。齐地方二千余里，带甲数十万，粟如丘山。三军之良，五家之兵，进如锋矢，战如雷霆，解如风雨。即有军役，未偿倍泰山，绝清河，涉勃海也。临淄中七万户，臣窃度之，不下户三男子，三七二十一万，不待发于远县，而临淄之卒固已二十一万矣。临淄甚富而实，其民无不吹竽鼓瑟，弹琴击筑，斗鸡走狗，六博蹋鞠者。临淄之涂，车毂击，人肩摩，连衽成帷，举袂成幕，挥汗成雨，家殷人足，志高气扬。夫以大王之贤与齐之强，天下莫能当。今乃西面而事秦，臣窃为大王羞之。且夫韩、魏之所以重畏秦者，为与秦接境壤界也。兵出而相当，不出十月而战胜存亡之机决矣。韩、魏战而胜秦，则兵半折，四境不守。战而不胜，则国已危亡随其后。是故韩、魏之所以重与秦战，而轻为之臣也。今秦之攻齐则不然。背韩、魏之地，过卫阳晋之道，径乎亢父之险，车不得方轨，骑不得比行，百人守险，千人不敢过也。秦虽欲深入，则狼顾，恐韩、魏之议其后也。是故恫疑虚喝，骄矜而不敢进，则秦之不能害齐亦明矣。夫不深料秦之无奈齐何，而欲西面而事之，是群臣之计过也。今无臣事秦之名，而有强国之实，臣是故愿大王少留意计之。"齐王曰："寡人不敏，僻远守海，穷道东境之国也，未尝得闻余教。今足下以赵王诏诏之，敬以国从！"

即接着，苏秦向东方游说齐宣王（前320—前301在位，共20年）说："齐国南面有泰山，东面有琅邪山，西面有清河，北面有渤海，这可说是四面都有天险的国家。齐国的土地纵横两千余里，武装部队几十万人，粮食堆积得像山丘一样高大。三军精良，联合起五家的兵卒，进攻如同锋利的刀箭那样勇猛捷速，打起仗来好像雷霆震怒一样猛烈，撤退好像风雨一样快地消散。自有战役以来，从未征调过泰山以南的军队，也不曾渡过清河，涉过渤海去征调这二部的士兵。光是临淄就有居民七万户，我私下估计，每户不少于三个男子，三七二十一万，用不着征集远处县邑的兵源，光是临淄的士兵就够二十一万了。临淄富有而殷实，这里的居民没有不吹竽鼓瑟、弹琴击筑、斗鸡走狗、下棋踢球的。临淄的街道上车子拥挤得车轴互相撞击，人多得肩膀相互摩擦，把衣襟连接起来，可以形成围幔，举起衣袖，可以成为遮幕，大家挥洒的汗水，就像下雨一样，家家殷实，人人富足，志向高远，意志飞扬。凭借着大王的贤明和齐国的强盛，天下没有哪个国家能够比得上。如今您却要向西去奉事秦国，我私下替大王感到羞耻。

况且韩、魏之所以非常畏惧秦国，是因为他们和秦国的边界相接壤，假如双方派出军队交战，不出十天，胜败存亡的局势就决定了。如果韩、魏战胜了秦国，那么自己的兵力要损失一半，四面的国境无法保卫。如果作战不能取胜，那么国家接着就陷入危亡的境地。这就是韩、魏把和秦国作战看得那么重要，而很轻易地想要向秦国臣服的原因。现在，秦国攻打齐国的情况就不同了，秦国背靠着韩、魏的土地，要经过卫国阳晋的要道，穿过齐国亢父的险塞，战车不能并驶，战马不能并行，只要有一百人守在险要之处，就是有一千人也不敢通过，即使秦国军队想要深入，也像狼一样疑虑重重，时常回顾，生怕韩、魏在后面暗算它。所以它虚张声势，恐吓威胁。它虽然骄横矜夸却不敢冒险进攻，那么秦国不能危害齐国的形势也就相当明了啦。

不能深刻地估计到秦国根本对齐国无可奈何的实情，却想要向西而奉事秦国，这是群臣们策略上的错误。现在，齐国还没有向秦国臣服的丑名，却有强大的国家实力，所以我希望大王稍微留心考虑一下，以便决定对策。"

齐王说："我不是一个聪明的人，居住在偏僻遥远，紧靠大海，道路绝尽，地处东境的国家，从未听到过您高明的教诲。如今您奉赵王的使命指教我，我将尊敬地率领全国民众，听从您的安排！"

6. 表态听从楚威王

《史记·苏秦列传》说：乃西南说楚威王曰："楚，天下之强国也。王，天下之贤王也。西有黔中、巫郡，东有夏州、海阳，南有洞庭、苍梧，北有陉塞、郇阳，地方五千余里，带甲百万，车千乘，骑万匹，粟支十年。此霸王之资也。夫以楚之强与王之贤，天下莫能当也。今乃欲西面而事秦，则诸侯莫不西面而朝于章台之下矣。秦之所害莫如楚，楚强则秦弱，秦强则楚弱，其势不两立。故为大王计，莫如纵亲以孤秦。大王不纵亲，秦必起两军，一军出武关，一军下黔中，则鄢郢动矣。臣闻治之其未乱也，为之其未有也。患后而后忧之，则无及已。故愿大王早熟计之。大王诚能听臣，臣请令山东之国奉四时之献，以承大王之明诏，委社稷，奉宗庙，练士砺兵，在大王之所用之。大王诚能用臣之愚计，则韩、魏、齐、燕、赵、卫之妙音美人，必充后宫，燕代橐驼良马必实外厩。故纵合则楚王，横成则秦帝。今释霸王之业，而有事人之名，臣窃为大王不取也。夫秦，虎狼之国也，有吞天下之心。秦，天下之仇雠也。衡人皆欲割诸侯之地以事秦，此所谓养仇而奉雠者也。夫为人臣，割其主之地以外交强虎狼之秦，以侵天下，卒有秦患，不顾其祸。夫外挟强秦之威以内劫其主，以求割地，大逆不忠，无过此者。故从亲则诸侯割地以事楚，横合则楚割地以事秦，此两策者相去远矣，二者大王何居焉？故敝邑赵王使臣效愚计，奉明约，在大王诏之。"楚王曰："寡人之国西与秦接境，秦有举巴蜀，并汉中之心。秦，虎狼之国，不可亲也。而韩、魏迫于秦患，不可与深谋。与深谋，恐返人以入于秦。故谋未发，而国已危矣。寡人自料以楚当秦，不见胜也。内与群臣谋，不足恃也。寡人卧不安席，食不甘味，心摇摇然如悬旌，而无所终薄。今主君欲一天下，收诸侯，存危国，寡人谨奉社稷以从！"于是六国纵合，而并力焉。苏秦为纵约长，并相六国。

即苏秦向西南去游说楚威王（前339—前329在位，共11年）说："楚国是天下强大的国家。大王是天下贤明的国王。楚国西边有黔中、巫郡，东边有夏州、海阳，南边有洞庭、苍梧，北边有径塞、郁阳，土地纵横五千多里，军士上百万，战车千辆，战马万匹，存粮足够支用十年。这是建立霸业的资本。凭借着楚国的强大和大王的贤明，天下没有哪个国家能比得上。如今您却想向西侍奉秦国，那么，天下就再没有哪个诸侯不向西面，拜服在秦国的章台宫下。

"秦国最大的忧患主要是楚国，楚国强大，那么秦国就会弱小。秦国强大，那么楚国就会弱小。从这种情势判断，两国不能并存。所以，我为大王策划，不如合纵相亲，孤立秦国。如果大王不采纳合纵政策，秦国一定会出动两支军队，一支从武关出击，一支直下黔中，那么鄢郢的局势就动摇了。

"我听说在未发生动乱之前，就应该治理它。在祸患没有降临之前，就要采取行动。等到祸患临头再去忧虑它，那就来不及了。所以希望大王能早做仔细的打算。大王果真能听从我的建议，我能使山东各国向您奉献四时的礼物，接受你英明的指教，把国家委托给您，奉献宗庙请您保护，训练士兵，磨砺兵器，听任大王的指挥。大王果真能采纳我这不成熟的计策，那么，韩、魏、齐、燕、赵、卫等国动听的音乐和美丽的女子，一定会充满您的后宫。燕国、代地所产的骆驼、良马一定会充满您的畜圈。

所以，合纵成功了，楚国就能称王。连横成功了，秦国就能称帝。如今您要放弃称王称霸的功业，蒙受侍奉别人的丑名，我私下认为大王这种做法不可取。

"秦国是虎狼一样凶恶的国家，有吞并天下的野心。秦国也是天下各诸侯的共同仇敌。凡主张连横的人，都想分割各诸侯的土地奉献给秦国，这就叫作供养仇人和敬奉仇敌。作为臣子，却要分割自己国君的土地，用来和如狼似虎的强秦相交往，让秦国侵扰天下，而自己的国家突然遭受秦国的侵害，他们却不顾及这些灾祸。依仗强秦的威势，来劫持自己的君主，索取割地，这是最大的叛逆，最大的不忠，没有比这更严重的罪过了。所以，合纵相亲，各诸侯就会割让土地奉事楚国。连横成功，楚国就要割让土地奉事秦国。这两种策略相差太远。这二者，大王要处于哪一方的立场呢？所以敝国赵王派我来奉献这不成熟的策略，奉上详明的公约，全靠大王晓喻众人。"

楚王说："我国西边和秦国接壤，秦国有夺取巴、蜀，并吞汉中的野心。秦是虎狼一样凶恶的国家，是不可以亲近的。韩、魏经常遭受秦国侵害的威胁，不可以和他们做深入地谋划。假如和他们深入地谋划，恐怕有叛逆的人会泄露给秦国，以致计划还没施行，而国家就面临危险。我自己估计，拿楚国对抗秦国，不一定能取得胜利。在朝廷内和群臣谋划，他们又不可信赖。我躺在床上睡不安稳，吃东西也感觉不到香甜，心神恍恍惚惚，好像挂在空中的旗子，始终没有个着落。现在您打算使天下统一，团结诸侯，使处于危境的国家保存下来，我愿尊敬地把整个国家托付给您，听从您的安排！"于是，六国合纵成功，同心协力，苏秦做合纵联盟的盟长，担任六国国相。

7. 合纵成功有效应

《史记·苏秦列传》说：北报赵王，乃行过洛阳。车骑辎重，诸侯各发使送之甚众，拟于王者。周显王闻之恐惧，除道，使人郊劳。苏秦之昆弟妻嫂侧目不敢仰视，俯伏侍取食。苏秦笑谓其嫂曰："何前倨，而后恭也？"嫂逶迤匍匐，以面掩地而谢曰："见季子位高金多也。"苏秦喟然叹曰："此一人之身，富贵则亲戚畏惧之，贫贱则轻易之，况众人乎！且使我有洛阳负郭田二顷，吾岂能佩六国相印乎！"于是散千金以赐宗族朋友。初，苏秦之燕，贷人百钱为资，及得富贵，以百金偿之。遍报诸所尝见德者。其从者有一人独未得报，乃前自言。苏秦曰："我非忘子。子之与我至燕，再三欲去我易水之上。方是时，我困，故望子深。是以后子，子今亦得矣。"

即苏秦北上向赵王复命，途中经过洛阳。随行的车辆马匹满载行装，各诸侯派来送行的使者很多，气派比得上帝王。周显王听到这个消息，感到害怕，赶快找人为他清除道路，并派使臣到郊外迎接慰劳。

苏秦的兄弟、妻子、嫂子斜着眼，不敢抬头看他，俯伏在地上，非常恭敬地服侍他用饭。苏秦笑着对嫂子说："你以前为什么对我那么傲慢，现在却对我这么恭顺呢？"他的嫂子赶紧弯曲着身子，匍匐到他面前，脸贴着地面请罪说："因为我看到小叔您地位显贵，钱财多！"

苏秦感慨地说："同样是我这个人，富贵，亲戚就敬畏我，贫贱，亲戚就轻视我。何况其他人呢！假使我当初在洛阳近郊有二顷良田，如今我难道还佩带得上六个国家的相印？"

当时他就散发千金，赏赐给亲戚朋友。当初，苏秦到燕国去，向人家借过一百钱做路费，现在富贵了，就拿出一百金（一百万钱）偿还那个人。并且报答以前所有对他有恩德的人。

他的随从人员中，唯独有一个人没得到报偿，就上前去自己申说。苏秦说："我不是忘了您，当初您跟我到燕国去，在易水边上，您再三要离开我，那时我处境困窘不堪，我深深地责怪您。所以把您放在最后，您现在也可以得到赏赐了！"

《史记·苏秦列传》说："苏秦既约六国纵亲，归赵，赵肃侯封为武安君，乃投纵约书于秦。秦兵不敢窥函谷关十五年。"即苏秦约定六国联盟之后，回到赵国，赵肃侯封他为武安君。于是，苏秦把合纵盟约送交秦国。从此秦国不敢窥伺函谷关以外的国家，长达十五年之久。

《张仪列传》载张仪说楚怀王谓秦："不出兵函谷十五年以攻齐、赵。"说赵武灵王谓："秦兵不敢出函谷关十五年。"《范雎蔡泽列传》载范雎说秦昭王："至今闭关十五年，不敢窥兵于山东。"考《秦本纪》及有关"世家"，秦与东方六国虽有战事，无大战。

《史记·苏秦列传》司马迁结论道：苏秦兄弟三人，皆游说诸侯以显名，其术长于权变。而苏秦被反间以死，天下共笑之，讳学其术。然世言苏秦多异，异时事有类之者皆附之苏秦。夫苏秦起闾阎，连六国纵亲，此其智有过人者。吾固列其行事，次其时序，毋令独蒙恶声焉。

即苏秦兄弟三人，都是因为游说诸侯而名扬天下。他们的学说，擅长于权谋机变。而苏秦承担着反间计的罪名被杀死，天下人都嘲笑他，讳忌研习他的学说。然而社会上流传的苏秦事迹，有许多差异。凡是不同时期和苏秦相类的事迹，都附会到了苏秦身上。苏秦出身于民间，却能使六国合纵相亲，这正说明他的才智有超过一般人的地方。所以，我列出他的经历，按着正确的时间顺序，加以陈述，不要让他只蒙受不好的名声。

司马贞《史记索隐·述赞》说："季子周人，师事鬼谷。揣摩既就，阴符伏读。合从离衡，佩印者六。天王除道，家人扶服。贤哉代厉，继荣党族！"

苏秦以赵国使者身份，去其余各国，说以利害，得各国君主赞同。回到赵国，被封为武安君。六国国君在赵国洹水（今河南境内）上，歃血为盟，合纵抗秦，封苏秦为纵约长，佩六国相印，派人将六国盟约之事，向秦国通报。此后，秦国十五年，不敢越函谷关一步。

秦国得知六国合纵抗秦，甚为吃惊。秦惠文王采纳大臣建议，用软硬兼施法，引起六国相互猜疑，拆散合纵。先派人去最近的魏国，归还从魏国夺来的几座城池。又派人去最远的燕国，将女儿嫁给燕国太子。魏、燕两国同秦国和好。赵侯得知，责问苏秦，为何会出现这种情况，苏秦惶恐，立刻出发，平息同盟内乱。

苏秦首先到燕国。前333年，燕文侯死，太子即位，为燕易王。齐国趁燕国办丧事之机攻燕，连克城池十余座。燕王便以齐国归还城池为条件，命苏秦以从约长身份，出使齐国，若齐国归还城池，燕国便同秦国断绝来往。

苏秦去齐，晋见齐王，先行祝贺礼，又行哀悼礼。齐王不解，问其原因。苏秦道，人饿的再厉害，也不会去吃有毒的乌头籽，吃得越多，死得就越快。燕和秦是联姻之国，齐国占领燕国的城池，就等于是与强秦结怨仇，这同饥饿人吃乌头籽一样！齐国大难将临头。齐王闻言大惊，忙向苏秦请教解危之法。苏秦建议齐王归还夺来城池，这样燕王喜欢，秦王也一定高兴。齐王认为有道理，立刻照办。

回到燕国，苏秦受燕王封赏，引发嫉妒他的人在燕王面前说他坏话。苏秦见自己再待在燕国不安全，假装得罪燕王，逃到齐国。齐王用他为客卿。后齐国疑忌他的大臣雇佣刺客行刺他。苏秦临终向齐王建议，他死后，以大罪车裂于市，悬赏行刺人，一定能抓到刺客。齐王依计行事，刺客伏法就诛。一代合纵英雄，惨烈悲壮，结束传奇一生。

苏秦始以连横游说秦惠王失败，转而以合纵游说六国。整一年，歃血于洹水之上，功成名就，佩带六国相印，煊赫一时，为纵横家杰出的代表人物。继而奔齐，为燕昭王反间，车裂而死。

苏秦游说六国，以赵为主，以合纵相亲为目的。针对不同对象，顺应其心意，指陈其利害，成竹在胸，使六国合纵缔约，使秦人闭函谷关达十五年之久。

苏秦说辞，汪洋恣肆，犀利流畅，气势磅礴；夸张描写，排比比喻，形象对比，引经据典；动之以情，说之以理，其语言艺术颇富美感。

苏秦说辞，笔不涉同，辞有异彩，一处一样文法，一处一种情貌，如行山阴道上，使人美不暇接。在滔滔滚滚的说辞中，插入曲折动人故事，娓娓道来，相映成趣。既能深入浅出，以彼喻此，成为说辞的有机部分，说明深刻的道理，又使文章于层峦叠嶂中，突见一马平川。疾风骤雨后，又是绚丽多彩的艳阳天。文章节奏，急骤中见舒缓，跌宕中见起伏。

有时用小说笔法。苏秦出游，大困而归，家人讽刺羞辱，苏秦惭愧自伤，发奋自励，伏读《阴符》。对其兄嫂前倨后恭的描写，着眼典型形象塑造，把握世态炎凉，异样人生价值观。苏秦说："且使我有洛阳负郭田二顷，吾岂能佩六国相印乎？"前后映照，把苏秦追名逐利，到衣锦还乡的心态，自矜自夸的神情，活现于字里行间。

纵横家总论。梁刘勰《文心雕龙·论说》："暨战国争雄，辩士云涌。纵横参谋，长短角势。飞钳伏其精术。一人之辩，重于九鼎之宝。三寸之舌，强于百万之师。六印磊落以佩，五都殷轸而封。"

"纵横参谋"，即合纵连横，参与谋划。"长短角势"，即众说纷纭，争夺权势。《战国策》一名长短。"转丸骋其巧辞"，即驰骋巧辞，辩技圆滑，犹如转丸。"飞钳伏其精术"，即激励钳制隐精术。"飞钳"：辩论术。

《史记·平原君列传》说，赵胜门客毛遂一至楚，而使赵国重于九鼎大吕。以三寸之舌，强于百万之师。"六印磊落以佩"，即苏秦磊落佩带六国相印。"五都殷轸而封"，即张仪被封五座殷实都邑。《史记·张仪列传》说："秦惠王封仪五邑。"

吕祖谦《大事记》说:"战国游说之风,苏秦、张仪、公孙衍实倡之,由是而后不可胜纪。秦,周人也;仪、衍,魏人也。故言权变辩智之士者,必曰三晋、两周。"纵横家籍贯分布重心在中原地带,即今河南、陕西、山西、河北、山东。三晋最多,有78人。周的小地盘上有9人,密度仅次三晋,而且周位于韩国中间,地域也在三晋。

在三晋两周,苏秦、张仪是纵横家的典型代表。苏秦是周人,张仪是魏人。三晋为合纵连横的焦点。合纵抗强是最终出路,别无他路可走。齐楚强大,依恃自身实力,可纵可横,摇摆不定,妥协偷安。燕、秦地处僻远,文化落后,纵横家少。

合纵连横,相对出现。苏秦合纵,张仪连横,旗鼓相当。合纵是以弱抗强的可行方案。连横是纷争走向统一的必由之路。合纵连横推动了中国统一的进程。

合纵活动使强国兼并有所顾忌,扼制秦国兼并,延缓小国灭亡,稳定局势,保持均衡。合纵成立使两大集团暂时均势,签订同盟协议,抑制战争,扼制兼并。

连横派,仗秦国强大实力,外交分化瓦解六国,张仪散五国合纵,为秦统一创造有利条件。连横策略使秦迅速越过函谷关,攻灭六国,对秦统一起了重要作用。连横,使弱国事秦,造成暂时和平,为统一全国预作准备。促进民族融合,中华一统。中原周边,华夏戎狄,逐渐融合。

心理趋同，天下一统。秦始皇顺应人心，扫清六合，实现统一。

纵横家口若悬河，舌如利刃，凭外交能力得到重用，显示出巨大能量，出将入相，位极人臣。张仪数度出任秦相、魏相，苏秦卿燕相齐，功成名就。刘向《战国策·序录》总结说："皆高才秀士，度时君之所能行，出奇策异智，转危为安，运亡为存，亦可喜，皆可观。"王充《论衡·答佞》说："苏秦约纵（六国），强秦不敢窥兵于关外。张仪为横，六国不敢同攻于关内。"

时势塑造英雄，英雄反推时势。战国乱世造就纵横家，纵横家促进战国时势发展。《史记·太史公自序》概括纵横家的业绩说："天下患横秦毋厌，而苏子能存诸侯，约纵以抑贪强。""六国既纵亲，而张仪能明其说，复解诸侯。"苏秦、张仪纵横两派相灭相生，相反相成，推动历史发展。

三、纵横创始鬼谷子

纵横家创始人是鬼谷子（前390—?），隐居颍川阳城鬼谷墟，称鬼谷先生。托名著作《鬼谷子》的精髓是："智用于众人之所不能知，而能用于众人之所不能。"潜谋于无形，常胜于不争不费。《孙子兵法》侧重总体战略，《鬼谷子》则专用具体技巧。《鬼谷子》立论高深幽玄，文字奇古精妙；讲揣摩、捭阖术。后附《本经阴符》7篇，主讲修身养性法。本经：基本纲领。阴符：阴谋神秘符言。可悟不能道，心会妙难说。

鬼谷子倡纵横术，是苏秦、张仪的老师。敏锐观察形势，把握存亡关键，影响时局发展。总结测深揣情术，游说术，密谋术，飞箝术。是论辩术，以激励褒扬语言，收服人心，为我所用。

论兵法，尚权谋，奇诡变诈，不武不费战胜，重视侦察揣摩。行辩术，成大事的基础。纵横谋士的要求：知大局，善揣摩，通辩辞，会机变，全智勇，长谋略，能决断。崇尚权谋策略，言谈辩论技巧。注重揣摩游说对象心理，运用纵横捭阖手段，拉拢分化，事无定主，说无定辞，一切从现实政治需要出发。

纵横家在战国社会舞台活跃，思想活动对当时政治、军事局势，产生重要影响。首先要对现实有明确认识，确定对象，知其为人，定说辞，游说之法，或抑或扬，抑扬相合，先抑后扬，先扬后抑，只要对症，事事有妙。其次在游说过程中，先观反应，见机行事，察其对己，是同是非，同则继续，非则补遗。飞箝之术，以利诱，以害说，探其实情。再以揣摩之术，深察内心，看其同异，快速正确以权谋之术决断。

东西方以齐秦为核心两大政治集团对峙，合纵连横盟主在齐秦间变换。双方都企图通过合纵连横,有效遏制对方兼并,阻止对方强大。秦国统一,是纵横家长期努力的结果,以秦国纵横家的连横运动为主。

《汉书·艺文志》著录12家107篇,今亡佚。《战国策》记纵横谋家言行。汉刘向校刊整理《战国策》,高度评价纵横家的作用和影响。刘向《战国策叙录》说:"是以苏秦、张仪、公孙衍、陈轸、苏代、苏厉之属,生纵横长短之说,左右倾倒。苏秦为纵,张仪为横。横则秦帝,纵则楚王。所在国重,所去国轻。"

《战国策》记载西周、东周、秦、齐、楚、赵、魏、韩、燕、宋、卫、中山诸国军政大事,上接春秋,下迄秦并六国。游说辞集,记纵横家言行,记载谋臣策士,游说诸侯,谋议论辩,政治主张,斗争策略。作者是战国后期的纵横家,若干篇是秦汉间人作,由西汉刘向编校整理,定名为《战国策》。三个特点:智谋细,虚实间,文辞妙。

《战国策》表现了纵横家思想,反映纵横家的人生价值观。政治上崇尚谋略,强调审时度势,肯定举贤任能。人生观,追求功名显达,富贵利禄。《赵策三》有讲权术谋诈,图个人功名利禄的"朝秦暮楚"之徒,有"为人排患,释难,解纷乱而无所取"之士。

《战国策》的价值:反映战国"士"阶层的崛起。《齐策四》说:"士贵耳,王者不贵。"反映士人精神的张扬。

策士奔走诸侯间,纵横捭阖。刘向《战国策叙录》说:"所在国重,所去国轻。"这是策士行迹的生动写照。

四、滑稽多辩淳于髡

淳于髡纵横不定,时纵时横,随时而用。《吕氏春秋·离谓》说:齐人有淳于髡(前386—前314)者,以纵说魏王。魏王辩之,约车十乘,将使之荆。辞而行,又以横说魏王,魏王乃止其行。失纵之意,又失横之事。夫其多能不若寡能,其有辩不若无辩。

淳于髡是战国时期纵横家,齐国人,出身低贱,先为家奴,后为婢女之夫,游学稷下,授博士,列大夫,善外交、博学、滑稽、多辩,曾借助赵国军队,使攻伐齐国的楚军,闻风而退。用隐语劝谏齐威王,罢长夜之饮,兴利除弊,改革内政,使齐国强大。为中原霸主数使诸侯,不辱使命。概括哲学"畴"的概念,划分事物界限、类别和属性,把握共同属性和规律。

《史记·滑稽列传》说:淳于髡者,齐之赘婿也。长不满七尺,滑稽多辩,数使诸侯,未尝屈辱。齐威王之时喜隐,好为淫乐长夜之饮,沈湎不治,委政卿大夫。百官荒乱,诸侯并侵,国且危亡,在于旦暮,左右莫敢谏。

淳于髡说之以隐曰:"国中有大鸟,止王之庭,三年不蜚又不鸣,不知此鸟何也?"王曰:"此鸟不飞则已,一飞冲天。不鸣则已,一鸣惊人!"于是乃朝诸县令长七十二人,赏一人,诛一人。奋兵而出,诸侯振惊,皆还齐侵地,威行三十六年。

威王八年,楚大发兵加齐。齐王使淳于髡之赵请救兵,赍金百斤,车马十驷。淳于髡仰天大笑,冠缨索绝。王曰:"先生少之乎?"髡曰:"何敢!"王曰:"笑岂有说乎?"髡曰:"今者臣从东方来,见道傍有禳田者,操一豚蹄,酒一盂,祝曰:'瓯窭满篝,污邪满车。五谷蕃熟,穰穰满家。'臣见其所持者狭,而所欲者奢,故笑之。"于是齐威王乃益赍黄金千溢,白璧十双,车马百驷。髡辞而行,至赵。赵王与之精兵十万,革车千乘。楚闻之,夜引兵而去。

威王大悦,置酒后宫,召髡赐之酒。问曰:"先生能饮几何而醉?"对曰:"臣饮一斗亦醉,一石亦醉。"威王曰:"先生饮一斗而醉,恶能饮一石哉!其说可得闻乎?"髡曰:"赐酒大王之前,执法在傍,御史在后,髡恐惧俯伏而饮,不过一斗径醉矣。若亲有严客,髡帣韝鞠䞿,侍酒于前,时赐余沥,奉觞上寿,数起,饮不过二斗径醉矣。若朋友交游,久不相见,卒然相睹,欢然道故,私情相语,饮可五六斗径醉矣。若乃州闾之会,男女杂坐,行酒稽留,六博投壶,相引为曹,握手无罚,目眙不禁,前有堕珥,后有遗簪,髡窃乐此,饮可八斗而醉二参。日暮酒阑，合尊促坐，男女同席，履舄交错，杯盘狼藉，堂上烛灭，主人留髡而送客，罗襦襟解，微闻芗泽，当此之时，髡心最欢，能饮一石。故曰酒极则乱，乐极则悲。万事尽然，言不可极，极之而衰。"以讽谏焉。齐王曰："善！"乃罢长夜之饮，以髡为诸侯主客。宗室置酒，髡尝在侧。

昔者，齐王使淳于髡献鹄于楚。出邑门，道飞其鹄。徒揭空笼，造诈成辞，往见楚王曰："齐王使臣来献鹄，过于水上，不忍鹄之渴，出而饮之，去我飞亡。吾欲刺腹绞颈而死，恐人之议吾王以鸟兽之故，令士自伤杀也。鹄，毛物也，多相类者，吾欲买而代之，是不信而欺吾王也。欲赴它国奔亡，痛吾王两主使不通。故来服过，叩头受罪大王。"楚王曰："善。齐王有信士若此哉！"厚赐之，财倍鹄在也。

即淳于髡是齐国的一个入赘女婿。身高不足七尺，为人滑稽，能言善辩，屡次出使诸侯之国，从未受过屈辱。齐威王（前356—前320在位，共37年）在位时，喜好说隐语，好彻夜宴饮，逸乐无度，陶醉于饮酒，不管政事，把政事委托给卿大夫。文武百官荒淫放纵，各国都来侵犯，国家危亡，就在旦夕。齐王身边近臣，不敢进谏。

（齐威王二年，前355）淳于髡用隐语，规劝讽谏齐威王说："都城有只大鸟，落在大王庭院，三年不飞，又不叫，大王知道这只鸟，是什么鸟？"齐威王说："这只鸟不飞则已，一飞就直冲云霄。不叫则已，一叫就使人惊异！"于是诏令全国72个县长官，全来入朝奏事，奖赏一人，诛杀一人。发兵御敌，诸侯惊恐，都把侵占的土地归还齐国。齐国的声威维持了36年。

齐威王八年（前371），楚国派遣大军侵犯齐国。齐王派淳于髡出使赵国，请求救兵。让他携带礼物黄金百斤，驷马车十辆。淳于髡仰天大笑，将系帽子的带子都笑断了。齐威王说："先生是嫌礼物太少么？"淳于髡说："怎么敢嫌少！"齐威王说："那你笑，难道有什么说辞吗？"淳于髡说："今天我从东边来时，看到路旁有个向田神祈祷的人，拿着一个猪蹄，一杯酒，祈祷：'高地上收获的谷物，盛满篝笼。低田里收获的庄稼，装满车辆。五谷繁茂丰熟，米粮堆积满仓！'我看见他拿的祭品很少，而所祈求的东西太多，所以笑他。"于是齐威王，就把礼物增加到黄金千镒，白璧十对，驷马车百辆。淳于髡告辞起行，来到赵国。赵王拨给他十万精兵，一千辆裹有皮革的战车。楚国听到这个消息，连夜退兵而去。

齐威王非常高兴，在后宫设置酒肴，召见淳于髡，赐他酒喝。问他说："先生能够喝多少酒才醉？"淳于髡回答说："我喝一斗酒也能醉，喝一石酒也能醉。"威王说："先生喝一斗就醉了，怎么能喝一石呢？能把这个道理说给我听听吗？"

淳于髡说:"大王当面赏酒给我,执法官站在旁边,御史站在背后,我心惊胆战,低头伏地地喝,喝不了一斗就醉。假如父母有尊贵的客人来家,我卷起袖子,弓着身子,奉酒敬客,客人不时赏我残酒,屡次举杯敬酒应酬,喝不到两斗就醉。假如朋友间交游,好久不曾见面,忽然间相见了,高兴地讲述以往情事,倾吐衷肠,大约喝五六斗就醉。至于乡里之间的聚会,男女杂坐,彼此敬酒,没有时间的限制。又作六博、投壶一类的游戏。呼朋唤友,相邀成对。握手言欢,不受处罚。眉目传情,不遭禁止。面前有落下的耳环,背后有丢掉的发簪。在这种时候,我最开心,即使喝上八斗酒,也不过两三分醉意。天黑酒快完,把残余的酒并到一起,大家促膝而坐,男女同席,鞋子木屐混杂在一起,杯盘杂乱不堪。堂屋里的蜡烛已经熄灭。主人单留住我,而把别的客人送走。绫罗短袄的衣襟已经解开,略略闻到阵阵香味。这时我心里最为高兴,能喝下一石酒。所以说,酒喝得过多,就容易出乱子。欢乐到极点,就会发生悲痛之事。所有的事情都是如此。"这番话是说,无论什么事情,不可走向极端,到极端,就会衰败。淳于髡以此委婉地劝说齐威王。齐威王说:"好!"于是,齐威王就停止彻夜欢饮,任用淳于髡,为接待诸侯宾客的宾礼官。齐王宗室设置酒宴时,淳于髡常常作陪。

从前,齐王派淳于髡去楚国进献黄鹄。出都城门,中途那只黄鹄飞走了,他只好托着空笼子,编造了一篇假话,前去拜见楚王说:"齐王派我来进献黄鹄,从水上经过,不忍心黄鹄干渴,放出让它喝水,不料离开我飞走了。我想要刺腹,勒脖子而死,又担心别人非议大王,因为鸟兽的缘故,致使士人自杀。黄鹄是羽毛类的东西,相似的很多,我想买一个相似的来代替,这既不诚实,又欺骗了大王。想要逃奔到别的国家去,又痛心齐楚两国君主之间的通使,由此断绝。所以前来服罪,向大王叩头,请求责罚!"楚王说:"很好,齐王竟有这样忠信的人!"。用厚礼赏赐淳于髡,财物比进献的黄鹄还多一倍。

滑稽,指言辞流利,正言若反,思维敏捷,诙谐幽默。《史记·太史公自序》说:"不流世俗,不争势利,上下无所凝滞,人莫之害,以道之用。作《滑稽列传》。"以此颂扬淳于髡一类滑稽人物"不流世俗,不争势利"的可贵精神,"谈言微中,亦可以解纷"的非凡讽谏才能。他们出身微贱,机智聪敏,能言多辩,善缘理设喻,察情取譬,借事托讽,言行起到与"六艺于治一也"的重要作用。"齐髡以一言而罢长夜之饮。"李景星《史记评议》卷4说:"赞语若雅若俗,若正若反,若有理,若无理,若有情,若无情,数句之中,极嘻笑怒骂之致,真是神品!"太史公说:"天道恢恢,岂不大哉!谈言微中,亦可以解纷。"即世上的道理,广阔无限,难道不伟大么!

言谈话语，果能稍稍切中事理，也能排解纷扰。

《战国策·齐策》说：淳于髡一日而见七人于宣王。王曰："子来，寡人闻之，千里而一士，是比肩而立。百世而一圣，若随踵而至也。今子一朝而见七士，则士不亦众乎？"淳于髡曰："不然。夫鸟同翼者而聚居，兽同足者而俱行。今求柴胡、桔梗于沮泽，则累世不得一焉。及之睪黍、梁父之阴，则郄车而载耳。夫物各有畴，今髡贤者之畴也。王求士于髡，譬若挹水于河，而取火于燧也。髡将复见之，岂特七士也！"

即淳于髡一天之内，向齐宣王引荐七个人。齐宣王说："您来，我听说千里之内有一位贤士，这贤士就是并肩而立了。百代之中如果出一个圣人，那就像接踵而至了。如今您一个早晨，就引荐七位贤士，那贤士不也太多了吗？"淳于髡说："不对。翅膀相同的鸟类，聚居在一起生活。足爪相同的兽类，一起行走。如今若是到低湿的地方，去采集长在山上的柴胡、桔梗，那世世代代采下去，也不能得到一两。到睪黍山、梁父山的北坡去采集，那就可以敞开车装载。世上万物，各有其类。如今我淳于髡，是贤士一类的人。君王向我寻求贤士，就譬如到黄河里去取水，在燧中取火。我将要再向君王引荐贤士，哪里只是七个人！"可见，世上人才不是少，只是未得识别人才的方法与途径。

第十讲　阴阳家：阴阳五行说宇宙

一、谈天说地是邹衍

《史记·孟子荀卿列传》说："驺衍之术迂大而闳辩。""故齐人颂曰：'谈天衍。'"驺衍即邹衍（约前305—前240），其学说迂曲浮夸，而富于雄辩精神。齐人颂扬说，谈天说地数邹衍，对邹衍有如下评论：

邹衍睹有国者益淫侈，不能尚德，若大雅整之于身，施及黎庶矣。乃深观阴阳消息而作怪迂之变，终始、大圣之篇十余万言。其语闳大不经，必先验小物，推而大之，至于无垠。先序今以上至黄帝，学者所共术，大并世盛衰，因载其禨祥度制，推而远之，至天地未生，窈冥不可考而原也。先列中国名山大川，通谷禽兽，水土所殖，物类所珍，因而推之，及海外人之所不能睹。称引天地剖判以来，五德转移，治各有宜，而符应若兹。以为儒者所谓中国者，于天下乃八十一分居其一分耳。中国名曰赤县神州。赤县神州内自有九州岛，禹之序九州岛是也，不得为州数。中国外如赤县神州者九，乃所谓九州岛也。于是有裨海环之，人民禽兽莫能相通者，如一区中者，乃为一州。如此者九，乃有大瀛海环其外，天地之际焉。其术皆此类也。然要其归，必止乎仁义节俭，君臣上下六亲之施，始也滥耳。王公大人初见其术，惧然顾化，其后不能行之。

是以邹子重于齐。适梁，惠王郊迎，执宾主之礼。适赵，平原君侧行撇席。如燕，昭王拥彗①先驱，请列弟子之座而受业。筑碣石宫，身亲往师之。作主运。其游诸侯见尊礼如此，岂与仲尼菜色陈蔡，孟轲困于齐梁同乎哉！笔武王以仁义伐纣而王，伯夷饿不食周粟。卫灵公问陈，而孔子不答。梁惠王谋欲攻赵，孟轲称大王去邠。此岂有意阿世俗苟合而已哉！持方枘欲内圆凿，其能入乎？或曰，伊尹负鼎而勉汤以王，百里奚饭牛车下而缪公用霸，作先合，然后引之大道。驺衍其言虽不轨，傥亦有牛鼎之意乎？

即邹衍看到各国君主更加骄奢淫侈，不崇尚德政。他认为，如果能用崇高的德行修行自身，就能推行到老百姓中间去。于是他深入观察天地万物的阴阳变化，探究各种怪诞迂曲的变幻，作《终始》《大圣》等篇，约十余万字。

---

① 拥彗：抱着扫帚扫地。古人迎候尊贵，表示敬意。司马贞索隐："谓为之扫地，以衣袂拥彗而却行，恐尘埃之及长者，所以为敬也。"

他的话博大精深，不合常理。他坚持先从细微的事物验证起，然后推而广之，以至无边无际。他首先从现在叙述起，直至远古的黄帝，是学者共同称述的，大体随世事而盛衰，因而记载下那些祈神求福，趋吉避凶的各种制度，并推而远之，直至天地尚未形成之时，飘缈玄远而不可考究其始。他首先列述中国的名山大川，深谷中的禽兽，水陆繁殖的生物，各种物类中的珍品，以此类推，论及海外异域人们所看不到的东西。据称天地分剖以来，五种德行相生相克，循环往复，每个时代都应采取与五德相应的政治制度，天命和人事互相感应就是这样。他以为儒者所说的中国，仅占天下的八十一分之一罢了。中国又被称为赤县神州。赤县神州内又有九州岛，就是大禹所分定的九州岛，但这种州不能列入大州之数。中国以外像赤县神州的州有九个，这才是所谓九州岛。在这块土地上，有小海四周环绕，人们和禽兽与外界不相通，像在一区之内，这就是一州。像这样的州有九个，九州岛之外有大海环绕，就是天地的边际。他的学说就是这样。但总括他的学说宗旨，一定归结到仁义节俭上来。这种学说用在君臣、上下、六亲关系上，就显得空泛了。那些王公大人最初接触他的学说，感到惊奇，并想身体力行，但过后却不能实行。

因此邹衍在齐国受到重视。前往魏国，魏惠王亲自到郊外迎接，并用贵宾之礼来接待他。前往赵国，平原君侧身而行，并为他擦拭座席。来到燕国，燕昭王手持扫帚在前为他清路，并请求坐在学生中间，向他求教。为他修筑碣石宫，亲自前往请教。他撰写《主运》篇。他游说诸国，是如此被尊敬，难道能和孔子在陈国、蔡国忍饥挨饿，孟子在齐国、梁国受困厄同日而语吗！所以周武王以推行仁义讨伐商纣而成就王业，伯夷饿死不吃周朝的粮食。卫灵公向孔子请教军事，孔子避而不答。魏惠王谋图进攻赵国，孟子以周太王避敌离邠来作答。这些难道有奉迎世俗、苟且求合之意吗！拿方榫对着圆孔，能放进去吗？有人说，伊尹凭他的烹饪术接近商汤，鼓励商汤成就王业。百里奚在秦国车下喂牛，秦穆公任用他成就了霸业。先事迎合，然后引导对方实行王道。邹衍的言论虽然越出常轨，或许也有百里奚饭牛、伊尹烹饪的用意吧！

《史记·封禅书》说："自齐威、宣之时，驺子之徒论著终始五德之运，及秦帝而齐人奏之，故始皇采用之。""驺衍以阴阳主运显于诸侯，而燕齐海上之方士传其术不能通，然则怪迂阿谀苟合之徒自此兴，不可胜数也。"

即"自从齐威王、齐宣王的时候，邹衍等人著书立说，论述五德终始变化，到秦称帝后有齐人把这套理论奏明秦王，所以秦始皇采用了它。""邹衍以阴阳迭主运数的理论显名诸侯，而燕齐地区海上的方士传习他的理论又不能通达，因此一些荒诞奇怪，阿谀奉迎，苟且求合的人从此兴起了，其人数之多不可胜计。"

齐宣王雄心勃勃，想称霸诸侯，统一中国。齐闵王即位，国力强盛，野心更大，想要称帝。邹衍学说，为新统治设计政治方案，学说受齐宣王和齐闵王重视。《史记·田敬仲完世家》说："宣王喜文学游说之士，自如邹衍、淳于髡、田骈、接子、慎到、环渊之徒七十六人，皆赐列第为上大夫，不治而议论。"

燕昭王（前311—前279年在位，共33年）招贤纳士，邹衍离齐入燕。《说苑·君道》载："邹衍闻之，从齐归燕。"邹衍到燕国时，燕昭王手持扫帚，为他扫地，怕尘埃落到他身上。刘歆说："邹子在燕，其游诸侯畏之，皆郊迎而拥篲。"王充《论衡·别通》说："燕昭为邹衍拥篲。"拜邹衍为师。班固《汉书·艺文志》自注说邹衍为"燕昭王师"。

二、六月霜天平冤狱

战国时期，燕昭王请齐国邹衍帮助治理国家，燕国有人不满，在燕王面前进谗言，让邹衍蒙冤入狱。当时正值盛夏，天为之降霜。燕王意识到邹衍冤屈，就释放了他。这即是成语"六月飞霜"的出处，比喻有冤狱冤情。

东汉王充《论衡·感虚》说：《传书》言："邹衍无罪，见拘于燕，当夏五月，仰天而叹，天为陨霜。""言其无罪见拘,当夏仰天而叹,实也。言天为之雨霜,虚也。夫万人举口,并解吁嗟,犹未能感天;邹衍一人,冤而壹叹,安能下霜?""夫熯一炬火,爨一镬水,终日不能热也;倚一尺冰,置庖厨中,终夜不能寒也。何则?微小之感,不能动大巨也。今邹衍之叹,不过如一炬、尺冰,而皇天巨大,不徒镬水庖厨之丑类也。一仰天叹,天为陨霜,何天之易感、霜之易降也?夫哀与乐同,喜与怒均。衍兴怨痛,使天下霜,使衍蒙非望之赏,仰天而笑,能以冬时使天热乎?变复之家曰:'人君秋赏则温,夏罚则寒。'寒不累时,则霜不降。温不兼日,则冰不释。一夫冤而一叹,天辄下霜,何气之易变、时之易转也?寒温自有时,不合变复之家。且从变复之说,或时燕王好用刑,寒气应至,而衍囚拘而叹,叹时,霜适自下,世见适叹而霜下,则谓邹衍叹之致也。"

即《传书》上说:"邹衍没有罪,却被燕王囚禁,当时正值夏天五月,邹衍仰天长叹,天因此降霜。"说他没有罪被囚禁,正值夏天,而仰天长叹,是事实。说上天为此而降霜,不是事实。万人张口一齐发出叹气声,尚且不能感动上天。邹衍一个人受冤枉叹一口气,怎么就会下霜呢?(归谬式类比推论)点把火,烧一大锅水,整天不会热。拿一尺冰,放在厨房,整夜不会冷。为什么呢?因为微弱的感触,不能触动巨大的东西。现在邹衍的叹气,不过像一个火把，一尺冰，而上天的巨大，不只像一锅水及厨房一类东西。一仰天长叹，天就会降霜，是什么天这样容易感动，是什么霜这样容易降下？悲哀跟快乐相同，欢喜与愤怒一样。邹衍发出怨痛的声音，能使天降霜，那么假使邹衍受到意外的赏赐，仰天大笑，能在冬天使天变热吗？谈变复的人说："人之君子，秋天受赏，则天气温暖。夏天被罚，则天气寒冷。"寒气不累积多时，则霜不会降。暖气不持续几天，则冰不会化。一个人被冤枉，而叹一口气，天就下霜，是什么气候这样容易改变，是什么时节这样容易转变？气候的寒冷与温暖，自有一定时节，这与谈变复的人的说法是不相合的。姑且听从变复的说法，或许燕惠王好用刑，寒冷的气候应该来了。而邹衍被囚禁长叹，叹气时霜正好自己降下。世人正好看见在邹衍叹气的时候霜下起来了，就说这是邹衍叹气所导致的。

三、吹律暖谷种寒谷

邹衍在燕，从事发展生产。王充《论衡·寒温》说："燕有寒谷，不生五谷。邹衍吹律，寒谷可种。燕人种黍其中，号曰黍谷。"唐欧阳询《艺文类聚》卷9引刘向《别录》说："邹衍在燕，燕有谷地，美而寒，不生五谷。邹子居之，吹律而温气至，而谷生，今名黍谷。"

张湛注《列子·汤问》说："北方有地，美而寒，不生五谷。邹子吹律暖之，而禾黍滋也。"宋李昉等编《文苑英华》卷19《天象》引唐王起《邹子吹律赋》说："邹子处寒谷之陲，审至音之宜，能嘘吸而律应，使严凝而气移。"李白《李太白集注》卷30《邹衍谷》诗说："燕谷无暖气，穷岩闭严阴。邹子一吹律，能回天地心！"

四、智驳诡辩讲逻辑

《史记·平原君传》说："平原君厚待公孙龙。公孙龙善为坚白之辩，及邹衍过赵，言至道，乃绌公孙龙。"《史记集解》引刘向《别录》说："齐使邹衍过赵，平原君见公孙龙及其徒綦母子之属，论白马非马之辩，以问邹子。邹子曰：'不可。彼天下之辩，有五胜三至，而辞正为下。辩者，别殊类使不相害，序异端使不相乱。抒意通指，明其所谓，使人与知焉，不务相迷也。故胜者，不失其所守。不胜者，得其所求。若是，故辩可为也。及至烦文以相假，饰辞以相悖，巧譬以相移，引人声使不得及其意。如此，害大道。夫缴纷争言而竞后息，不能无害君子。坐皆称善。"

赵国平原君赵胜是战国时期养士的大家，有几千名食客。公孙龙凭一张能言善辩的嘴，成为平原君的座上宾。邹衍路过赵国，平原君想让他和公孙龙辩论"白马非马"。邹衍拒绝，他认为辩论应当区别不同类型，不相侵害；排列不同概念，不相混淆；抒发自己的意旨，表明自己的观点，让别人理解，而不是让别人困惑。这样，得胜者能坚持自己的立场，未胜者也能获得自己所追求的学问道理。用烦琐词句互相假借，用巧妙修辞互相矛盾，用巧妙譬喻偷换概念，引用对方言辞，曲解原意，有害于对大道理的理解。烦琐辩论，无休无止，做不到无害为君子。此言一出，赢得一片喝彩。邹衍演说这一番大道理后，平原君罢黜驱逐了公孙龙。

五、阴阳五行需清理

阴阳五行学说有神秘因素，所以有关邹衍的记载，被涂上了神话色彩，令人难以置信。阴阳家用朴素的五行学说，解释世界，这是朴素的科学因素和迷信谬说的混合物。其朴素的科学因素，有待提升改造为现代系统的科学知识。其迷信谬说成分，应该被破除肃清。

阴阳家是十家九流之一，以阴阳五行为学说的中心，由天文家、占星家演变而来，战国时极盛，汉代称阴阳家。司马谈、司马迁把阴阳家与儒、墨等并列为六家。班固把阴阳家，列入九流十家。

阴阳家代表人是邹衍，以阴阳五行说，解释季节变化和农作物生长规律，按照事物的本性和相互作用，说明世界的变化，有朴素辩证法思想。以"阴阳消息""五德转移"解释王朝更替，提倡"仁义节俭，君臣上下六亲之施"，与儒家思孟学派有密切联系。把自然和社会混同，用天象变化比附人事吉凶，结合科学和巫术，流于"天人感应"的神秘主义。

阴阳家对以后哲学思想的发展，产生了复杂的影响。《黄帝内经》作者和东汉王充，把阴阳五行说中的科学成分，发展为天道自然观。董仲舒则借以论证谶纬迷信，把其中的迷信成分，发展为系统的神学目的论。

《史记·孟子荀卿列传》附邹衍小传。邹衍"深观阴阳消息"，喜谈宇宙变化，号"谈天衍"。用"先验后推"法，"先验小物，推而大之，至于无垠"，从部分的经验事实出发，由近及远，由已知推未知，以至于"窈冥不可考而原""海外人之所不能睹"的想象领域。

邹衍的"大九州岛"说，扩展儒者的传统地理观念，认为中国，即赤县神州，仅是全世界的一小部分，即八十一分之一。其"先验后推"法，冲破狭隘经验的局限，扩大视野，有想象的成分。

用"五行生胜"说，解释社会变化。提出"五德终始"论，认为朝代更替，依土、木、金、火、水"五德转移"的顺序进行。周是火德，秦是水德。预言代火者，将是水，未来统治者将以水德王。

这种学说，适应中国大一统的趋势，受到诸侯尊礼，在秦汉时代有重要影响。被秦始皇采用为秦帝国的指导理论。《汉书·郊祀志》说："齐人邹子（邹衍）之徒，论著终始五德之运，始皇采用。"齐人邹衍，在东方齐国炮制五德终始论的"怪迂"之花，却在西方秦国结出丰硕之果。秦王朝用官方力量把它推向全国。

阴阳家是流行于战国末到汉初的学派。齐人邹衍是代表。《史记·孟子荀卿列传》说："深观阴阳消息，而作怪迂之变。"《史记》称其"深观阴阳消息，而作迂怪之变。"《吕氏春秋》则直接受到邹衍学说的影响。邹衍将自古以来的数术思想，与阴阳五行学说结合，建构宇宙图式，解说自然现象的成因及其变化。

《庄子·则阳》说："阴阳，气之大者也。"阴阳家把阴阳的矛盾转化，作神秘化解释。所谓阴阳，即事物正反对立转化的力量，决定事物的发展变化。万物由木火土金水五种原素构成，相生相胜，说明宇宙万物的起源和变化。邹衍解释五行为五德，创五德终始说，作为王朝兴替的规律，为新兴的大一统王朝提供理论根据。

《吕氏春秋·应同》说：凡帝王者之将兴也，天必先见祥乎下民。黄帝之时，天先见大螾、大蝼。黄帝曰："土气胜。"土气胜，故其色尚黄，其事则土。及禹之时，天先见草木秋冬不杀，禹曰木气胜。木气胜，故其色尚青，其事则木。及汤之时，天先见金刃生于水，汤曰金气胜。金气胜，故其色尚白，其事则金。及文王之时，天先见火，赤乌衔丹书集于周社，文王曰火气胜。火气胜，故其色尚赤，其事则火。代火者必将水。天且先见水气胜。水气胜，故其色尚黑，其事则水。水气至，而不知数备，将徙于土。

即凡是帝王将要兴起，天必定先显示征兆。黄帝时，天先显现大蚯蚓、大蝼蛄。黄帝说："这表现土气旺盛。"因为土气旺盛，所以黄帝时服色崇尚黄色，做事取法土的颜色。到夏禹时，天先显现草木秋冬时节不凋零。夏禹说；"这表明木气旺盛。"因为木气旺盛，所以夏朝服色崇尚青色，做事取法木的颜色。到商汤时，天先显现水中出现刀剑。商汤说："这表明金气旺盛。"金气旺盛，所以商朝服色崇尚白色，做事取法金属的颜色。到周文王时，天先显现火，红色乌鸦衔丹书停在周的社庙。周文王说："这表明火气旺盛。"火气旺盛，所以周朝服色崇尚红色，做事取法火的颜色。代替火的必将是水，天将先显现水气旺盛。水气旺盛，所以新王朝服色应崇尚黑色，做事应取法水的颜色。水气到来，却不知气数已经具备，从而取法于水，气数将转移到土。

《史记·秦始皇本纪》说："始皇推终始五德之传，以为周得火德，秦代周德，从所不胜。方今水德之始。""更名（黄）河曰德水，以为水德之始。刚毅戾深，事皆决于法，刻削毋仁恩和义，然后合五德之数。于是急法，久者不赦。"所谓"始皇推终始五德之传"的"传"，即次序。意思是说，"五行之德"始终相次，按顺序排，循环轮回。秦王朝认为自己是水德，周朝是火德，水能灭火，所以秦朝必然代替周朝。

《史记索隐》引《封禅书》说："秦文公获黑龙，以为水瑞，秦始皇帝因自谓为水德也。"《史记索隐》说："水主阴，阴刑杀，故急法刻削，以合五德之数。"水德在四时中代表冬季，特性是"助天诛"，水德要求严刑峻法，提倡严刑峻法的法家，在五行说中找到了根据。由此论证，秦始皇"刚毅戾深，事皆决于法，刻削毋仁恩和义，然后合五德之数。于是急法，久者不赦"等性格特征、政治法律和政策思想的推行，都是符合神秘先验的"五德之数"。

这种按土、木、金、火、水的顺序，依次发生"五行生胜""五德转移"，再到下一轮回的学说，是天人感应的神秘主义，天道循环的机械论，不属于科学，是迷信，是秦王朝和历代封建王朝统治的理论根据。

战国后期《礼记·月令》《管子》《吕氏春秋·应同》《淮南子·齐俗训》和《史记·秦始皇本纪》有阴阳家的思想资料。阴阳概念，最早见于《易经》。五行概念最早见于《尚书》。战国时期，阴阳说和五行说合流，变为阴阳消息、五行转移的哲学宇宙观。

司马谈《论六家要旨》，把阴阳家列为六家之首。司马迁是这一学派的正宗传人，司马氏祖传天文历算。阴阳家是先秦诸家中唯一专精天文历算的一家。

司马谈《论六家要旨》说："尝窃观阴阳之术，大祥而众忌讳，使人拘而多所畏。然其序四时之大顺，不可失也。"即我曾研究阴阳之术，发现它注重吉凶祸福的预兆，禁忌避讳很多，使人受到束缚，并多有畏惧。但阴阳家关于一年四季运行顺序的道理，是不可丢弃的。

司马迁发挥说：夫阴阳四时、八位、十二度、二十四节，各有教令，顺之者昌，逆之者不死则亡，未必然也。故曰："使人拘而多畏。"夫春生夏长，秋收冬藏，此天道之大经也，弗顺，则无以为天下纲纪。故曰："四时之大顺，不可失也。"

即阴阳家认为四时、八位、十二度和二十四节气各有一套宜忌规定，顺应它就会昌盛，违背它不死则亡。这未必是对的。所以说阴阳家："使人受束缚而多所畏惧。"春生、夏长、秋收、冬藏，这是自然界的重要规律，不顺应它，就无法制定天下纲纪，所以说："四时的运行，是不能舍弃的。"

班固《汉书·艺文志·诸子略》列阴阳家为九流十家。《汉书·艺文志》著录阴阳家书，第四是《邹子》，第五是《邹子终始》，邹子即邹衍。

《汉书·艺文志》说：阴阳家者流，盖出于羲和之官。敬顺昊天，历象日月星辰，敬授民时，此其所长也。及拘者为之，则牵于禁忌，泥于小数，舍人事，而任鬼神。

即阴阳家流派，出于掌天文的官职。恭敬地顺从上天，用历象记录日月星辰的运行，恭敬地教导人民按照天时祭祀耕种。这是他们的长处。但拘泥的人，实行阴阳家学术，被禁忌牵制，拘泥于占卜问卦的小技术，舍弃人事，而迷信鬼神。

古代王朝有官方的专家，掌管天文历数。"羲和"，传说是掌握天文历法者。黄帝时，羲和受命观测太阳，计算日历。唐尧时，羲和是掌管天文的家族。《尚书·胤征》说，羲和是夏王仲康的主天文之官。神话说羲和是太阳之母。屈原《离骚》说羲和是驾驭太阳车的神。

阳字的本意是指山之南，水之北。甲骨文的阳字横过来，下面是山峦，上面是太阳，剩下两画，表示被太阳照射。整个字，表示山被太阳经常照射的一面，即山的南面，山南为阳。

《说文》："阴，暗也。水之南，山之北也。""阳，高、明也。"阴阳，是古人抽象宇宙万物两种相反相成的性质，表达宇宙对立统一法则的哲学范畴。表示万物两两对应，相反相成的对立统一。《老子》说："万物负阴而抱阳。"《易传》说："一阴一阳之谓道。"《易经》是讲阴阳变化的哲理。

阴阳学说认为，阴阳交感，生成宇宙万物。宇宙万物是阴阳对立统一。阳阳学说是在气说的基础上建立的。阴阳是抽象概念，不是具体事物。《灵枢·阴阳系日月》说："阴阳者，有名无形。"阴，表示消极、退守、柔弱的性质和事物。阳，表示积极、进取、刚强的性质和事物。阴阳学说的内容，是阴阳二者的对立、互根、消长和转化。

《尚书·洪范》说："五行：一曰水，二曰火，三曰木，四曰金，五曰土。"宇宙万物由五种物质构成。"行"，即运行，相生，相克。木有"曲直"性质，表示生发、柔和。火有"炎上"性质，表示阳热。土有可用以"稼穑"（种庄稼）的性质，表示长养、发育。金有可熔化变形的性质，表示清静、收杀。水有"润下"的性质，表示寒冷、滋润、就下、闭藏。"五行"是天赐给夏禹治理天下的"九畴"之一，起源于儒家六经。

从自然观说，阴阳学说用《周易》的阴阳观念，提出宇宙演化论。从《尚书·禹贡》九州岛划分，提出大九州岛说。中国为赤显神州，内有小九州岛，外则为大九州岛之一。从历史观说，阴阳学说把《尚书·洪范》的五行观，改造为五德终始说，认为历代王朝的更替兴衰，由五行主导运转。

从政治伦理观说，阴阳学说"止乎仁义节俭，君臣上下六亲之施",赞成儒家的仁义学说,强调"因阴阳之大顺",包含天文、历法、气象和地理学知识,有一定的科学因素。五德终始,又称五德转移。阴阳家代表邹衍运用阴阳五行理论,解释宇宙演变、历史兴衰。五德,即五行的属性,有土德、木德、金德、水德、火德。宇宙万物与五行对应,各具其德。天道运行、人世变迁、王朝更替是五德转移的结果。其目的是论证社会变革的合理性,但其历史的机械循环论不可取。

邹衍的大九州岛说和五德终始说,认为朝代更替,源于五行的相生相克。《史记·孟子荀卿列传》说:"(邹衍)称引天地剖判以来,五德转移,治各有宜,而符应若兹。"夏、商、周三代之变,是金(商)克木(夏)、火(周)克金。秦朝代周,是水(秦)克火(周)。秦汉统治者,以此为自己统治的合理性寻找根据,对后世,特别是汉代,有很大影响。

阴阳家的阴阳和五行思想,在战国时期,与道家、方仙道思想合并,形成黄帝学派。在汉朝,融合老子学说,形成黄老道,后演变成道教。汉初阴阳家还存在,汉武帝"罢黜百家,独尊儒术",阴阳学说融入儒家思想体系,被道教吸收,作为独立学派的阴阳家就湮灭不存了。

阴阳家由古代天文家和占星家转化而来。战国阴阳五行说盛极。《礼记·月令》《吕氏春秋·十二纪》以阴阳五行理论,说明四季变化。邹衍用阴阳五行说解释王朝更替。阴阳家理论,是古代科学知识和迷信占卜巫术的混杂。总结天象运行变化和农作物生长规律的知识,以阴阳消长、五行生克来解释事物变化,有朴素的辩证法思想。

邹衍是齐国人,时代后于孟子,与公孙龙、鲁仲连同时代。齐宣王时,邹衍就学于稷下学宫,先学儒术,后改攻阴阳五行学说,然而终以儒术为其旨归。《盐铁论·论儒》说:"邹衍以儒术干世主,不用,即以变化始终之论,卒以显名。""邹子之作变化之术,亦归于仁义。"

《盐铁论·论邹》:"邹子疾晚世之儒墨,不知天地之弘,昭旷之道,将一曲而欲道九折。守一隅而欲知万方,犹无准平而欲知高下,无规矩而欲知方圆也。于是,推大圣终始之运,以喻王公列士。"邹衍学儒术、攻阴阳的目的,是寻求经世致用之学,体现匡世济民的入世精神。

司马迁《史记·孟子荀卿列传》说:"邹衍睹有国者益淫侈,不能尚德","乃深观阴阳消息,而作怪迂之变,《终始》《大圣》之篇十余万言。""然要其归,必止乎仁义节俭,君臣上下六亲,始也滥耳。王公大人初见其术,惧然顾化,其后不断行之。""邹衍其言虽不轨,傥亦有牛鼎之意乎?"《史记·封禅书》说:"邹衍以阻阳主运显于诸侯,而燕、齐海上之方士传其术不能通,然则怪迂阿谀苟合之徒自此兴,不可胜数也。"

五行相生的含义,即木生火:木性温,火隐伏,钻木生火。火生土:火灼热,焚烧木,变灰烬,灰即土。土生金:聚土成山,山生石,金藏石。金生水:销金变水。水生木:水温润,木生长。五行相克的含义:天地之性,众胜寡,故水胜火。精胜坚,故火胜金。刚胜柔,故金胜木。专胜散,故木胜土。实胜虚,故土胜水。阴阳家关于五行生克制化宜忌的议论:

金:金旺得火,方成器皿。金能生水,水多金沉。强金得水,方挫其锋。金能克木,木多金缺。木弱逢金,必为砍折。金赖土生,土多金埋。土能生金,金多土变。

火:火旺得水,方成相济。火能生土,土多火晦。强火得土,方止其焰。火能克金,金多火熄。金弱遇火,必见销熔。火赖木生,木多火炽。木能生火,火多木焚。

水:水旺得土,方成池沼。水能生木,木多水缩。强水得木,方泄其势。水能克火,火多水干。水赖金生,金多水浊。金能生水,水多金沉。

土:土旺得木,方能疏通。土能生金,金多土变。强土得金,方制其壅。土能克水,水多土流。水弱逢土,必为淤塞。土赖火生,火多土焦。火能生土,土多火晦。

木:木旺得金,方成栋梁。木能生火,火多木焚。强木得火,方化其顽。木能克土,土多木折。土弱逢木,必为倾陷。木赖水生,水多木漂。水能生木,木多水缩。

阴阳家关于五行生克制化宜忌的议论,是朴素科学因素和迷信谬说的混合。其认识论根源,是局部经验和猜测想象的混合。其方法论根源,是机械类比、无类比附、牵强附会、生拉硬扯。我们在汲取应用时,必须经过科学分析批判,去粗取精,去伪存真。

阴阳五行说,是中国传统思想的骨干。顾颉刚说它是"中国人的思想律"。[①] 范文澜打比方说,中国人受其影响,"正如孙悟空尽管着努力,依然跳不出如来佛的手掌一般"[②]。古代政治宗教、思想学术、天文历法、科学技术,几乎都以阴阳五行说有牵挂。

梁启超在《古史辨》第5册《阴阳五行说之来历》说:"阴阳五行说为二千年来迷信之大本营,直至今日,在社会上犹有莫大势力。"一语道出阴阳五行说对中国社会的消极作用,以及迷信谬说的危害。阴阳家议论虽有顺应历史发展趋势的一面,但对阴阳家迷信谬说的消极作用不可低估,应引起警惕,清醒理智地分析批判。

---

① 顾颉刚:《五德终始说下的政治和历史》,《古史辨》第5册,上海古籍出版社1982年版,第404页。

② 范文澜:《与顾颉刚论五行说的起源》,《古史辨》第5册,上海古籍出版社1982年版,第641页。

第十一讲　医家：传统医家建功业

一、扁鹊劝人早治病

《韩非子·喻老》说：扁鹊见蔡桓公，立有间，扁鹊曰："君有疾在腠理，不治将恐深。"桓侯曰："寡人无。"扁鹊出，桓侯曰："医之好治不病以为功。"居十日，扁鹊复见曰："君之病在肌肤，不治将益深。"桓侯不应。扁鹊出，桓侯又不悦。居十日，扁鹊复见曰："君之病在肠胃，不治将益深。"桓侯又不应。扁鹊出，桓侯又不悦。居十日，扁鹊望桓侯而还走。桓侯故使人问之，扁鹊曰："疾在腠理，汤熨之所及也。在肌肤，针石之所及也。在肠胃，火齐之所及也。在骨髓，司命之所属，无奈何也。今在骨髓，臣是以无请也。"居五日，桓公体痛，使人索扁鹊，已逃秦矣，桓侯遂死。

即扁鹊（前401—前310）进见蔡桓公，站一会儿后，扁鹊说："在您的皮肤纹理里有病，不医治的话，恐怕要变厉害了。"桓侯说："我没有病。"扁鹊走后，桓侯说：

"医生总是喜欢给没病的人治病，以此作为自己的功劳！"过十天，扁鹊又去进见，对桓侯说："您的病已经到了肌肉，不医治，会更严重。"桓侯不理睬。扁鹊走后，桓侯不高兴。过十天，扁鹊再进见，对桓侯说："您的病已经到了肠胃，不医治，会更深入。"桓侯不理睬。扁鹊走后，桓侯再次不高兴。过十天，扁鹊远远望见桓侯，转身就跑。桓侯特地派人问他。扁鹊说："病在表皮，用热水焐，用药物热敷能够治疗。病在肌肉，用针灸能够治疗。病在肠胃，用火剂能够治疗。病在骨髓，那是司命的事，医生没有办法。现在他的病在骨髓，所以我不再过问。"过五天，桓侯浑身疼痛，派人寻找扁鹊，扁鹊已逃到秦国，桓侯死。

《史记·扁鹊列传》故事相似，不过故事主人公不是蔡桓公，而是齐桓侯，即齐侯田和之子桓公午。其中说："扁鹊过齐，齐桓侯客之。入朝见，曰：'君有疾在腠（còu）理（皮肤纹理），不治将深。'桓侯曰：'寡人无疾。'扁鹊出，桓侯谓左右曰：'医之好利也，欲以不疾者为功。'后五日，扁鹊复见，曰：'君有疾在血脉，不治恐深。'桓侯曰：'寡人无疾。'扁鹊出，桓侯不悦。后五日，扁鹊复见，曰：'君有疾在肠胃间，不治将深。'桓侯不应。扁鹊出，桓侯不悦。后五日，扁鹊复见，望见桓侯而退走。桓侯使人问其故。扁鹊曰：'疾之居腠理也，汤熨之所及也。在血脉，针石之所及也。其在肠胃，酒醪

（láo劳）之所及也。其在骨髓，虽司命无奈之何。今在骨髓，臣是以无请也。'后五日，桓侯体病，使人召扁鹊，扁鹊已逃去。桓侯遂死。"

即扁鹊到齐国，齐桓侯把他当客人招待。他到朝廷拜见桓侯说："您有小病在皮肤和肌肉之间，不治将会深入体内。"桓侯说："我没有病。"扁鹊走出宫门后，桓侯对身边的人说："医生喜爱功利，想把没有病的人，说成是自己治疗的功绩。"过五天，扁鹊再见桓侯，说："您的病已在血脉，不治会深入体内。"桓侯说："我没有病。"扁鹊出去后，桓侯不高兴。过五天，扁鹊又去见桓侯说："您的病已在肠胃间，不治将更深侵入体内。"桓侯不肯答话。扁鹊出去后，桓侯不高兴。过五天，扁鹊又去，看见桓侯就向后退跑走。桓侯派人问他跑的缘故。扁鹊说："疾病在皮肉之间，汤剂、药熨的效力，就能达到治病的目的。疾病在血脉中，靠针刺和砭石的效力，就能达到治病的目的。疾病在肠胃中，药酒的效力，就能达到治病的目的。疾病进入骨髓，就是掌管生命的神，也无可奈何。现在疾病已进入骨髓，我因此不再要求为他治病。"过五天，桓侯患重病，派人召请扁鹊，扁鹊已逃离齐国。桓侯病死。

扁鹊，原名秦越人，齐人（今河北任丘）。曾治愈赵简子的重病。兼用针灸、砭石、熨帖和按摩，反对用巫术治病，首创"望闻问切"的诊断法，精于切脉诊断，奠定中国医学诊断法的基础。

《史记·太史公自序》说："扁鹊言医，为方者宗，守数精明，后世循序，弗能易也。"即扁鹊论医，为医家尊奉，其医术精细高明。后世遵循其法，不能改易。《史记·扁鹊列传》列举扁鹊事迹。

二、师事神医长桑君

《史记·扁鹊列传》说：扁鹊者，勃海郡郑人也，姓秦氏，名越人。少时为人舍长。舍客长桑君过，扁鹊独奇之，常谨遇之。长桑君亦知扁鹊非常人也。出入十余年，乃呼扁鹊私坐，间与语曰："我有禁方，年老，欲传与公，公毋泄。"扁鹊曰："敬诺。"乃出其怀中药予扁鹊："饮是以上池之水，三十日当知物矣。"乃悉取其禁方书尽与扁鹊。忽然不见，殆非人也。扁鹊以其言饮药三十日，视见垣一方人。以此视病，尽见五藏症结，特以诊脉为名耳。为医或在齐，或在赵。在赵者名扁鹊。

即扁鹊是渤海郡郑人，姓秦名越人。年轻时做人家客馆的主管。有个叫长桑君的客人到客馆来，只有扁鹊认为他是一个奇人，时常恭敬地对待他。长桑君也知道扁鹊不是普通人，他到客馆来去有十多年，一天叫扁鹊和自己坐在一起，悄悄地跟扁鹊说："我有秘藏的医方，我年老，想传留给你,你不要泄漏。"扁鹊说:"遵命!"他这才从怀中,拿出一种药给扁鹊,并说:"用草木上的露水,送服这种药,三十天后,你就能洞察隐微。"接着拿出全部秘方给扁鹊。忽然人就不见了,大概他不是凡人。扁鹊按照他说的,服药三十天,就能看见墙另一边的人。因此诊视别人的疾病时,能看见五脏内所有的病症,只是表面上还在为病人切脉。他有时在齐国行医,有时在赵国行医。在赵国时名叫扁鹊。

三、简子重病扁鹊治

《史记·扁鹊列传》说:当晋昭公时,诸大夫强而公族弱,赵简子为大夫,专国事。简子疾,五日不知人,大夫皆惧,于是召扁鹊。扁鹊入视病,出,董安于问扁鹊,扁鹊曰:"血脉治也,而何怪!昔秦穆公尝如此,七日而寤。寤之日,告公孙支与子舆曰:'我之帝所甚乐。吾所以久者,适有所学也。帝告我:"晋国且大乱,五世不安。其后将霸,未老而死。霸者之子且令而国男女无别。"'公孙支书而藏之,秦策于是出。夫献公之乱,文公之霸,而襄公败秦师于殽而归纵淫,此子之所闻。今主君之病与之同,不出三日必间,间必有言也。"

居二日半,简子寤,语诸大夫曰:"我之帝所甚乐,与百神游于钧天,广乐九奏万舞,不类三代之乐,其声动心。有一熊欲援我，帝命我射之，中熊，熊死。有罴来，我又射之，中罴，罴死。帝甚喜，赐我二笥，皆有副。吾见儿在帝侧，帝属我一翟犬，曰：'及而子之壮也以赐之。'帝告我：'晋国且世衰，七世而亡。嬴姓将大败周人于范魁之西，而亦不能有也。'"董安于受言，书而藏之。以扁鹊言告简子，简子赐扁鹊田四万亩。

即在晋昭公的时候，众多大夫的势力强盛，而国君的力量衰弱。赵简子是大夫，却独掌国事。赵简子病了，五天不省人事。大夫们都很忧惧。于是召来扁鹊。扁鹊入室诊视病后走出，大夫董安于向扁鹊询问病情，扁鹊说："他的血脉正常，你们何必惊怪！从前秦穆公曾出现这种情形，昏迷了七天才苏醒。醒来的当天，告诉公孙支和子舆说，'我到天帝那里后，非常快乐。我所以去那么长时间，正好碰上天帝要指教我。天帝告诉我：晋国将要大乱，会五代不安定。之后将有人成为霸主，称霸不久他就会死去。霸主的儿子，将使你的国家，男女淫乱。公孙支把这些话记下，收藏起来，后来秦国的史书，才记载了此事。晋献公的混乱，晋文公的称霸，及晋襄公打败秦军在肴山后，放纵淫乱。这些都是你所闻知的。现在你们主君的病，和他相同，不出三天，就会痊愈。痊愈后，必定也会说一些话。"

过两天半，赵简子苏醒，告诉众大夫说："我到天帝那儿,非常快乐,与百神游玩在天的中央,那里各种乐器,奏着许多乐曲,跳着各种各样的舞蹈,不像上古三代时的乐舞,乐声动人心魄。有一只熊要抓我,天帝命令我射杀它。我射中了熊,熊死了。有一只罴走过来,我又射它,又射中了,罴也死了。天帝非常高兴,赏赐我两个竹笥,里边都装有首饰。我看见我的儿子,在天帝的身边,天帝把一只翟犬,托付给我,并说:等到你的儿子长大成人时,赐给他。天帝告诉我说:晋国将会一代一代地衰微下去,过了七代就会灭亡。秦国人将在范魁的西边,打败周人,但他们也不能拥有他的政权。董安于听了这些话后,记录并收藏起来。人们把扁鹊说过的话,告诉赵简子,赵简子赐给扁鹊田地四万亩。

四、死而复生虢太子

《史记·扁鹊列传》说:其后扁鹊过虢。虢太子死,扁鹊至虢宫门下,问中庶子喜方者曰:"太子何病,国中治穰过于众事?"中庶子曰:"太子病血气不时,交错而不得泄,暴发于外,则为中害。精神不能止邪气,邪气畜积而不得泄,是以阳缓而阴急,故暴蹶而死。"扁鹊曰:"其死何如时?"曰:"鸡鸣至今。"曰:"收乎?"曰:"未也,其死未能半日也。""言臣齐勃海秦越人也,家在于郑,未尝得望精光侍谒于前也。闻太子不幸而死,臣能生之。"中庶子曰："先生得无诞之乎？何以言太子可生也！臣闻上古之时，医有俞跗，治病不以汤液醴洒，镵石挢引，案扤毒熨，一拨见病之应，因五藏之输，乃割皮解肌，诀脉结筋，搦髓脑，揲荒爪幕，湔浣肠胃，漱涤五藏，练精易形。先生之方能若是，则太子可生也；不能若是而欲生之，曾不可以告咳婴之儿。"终日，扁鹊仰天叹曰："夫子之为方也，若以管窥天，以郄视文。越人之为方也，不待切脉望色，听声写形，言病之所在。闻病之阳，论得其阴；闻病之阴，论得其阳。病应见于大表，不出千里，决者至众，不可曲止也。子以吾言为不诚，试入诊太子，当闻其耳鸣而鼻张，循其两股以至于阴，当尚温也。"

中庶子闻扁鹊言，目眩然而不瞚，舌挢然而不下，乃以扁鹊言入报虢君。虢君闻之大惊，出见扁鹊于中阙，曰："窃闻高义之日久矣，然未尝得拜谒于前也。先生过小国，幸而举之，偏国寡臣幸甚。有先生则活，无先生则弃捐填沟壑，长终而不得反。"言未卒，因嘘唏服臆，魂精泄横，流涕长潸，忽忽承睫，悲不能自止，容貌变更。扁鹊曰："若太子病，所谓'尸蹷'者也。夫以阳入阴中，动胃缠缘，中经维络，别下于三焦、膀胱，是以阳脉下遂，阴脉上争，会气闭而不通，阴上而阳内行，下内鼓而不起，上外绝而不为使，上有绝阳之络，下有破阴之纽，破阴绝阳，色废脉乱，故形静如死状。太子未死也。夫以阳入阴支兰藏者生，以阴入阳支兰藏者死。凡此数事，皆五藏蹙中之时暴作也。良工取之，拙者疑殆。"

扁鹊乃使弟子子阳厉针砥石，以取外三阳五会。有间，太子苏。乃使子豹为五分之熨，以八减之齐和煮之，以更熨两胁下。太子起坐。更适阴阳，但服汤二旬而复故。故天下尽以扁鹊为能生死人。扁鹊曰："越人非能生死人也，此自当生者，越人能使之起耳。"

即后来扁鹊路经虢国。正碰上虢太子死去，扁鹊来到虢国王宫门前，问一位喜好医术的中庶子说："太子有什么病，为什么全国举行除邪去病的祭祀，超过了其他许多事？"中庶子说："太子的病，是血气运行没有规律，阴阳交错而不能疏泄，猛烈地暴发在体表，就造成内脏受伤害。人体的正气不能制止邪气，邪气蓄积而不能疏泄，因此阳脉弛缓，阴脉急迫，所以突然昏倒而死。"扁鹊问："他死多长时间了？"中庶子回答："从鸡鸣到现在。"又问："收殓了吗？"回答说："还没有，他死还不到半天呢。""请禀告虢君说，我是渤海郡的秦越人，家在郑地，未能仰望君王的神采，而拜见侍奉在他的面前。听说太子死了，我能使他复活。"中庶子说："先生该不是胡说吧？怎么说太子可以复活呢！我听说上古的时候，有个叫俞跗的医生，治病不用汤剂、药酒、镵针、砭石、导引、按摩、药熨等办法，一解开衣服诊视，就知道疾病的所在，顺着五脏的腧穴,然后割开皮肤,剖开肌肉,疏通经脉,结扎筋腱,按治脑髓,触动膏肓,疏理横膈膜,清洗肠胃,洗涤五脏,修炼精气,改变神情气色,先生的医术能如此,那么太子就能复生。不能做到如此,却想要使他复生,简直不能用这样的话欺骗刚会笑的孩子。"过了好久,扁鹊才仰望天空叹息说:"您说的那些治疗方法,就像从竹管中看天,从缝隙中看花纹一样。我用的治疗方法,不需给病人切脉,察看脸色、听声音、观察病人的体态神情,就能说出病因在什么地方。知道疾病外在的表现,就能推知内在的原因。知道疾病内在的原因,就能推知外在的表现。人体内有病,会从体表反映出来。据此,就可诊断千里之外的病人。我决断的方法很多,不能只停留在一个角度看问题。你如果认为我说的不真实可靠,你试着进去诊视太子,应会听到他耳有鸣响,看到鼻翼翕动,顺着两腿摸到阴部,那里应该还是温热的。"

中庶子听完扁鹊的话,眼呆滞瞪着不能眨,舌头翘着说不出话来,后来才进去把扁鹊的话告诉虢君。虢君听后十分惊讶,走出内廷,在宫廷的中门接见扁鹊说:"我听说您高尚的品德已很长时间了,然而不能够在您面前拜见您。这次先生您路经我们小国,希望您能救助我们。我这个偏远国家的君王,真是太幸运了。有先生在,就能救活我的儿子。没有先生在,他就会被抛尸野外,而填塞沟壑，永远死去而不能复活。"话没说完，他就悲伤抽噎，气郁胸中，精神散乱恍惚，长时间地流下眼泪，泪珠滚落沾在睫毛上，悲哀得不能自我克制，容貌神情发生了变化。扁鹊说："您的太子得的病，就是人们所说的尸蹶。那是因为阳气陷入阴脉，脉气缠绕，冲动了胃，经脉受损伤，脉络被阻塞，分别下注入下焦、膀胱，因此阳脉下坠，阴气上升，阴阳两气会聚，互相团塞，不能通畅。阴气又逆而上行，阳气只好向内运行，阳气徒然在下在内鼓动，却不能上升，在上在外被阻绝，不能被阴气遣使，在上有隔绝了阳气的脉络，在下有破坏了阴气的筋纽，这样阴气破坏，阳气隔绝，使人的面色衰败，血脉混乱，所以人会身体安静得像死去一样。太子实际没有死。因为阳入袭阴，而阻绝脏气的能治愈，阴入袭阳，而阻绝脏气的必死。这些情况，都会在五脏厥逆时，突然发作。精良的医生，能治愈这种病。拙劣的医生，会因困惑，使病人陷入危险。"

扁鹊就叫他的学生子阳，磨砺针石，取穴百会下针。过一会儿，太子苏醒。又让学生子豹，准备能入体五分的药熨，再加上八减方的药剂，一同煎煮，交替在两胁下熨敷。太子能够坐起来。进一步调和阴阳，仅仅吃汤剂二十天，身体就恢复和从前一样。因此天下的人，都认为扁鹊能使死人复活。扁鹊却说："我不是能使死人复活，这是他应该活下去，我能做的，只是促使他恢复健康！"

五、预知苗头早医治

《史记·扁鹊列传》说：使圣人预知微，能使良医得早从事，则疾可已，身可活也。人之所病，病疾多。而医之所病，病道少。故病有六不治：骄恣不论于理，一不治也。轻身重财，二不治也。衣食不能适，三不治也。阴阳并，藏气不定，四不治也。形羸不能服药，五不治也。信巫不信医，六不治也。有此一者，则重难治也。扁鹊名闻天下。过邯郸，闻贵妇人，即为带下医。过洛阳，闻周人爱老人，即为耳目痹医。来入咸阳，闻秦人爱小儿，即为小儿医。随俗为变。秦太医令李醯自知技不如扁鹊也，使人刺杀之。至今天下言脉者，由扁鹊也。

即假使圣人能预先知道没有显露的病症，能够使好的医生，及早诊治，那么疾病就能治好，性命就能保住。人们担忧的是疾病太多，医生忧虑的是治病的方法太少。所以有六种患病的情形不能医治：为人傲慢放纵，不讲道理，是一不治。轻视身体，看重钱财，是二不治。衣着饮食不能调节适当，是三不治。阴阳错乱，五脏功能不正常，是四不治。形体非常衰弱，不能服药，是五不治。迷信巫术，不相信医术，是六不治。有其中一种情形，那就很难医治了。

扁鹊名声传扬天下。他到邯郸时，闻知当地人尊重妇女，就做治妇女病的医生。到洛阳时，闻知周人敬爱老人，就做专治耳聋眼花四肢痹痛的医生。到了咸阳，闻知秦人喜爱孩子，就做治小孩疾病的医生。他随着各地的习俗，来变化自己的医治范围。秦国的太医令李醯自知医术不如扁鹊，派人刺杀了扁鹊。到现在，天下谈论诊脉法的人，都认为是传自扁鹊。

六、医术高超遭疑忌

司马迁评论扁鹊说："女无美恶，居宫见妒。士无贤不肖，入朝见疑。故扁鹊以其技见殃。""故老子曰：'美好者不祥之器。'岂谓扁鹊等邪？"即"女人不论美丑，住进宫中，就会被嫉妒。士人不论贤不贤，进入朝廷，就会遭疑忌。所以扁鹊因为他的医术遭殃。""所以老子说：'美好的事物，都会带来不祥。'难道只是说扁鹊等人吗？"意思是说，老子的话，对很多人都适用。很多人都因为有才能而被疑忌，因此招致灾殃。

七、曹操杀名医华佗

华佗（约145—208），东汉末著名医家，字符化，一名旉，沛国谯（今安徽亳县）人。华佗与董奉、张仲景（张机）并称"建安三神医"。华佗少时在外游学，钻研医术，不求仕途，医术全面，精通内、妇、儿、针灸各科，擅长外科，精于手术，后人称"外科圣手""外科鼻祖"。他的行医足迹，遍及今天的安徽、山东、河南、江苏。

华佗的时代，是东汉末三国初期，军阀混乱，水旱成灾，疫病流行。王粲《七哀诗》说："出门无所见，白骨蔽平原。"华佗同情人民，不愿做官，到处奔跑，为人民解除病痛，足迹遍中原。《后汉书》《三国志》为他立传。《后汉书·华佗传》说他"精于方药"，人称"神医"。《三国志》说：华佗在徐州地区漫游求学，通晓经书，拒绝征召做官，愿作民间医生。因曹操征召不从，遂为所杀。

八、发明麻药麻沸散

华佗用全身麻醉剂麻沸散，将病人麻醉后，施行剖腹手术，是世界医学史上应用全身麻醉进行手术治疗的最早记载，比西方早1360年。

三国西晋陈寿《三国志·华佗传》说："若病结积在内，针药所不能及，当须刳割者，便饮其麻沸散，须臾便如醉死，无所知，因破取。病若在肠中，便断肠湔洗，缝腹膏摩，四五日，差（病好），不痛，人亦不自寤（不觉得），一月之间，即平复矣。"

南朝宋范晔《后汉书·方术列传下》说："若疾发结于内，针药所不能及者，乃令先以酒服麻沸散，既醉无所觉，因刳破腹背，抽割积聚。若在肠胃，则断截湔洗，除去疾秽,既而缝合,傅以神膏,四五日创愈,一月之间皆平复。"

九、关公刮骨疗毒传

《三国演义》《襄阳府志》记民间虚构故事,说华佗给关羽刮骨疗伤,其时华佗早已死去。故事说,三国时期,关羽到樊城攻打曹操,右臂被毒箭射中,伤口肿大,疼痛难忍,名医多方诊治无效。关羽和部将发愁,忽部下报:名医华佗进见。关羽说:"请进帐!"

华佗进,关羽说:"您如果能把我的右臂治好,我将感激不尽!"华佗说:"我为您治病而来。只怕您受不了痛!"关羽说:"我久经沙场,出生入死,千军万马不怕,疼痛算什么!"

华佗说:"您中乌头毒箭,毒入骨。我在房梁钉铁环,您臂伸铁环,把您眼睛蒙上,给您动手术。"关羽:"不用铁环,你就给我治!"

关羽设宴犒劳华佗。宴毕,关羽边和谋士对弈,边袒胸伸右臂。华佗抽出尖刀,割开关羽胳膊,骨头已变成青色。他用刀将骨头上的箭毒刮净,缝合复原,敷药包扎。术后关羽对华佗说:"现在我右臂不疼了,您真是妙手回春!"

《三国演义》原文说:却说曹仁见关公落马,即引兵冲出城来；被关平一阵杀回，救关公归寨，拔出臂箭。原来箭头有药，毒已入骨，右臂青肿，不能运动。

关平慌与众将商议曰："父亲若损此臂，安能出敌？不如暂回荆州调理。"于是与众将入帐见关公。公问曰："汝等来有何事？"众对曰："某等因见君侯右臂损伤，恐临敌致怒，冲突不便。众议可暂班师回荆州调理。"

公怒曰："吾取樊城，只在目前；取了樊城，即当长驱大进，径到许都，剿灭操贼，以安汉室。岂可因小疮而误大事？汝等敢慢吾军心耶！"平等默然而退。众将见公不肯退兵，疮又不痊，只得四方访问名医。

忽一日，有人从江东驾小舟而来，直至寨前。小校引见关平。平视其人：方巾阔服，臂挽青囊；自言姓名，乃沛国谯郡人，姓华，名佗，字符化。因闻关将军乃天下英雄，今中毒箭，特来医治。

平曰："莫非昔日医东吴周泰者乎？"佗曰："然。"平大喜，即与众将同引华佗入帐见关公。时关公本是臂疼，恐慢军心，无可消遣，正与马良弈棋；闻有医者至，即召入。礼毕，赐坐。茶罢，佗请臂视之。

公袒下衣袍，伸臂令佗看视。佗曰："此乃弩箭所伤，其中有乌头之药，直透入骨；若不早治，此臂无用矣。"公曰："用何物治之？"佗曰："某自有治法，但恐君侯惧耳。"公笑曰："吾视死如归，有何惧哉？"

佗曰："当于静处立一标柱，上钉大环，请君侯将臂穿于环中，以绳系之，然后以被蒙其首。吾用尖刀割开皮肉，直至于骨，刮去骨上箭毒，用药敷之，以线缝其口，方可无事。但恐君侯惧耳。"公笑曰："如此，容易！何用柱环？"

令设酒席相待。斋公饮数杯酒毕，一面仍与马良弈棋，伸臂令佗割之。佗取尖刀在手，令一小校捧一大盆于臂下接血。佗曰："某便下手，君侯勿惊。"公曰："任汝医治，吾岂比世间俗子，惧痛者耶！"

佗乃下刀，割开皮肉，直至于骨，骨上已青；佗用刀刮骨，悉悉有声。帐上帐下见者，皆掩面失色。公饮酒食肉，谈笑弈棋，全无痛苦之色。须臾，血流盈盆。佗刮尽其毒，敷上药，以线缝之。

公大笑而起，谓众将曰："此臂伸舒如故，并无痛矣。先生真神医也！"佗曰："某为医一生，未尝见此。君侯真天神也！"后人有诗曰："治病须分内外科，世间妙艺苦无多。神威罕及惟关将，圣手能医说华佗。"

关公箭疮既愈，设席款谢华佗。佗曰："君侯箭疮虽治，然须爱护。切勿怒气伤触。过百日后，平复如旧矣。"关公以金百两酬之。佗曰："某闻君侯高义，特来医治，岂望报乎！"坚辞不受，留药一帖，以敷疮口，辞别而去。

十、创作体操五禽戏

华佗仿虎、鹿、熊、猿、鸟等禽兽的动态,创作"五禽之戏"体操,教导人们强身健体。南朝宋范晔《后汉书·方术列传下》说:"广陵吴普、彭城樊阿皆从佗学。普依准佗疗,多所全济。佗语普曰:'人体欲得劳动,但不当使极耳。动摇则谷气得销,血脉流通,病不得生。譬犹户枢,终不朽也。是以古之仙者,为导引之事,熊经鸱顾,引挽腰体,动诸关节,以求难老。吾有一术,名五禽之戏:一曰虎,二曰鹿,三曰熊,四曰猿,五曰鸟。亦以除疾,兼利蹄足,以当导引。体有不快,起作一禽之戏,怡而汗出,因以着粉,身体轻便而欲食。'普施行之,年九十余,耳目聪明,齿牙完坚。"

三国西晋陈寿《三国志·华佗传》说略同:"广陵吴普、彭城樊阿皆从佗学。普依准佗治,多所全济。佗语普曰:'人体欲得劳动,但不当使极尔。动摇则谷气得消,血脉流通,病不得生,譬犹户枢不朽是也。是以古之仙者,为导引之事,熊颈鸱顾,引挽腰体,动诸关节,以求难老。吾有一术,名五禽之戏,一曰虎,二曰鹿,三曰熊,四曰猿,五曰鸟,亦以除疾,并利蹄足,以当导引。体中不快,起作一禽之戏,沾濡汗出,因上着粉,身体轻便,腹中欲食。'普施行之,年九十余,耳目聪明,齿牙完坚。"

十一、精通医术是华佗

三国西晋陈寿《三国志·华佗传》说：华佗字符化，沛国谯人也，一名旉。游学徐土，兼通数经。沛相陈圭举孝廉，太尉黄琬辟，皆不就。晓养性之术，时人以为年且百岁，而貌有壮容。又精方药，其疗疾，合汤不过数种，心解分剂，不复称量，煮熟便饮，语其节度，舍去辄愈。若当灸，不过一两处，每处不过七八壮，病亦应除。若当针，亦不过一两处，下针言："当引某许，若至，语人。"病者言"已到"，应便拔针，病亦行差（很快痊愈）。

十二、对症下药同中异

三国西晋陈寿《三国志·华佗传》说：府吏倪寻、李延共止，俱头痛身热，所苦正同。佗曰："寻当下之，延当发汗。"或难其异。佗曰："寻外实，延内实，故治之宜殊。"即各与药，明旦并起。

即郡守府中官吏倪寻、李延同时来就诊，都头痛发烧，病痛的症状正相同。华佗却说："倪寻应该把病泄泻下来，李延应当发汗。"有人对这两种不同疗法提出疑问。华佗回答说："倪寻是外实症，李延是内实症，所以治疗它们应当不同。"马上分别给两人服药，次日早晨，两人一同起来，即都已病愈，行动自如。

十三、曹操头痛华佗治

三国西晋陈寿《三国志·华佗传》说:"太祖闻而召佗,佗常在左右。太祖苦头风,每发,心乱目眩,佗针鬲,随手而差。"即曹操听说华佗医术高明而召见华佗,华佗常守在他身边。曹操为头痛病所苦,每当发作,就心情烦乱,眼睛眩晕。华佗只要针刺膈俞穴,应手而愈。

十四、曹操后悔杀华佗

三国西晋陈寿《三国志·华佗传》说:佗之绝技,凡此类也。然本作士人,以医见业,意常自悔,后太祖亲理,得病笃重,使佗专视。佗曰:"此近难济,恒事攻治,可延岁月。"佗久远家思归,因曰:"当得家书,方欲暂还耳。"到家,辞以妻病,数乞期不反。太祖累书呼,又敕郡县发遣。佗恃能厌食事,犹不上道。太祖大怒,使人往检。若妻信病,赐小豆四十斛,宽假限日。若其虚诈,便收送之。于是传付许狱,考验首服。荀彧请曰:"佗术实工,人命所县,宜含宥之。"太祖曰:"不忧,天下当无此鼠辈耶?"遂考竟佗。佗临死,出一卷书与狱吏,曰:"此可以活人。"吏畏法不受,佗亦不强,索火烧之。佗死后,太祖头风未除。太祖曰:"佗能愈此。小人养吾病,欲以自重,然吾不杀此子,亦终当不为我断此根原耳。"

及后爱子仓舒病困，太祖叹曰："吾悔杀华佗，令此儿强死也。"

即华佗的绝技，大概就是这一类，华佗本是读书人，以医术养活自己，医生属方技，被视为贱业，华佗常自悔。后来曹操亲自处理国事，得病严重，让华佗专为他个人治病。华佗说："这病短时间内难以治好，不断进行治疗，可以延长一些寿命。"

华佗长期远离家乡，想回去看看，因此说："刚才收到家中来信，要短期回家一趟。"到家后，推托妻子有病，多次请求延长假期不回来。曹操多次用书信召唤，又下诏令郡县征发遣送。华佗自恃有才能，厌恶吃伺候人的饭，还是不上路。

曹操很生气，派人前往查看。如果他妻子确实生病，就赐赠四十斛小豆，放宽假期。如果他虚假欺骗，就逮捕押送他回来。因此用传车，把华佗递解交付许昌监狱，拷问定罪。荀彧向曹操求情说："华佗医术确实高明，关系人的生命，应该包涵宽容。"

曹操说："不用担忧，天下会没有这种无能鼠辈吗？"终于把华佗拷问致死。华佗临死前，拿一卷医书给狱官说："这书可以用来救活人。"狱吏害怕触犯法律，不敢接受，华佗不勉强，取火把书烧掉了。

华佗死，曹操脑神经痛没有去除。曹操说："华佗能治好这种病。这小子有意拖延我的病，不加根治，想借此来抬高自己的地位，如果我不杀掉这小子，他也终究不会替我断掉这病根的。"直到后来他的爱子仓舒（曹冲的字）病危，曹操才感叹地说："我后悔杀了华佗，使这个儿子活活地死去！"

十五、传统医家上层楼

传统的医家学术，总结中华民族数千年医疗保健的丰富经验，自成体系，方便群众。同时借鉴西医，引进现代科学知识，古今中外融会贯通，将使传统的医家学术更上一层楼，蔚为新时代医学之林中的奇葩。

秦汉中医学初步建立完整体系，奠定以后发展的格局。秦始皇焚书，"所不去者，医药卜筮种树之书"，医药书不在禁止、焚烧之列。《黄帝内经》是最早的完整医书，撰于战国，西汉写定，用阴阳五行说，解释人体生命、生理、心理、病理现象和治疗原则，总结临床经验，主张辨证施治，奠定中医学的基础。

《神农本草经》是第一部完整药物学的划时代专著，收药物365种，植物药252种，动物药67种，矿物约46种。《汉书·艺文志》没有著录，梁代阮孝绪《七录》《隋书·经籍志》始记。但该书并没有写作年代、作者姓名，梁代陶弘景据书中所载药物产地，提出是汉代人所撰。

《本草经集注·序》说:"本经所出郡县,乃后汉时制,疑仲景、元化(即华佗)等所记。"

《金匮要略》为东汉张仲景著,此书总结中医辨证论治的经验,建立理论体系。《千金要方》为唐孙思邈著。其《自序》说:"以为人命至重,有贵千金,一方济之,德逾于此,故以为名也。"广博辑录医方验方,临症各科诊断、治疗、针灸、食疗、预防,是中医学的重要文献。

宋张杲著《医说》,广采民间见闻经验,医家逸闻轶事、医案,取材丰富。《四库全书总目提要》说:"取材既富,奇疾险症,颇足以资触发。"

明李时珍著《本草纲目》52卷,190万字,16部,62类,1892种药物,附方11096则,插图1160幅。介绍药物名称、产地、形状、采集、功能、炮制方法。涉及生物、化学、矿物学。李时珍排除迷信,实地考察,奠定中国药物学的基础。

清王清任著《医林改错》,是最早的人体解剖学专著,论人体腑脏解剖,生理功能。摆脱儒家"身体发肤,受之父母,不敢毁伤"的道德教条,长期解剖尸体,纠正古人解剖生理学的错误。如:"灵机记性,在脑不在心。"促进了中国人体解剖学的创立。

清《四库全书》著录:"医家类九十七部一千五百三十九卷。"《古今图书集成医部全录》520卷,收120余种医学文献，材料丰富，体例严谨，有较高使用价值。

《汉书·艺文志》著录"方技"类著作"36家，868卷"。"方技"包含医疗、占卜、占星和相命等。班固总论"方技"类著作说："方技者，皆生生之具，王官之一守也。太古有岐伯、俞拊，中世有扁鹊、秦和，盖论病以及国，原诊以知政。汉兴有仓公。今其技术晻昧，故论其书，以序方技为四种。"即方技都是安于生命自然的工具，是天子之官的职守之一。太古时候有岐伯、俞拊，中世纪时有扁鹊、秦和，都是议论病理并涉及国家的治理，探求病症，来知道政事。汉朝建立后，有仓公。现在他们的技巧方法模糊不清，所以评论他的书籍，编排方技为四种。

《汉书·艺文志》分论"方技"类著作，为"医经""经方""房中"和"神仙"4小类。第一小类是"医经"。班固说："医经者，原人血脉经络骨髓阴阳表里，以起百病之本，死生之分，而用度箴石汤火所施，调百药齐和之所宜。至齐之得，犹慈石取铁，以物相使。拙者失理，以愈为剧，以死为生。"

即医学著作，是探求人的血脉、经络和骨髓、阴阳、表里的，以此来找出百病的根源所在和死生的界限，使用时度量石针以及熟汤与烈火所产生的影响，再来调整百药相配所适宜的情况。等达到调和状态，就像磁石取铁，用一物来役使另一物。笨拙的人失去了分寸，就把病愈的当作病重的，把要活的当作要死的。

第二小类是"经方"。班固说："经方者，本草石之寒温，量疾病之浅深，假药味之滋，因气感之宜，辩五苦六辛，致水火之齐，以通闭解结，反之于平。及失其宜者，以热益热，以寒增寒，精气内伤，不见于外，是所独失也。故谚曰：有病不治，常得中医。"

即古代医学的方剂，是本着草和石的寒温性质，测量疾病的深浅，借药味的作用，顺应气感适宜，辨别五苦六辛，达到水火调融，以沟通闭塞解除症结，使它恢复到平衡。等到它失去平衡，用热更加热，用寒更加寒，使精气内部受到伤害，不显现在外，这是它独有的过失。所以谚语说：有病不治理好，经常生病，就会成为医师。

第三小类是"房中"。班固说："房中者，性情之极，至道之际，是以圣王制外乐，以禁内情，而为之节文。传曰：先王之作乐，所以节百事也。乐而有节，则和平寿考。及迷者弗顾，以生疾而陨性命。"

即男女房中之事，是情性的极端，达到道的极点，因此圣王主张以音乐以禁情欲，因而叫作节制修饰。传说：先王创作音乐，用来节制百事。欢乐而有节制，那么就会心平气和，长命百岁。到沉迷房事的人，无所顾忌，就会产生疾病，因而丢掉性命。

第四小类是"神仙"。班固说："神仙者，所以保性命之真,而游求于其外者也。聊以荡意平心,同死生之域,而无怵惕于胸中。然而或者专以为务,则诞欺怪迂之文,弥以益多,非圣王之所以教也。孔子曰:'索隐行怪,后世有述焉,吾不为之矣。'"

即所谓神仙之术,是追求人的长生不老,而想超脱凡尘。暂且用来净化安定心灵,视死生没有分界,没有惊惧在胸中。然而有的人,专门用这些作为职业,就会使荒诞不实、怪异迂阔的文章,日益增多,不是圣王所用来作为教化的东西。孔子说:寻求隐秘,行为怪诞,后代将有所记载,我不干这样的事。

传统医家著作,精华糟粕并存,科学迷信杂糅,亟须去粗取精,去伪存真,发扬和提升朴素科学的一面,清理批判迷信谬说的一面,提高传统医学的科学性,剔除其不利人民生命安全和医疗保健的杂质。

第十二讲　天文家：张衡天文验如神

一、张衡天文验如神

张衡（78—139），东汉天文家，发明地动仪，准确预测138年发生在甘肃的强烈地震。张衡对天文学、机械技术、地震学有不可磨灭的贡献，在数学、地理、绘画和文学等方面有非凡才能，学识广博。他统计可见星数2500颗，指出月球本身不发光，月光是日光的反射；正确解释月食成因是月球进入地影；认识到宇宙的无限性；提出行星运行速度与距离太阳的远近有关。

张衡地震学代表作，是阳嘉元年（132年）发明候风地动仪，是其太史令任内一件大事。《后汉书·张衡传》记载，张衡的候风地动仪，性能良好，准确可靠，测到发生在千里外甘肃天水方向的强烈地震，在京城洛阳并无震感，令时人叹服。当时记载说："验之以事，合契若神。"19世纪以后，国外才使用仪器观测地震。候风地动仪是世界地震仪之祖。它准确测知地震方位，超越世界科技发展1800年。

东汉时地震频繁。《后汉书·五行志》载，和帝永元四年（92）到安帝延光四年（125），30多年，共发生26次大地震，地震区有时大到几十个郡，地裂山崩，江河泛滥，房倒屋塌。

古代通信不发达，所以知道地震发生方位十分有用。汉顺帝阳嘉三年11月壬寅（134年12月13日）地动仪一龙机突然发动，吐出铜球，掉进蟾蜍嘴。京师洛阳没有感觉到地震迹象。有人责怪地动仪不灵。几天后，陇西（甘肃天水）快马来报，证实地震发生。人们相信了张衡的高超技术。陇西距洛阳一千多里，地动仪标示无误，测震灵敏，证明张衡地动仪的准确可靠。张衡朋友崔瑗为他写墓碑《河间相张平子碑》说："数术穷天地，制作侔造化""奇技伟艺""与神合契"。称赞张衡数学天文学知识渊博，制造的器物神奇。

张衡机械技术高明。《太平御览·工艺部九》引晋葛洪《抱朴子》说："木圣：张衡、马钧是也。"张衡天文学代表作《灵宪》，《后汉书·天文志》注引传世。

关于宇宙起源，张衡《灵宪》引《道德经》说："有物混成，先天地生。"《灵宪》宇宙起源思想渊源于老子的道家哲学。清气所成天在外，浊气所成地在内，是浑天说，和现代宇宙演化学说的精神相通。

关于宇宙无限性。张衡《灵宪》认为，人目所见天地，大小有限，超出范围，人们"未之或知也。未之或知者，宇宙之谓也。宇之表无极，宙之端无穷"。宇宙空间无边界，时间无起点，和现代哲学吻合。

张衡《二京赋》花10年功夫，文辞优美，脍炙人口，批评统治集团奢侈生活。张衡《思玄赋》描述自己升上天空，遨游众星之间，是优雅的科学幻想诗。

郭沫若于1956年，为张衡题写碑文说："如此全面发展之人物，在世界史中亦所罕见，万祀千龄，令人景仰。"为纪念张衡，1977年联合国天文组织将太阳系中1802号小行星命名为"张衡星"。

人们将月球背面的一环形山，命名为"张衡环形山"。为纪念中国古代伟大科学家张衡及其诞生地河南南阳，另外一颗小行星命名为"南阳星"。国际小行星中心将我国天文学家于1965年12月20日发现的一颗小行星，命名为"河南星"。

范晔《后汉书·张衡传》记载张衡的经历和学术成就：张衡，字平子，南阳西鄂人也。衡少善属文，游于三辅，因入京师，观太学，遂通五经，贯六艺。虽才高于世，而无骄尚之情。常从容淡静，不好交接俗人。永元中，举孝廉不行，连辟公府不就。时天下承平日久，自王侯以下莫不逾侈。衡乃拟班固《两都》作《二京赋》，因以讽谏。精思傅会，十年乃成。大将军邓骘奇其才，累召不应。

衡善机巧，尤致思于天文、阴阳、历算。安帝雅闻衡善术学，公车特征拜郎中，再迁为太史令。遂乃研核阴阳，妙尽璇机之正，作浑天仪，著《灵宪》《算罔论》，言甚详明。顺帝初，再转复为太史令。衡不慕当世，所居之官辄积年不徙。自去史职，五载复还。

阳嘉元年，复造候风地动仪。以精铜铸成，圆径八尺，合盖隆起，形似酒尊，饰以篆文山龟鸟兽之形。中有都柱，傍行八道，施关发机。外有八龙，首衔铜丸，下有蟾蜍，张口承之。其牙机巧制，皆隐在尊中，覆盖周密无际。如有地动，尊则振龙，机发吐丸，而蟾蜍衔之。振声激扬，伺者因此觉知。虽一龙发机，而七首不动，寻其方面，乃知震之所在。验之以事，合契若神。自书典所记，未之有也。尝一龙机发而地不觉动，京师学者咸怪其无征。后数日驿至，果地震陇西，于是皆服其妙。自此以后，乃令史官记地动所从方起。

时政事渐损，权移于下，衡因上疏陈事。后迁侍中，帝引在帷幄，讽议左右。尝问衡天下所疾恶者。宦官惧其毁己，皆共目之，衡乃诡对而出。阉竖恐终为其患，遂共谗之。衡常思图身之事，以为吉凶倚仗，幽微难明。乃作《思玄赋》以宣寄情志。

永和初，出为河间相。时国王骄奢，不遵典宪；又多豪右，共为不轨。衡下车，治威严，整法度，阴知奸党名姓，一时收禽，上下肃然，称为政理。视事三年，上书乞骸骨，征拜尚书。年六十二，永和四年卒。

即张衡，字平子，是南阳郡西鄂县人。张衡年轻时就善于写文章，到西汉故都长安及其附近地区考察、学习，并趁此机会前往京城洛阳，到太学观光、学习，于是通晓五经、六艺。虽然才学高出当时一般人，却没有骄傲自大的情绪。他总是从容不迫，淡泊宁静，不喜交接俗人。汉和帝永元年间，被推荐为孝廉，没有去应荐。三公官署屡次召请去任职，他不去应召。当时社会长期太平无事，从王侯直到下边的官吏，没有谁不过度奢侈。张衡就仿照班固的《两都赋》写了一篇《二京赋》，用来讽喻规劝。他精心地构思写作，经过十年才完成。大将军邓骘认为他是奇才，多次召请，他不去应召。

张衡擅长机械制造的技巧，尤其专心研究天文、气象、岁时节候的推算。汉安帝常听说张衡精通天文、历法等术数方面的学问，就派官府专车，特地召请张衡，任命他为郎中，后又升为太史令。于是他研究考察自然变化，精妙透彻掌握测天仪器的原理，造浑天仪，写《灵宪》《算罔论》等关于历法、数学方面的论著，论述十分详尽明白。顺帝初年，他又被调回重当太史令。他不慕高官厚禄，所担任的官职，常常多年得不到提升。离开太史令职务五年后又恢复原职。

顺帝阳嘉元年，张衡制造候风地动仪，用纯铜铸造，直径八尺，盖子中央凸起，样子像大酒樽。外面用篆体文字和山、龟、鸟、兽的图案装饰，内部中央有粗大铜柱，铜柱周围伸出八条滑道，还装置枢纽，用来拨动机件。外面有八条铜龙，龙口各含一枚铜丸，龙头下面各有一蛤蟆，张着嘴巴，准备接住龙口吐出的铜丸，仪器枢纽和机件制造的巧妙，都隐藏在酒樽形的仪器中，覆盖严密，没有缝隙。如果发生地震，仪器外面的龙就震动，机关发动，龙口吐出铜丸，下面蛤蟆就接住。铜丸震击的声音清脆响亮，守候仪器的人因此知道发生地震。地震发生时，只有一条龙机关发动，另外七个龙头丝毫不动，寻找它的方向，就能知道地震的地方。用实际发生的地震来检验仪器，彼此完全相符，真是灵验如神。从古籍的记载中，还看不到这样的仪器。曾有一次，一条龙的机关发动，可是洛阳并没有感到地震，京城里的学者都惊异地动仪这次怎么不灵验。几天后，驿站上传送文书的人来，证明在陇西地区发生地震，于是都叹服地动仪的巧妙。此后，朝廷就责成史官根据地动仪，记载每次地震发生的方位。

当时政治腐败，大权落到宦官手里，张衡于是给皇帝上疏陈述政事，提出意见。后来张衡升任侍中，顺帝任用他入宫廷,在自己左右对国家政事提出建议。顺帝曾经询问张衡天下他所痛恨的人。宦官们害怕他说自己的坏话,都用眼睛瞪着他,张衡便用一些不易捉摸的话回答后出来。这些阉人竖子还是担心张衡终究会成为他们的祸害,于是就群起毁谤张衡。张衡常考虑自身安全的事,认为祸福相因,幽深微妙,难以预测。于是作《思玄赋》抒发和寄托自己的感情志趣。

顺帝永和初年,张衡被调出京城,当河间王刘政的相国。当时河间王骄横奢侈,不遵守法令制度。河间地区又有很多豪门大户,和刘政一道胡作非为,张衡一到任就树立威信,整顿法制,暗中探知一些奸党分子的姓名,全都抓起来,官民上下都很敬畏,赞颂河间地区政治清明。张衡治理河间政务三年后,就向朝廷上书,请求辞职告老还乡,朝廷却把他调回京城,任命为尚书。张衡活到六十二岁,永和四年与世长辞。

二、天文传人司马迁

天文家传人司马迁,参与编修第一部完整历法《太初历》。刘歆《汉书·律历志》采用数据,在农历中沿用至今。太初元年(前104),汉武帝命司马迁、唐都、落下闳等,主修历法,颁行《太初历》,规定正月是岁首,《太初历》是中国第一部完整历法。司马谈《论六家要旨》，阴阳家列六家首。阴阳家专精天文历算。天文历算是司马谈、司马迁世袭祖传专业。司马谈和司马迁，是阴阳家流派，天文历算的主导和正宗传人。

三、古代迷信待清理

《汉书·艺文志》在"辑略"部分说："至成帝时"，使"太史令尹咸校数术"，"会向卒，哀帝复使向子侍中奉车都尉歆卒父业。歆于是总群书而奏其《七略》"，《七略》中"有《术数略》"。

到成帝的时候，派太史令尹咸校数术（占卜书）。刘向死后，哀帝派刘向儿子侍中奉车都尉刘歆，完成其父的事业。刘歆于是总结所有书籍，把《七略》上奏给皇帝。《七略》中有《术数略》。

"数术"，又叫"术数"。《汉书·艺文志》总论"数术"这一派说：数术者，皆明堂羲和史卜之职也。史官之废久矣，其书既不能具，虽有其书而无其人。《易》曰："苟非其人，道不虚行。"春秋时鲁有梓慎，郑有神灶，晋有卜偃，宋有子韦。六国时楚有甘公，魏有石申夫。汉有唐都，庶得粗觕。盖有因而成易，无因而成难，故因旧书以序数术为六种。

即数术家包括天文、历法、五行、占卜之类的法术，都是掌握祭祀天地、宗庙记录史事和占卜的官职。史官被废很久，有关数术的书，已经很不完备，即使有书，也没有能够通晓其事的人。《易》说："如果没有其人，道是不会徒然运行的。"春秋时鲁国有梓慎，郑国有裨灶，晋国有卜偃，宋国有子韦。六国时楚国有甘公，魏国有石申夫。汉朝有唐都，差不多粗略懂一点。大概是有原因就容易一些，没有原因就困难一点，所以依照旧书，来编排数术为六种。《汉书·艺文志》分论"数术"（"术数"）六种。

第一种"天文"，班固说：天文者，序二十八宿，步五星日月，以纪吉凶之象，圣王所以参政也。《易》曰："观乎天文，以察时变。"然星事杂悍，非湛密者弗能由也。夫观景以谴形，非明王亦不能服听也。以不能由之臣，谏不能听之王，此所以两有患也。

即天文家排列二十八宿的顺序，推算金木水火土五星和日月，用来作为记录吉凶的征象，圣王用来作为政治参考。《易》说："观察日月星辰在宇宙间分布运行的现象，考察时世的变化。"然而星事凶险，不是精细之人不能运用。观察景象来责问形体，不是英明的君王，也不能归顺听命。用不能运用星事的大臣，来规劝不能接纳的君王，这就是两边都有危害的缘故。

第二种"历谱"，班固说：历谱者，序四时之位，正分至之节，会日月五星之辰，以考寒暑杀生之实。故圣王必正历数，以定三统服色之制，又以探知五星日月之会。凶厄之患，吉隆之喜，其术皆出焉。此圣人知命之术也，非天下之至材，其孰与焉！道之乱也，患出于小人，而强欲知天道者，坏大以为小，削远以为近，是以道术破碎而难知也。

即历谱是排列四季运行之方法，确定春分、秋分、夏至和冬至的节气，推合日月和金、木、水、火、土五星的时辰，以考察寒暑杀生的实际情况。所以圣王一定要端正推算节气的度，以确定三统服色的制度，又以探索五星日月交会的时间。凶险的忧患，吉祥的喜悦，它们的方术都由这里产生。这是圣人知晓天命的方法，不是天下高才，谁能够参与这事！道德败坏后，担心历谱出于小人，而强行想知道天道的人，坏大作小，削远作近，规律破坏，而难以知晓。

第三种"五行"，班固说：五行者，五常之形气也。《书》云："初一曰五行，次二曰羞用五事。"言进用五事以顺五行也。貌、言、视、听、思心失，而五行之序乱，五星之变作，皆出于律历之数而分为一者也。其法亦起五德终始，推其极，则无不至。而小数家因此以为吉凶，而行于世，浸以相乱。

即金木水火土五行，是仁义礼智信五常的外在形气。《尚书》说："初一叫五行，次二叫羞用五事。"是说进用五事，顺应五行。貌言视听思心失去，金木水火土次序混乱，五星变化，开始发作，这些都是出于律历的数而分化为一部分。它的方法，也是起源于五德终始，推演到极致，没有不能达到的地方。小数家以此作为吉凶的象征，流行世间，逐渐混乱。

第四种"蓍龟"，班固说：蓍龟者，圣人之所用也。《书》曰："女则有大疑，谋及卜筮。"《易》曰："定天下之吉凶，成天下之亹亹者，莫善于蓍龟。""是故君子将有为也，将有行也，问焉而以言，其受命也如响，无有远近幽深，遂知来物。非天下之至精，其孰能与于此！"及至衰世，懈于斋戒，而屡烦卜筮，神明不应。故筮渎不告，《易》以为忌；龟厌不告，《诗》以为刺。

即蓍龟是圣人用来占卜吉凶的。《尚书》说："如果有很大疑问，用卜筮决定。"《易·系辞上》说："确定天下的吉凶，促使天下兴旺发达，没有比蓍龟更好的。""因为君子将有所作为，有所行动，就用他的言语问《易》，《易》很快就会告诉吉凶，不论远近幽深，便知道将要发生的事。只有天下最精诚的人，才能这样！"到衰落时代，斋戒懈怠，屡次使用卜筮，神明就不再显灵。卜筮轻慢，神灵就不会预告，《易》把这作为忌讳；龟神厌烦，就不会显灵，《诗》以此作为警戒。

蓍龟用以占卜。前一种方法是，巫史用蓍草的茎，按一定的程序操作，得出一定的数的组合，用《易经》解释，断定吉凶。这种方法叫"筮"。《易经》的卦辞、爻辞本来就是为筮用的。

后一种方法是，管占卜的巫史，在刮磨得很光滑的龟甲或兽骨上，钻凿一个圆形的凹缺，然后用火烧灼。围绕着钻凿的地方，现出裂纹。根据这些裂纹。可以知道所问的吉凶。这种方法叫"卜"

第五种"杂占"，班固说：杂占者，纪百事之象，候善恶之征。《易》曰："占事知来。"众占非一，而梦为大，故周有其官。而诗载熊罴虺蛇众鱼旐旟之梦，著明大人之占，以考吉凶，盖参卜筮。春秋之说妖也，曰："人之所忌，其气炎以取之，妖由人兴也。人失常则妖兴，人无衅焉，妖不自作。"故曰："德胜不祥，义厌不惠。"桑谷共生，大戊以兴。鸲雉登鼎，武丁为宗。然惑者不稽诸躬，而忌妖之见，是以诗刺"召彼故老，讯之占梦"，伤其舍本而忧末，不能胜凶咎也。

即杂占是记录各种事物的表象，观测好坏的征兆。《周易》说："占卜可以知道将来。"各人所占的都不一致，就以梦为准，所以周朝设有占卜之官。《诗经》记载熊罴虺蛇众鱼旐旟的梦，写明是大人的占卜，用来考察吉凶，参照卜筮。《春秋》解说妖说："人们所忌讳的东西，它的气焰招来灾害，妖是由人兴起的。人失去常态，妖孽兴起，人如果没有空隙可钻,妖孽不会自行产生。"所以说:"道德太胜就不吉祥,仁义太烦琐就不顺。"桑和谷一同生长,大戊因此兴盛。鸲和雉跳到鼎上,武丁就成为宗主。但迷惑的人,不从自身考察,而忌讳妖孽的出现,因此《诗》讽刺说"召来他们的老人,询问占梦的吉凶",对他们舍本忧末,不能战胜灾祸痛心。

第六种"形法",班固说:形法者,大举九州之势,以立城郭室舍形,人及六畜骨法之度数,器物之形容,以求其声气贵贱吉凶。犹律有长短,而各征其声,非有鬼神,数自然也。然形与气相首尾,亦有有其形而无其气,有其气而无其形,此精微之独异也。

即形法研究相地、相宅、相人之法术,其大者可以相九州地势,以建立城郭屋舍,又可相人及六畜之骨法,以及器物之形状,以求其吉凶贵贱。就像律管有长短,各自发出自己的声音一样,这不是有鬼神,而是数的自然体现。但形和气首尾相连贯,也有有形但没有气,有气没有形的,这就是精妙细微的独特处。

形法包括看相术、风水方术。风水的基本思想是:人是宇宙的产物。因此,人的住宅和葬地,必须安排得合乎自然力,即风水。实际上,自然界的物质运动,跟人类社会的运动,是两个不同性质的领域,从前者如何,推不出后者,这是辩证法的正确见解。

古人认为，自然界五行的变化，跟人事吉凶和社会发展有必然的内在联系，用自然界五行的变化，可类推人事吉凶和社会发展。这种观点是迷信谬说，犯机械类比的逻辑错误。分辨清理其中的迷信谬说和机械类比的逻辑谬误，是一项重要的文化建设任务。

第十三讲　农家：农家重农劝耕稼

一、许行假托神农氏

许行（前372—前289），楚国郢（今湖北江陵）人，战国时期农家学派主要代表，孟子同时代人，依托远古神农氏"教民农耕"之言，主张"种粟而后食""贤者与民并耕而食，饔飧（亲自做饭）而治"，带领门徒数十人，穿粗麻短衣，在江汉间以打草织席为生。

滕文公元年（前332），许行率门徒自楚到滕国。滕文公根据许行的要求，划给他一块土地耕种。大儒家陈良之徒陈相及其弟陈辛，带着农具，从宋国来到滕国，拜许行为师，摒弃儒学，成为农家学派的忠实信徒。梁启超《先秦政治思想史》和郭沫若《儒家八派的批判》，认为陈良即《韩非子·显学》说的"仲良氏之儒"，为儒家八派之一。

同年，孟轲游滕，遇陈相，展开一场历史上著名的农儒论战。许行农家思想的核心，是反对不劳而食。他以农事为主业，同时从事手工业生产。他意识到市场货物交换的重要作用，对物价有研究。

许行以其独到的农家思想见解和实践活动，对后世农业社会和农业思维模式产生巨大影响。在众多学术思想和流派中，农家自成一家。

许行假托尧舜前的帝王"神农之言"，行"神农之教"。神农是上古传说人物，制造农具，教导人种田。战国时，提倡重视农业的学派，标榜自己奉行神农学说。农家主张贤者"与民并耕而食，饔飧而治"，反映农民思想。农家要求人人劳动，反映当时劳动者的愿望，但存在绝对平均主义的弊端。

《吕氏春秋·爱类》说："神农之教曰：'士有当年而不耕者，则天下或受其饥矣。女有当年而不绩者，则天下或受其寒矣。'故身亲耕，妻亲绩，所以见致民利也。"《淮南子·齐俗训》说："故神农之法曰：'丈夫丁壮而不耕，天下有受其饥者。妇人当年而不织，天下有受其寒者。'故身自耕，妻亲织，以为天下先。其导民也，不贵难得之货，不器无用之物。是故其耕不强者，无以养生。其织不强者，无以掩形。有余不足，各归其身。衣食饶溢，奸邪不生，安乐无事，而天下均平。故孔丘、曾参无所施其善。孟贲、成荆（勇士）无所行其威。"

孟子反对许行、陈相的农家主张，论证社会分工的必然性。孟子雄辩有气势，逻辑性强，有说服力。他抓住农家学说的基本观点，攻击其理论的薄弱环节，由小及大、由彼及此、由表及里，步步紧逼，阐发观点。

孟子联系生活实际，摆事实，讲道理，说明对方论点行不通，提出论点。然后列举圣贤业绩，阐述国君贤否，不在亲耕，指出陈相兄弟改宗农家的错误，最后以劳动价值的不同，说明物价不同的合理性，批判农家的绝对平均主义弊端。

《孟子·滕文公上》说：有为神农之言者许行，自楚之滕，踵门而告文公曰："远方之人闻君行仁政，愿受一廛而为氓！"文公与之处。其徒数十人，皆衣褐，捆屦织席以为食。陈良之徒陈相与其弟辛，负耒耜而自宋之滕，曰："闻君行圣人之政，是亦圣人也，愿为圣人氓。"

陈相见许行而大悦，尽弃其学而学焉。陈相见孟子，道许行之言曰："滕君则诚贤君也。虽然，未闻道也。贤者与民并耕而食，饔飧而治。今也，滕有仓廪府库，则是厉民而以自养也，恶得贤？"孟子曰："许子必种粟而后食乎？"曰："然。""许子必织布而后衣乎？"

曰："否，许子衣褐。""许子冠乎？"曰："冠。"曰："奚冠？"曰："冠素。"曰："自织之与？"曰："否，以粟易之。"曰："许子奚为不自织？"曰："害于耕。"曰："许子以釜甑爨，以铁耕乎？"曰："然。""自为之与？"曰："否，以粟易之。"

"以粟易械器者，不为厉陶冶。陶冶亦以其械器易粟者，岂为厉农夫哉？且许子何不为陶冶，舍，皆取诸其宫中而用之？何为纷纷然与百工交易？何许子之不惮烦？"曰："百工之事，固不可耕且为也。""然则治天下独可耕且为与？有大人之事，有小人之事。且一人之身，而百工之所为备，如必自为，而后用之，是率天下而路也。故曰：或劳心，或劳力。劳心者治人，劳力者治于人。治于人者食人，治人者食于人。天下之通义也。"

"吾闻用夏变夷者，未闻变于夷者也。陈良，楚产也。悦周公、仲尼之道，北学于中国。北方之学者，未能或之先也。彼所谓豪杰之士也。子之兄弟事之数十年，师死而遂倍之。""从许子之道，则市贾不贰，国中无伪。虽使五尺之童适市，莫之或欺。布帛长短同，则价相若。麻缕丝絮轻重同，则价相若。五谷多寡同，则价相若。屦大小同，则价相若。"曰："夫物之不齐，物之情也。或相倍蓰，或相什百，或相千万。子比而同之，是乱天下也。巨屦小屦同价，人岂为之哉？从许子之道，相率而为伪者也，恶能治国家？"

即许行研究神农氏的学说，从楚国来到滕国，登门谒见滕文公说："我从远方来，听说您施行仁政，愿得到住处，做您的百姓！"文公给他住所。他的门徒几十个人，都穿粗布衣，以编草鞋、织席为生。

楚国儒者陈良的弟子陈相和他的弟弟陈辛，背着农具，从宋国来到滕国，对滕文公说："听说您施行圣人的政治，这样，您也就是圣人了，我愿做圣人的百姓！"陈相见到许行后大为高兴，就完全抛弃了自己原来所学的儒学，而改向许行学习。

陈相见到孟子，转述许行的话说："滕文公倒确实是贤明的君主。虽然如此，他还不懂得贤君治国的道理。贤君与人民一起耕作，养活自己，烧火做饭，治理天下。现在，滕国有堆满粮食钱财的仓库，这是侵害百姓，供养自己，哪能称得上贤明呢？"

孟子问："许子一定是自己种了粮食，才吃饭的吗？"陈相说："是的。"孟子问："许子一定是自己织了布，才穿衣的吗？"答道："不是，许子穿粗麻编织的衣服。"孟子问："许子戴帽子吗？"答道："戴的。"孟子问："戴什么样的帽子？"答道："戴生丝织的帽子。"孟子问："自己织的吗？"答道："不，用粮食换来的。"孟子问："许子为什么不自己织呢？"答道："会妨碍农活。"孟子又问："许子用锅甑烧饭，用铁农具耕田吗？"答道："是的。"孟子问："自己造的吗？"答道："不是，用粮食换来的。"

孟子说："农民用粮食交换生活生产所需的器具，不算是侵害陶工冶匠。陶工冶匠拿他们的器具交换粮食，难道就侵害农民利益了吗？再说，许子为什么不自己制陶冶铁，停止交换，样样东西都从自家屋里取来用？为什么要忙忙碌碌，同各种工匠交换呢？为什么许子这样不怕麻烦呢？"

陈相答道："各种工匠的活计，本来就不可能边耕作边干的。"孟子说："既然是这样的道理，那么为什么治理天下，能边耕作边干（归谬类比）？有官吏的事，有小民的事。再说一个人身上所需的用品，要靠各种工匠来替他制备，如果一定要自己制作，而后使用，这会导致天下的人，疲于奔走。所以说：有些人动用心思，有些人动用体力。动用心思的人，治理别人。动用体力的人，被人治理。被人治理的人，养活别人。治理人的人，靠别人养活。这是天下通行的道理。"

孟子说："我只听说用华夏改变夷狄，没听说华夏被夷狄改变。陈良，是生在楚地的人，喜欢周公、孔子的学说，游学于北方，到中原学习。北方求学的人，没有人能超过他。他真是才能出众的人。你们兄弟（陈相及其弟陈辛），师从于陈良几十年，老师死后，就背叛他！"

陈相说："如果依照许子的学说实行，那么市场上物价就不会有两样，国中就没有弄虚作假的。哪怕叫小孩上市场买东西，也不会被人欺骗。布绸长短相同，价钱一样。麻线丝绵轻重相同，价钱一样。各种粮食多少相同，价钱一样。鞋子大小相同，价钱一样。"

孟子说:"物品千差万别,这是客观情况。它们的价钱,有的相差一倍五倍,有的相差十倍百倍,有的相差千倍万倍。你把它们放在一起,等同看待,这是扰乱天下。做工粗糙的鞋与做工精细的鞋,同一个价钱,人们难道还肯做做工好的鞋吗?依从许子的主张,是让大家互相比着干虚假欺骗的勾当,哪里能治理好国家?"

农家重农劝耕,总结农业技术,代表农民思想。《汉书·艺文志》,将其列入九流十家,著录著作9家,114篇。清《四库全书》著录:"右农家类10部194卷。"农家起源于官府的农业专家。

《汉书·艺文志》说:农家者流,盖出于农稷之官。播百谷,劝耕桑,以足衣食,故八政一曰食,二曰货。孔子曰"所重民食",此其所长也。及鄙者为之,以为无所事圣王,欲使君臣并耕,悖上下之序。

即农家流派,出于古代掌管农业的官职。劝导人民耕田种桑,使衣食充足。所以古代最重要的八件政事,第一就是吃饭,第二就是货物。孔子说:"要重视人民吃饭。"这是农家的长处。鄙陋的人实行农家学术,认为用不着圣明的君王,想要使君民一起耕种,违背君臣上下的次序。

农家重视广义的农业,播百谷,劝耕桑。秦始皇焚书,"所不去者,医药卜筮种树之书",讲种桑养蚕的书,不在焚烧禁止之列。

二、代有著述集大成

1. 不韦杂家兼农家

杂家召集六国食客，撰著《吕氏春秋》，其中保存有农家资料。《吕氏春秋·上农》《任地》《辩土》《审时》等4篇，保存农家思想资料，总结农业生产技术。

《吕氏春秋·上农》说：古先圣王之所以导其民者，先务于农。民农非徒为地利也，贵其志也。民农则朴，朴则易用，易用则边境安，主位尊。民农则重，重则少私义，少私义则公法立，力专一。民农则其产复，其产复则重徙，重徙则死处而无二虑。舍本而事末则不令，不令则不可以守，不可以战。民舍本而事末则其产约，其产约则轻迁徙，轻迁徙则国家有患皆有远志，无有居心。民舍本而事末则好智，好智则多诈，多诈则巧法令，以是为非，以非为是。

后稷曰："所以务耕织者，以为本教也。"是故天子亲率诸侯耕帝籍田，大夫士皆有功业。是故当时之务，农不见于国，以教民尊地产也，后妃率九嫔蚕于郊，桑于公田，是以春秋冬夏皆有麻枲丝茧之功，以力妇教也。是故丈夫不织而衣，妇人不耕而食，男女贸功以长生，此圣人之制也。

故敬时爱日，非老不休，非疾不息，非死不舍。上田夫食九人，下田夫食五人，可以益，不可以损。一人治之，十人食之，六畜皆在其中矣。此大任地之道也。

故当时之务，不兴土功，不作师徒，庶人不冠弁、娶妻、嫁女、享祀，不酒醴聚众。农不上闻，不敢私籍于庸。为害于时也。然后制野禁。苟非同姓，农不出御，女不外嫁，以安农也。

野禁有五：地未辟易，不操麻，不出粪。齿年未长，不敢为园圃。量力不足，不敢渠地而耕。农不敢行贾。不敢为异事。为害于时也。

然后制四时之禁：山不敢伐材下木，泽人不敢灰僇，缳网罝罦不敢出于门，罝罛不敢入于渊，泽非舟虞不敢缘名。为害其时也。若民不力田，墨乃家畜。国家难治，三疑乃极。是谓背本反则，失毁其国。凡民自七尺以上，属诸三官。农攻粟，工攻器，贾攻货。时事不共，是谓大凶。夺之以土功，是谓稽，不绝忧唯，必丧其秕。夺之以水事，是谓籥，丧以继乐，四邻来虚。夺之以兵事，是谓厉，祸因胥岁，不举铚艾。数夺民时，大饥乃来。野有寝耒，或谈或歌，旦则有昏，丧粟甚多。皆知其末，莫知其本真。

即古代圣王引导他的百姓的方法，首先是致力于农业。使百姓从事农业，不仅是为了地里的出产，而且是为了陶冶他们的心志。持重，就会很少私下发表议论。很少私下发表议论，国家的法制就能确立，民力就能专一。百姓从事农业，家产就繁多。家产繁多，就会害怕迁徙。害怕迁徙，就会老死故乡，而没有别的考虑。百姓舍弃农业，而从事工商，就会不听从命令。不听从命令，就不能依靠他们防守，不能依靠他们攻战。百姓舍弃农业，从事工商，家产就简单。家产简单，就会随意迁徙。随意迁徙，国家遭遇患难，就都想远走高飞，没有安居之心。百姓舍弃农业，从事工商，就会喜好耍弄智谋。喜好耍弄智谋，行为就诡诈多端。行为诡诈多端，就会在法令上耍机巧，把对的说成错的，把错的说成对的。

后稷说："所以要致力于耕织，是因为这是教化的根本。"因此天子亲自率领耕种籍田。大夫与士，也都有各自的职事。正当农事大忙的时候，农民不得在都邑出现。以此教育他们，重视地里的生产。后妃率领九嫔，到郊外养蚕，到公田采桑。因而一年四季，都有绩麻缫丝等事情要做，以此来尽力于对妇女的教化。所以男子不织布，却有衣穿。妇女不种田，却有饭吃。男女交换劳动所得，以维持生活。这是圣人的法度。

所以，要慎守农时，爱惜光阴。不是年老，不得停止劳作。不是患病，不得休息。不到死日，不得弃舍农事。种上等田地，每个农夫，要供养九个人。种下等田地，每个农夫，要供养五个人，供养的人数只能增加，不能减少。总之，一个人种田，要供十个人消费。饲养的各种家畜，都包括在这一要求之内，可以折合计算。这是充分利用土地的方法。

所以，正当农事大忙的时候，不要大兴土木，不要进行战争。平民如果不是加冠、娶妻、嫁女、祭祀，就不得摆酒聚会。农民如果不通报官府，就不得私自雇人代耕。因为这些事，都妨害农时。如果不是因为同姓的缘故，男子就不得从外地娶妻，女子也不得出嫁到外地，以便使农民安居一地。然后要规定关于乡野的禁令。

乡野的禁令有五条：土地尚未整治，不得绩麻，不得扫除污秽。未上年纪，不得从事园圃中的劳动。力量不足，不得扩大耕地，农民不得经商，不得去做其他的事情。因为这些事，都妨害农时。还要规定各个季节的禁令：不到适当季节，山中不得伐木取材，水泽地区不得烧灰割草，捕取鸟兽的罗网，不得带出门外，鱼网不得下水，不是主管舟船的官员，不得借口行船。因为这些事，都妨害农时。如果百姓不尽力于农耕，就没收他们的家产。因为不这样做，农、工、商就会互相仿效，国家难以治理就会达到极点。这就叫作背离根本，违反法则，就会导致国家的丧亡毁灭。

凡是百姓，自成年以上，就分别归属于农、工、商三种职业。农民生产粮食，工匠制作器物，商人经营货物。

举措与农时不相适应，这叫作不祥之至。以大兴土木侵夺农时，叫作"延误"，百姓就会忧思不断，田里一定连税谷也收不到。以治理水患侵夺农时，叫作"浸泡"，悲哀就会继欢乐之后来到，四方邻国就会来侵害。用进行战争侵夺农时，叫作"虐害"，灾祸就会终年不断，根本不用开镰收割。连续侵夺百姓农时，严重的饥荒就会发生。田中到处是闲置的农具，农民有的闲谈，有的唱歌，早上看是如此，到傍晚仍照旧。农民人人无心劳动，损失的粮食必定很多。人们看到了这种现象，却没有谁知道重农这个根本。

《吕氏春秋》篇名"上农"二字，意即崇尚农业，重视农业生产。《吕氏春秋·任地》，是说如何使用土地，提出洼地改高地，劣土变湿润，垄沟排水，坚硬土地变松软，松软土地变适中，休闲土地要频种，频种土地要休耕，锄地灭草，消灭病虫，顺应农时是关键。

《吕氏春秋·辩土》，是说辨别土地，因地制宜，刚柔干湿，肥沃贫瘠，整地播种，覆土间苗和除草。《吕氏春秋·审时》，是说审慎农时，顺应天时，种地靠人，长庄稼靠地，养庄稼靠天，以及谷黍稻麦麻豆等违背农时的后果。

2. 后世代有农家著

后魏高阳太守贾思勰《齐民要术》，是现存最早、最完整丰富的农业科学专著。元王祯1313年著《农书》37集370个项目，重视南北差异，主张因地制宜。其中《农器图谱》12卷，绘制农具近300种，绘制生动准确，说明语言典雅，最为精彩。清纪昀等《四库全书总目提要》说："惟祯此书，引据赅恰，文章尔雅，绘画亦皆工致，可谓华实兼资。"在中国农学史上占有重要地位。

明徐光启著《农政全书》，60卷，70万字。分农本、田制、农事、水利、农器、树艺、蚕桑等12个门类，以下再分子目，包含农业的各方面，征引诸子百家，阐述立国之本。清官方组织鄂尔泰、张廷玉等，编大型农书《授时通考》，98万字，分天时、土宜、谷种、功作、劝课、蓄聚、农余和蚕桑等8大门类。从1737年至1743年，费时7年完成。

清纪昀等《四库全书总目》卷102列《授时通考》纲目说："曰天时，分四子目，明耕耘收获之节也。曰土宜，分六子目，尽高下燥湿之利也。曰谷种，凡九子目，别物性也。曰功作，分十子目，尽人力也。曰劝课，分九子目，重农之政也。曰蓄聚，分四子目，备荒之制也。曰农余，分五子目，种植畜养之事也。曰蚕桑，分十子目，簇箔织纴之法也。"清《四库全书》共著录农家类10部，195卷，是清代对农家著作的一次全面检阅、整理和综述。

3. 庄户农说新演绎

近年曾晓光等著《北京郊区原生态庄户农说演绎》，2011年由中国农业科学技术出版社出版。作者"引言"说，这是"总结北京郊区传统的农民生产经验的书"，描写时间涵盖"明清以来这600多年"。作者说："中国传统文化有诸子百家，其中就有农家，中国古代有许多农学著作。""这些农书也是对古代农业的总结，其中许多观念和北京郊区传统农民经验有相通相汇之处。"

该书是传统农家的当代传承，是把农家的过去与现代和未来接轨的新尝试。其主要论述的课题是：小农经济制度，节气和天气，土地和土壤，土壤耕作，播种作业，中耕作业，大田庄稼的种植制度，蔬菜、果品及庭院种植，动物饲养，从传统走向现代化。该书显示，如今农家融入现代化，其农家学理待提升。

第十四讲　小说家：小说家记民间事

一、京中口技惊宾客

张潮《虞初新志》载《口技》说：京中有善口技者。会宾客大宴，于厅事之东北角，施八尺屏障，口技人坐屏障中，一桌、一椅、一扇、一抚尺而已。众宾团坐。少顷，但闻屏障中抚尺一下，满坐寂然，无敢哗者。

遥闻深巷中犬吠，便有妇人惊觉欠伸，其夫呓语。既而儿醒，大啼。夫亦醒。妇抚儿乳，儿含乳啼，妇拍而呜之。又一大儿醒，絮絮不止。当是时，妇手拍儿声，口中呜声，儿含乳啼声，大儿初醒声，夫叱大儿声，一时齐发，众妙毕备。满坐宾客无不伸颈，侧目，微笑，默叹，以为妙绝。未几，夫声起，妇拍儿亦渐拍渐止。微闻有鼠作作索索，盆器倾侧，妇梦中咳嗽。宾客意少舒，稍稍正坐。

忽一人大呼"火起"，夫起大呼，妇亦起大呼。两儿齐哭。俄而百千人大呼，百千儿哭，百千犬吠。中间力拉崩倒之声，火爆声，呼呼风声，百千齐作；又夹百千求救声,曳屋许许声,抢夺声,泼水声。凡所应有,无所不有。虽人有百手,手有百指,不能指其一端。人有百口,口有百舌,不能名其一处也。于是宾客无不变色离席,奋袖出臂,两股战战,几欲先走。忽然抚尺一下,群响毕绝。撤屏视之,一人、一桌、一椅、一扇、一抚尺而已。

即京城里有个善于表演口技的人。一天,正赶上一家摆酒席大请宾客,在厅堂的东北角,安放了八尺宽的屏风,让表演口技的人坐在屏风中,只有一张桌子、一把椅子、一把扇子、一块醒木罢了。各位宾客相聚而坐。一会儿,只听见屏风中醒木拍了一下,在座的宾客都静悄悄的,没有敢大声说话的人。

远远地听见深深的小巷中有狗叫声,接着就有妇女惊醒后打呵欠和伸懒腰的声音,丈夫说着梦话。过了一会儿,孩子醒了,大声哭着。丈夫也醒了。妻子轻拍孩子喂奶,孩子含着奶头哭,妇女又哼着唱着哄他睡觉。床上另一个大孩子醒了,大声唠叨个没完。在这时候,妇女用手拍孩子的声音,口里哼着哄孩子的声音,孩子含着奶头的哭声,大孩子刚醒过来的声音,丈夫责骂大孩子的声音,同时响起,各种绝妙的效果都有了。满座的宾客没有一个不伸长脖子,斜着眼睛,微微笑着,默默赞叹,认为奇妙极了。

过了一会儿,丈夫打呼噜声响起来了,妇女拍孩子的声音也渐渐停下。隐隐听到有老鼠活动的声音，盆子、器皿歪倒了，妇女在梦中发出了咳嗽声。宾客们的心情稍微松弛下来，逐渐端正了坐姿。

忽然听到一人高声呼喊"起火了！"丈夫起来高叫，妇女也起来高叫，两个孩子一齐哭。一会儿，成百上千的人高声喊叫，成百上千个小孩哭喊，成百上千只狗狂叫，当中还夹着噼里啪啦的声音和房屋倒塌的声音，着火爆炸声，呼呼的风声，千百种声音一齐响起；又夹着成百上千个呼救的声音，拉塌燃烧着的房屋时一齐用力的声音，抢救东西的声音，泼水的声音。凡是一切应该有的声音，没有不具备的。即使一人有一百只手，每只手有一百个手指，也不能指出其中一种；一人有一百张嘴，每张嘴有一百个舌头，也不能说清其中一个地方。在这时宾客们没有一个不变了脸色，离开席位，捋起衣袖，露出手臂，两腿打着哆嗦，几乎想要抢先离开。

忽然醒木一声，所有的声音都没有了。撤掉屏风再看，只有一个人、一张桌子、一把椅子、一把扇子，一块醒木罢了。

二、桃核刻舟技灵怪

张潮《虞初新志》载《核舟记》说：明有奇巧人曰王叔远，能以径寸之木，为宫室、器皿、人物，以至鸟兽、木石，罔不因势象形，各具情态。尝贻余核舟一，盖大苏泛赤壁云。

舟首尾长约八分有奇，高可二黍许。中轩敞者为舱，箬篷覆之。旁开小窗，左右各四，共八扇。启窗而观，雕栏相望焉。闭之，则右刻："山高月小，水落石出。"左刻："清风徐来，水波不兴。"石青糁之。

船头坐三人，中峨冠而多髯者为东坡，佛印居右，鲁直居左。苏黄共阅一手卷。东坡右手执卷端，左手抚鲁直背。鲁直左手执卷末，右手指卷，如有所语。东坡现右足，鲁直现左足，身各微侧。其两膝相比者，各隐卷底衣褶中。佛印绝类弥勒，袒胸露乳，矫首昂视，神情与苏黄不属。卧右膝，诎右臂支船，而竖其左膝，左臂挂念珠倚之，珠可历历数也。

舟尾横卧一楫。楫左右舟子各一人。居右者椎髻仰面，左手倚一衡木，右手攀右趾，若啸呼状。居左者右手执蒲葵扇，左手抚炉，炉上有壶，其人视端容寂，若听茶声然。其船背稍夷，则题名其上，文曰："天启壬戌秋日，虞山王毅叔远甫刻。"细若蚊足，钩画了了，其色墨。又用篆章一，文曰："初平山人。"其色丹。

通计一舟：为人者五，为窗者八，为箬篷，为楫，为炉，为壶，为手卷，为念珠者各一；对联、题名并篆文，为字共三十有四。而计其长，曾不盈寸，盖简桃核修狭者为之。魏子详瞩既毕,诧曰:嘻!技亦灵怪矣哉!

《庄》《列》所载,称惊犹鬼神者良多,然谁有游削于不寸之质,而须麋了然者?假有人焉,举我言以复于我,我必疑其诳,乃今亲睹之。由斯以观,棘刺之端,未必不可为母猴也。嘻!技亦灵怪矣哉!

即明朝有个手艺特别精巧的人,名字叫作王叔远,他能够在一寸长的木头上,雕刻出宫殿、器具、人物,以至飞鸟、走兽、树木、石头,没有一件不是就着木头原来的样子摹拟某些东西的形状的,各有各的神情姿态。他曾经送给我一个用果核雕成的小船,刻的是苏东坡泛舟于赤壁之下。

小船从船头到船尾长度八分多点儿,高度二分上下。中间高起而宽敞的是船舱,用竹叶做成的船篷覆盖着它。船舱旁边辟有小窗,左右各四扇,一共八扇。推开窗户来看,雕刻着花纹的栏杆左右相对。关上它,就见两副对联右边刻着"山高月小,水落石出",左边刻着"清风徐来,水波不兴",用石青涂在刻字的凹处。

船头坐着三个人:中间戴着高高的帽子、长着浓密胡子的人是苏东坡,佛印坐在右边,黄鲁直(宋诗人黄庭坚,字鲁直。苏轼朋友)坐在左边。苏东坡、黄鲁直共同看着一轴字画手卷。东坡的右手拿着手卷的前端,左手抚着鲁直的背脊。鲁直左手拿着手卷的末端,右手指着手卷,好像在说些什么。东坡露出右脚,鲁直露出左脚,各自略微侧着身子,他们紧靠着的两膝,都隐蔽在手卷下边的衣褶里。佛印极像弥勒菩萨,敞胸露怀,抬头仰望,神情跟苏、黄不相同。他平放着右膝,弯着右臂支撑在船上,而竖起他的左膝,左臂挂着一串念珠挨着左膝。念珠可以清清楚楚地数出来。

船尾横摆着一支橹。橹的左右两旁各有一个船工。在右边的船工梳着椎形发髻,仰着脸,左手靠着一根横木,右手扳着右脚趾头,好像在大声喊叫的样子。在左边的船工右手握着蒲葵扇,左手抚着火炉,炉上有个壶,那个人的眼睛正看着茶炉,神色平静,好像在听烧茶的声音。

那只船的顶部稍微平坦,就在上面刻着作者的题款名字,文字是"天启壬戌秋日,虞山王毅叔远甫刻",字迹像蚊子的脚一样细小,笔画清清楚楚,它的颜色是黑的。还刻着一个篆书的图章,文字是"初平山人",它的颜色是红的。

总计在一条船上,刻了五个人,八扇窗;刻了竹篷、船橹、炉子、茶壶、手卷、念珠各一件;对联、题名和篆文,刻的字共三十四个。可是计算它的长度竟不满一寸,是挑选狭长的桃核刻成的。啊,技艺真是奇妙极了!

《韩非子·外储说左上》说,人主之听言也,不以功用为的,则说者多棘刺之说。"棘刺之说",即自称能在酸枣树刺的尖端上雕刻母猴，比喻用空话骗人，而实际做不到。

三、小说鼻祖是虞初

虞初（前140—前87），西汉河南人。武帝时，任方士侍郎，乘马，衣黄衣，号黄衣使者，是道家形象。说明虞初以道家为标榜、标志、符号。张衡《西京赋》说："匪唯玩好，乃有秘书。小说九百，本自虞初。从容之求，实侯实储！"

薛综解释说："持此秘术，储以自随。待上所求问，皆常具也。"说明虞初储备小说，是随时准备专为皇帝咨询服务。

《史记·封禅书》《孝武本纪》《汉书·郊祀志下》说："太初元年（前104）。是岁，西伐大宛，蝗大起。丁夫人、洛阳虞初等以方祠诅匈奴、大宛焉。"说明虞初是随军的方士。《汉书·艺文志》著录："右小说15家，1380篇""《虞初周说》943篇"。虞初著作超过小说家著作总数68%。顾实《汉书艺文志讲疏》说："本志篇帙，莫此为众。"数量居首，是小说文体的创始人。

东汉应劭说："其说以周书为本。"即虞初据《周书》写成小说《周说》。估计《周说》像通俗周史演义。《太平御览》卷3引《周书》三则，写作风格类似《山海经》，清人认为是虞初佚文。

《汉书·武帝纪》说，汉武帝四年（前137）冬十一月："行幸荥阳，还至洛阳，诏曰：'祭地冀州，瞻望河洛，巡省豫州，观于周室，邈而无祀，询问耆老，乃得孽子嘉，其封嘉为周子南君，以奉周祀。'"汉武帝"观于周室""封嘉为周子南君，以奉周祀"等，说明"《虞初周说》九百四十三篇"，是为适应汉武帝汲取周亡教训，维护汉朝统治的政治需要服务。

东汉末仲长统说："《百家》杂说，请用纵火。"《百家》是班固著录的小说家著作篇目，内容是杂记古事，跟《虞初周说》等并列。仲长统要把《百家》所记小说全部烧掉。小说接近民间文学，与上层文士不相容。虞初小说《周说》也会被上层文士"纵火"焚烧。《虞初周说》等记录的民间事情，不合上层统治者的口味，所以会遭到憎恨，"用纵火"对待。

虞初是古代小说家，小说创作的鼻祖。张衡《西京赋》说："小说九百，本自虞初。"《虞初周说》，即虞初说周的倒装，虞初讲说周朝的故事。清代《周书》研究家朱右曾《逸周书集训校释》卷11认为说，《山海经》《文选》《太平御览》等书所引《周书》，是《虞初周说》的逸文，确认《虞初周说》的逸文，不是史，而是小说。

《山海经》郭璞注十六引："天狗所止地尽倾，余光烛天为流星，长十数丈，其疾如风，其声如雷，其光如电。"逸文不见于今传《周书》(《汲家周书》或《逸周书》)。词旨不类于作为史籍的《周书》。内容说史事，类似后世"讲史"的小说。语体是文言，通俗上口，不同于当时史籍的语言风格，是古时的通俗白话。

后人以虞初为小说命名，如无名氏《虞初志》、汤显祖《续虞初志》、张潮《虞初新志》、黄承增《广虞初新志》，都沿用"虞初"之名。明末清初张潮编《虞初新志》21卷，文体是笔记小说，是短篇文言小说集，收录故事，题材广泛，带奇异情节，记不寻常的人物。不少篇章，用小品文笔调，写不平凡的人物故事，引人入胜。《虞初新志》的代表作为《琵琶艺人》《义虎计》《八大山人传》《毛女传》《奇女子传》《雷州太守》《核舟记》《口技》等。

鲁迅认为《虞初周说》是小说书，引张衡说，将《虞初周说》写入《中国小说史略》。《虞初周说》是西汉"讲史平话"。古代民间流行的口头文学形式，有说有唱，宋代盛行，如《三国志平话》《五代史平话》，也作评话。上海书店出版《虞初合集出版说明》说："虞初是西汉武帝时的宫廷稗官（即说书人），他在宫廷中敷说前朝故事，亦即周朝故事，犹如赵宋王朝的说书人讲五代史事一样。"肯定《虞初周说》的小说性质。虞初在中国小说史上，是平话小说的先驱者，对中国古代小说有重要贡献。

小说家杂记民间故事，采集传说议论，考察民生风俗，可作为执政的参考借鉴。班固将其列为诸子十家之一。《汉书·艺文志》说：小说家者流，盖出于稗官。街谈巷语，道听途说者之所造也。孔子曰："虽小道，必有可观者焉，致远恐泥，是以君子弗为也。"然亦弗灭也。闾里小知者之所及，亦使缀而不忘。如或一言可采，此亦刍荛狂夫之议也。

即小说家流派，出自古代的小官。收集大街小巷的谈论，马路传说而创造。孔子说："虽然是小的技巧，也一定有值得观赏的地方。但想要推行久远，恐怕滞泥不通，所以君子是不学的。"但是它也不会被消灭。小说是乡里有小智慧的人所写的，也要把它编辑保存起来，而不要忘记。假如里面有一句话值得我们来采用，这也就如同古代樵夫、狂人的议论一样，有参考价值。

班固说："凡诸子189家，4324篇。"其中："右小说15家，1380篇。""小说家"著作占"诸子"著作的32%。小说家记录民间街谈巷语，呈报上级，自成一家，却不入流。刘歆列九流十家，小说家在十家，却不入九流。小说家反映平民思想，有其独特内涵，九流不能代替。

著作有《伊尹说》27篇，《鬻子说》19篇，《周考》76篇，《青史子》57篇，已佚。据存目，体例似外史、别传、笔记。托诸古人，有《伊尹说》《鬻子说》《师旷》《务成子》《天乙》《黄帝说》。杂记古事，有《周考》《青史子》《虞初周说》《百家》。小说家记民间事，势必具有人民性。今日小说归文艺，文学艺术育精英。

参考文献

1. 纪昀等编：清乾隆文渊阁《四库全书》（10亿字），上海人民出版社和迪志文化出版公司1999年电子版。

2. 张元济编：《四部丛刊》（1亿字），商务印书馆，1932至1936年版，北京书同文数字化技术公司2001年电子版。

3. 孙中原副主编兼撰稿人：《中华大典·哲学典·诸子百家分典》，昆明：云南教育出版社2007年版。